中国安全防范行业年鉴

（2019版）

中国安全防范产品行业协会　编

中国人民公安大学出版社

·北京·

图书在版编目（CIP）数据

中国安全防范行业年鉴：2019 版 / 中国安全防范产品行业协会编 . —北京：中国人民公安大学出版社，2020. 11

ISBN 978-7-5653-4084-0

Ⅰ.①中…　Ⅱ.①中…　Ⅲ.①安全装置—工业企业—中国—2019—年鉴　Ⅳ.①F426. 63-54②F426. 4-54

中国版本图书馆 CIP 数据核字（2020）第 194379 号

中国安全防范行业年鉴（2019 版）

中国安全防范产品行业协会　编

出版发行：中国人民公安大学出版社
地　　址：北京市西城区木樨地南里
邮政编码：100038
经　　销：新华书店
印　　刷：北京画中画印刷有限公司

版　　次：2020 年 11 月第 1 版
印　　次：2020 年 11 月第 1 次
印　　张：20
开　　本：889 毫米×1194 毫米　1/16
字　　数：605 千字

书　　号：ISBN 978-7-5653-4084-0
定　　价：90. 00 元

网　　址：www. cppsup. com. cn　www. porclub. com. cn
电子邮箱：zbs@ cppsup. com　zbs@ cppsu. edu. cn

营销中心电话：010-83903254
读者服务部电话（门市）：010-83903257
警官读者俱乐部电话（网购、邮购）：010-83903253
公安业务分社电话：010-83905672

广告经营许可证：京西工商广字第 0305 号
网络支持：中国安防行业网（www. 21csp. com. cn）

本社图书出现印装质量问题，由本社负责退换
版权所有　侵权必究

《中国安全防范行业年鉴》（2019版）编辑委员会

主　　任：王彦吉

副 主 任：程胜军　陈朝武　张忠孝

委　　员：（按姓氏笔画排序）

王茂海　王慧莉　刘存信　刘剑锋　安福东

李　剑　杨世峰　杨金才　吴云龙　张　莹

张书敏　张立群　张新房　赵　源　胡志昂

施巨岭　聂　蓉　顾友良　翁玉官　郭志刚

黄鸿志　常金国　焦广宇　曾　淳　鲍逸明

薛宏伟　魏　一

《中国安全防范行业年鉴》（2019版）编辑工作组

主　　编：张忠孝

副 主 编：杨世峰　安福东　焦金山

编　　辑：王　岩　李　琴　刘　萍　陈　珏　刘玉韦

美术制作：施　雪

技术支持：孙　剑　张润清

资料采集：许金龙　乔　阳　郝美晶　金绍鸿　崔小旭

高　倩　杜志龙

《中国安全防范行业年鉴》
合作协办单位

（排名不分先后）

华为技术有限公司

杭州海康威视数字技术股份有限公司

山东华软金盾软件股份有限公司

厦门立林科技有限公司

苏州科达科技股份有限公司

厦门狄耐克智能科技股份有限公司

佳都新太科技股份有限公司

熵基科技股份有限公司

广东安居宝数码科技股份有限公司

浙江浩腾电子科技股份有限公司

北京澎思科技有限公司

深圳市万佳安物联科技股份有限公司

北京快鱼电子股份公司

北京汉王智远科技有限公司

杭州数尔安防科技股份有限公司

深圳市红门智慧停车科技有限公司

重庆紫光华山智安科技有限公司

中星技术股份有限公司

深圳市视得安罗格朗电子有限公司

北京蓝色星际科技股份有限公司

高新兴科技集团股份有限公司

北京旷视科技有限公司

浙江宇视科技有限公司

福建省冠林科技有限公司

浙江大华技术股份有限公司

浙江大立科技股份有限公司

康保安防系统（中国）有限公司

广州市保伦电子有限公司

富盛科技股份有限公司

新华三技术有限公司

北京博信宏达机房设备有限公司

深圳市艾比森光电股份有限公司

序言

Preface

2019年，是新中国成立70周年，是全面建成小康社会、实现第一个百年奋斗目标的关键之年。安防行业在主管部门的正确领导下，以习近平新时代中国特色社会主义思想为指导，全面贯彻落实党的十九大和十九届二中、三中、四中全会精神，坚持以人民为中心，坚持新发展理念，坚持在发展中保障和改善民生，坚持总体国家安全观，砥砺奋进，攻坚克难，以建设平安中国、美丽中国为共同目标，以智慧城市、“雪亮工程”建设为推手，紧紧抓住人工智能新一轮科技革命带来的新机遇，充分运用大数据、云计算、物联网等信息技术，助力维护国家安全和社会稳定，预防和打击暴力恐怖犯罪，强化社会管理、创新社会治理，服务经济民生等方面提供更加精准高效、便捷可靠的技术支撑和服务。

2019年，安防行业在“放、管、服”方面全面深化改革，行业管理更加规范、行业服务明显提升、行业自律不断加强、行业应用进一步拓展、行业规模继续扩展、技术创新不断进步。为了客观、全面地反映和记载2019年我国安防行业发展状况，《中国安全防范行业年鉴》（2019版）在广泛征集全国各省市技防管理机构、行业组织以及技术服务机构相关资料的同时，积极搜集整理行业新技术、新应用，严格筛选一年来行业的重大活动与事件，经过编辑整理，及时奉献给读者。

《中国安全防范行业年鉴》（2019版）共分四章11节。第一章2019年中国安防行业发展综述，包括四节，分别是重要讲话、重要会议、中国安防行业发展现状、安防行业发展大事记。第二章法律、法规、规章及规范性文件，包括两节，分别是国家法律、法规、规范性文件，地方法规、规章。第三章行业管理与服务，包括三节，分别是管理机构、行业组织、技术服务。第四章新技术、新产品，包括两节，分别是新技术、新产品。

《中国安全防范行业年鉴》（2019版）编辑工作得到了行业主管部门、各级技防管理部门、各地安防协会、行业技术服务机构、广大安防企业的大力支持，在编委会的高度重视和共同努力下，编辑质量较往年有了一定提高。在《年鉴》出版之际，谨向关心支持安防行业年鉴编辑工作的各界人士表示衷心的感谢！

《中国安全防范行业年鉴》编辑委员会

二〇二〇年六月

CONTENTS

目 录

Contents

第一章　2019 年中国安防行业发展综述

第一节　重要讲话

习近平强调，要坚持以新时代中国特色社会主义思想为指导，坚持党对政法工作的绝对领导，坚持以人民为中心的发展思想，加快推进社会治理现代化，加快推进政法领域全面深化改革，加快推进政法队伍革命化、正规化、专业化、职业化建设，忠诚履职尽责，勇于担当作为，锐意改革创新，履行好维护国家政治安全、确保社会大局稳定、促进社会公平正义、保障人民安居乐业的职责任务，不断谱写政法事业发展新篇章。

——摘自：习近平中央政法工作会议上的讲话（2019 年 1 月 15 日至 16 日）

习近平强调，科技领域安全是国家安全的重要组成部分。要加强体系建设和能力建设，完善国家创新体系，解决资源配置重复、科研力量分散、创新主体功能定位不清晰等突出问题，提高创新体系整体效能。要加快补短板，建立自主创新的制度机制优势。要加强重大创新领域战略研判和前瞻部署，抓紧布局国家实验室，重组国家重点实验室体系，建设重大创新基地和创新平台，完善产学研协同创新机制。要强化事关国家安全和经济社会发展全局的重大科技任务的统筹组织，强化国家战略科技力量建设。要加快科技安全预警监测体系建设，围绕人工智能、基因编辑、医疗诊断、自动驾驶、无人机、服务机器人等领域，加快推进相关立法工作。

——摘自：习近平在省部级主要领导干部坚持底线思维着力防范化解重大风险专题研讨班上的讲话（2019 年 1 月 21 日）

习近平强调，新的历史条件下，公安机关要坚持以新时代中国特色社会主义思想为指导，坚持总体国家安全观，坚持以人民为中心的发展思想，坚持稳中求进工作总基调，坚持政治建警、改革强警、科技兴警、从严治警，履行好党和人民赋予的新时代职责使命，努力使人民群众安全感更加充实、更有保障、更可持续，为决胜全面建成小康社会、实现“两个一百年”奋斗目标和中华民族伟大复兴的中国梦创造安全稳定的政治社会环境。

——摘自：习近平在全国公安工作会议上的讲话（2019 年 5 月 7 日至 8 日）

习近平强调，区块链技术的集成应用在新的技术革新和产业变革中起着重要作用。我们要把区块链作为核心技术自主创新的重要突破口，明确主攻方向，加大投入力度，着力攻克一批关键核心技术，加快推动区块链技术和产业创新发展。

他指出，区块链技术应用已延伸到数字金融、物联网、智能制造、供应链管理、数字资产交易等多个领域。目前，全球主要国家都在加快布局区块链技术发展。我国在区块链领域拥有良好基础，要加快推动区块链技术和产业创新发展，积极推进区块链和经济社会融合发展。

——摘自：习近平在区块链技术发展现状和趋势第十八次集体学习上的讲话（2019 年 10 月 24 日）

习近平强调，应急管理是国家治理体系和治理能力的重要组成部分，承担防范化解重大安全风险、及时应对处置各类灾害事故的重要职责，担负保护人民群众生命财产安全和维护社会稳定的重要使命。要发挥我国应急管理体系的特色和优势，借鉴国外应急管理有益做法，积极推进我国应急管理体系和能力现代化。

他指出，新中国成立后，党和国家始终高度重视应急管理工作，我国应急管理体系不断调整和完善，应对自然灾害和生产事故灾害能力不断提高，成功应对了一次又一次重大突发事件，有效化解了一个又一个重大安全风险，创造了许多抢险救灾、应急管理的奇迹，我国应急管理体制机制在实践中充分展现出自己的特色和优势。

——摘自：习近平在我国应急管理体系和能力建设第十九次集体学习上的讲话（2019 年 11 月 29 日下午）

第二节　重要会议

中央政法工作会议（2019 年 1 月 15 至 16 日）

2019 年 1 月 15 日至 16 日，中央政法工作会议在北京召开。中共中央总书记、国家主席、中央军委主席习近平出席会议并发表重要讲话。他强调，要坚持以新时代中国特色社会主义思想为指导，坚持党对政法工作的绝对领导，坚持以人民为中心的发展思想，加快推进社会治理现代化，加快推进政法领域全面深化改革，加快推进政法队伍革命化、正规化、专业化、职业化建设，忠诚履职尽责，勇于担当作为，锐意改革创新，履行好维护国家政治安全、确保社会大局稳定、促进社会公平正义、保障人民安居乐业的职责任务，不断谱写政法事业发展新篇章。

中共中央政治局常委、中央书记处书记王沪宁，中共中央政治局常委、国务院副总理韩正出席会议。

中共中央政治局委员、中央政法委书记郭声琨在总结讲话中指出，习近平总书记的重要讲话，为新时代政法事业发展擘画了宏伟蓝图，提供了根本遵循。要坚持以习近平新时代中国特色社会主义思想为指导，把学习贯彻习近平总书记重要讲话精神作为首要政治任务，增强“四个意识”、坚定“四个自信”、做到“两个维护”，着力维护国家政治安全、确保社会大局稳定、促进社会公平正义、保障人民安居乐业，以优异成绩迎接新中国成立 70 周年。

部分中共中央政治局委员，全国人大常委会、国务院有关领导同志，最高人民法院院长，最高人民检察院检察长出席会议。

中央政法委委员，中央政法委、中央政法各单位，各省区市和计划单列市、新疆生产建设兵团，中央和国家机关有关部门、有关国有大型企业和高校、军队有关单位负责同志等参加会议。会议以电视电话会议形式召开，各省区市和新疆生产建设兵团设分会场。

全国公安工作会议（2019 年 5 月 7 日至 8 日）

2019 年 5 月 7 日至 8 日，全国公安工作会议在北京召开。中共中央总书记、国家主席、中央军委主席习近平出席会议并发表重要讲话。他强调，新的历史条件下，公安机关要坚持以新时代中国特色社会主义思想为指导，坚持总体国家安全观，坚持以人民为中心的发展思想，坚持稳中求进工作总基调，坚持政治建警、改革强警、科技兴警、从严治警，履行好党和人民赋予的新时代职责使命，努力使人民群众安全感更加充实、更有保障、更可持续，为决胜全面建成小康社会、实现“两个一百年”奋斗目标和中华民族伟大复兴的中国梦创造安全稳定的政治社会环境。

中共中央政治局常委、中央书记处书记王沪宁，中共中央政治局常委、国务院副总理韩正出席会议。

中共中央政治局委员、中央政法委书记郭声琨在总结讲话中表示，要坚持以习近平新时代中国特色社会主义思想为指导，认真学习贯彻习近平总书记重要讲话精神，大力推进公安工作现代化和公安队伍革命化正规化专业化职业化建设，不断提升依法履职能力，打造高素质过硬公安铁军，坚持严格规范公正文明执法，坚决捍卫政治安全、维护社会安定、保障人民安宁。

部分中共中央政治局委员、国务委员出席会议。

各省区市和计划单列市、新疆生产建设兵团、各省会城市党委主要负责同志和政法委、公安厅（局）主要负责同志，中央和国家机关有关部门、有关国有大型企业、军队有关单位负责同志等参加会议。

全国公安机关社会治安防控体系建设推进会（2019 年 8 月 13 日）

2019 年 8 月 13 日，全国公安机关社会治安防控体系建设推进会在湖北武汉召开。会议充分肯定了近年来湖北公安机关特别是武汉市公安局推进社会治安防控体系建设取得的突出成绩。会议指出，以习近平同志为核心的党中央高度重视社会治安防控体系建设，作出重要决策部署。公安部党委坚决贯彻落实习近平总书记重要指示精神和党中央决策部署，大力推进社会治安防控体系建设，取得了明显成效，实现了风险预警预防更加精准、基础管控工作更加扎实、打击违法犯罪更加有力、社会整体防控更加严密，为维护社会治安大局稳定提供了有力的基础支撑。2019 年上半年，全国刑事案件立案总量在连续 3 年下降的基础上，同比又下降 6.7%；8 类严重暴力犯罪案件同比下降 11.1%，保持了连续多年下降趋势。

会议强调，加快社会治安防控体系建设，是以习近平同志为核心的党中央作出的重大决策部署，是推进社会治理现代化的重要基础工程，也是推进公安工作现代化的内在要求。

会议要求，要大力推动警力下沉、重心下移、保障下倾，全面加强警务站、派出所、社区农村警务室和公安检查站等基础建设，加强街面巡逻防控工作，做实社区农村警务，充实做强社会治安防控体系的基层实战力量，打造坚强有力的基本作战单元，有效提升社会治安整体防控效能。要以信息化引领治安防控，全面提升公安机关立体防控、快速处置、精准打击和便捷服务能力，全面提升对各类风险隐患的自动识别、敏锐感知和预测预警预防能力。要牢固树立数据理念，以大数据、信息化促进治安防控的质量变革、效率变革、动力变革，推动数据警务、智慧公安建设提档升级。要建立社会治安防控体系建设项目化实施机制，列出时间表、规划路线图，确保 2020 年基本建成高水平社会治安防控体系，努力使人民群众安全感更加充实、更有保障、更可持续。

全国公安科技信息化暨大数据智能化建设工作会议（2019 年 12 月 27 日）

2019 年 12 月 27 日，全国公安科技信息化暨大数据智能化建设工作会议在北京召开，国务委员、公安部党委书记、部长赵克志出席并讲话。他强调，要坚持以习近平新时代中国特色社会主义思想为指导，深入贯彻落实党的十九届四中全会和中央经济工作会议、全国公安工作会议精神，增强“四个意识”、坚定“四个自信”、做到“两个维护”，牢牢把握推进国家治理体系和治理能力现代化的总目标，紧紧围绕坚决打赢防范化解重大风险攻坚战，下大力气固根基、补短板、强弱项，大力推进公安大数据战略实施，不断深化大数据智能化应用，为提升公安机关维护国家政治安全和社会稳定的能力水平、切实担负起党和人民赋予的新时代使命任务提供强有力的支撑。

赵克志强调，要坚持统一运行网络、统一基础设施、统一数据资源、统一服务平台、统一安全策略、统一标准规范，加快推进公安大数据智能化建设和应用，着力构建公安大数据智能应用新生态。赵克志要求，要紧跟现代科技发展前沿，进一步加大科技创新力度，深化科技创新和科技成果应用，努力实现科学技术与公安工作深度融合，着力提高公安工作的科技含量和整体效能。

赵克志强调，要切实加强组织领导和统筹协调，为实施公安大数据战略提供强有力的保障。各级公安机关要把公安科技信息化工作和大数据智能化建设应用摆在重中之重的位置，作为“一把手”工程来抓。

第三节 2019 年中国安防行业发展现状

2019 年是新中国成立 70 周年，是全面建成小康社会、实现第一个百年奋斗目标的关键之年。面对国内经济下行压力加大、世界经济增长持续放缓，多重风险挑战明显上升的复杂局面，全党全国贯彻党中央决策部署，坚持稳中求进工作总基调，坚持以供给侧结构性改革为主线，扎实做好“六稳”工作，推动经济稳步高质量发展。

2019 年，我国安防行业在主管部门的正确领导下，全面贯彻党的十九大和十九届二中、三中、四中全会精神，冲破技术瓶颈、打破发展困局，行业生产总值、国内市场需求及国际贸易等方面都有不同程度增长。伴随着平安城市、智慧城市建设深入推进以及人工智能等新一轮科技革命的浪潮，我国安防企业技术创新积极性持续高涨，新技术、新产品层出不穷，智能化、数字化、网络化加快升级，行业生态也呈现出协作完善优化发展的态势。但同时受到国内经济下行压力加大、中美贸易摩擦、市场热点需求不多以及行业竞争加剧等因素影响，产业安全、企业发展也面临着诸多新的考验。

一、2019 年产业发展基本情况及主要特征

（一）产业发展基本情况

1. 产业规模进一步扩大

根据中国安全防范产品行业协会 2019 年度安防行业统计资料显示：截至 2019 年年末，安防行业企业约 3 万余家，从业人员 160 多万人，企业年营业总额约达到 7562 亿元，相比 2018 年增长 9.6%。从产业构成看，2019 年安防产品总收入约为 3706 亿元，占比 49.0%；安防系统集成与工程市场约为 3577 亿元，占比 47.3%；报警运营市场及其他约为 279 亿元，占比 3.7%。

2. 安防制造业继续增长但增速有所放缓

从整体情况来看，2019 年安防制造产业仍然保持增长态势，但增速较前几年有所下降，从企业个体来看表现不尽一致。

旗舰企业增速下降。海康威视、大华股份、宇视、苏州科达近年来无论是营收增速还是净利润增速都呈波动走低态势。其中，海康威视、大华股份 2019 年业绩增幅表现均为近十年来的最低点。

部分安防制造企业实现逆势增长。2019 年安防行业一些分支领域如楼宇对讲、出入口控制（智慧停车）、车载监控等安防企业业绩表现较好。如安居宝、捷顺科技、锐明技术、淳中科技等收入都有较大幅度增长。

少部分安防企业营收下滑，亏损严重。2019 年受国内一些行业需求不旺、国际市场不稳定等多种因素影响，再加上企业自身经营出现问题，行业内少部分安防制造业企业营收出现下滑，有的亏损严重。

3. 安防系统集成与服务类企业增长稳定

2019 年是“雪亮工程”建设尤为关键的一年，这一年“雪亮工程”再次被写入中央一号文件，与此同时我国智慧城市试点数量也超过 700 个。在此带动下，2019 年大部分安防系统集成与服务企业营业收入及净利润增长率保持在 20%以上，好于安防制造企业。

4. 智慧城市建设成为拉动市场需求的主力

党的十九大报告提出，要建设科技强国、网络强国、交通强国、数字中国和智慧社会。近年来，我国智慧城市建设逐步推进，带动了相关安防市场需求的增长。据有关资料显示：2019 年，国家发布《交通强国建设纲要》，我国智能交通领域投入增长近千亿元，涉及道路监控、高速公路收费、3S（GPS、GIS、RS）和系统集成等各类技术产品；智慧医疗市场需求迅速扩大，已成为仅次于美国和日本的世界第

三大智慧医疗市场；全国地级以上“雪亮工程”建设区域约为334个，建设体量超过314亿元。此外，智慧教育、在线教育市场规模达到7000多亿元，智慧能源市场规模逾900亿元，智慧社区市场规模超过5000亿元，智慧金融、智慧文博、智慧能源、智慧社区等市场也都有较大幅度增长。许多安防企业利用自身技术优势，积极研发适用产品参与各类智慧项目建设，有效拓展了市场空间。

5. 安防国际市场表现喜忧参半

随着我国安防行业的不断壮大以及“一带一路”国际合作的深入推进，越来越多的安防企业将目光瞄准了海外市场。近几年间，我国安防产品出口贸易一直保持稳中有升的态势，产品覆盖全球近200个国家和地区，特别是对一些新兴市场国家如中东、南亚、东亚、东北非、拉美等地区贸易增速较快。

但2019年随着中美贸易摩擦升级，安防行业外贸发展面临的环境也更加复杂，不确定性及风险挑战增大。2019年10月美国将海康威视、大华股份等安防企业纳入“实体清单”，海康威视2019年在北美、欧洲等地区基本没有增长，大华股份增速也迅速放缓。受此事件影响，国内安防企业对发达国家贸易出口有所收紧。

（二）产业发展主要特征

1. 产品创新与技术融合加快发展

安防行业是电子信息技术重要的应用领域，近年来安防行业与人工智能、大数据、云计算、5G等技术深度融合，传统安防的边界不断拓展，智能化安防设备正加速融入智慧城市，落地智慧社区，走进智能家居，安防的应用边界不再局限在以往安全等概念上，更成为城市高效管理、社区生活服务的重要工具。

人工智能创新应用呈爆发式增长。近两年，国家持续推动人工智能与实体经济的深度融合，安防行业作为人工智能的最佳落地领域优势开始显现出来。安防企业通过持续加大研发投入，不断推出基于人工智能技术的新产品，2019年又推出了许多AI场景需求定义摄像机、数据平台、数据中台、操作系统，在深度学习、图像增强、夜间成像、人脸检测与识别、各类安防机器人等方面实现AI技术的不断落地应用，在前端感知与边缘计算、智能分析预警等方面达到了世界先进水平，创新技术产品与应用呈爆发式增长态势。

大数据应用走向深入。安防各家企业推出多维数据融合技术，通过不遗余力地对数据进行挖掘，加快多维数据的融合和碰撞，多维数据信息价值得到进一步体现。有的企业利用大数据和人工智能技术，扩展了数字孪生、虚拟现实技术的实践，逐步应用到制造和服务领域，如佳都科技在广州建成了全球首座AI智慧车站，全面提升了地铁服务和运营管理能力。

5G技术进入实战。2019年，我国正式进入5G商用元年，6月6日工信部正式向三大运营商和广电颁发5G牌照。5G以其高带宽、低延时、广连接的特点将为智能安防持续拓展行业的广度和深度，并通过与AI技术的融合，让智能化普及进一步加快，并催生出更多行业智能化场景。2019年安防行业众多厂商基于5G技术提出智能安防发展新理念，并推出了相关产品或者方案，移动视频监控市场爆发指日可待。

产业链上游技术产品增长强劲，国产化率提高。近两年受美国“实体清单”事件影响，安防行业开始持续关注核心技术的掌握，上游核心零部件企业不断壮大，以图像传感器、芯片、镜头等为主营业务的上市企业不断涌现，众多核心零部件供应商业绩表现不俗。尤其在芯片领域，华为、地平线、比特大陆、寒武纪、海康、大华、依图、云天励飞、阿里巴巴都有创新产品推出。

2. 创新“互联网+安防”服务模式，拓服务领域

《2019年国务院政府工作报告》提出要加快在各行业各领域推进“互联网+”。接着国家七部委发布了《关于促进“互联网+社会服务”发展的意见》，提出要以数字化转型扩大社会服务资源供给，激发“互联网+”对优质服务生产要素的倍增效应。

我国安防企业不断创新“互联网+安防”服务模式，拓展安防服务市场。一是继续在传统行业领域如公安、交通、金融、园区等深挖应用。许多企业从单纯提供数据采集服务向一体化提供数据治理与应用

服务转变；有的企业从一般视频监控向着“全景数智物联”迈进，推动 AIoT 联合解决方案在智能交通、智慧园区、智慧机场、智慧小区等诸多细分场景的落地。二是“非传统”安防业务有了较大拓展，向新的行业细分领域迈进，实现业务领域横向拓展或者纵向延伸。如：有的企业发展以互联网业务为中心的智能家居业务，有的发展机器人、电动汽车、智慧存储、智慧物联、智慧停车服务等创新业务。

3. 行业新势力崛起，业内竞合关系常态化

伴随着智能安防的不断发展，ICT 企业、互联网巨头、人工智能企业逐步渗透到安防领域，带来了许多新理念和技术，成为行业内崛起的新势力，推动安防向更深层次的数字化变革迈进，在加剧行业竞争的同时也带来了合作的机遇，行业内各类型企业之间的竞合关系正在成为常态。2019 年华为不但发布了全新的智能安防新品牌，打造了业界首个一站式智能视频算法商城，同时研发智能安防分销业务，智能安防业务实现了翻倍增长。新华三依靠在 AI、芯片、存储、云计算等领域的技术积累，推出了紫光华智品牌及系列产品。与此同时，以阿里巴巴、百度、腾讯为代表的互联网企业则通过与安防企业合作，实现安防业务的延伸。

二、国家相关政策逐步落实，促进安防产业创新发展

2019 年各级政府及相关部门在人工智能、新型智慧城市、物联网等重点领域相继出台多项政策法规，有力促进了我国安防产业的创新发展。

（一）着力推动数字中国、智慧社会建设

党的十九大报告指出要“加强应用基础研究，拓展实施国家重大科技项目，突出关键共性技术、前沿引领技术、现代工程技术、颠覆性技术创新，为建设科技强国、质量强国、航天强国、网络强国、交通强国、数字中国、智慧社会提供有力支撑”。2019 年自然资源部印发《智慧城市时空大数据平台建设技术大纲（2019 版）》。智慧城市时空大数据平台是智慧城市的重要组成，也是其他信息交换共享与协同应用的载体，为各类信息在三维空间和时间交织构成的四维环境中提供时空基础，实现基于统一时空基础下的规划、布局、分析和决策。2019 年，国家发展改革委修订发布了《产业结构调整指导目录（2019 年本）》，本次修订的重点是引导投资方向、政府管理投资项目，把制造业高质量发展放到更加突出的位置，加快传统产业改造提升，大力培育发展新兴产业。

（二）促进人工智能等高新技术发展，抢占产业竞争战略制高点

2019 年人工智能再次被写入政府工作报告，报告提出要“促进新兴产业加快发展，深化大数据、人工智能等研发应用，培育新一代信息技术、高端装备、生物医药、新能源汽车、新材料等新兴产业集群，壮大数字经济”。为加快发展新一代人工智能技术，促进人工智能与实体经济深度融合，2019 年 3 月中央全面深化改革委员会第七次会议审议通过了《关于促进人工智能和实体经济深度融合的指导意见》，通过产业应用、深化改革创新、优化制度环境激发企业创新活力和内生动力，探索创新成果应用转化的路径和方法，构建数据驱动、人机协同、跨界融合、共创分享的智能经济形态。人工智能及大数据等新一代信息技术的蓬勃兴起为安防行业智能化发展提供了新的动能，为构建平安中国提供了技术支撑和保障。

（三）推动发展“互联网+社会服务”

2019 年国家发展改革委等七部委联合印发《关于促进“互联网+社会服务”发展的意见》，提出以数字化转型扩大社会服务资源供给，推动“互联网+社会服务”发展，促进社会服务数字化、网络化、智能化、多元化、协同化，更好惠及人民群众，助力新动能成长。

（四）超高清视频产业发展行动计划发布

2019 年工业和信息化部等三部委联合印发《超高清视频产业发展行动计划（2019—2022 年）》，视频是信息呈现和传播的主要载体，是安防应用的重要技术手段，超高清视频是继视频数字化、智能化、高清化之后新一轮重大技术革新。《行动计划》提出夯实超高清视频产业核心基础，丰富超高清视频内容供给，提升网络传输能力，加强行业推广应用，完善公共支撑体系，全面促进我国超高清视频产业快速发展。

（五）促进网络安全产业发展的指导意见发布

2019 年工业和信息化部就《关于促进网络安全产业发展的指导意见》公开征求意见，提出了“着力突破网络安全关键技术、积极创新网络安全服务模式、合力打造网络安全产业生态、大力推广网络安全技术应用、加快构建网络安全基础设施”五项任务，强调了主管部门对网络安全行业的战略定位，未来将继续保持行业规模快速增长、骨干企业竞争优势持续提升的格局。

三、行业管理与服务不断加强，促进安防行业规范发展

（一）规范行业管理，引领行业发展

我国公安技防管理部门立足国家信息化发展、深化平安中国建设，统筹做好技防工作的整体规划和基础支撑保障，依托公共安全视频监控建设联网应用，进一步推动安全防范技术与人工智能、大数据、云计算、5G、BIM（建筑信息模型）、CIM（城市信息模型）、数字孪生等技术在安全技术防范领域的融合和落地应用。一是落实行政审批制度改革要求，自上而下规范参与联合审图工作，推动《安全防范工程技术标准》等重点标准在建设工程中的贯彻落实；二是进一步完善和修订现行行业标准中的技术参数和要求，持续推动现行标准的宣贯、执行；三是通过织密视频监控网、推动联网共享、推进专网扩容等具体措施，深入推进各地“雪亮工程”建设，大力提升视频智能化服务支撑水平。

2019 年，安防行业标准化工作有序开展。全年制定安全防范国家标准 65 项、行业标准 148 项，累计推进 20 余项重点领域国家标准的制修订工作。

安防行业认证工作积极推进。累计颁发有效证书共计 1283 张，保持有效 CCC 证书 640 张，保持有效 GA 证书 354 张，累计颁发 CSP 自愿性认证证书 289 张。

安防行业检测工作有序进行。承担国家级、省部级等各类科研立项项目 21 项，完成科研项目 17 项，待验收科研项目 5 项，承担及参与其他在研科研项目 35 项。

安防行业科研教学全面发展。各国家重点实验室和技术联盟以需求为导向，紧密结合基层实战，为高速发展的视频监控技术提供科研、应用、培训、推广、交流的综合性平台。

（二）加强自身建设，提升服务品质

我国各级行业协会在主管部门及业务指导部门的领导下，以服务为宗旨，坚持发挥党组织核心领导作用，承担社会责任，参与扶贫项目，加强对外交流，树立良好社会形象。通过开展专题研究、承担政府服务项目，反映会员诉求，成为了政府管理决策的得力助手；通过开展评价、培训、调研服务会员等活动，帮助解决企业难题，建设会员之家。至 2019 年年末，我国安防行业共有各级协会 53 个，工作人员约 300 人。其中，33 个协会设立专家委员会，各类专家人才近 3000 名。

四、行业发展面临的问题与挑战

（一）产业生态亟待完善

我国安防行业制造能力较强，近几年通过技术创新在中低端芯片设计能力、软件平台、云计算、人工智能及大数据应用方面有了很大的提升，视频监控的前端摄像机以及硬盘录像机等芯片实现了国产化，但最尖端的技术仍然依赖进口，尤其是图像传感器（CMOS）、存储控制芯片、后端服务器芯片以及底层技术（操作系统）对外依存度较高，如果一旦出现上游断供，下游企业将难以在短时间内找到合适的替代品。一年多来，随着美国对中国企业科技封锁不断加码，越来越多的安防企业被列入“实体清单”，这一短板带来的一系列问题愈加凸显出来，严峻形势倒逼我国必须尽快完善产业生态，逐步建立自主可控的产业链体系。

（二）信息安全挑战愈发严峻

近年来，随着平安城市、智慧城市建设规模不断扩大，安防系统通过视频监控联网应用渗透到了社会生活的方方面面，在对大数据信息进行采集、挖掘、传输以及云计算技术使用的同时，越来越多的安

全隐患也逐渐暴露，因此其自身信息安全、设施安全以及行为溯源已成为迫切需要解决的现实问题，亟须通过立法规范公共安全视频图像信息系统的建设、使用和管理，维护公共安全，保障公民、法人和其他组织的合法权益。

（三）行业重组步伐加快

随着安防行业市场规模的扩大和技术的快速迭代升级，越来越多的物联网及通信技术企业跨界进入安防行业，这些企业不仅技术积累雄厚，具有云数据中心、云存储、大数据以及 AI 领域的优势，而且在生态圈构建方面具有强大的能力。这些企业的加入，一方面会给行业发展带来新的能量和方向上的引领，但也会对原有安防格局造成强大冲击，快速催化安防行业格局的改变，或导致行业重组。一批传统安防企业将会因为技术跟进难度太大、无法满足新的市场需求而陷入困境。

（四）对外贸易风险加大

从国际市场看，近年来逆全球化思潮、单边主义日益抬头，中美经贸摩擦逐步升级，加上新冠肺炎疫情影响，国际市场不确定因素和贸易风险都会增大，尤其是对一些发达国家的贸易更是不容乐观，需要安防企业做好市场调研，调整好预期，做好各种应对预案。

已经到来的 2020 年，将是非同寻常的一年。这一年我国将实现“全面建成小康社会”第一个百年奋斗目标，完成国家“十三五”规划任务，同时一系列平安城市、平安建设、“雪亮工程”、智慧城市试点与建设工作也将进入冲刺收官阶段。2020 年我国将加大“六稳”工作力度，激发市场主体活力，增强发展新动能，推动高质量发展；将推进更高水平对外开放，高质量共建“一带一路”；将开始工程量浩大的新型基础设施建设（新基建），重点发展新一代信息网络，拓展 5G 应用，建设数据中心，激发新消费需求、助力产业升级；2020 年我国将制定“十四五”发展规划，描绘未来 5 年发展蓝图。广大安防企业应抓住这一历史机遇，加强关键核心技术攻关，不惧风浪，知难而进，方能渡过险滩，到达辉煌的彼岸！

第四节　安防行业发展大事记

安防行业具有影响力大事件

一、“雪亮工程”入选中央一号文件

近些年“雪亮工程”建设在各地加快推进，2019 年伊始最值得称道的是，“雪亮工程”入选中央一号文件《中共中央国务院关于抓好“三农”领域重点工作确保如期实现全面小康的意见》，文件提出加快建设信息化、智能化农村社会治安防控体系，继续推进农村“雪亮工程”建设。坚持发展新时代“枫桥经验”，完善农村矛盾纠纷排查调处化解机制，提高服务群众、维护稳定的能力和水平。

在 2019 年 7 月召开的政法领域全面深化改革推进会上，中央政法委总结截至 2019 年“雪亮工程”建设情况，指出“雪亮工程”已全面推进，示范城市（区）重点公共区域视频覆盖率达到 96%。公安大数据战略、智慧检务、“数字法治·智慧司法”建设实现深入实施。与此同时，2019 年各地“雪亮工程”建设快马加鞭，持续落地。

二、《超高清视频产业发展行动计划（2019—2022 年）》发布

2019 年 3 月，工业和信息化部、国家广播电视总局、中央广播电视总台联合印发《超高清视频产业

发展行动计划（2019—2022 年）》。该行动计划明确将按照“4K 先行、兼顾 8K”的总体技术路线，大力推进超高清视频产业发展和相关领域的应用。2022 年，我国超高清视频产业总体规模超过 4 万亿元，4K 产业生态体系基本完善，8K 关键技术产品研发和产业化取得突破，形成一批具有国际竞争力的企业。

该行动计划重点针对安防监控、智能交通、医疗健康等几大行业应用进行了阐述。其中，在安防监控领域将加快推进超高清监控摄像机等的研发量产，推进安防监控系统的升级改造，支持发展基于超高清视频的人脸识别、行为识别、目标分类等人工智能算法，提升监控范围、识别效率及准确率，打造一批智能超高清安防监控应用试点。

随后，北京、上海、广州、安徽、湖南、重庆、四川、青岛 8 省市也相继出台《超高清视频产业发展行动计划》。

三、智能安防入选国家发改委《产业结构调整指导目录（2019 年本）》

2019 年国家发展改革委修订发布了《产业结构调整指导目录（2019 年本）》。该目录共涉及行业 48 个，条目 1477 条，其中鼓励类 821 条、限制类 215 条、淘汰类 441 条，鼓励类新增“人工智能”、“养老与托育服务”等 4 个行业。该目录鼓励传统产业改造提升，注重鼓励运用互联网、物联网、大数据、云计算、人工智能等新一代信息技术改造传统产业。

在“人工智能”类别中包括人工智能芯片，虚拟现实（VR）、增强现实（AR）、语音语义图像识别、多传感器信息融合等技术的研发与应用；智能安防（视频图像身份识别系统）、智能交通、智能教育、智慧城市等几类。

另外，在第一类鼓励类第十四条机械类中，城市智能视觉监控、视频分析、视频辅助刑事侦查技术设备在列。在信息产业中，包括音视频编解码设备、音视频广播发射设备、数字电视演播室设备、数字电视系统设备、数字电视广播单频网设备、数字电视接收设备、数字摄录机、数字录放机、数字电视产品。

四、首届“中国人工智能·多媒体信息识别技术竞赛”成功举行

2019 年 3 月 20 日下午，首届“中国人工智能·多媒体信息识别技术竞赛”启动仪式暨新闻发布会在北京饭店召开。竞赛由中央网信办、工信部、公安部共同指导，厦门市人民政府主办，中国安全防范产品行业协会、中国人工智能学会、中国科学院信息工程研究所、中国信息通信研究院、公安部第一研究所、公安部第三研究所、厦门市委网信办、厦门市经济和信息化局、厦门市公安局承办，旨在打造国内最具权威性和具有国际水准的人工智能领域竞赛赛事。

首届“中国人工智能·多媒体信息识别技术竞赛”得到了人工智能相关企事业单位的积极响应，共有 362 支队伍报名参加 995 个比赛项目，涉及人工智能多个技术方向，贴近实际应用场景，综合性强。本次比赛采用“公有云+安全屋”作为在线竞赛环境，既便于参赛选手远程参加比赛，又可以保证数据安全不泄露，为比赛营造了一个安全、公平、方便、快捷的赛场环境，为比赛的可持续运营打好了技术基础。

经过近 5 个月的比拼，8 月 9 日，首届“中国人工智能·多媒体信息识别技术竞赛”的结果在厦门盛大揭晓，首届“中国人工智能·多媒体信息识别技术竞赛”共有 31 个单位的 35 支队伍获 A 级证书，并评选出 16 个 AI“创新之星”项目。

五、公安部印发《全国公安机关加快社会治安防控体系建设行动计划》

2019 年 3 月，公安部印发了《全国公安机关加快社会治安防控体系建设行动计划》，在该行动计划的总体框架下，会同教育部研究制定加强校园安全防范建设三年规划，有计划、分步骤务实推进校园安防体系建设。

公安部要求，2019 年年底前，各地要推动实现“三个百分之百”的工作目标：即中小学封闭化管理达到 100%，一键式紧急报警、视频监控系统与属地公安机关联网率达到 100%，城市中小学专职保安员

配备率达到 100%。

六、美国商务部将 28 家中国实体列入出口管制“实体清单”

2019 年 10 月 7 日，美国商务部产业安全局（BIS）在没有任何事实根据的情况下，在其官网上宣布，将 28 家中国组织和企业列入“实体清单”，其中包括海康威视、大华科技、科大讯飞、旷世科技、商汤科技、美亚柏科、依图科技、颐信科技 8 家公司。

对于美国商务部产业安全局的做法，多家企业公开作出回应，并表示强烈反对。同时，绝大多数公司还表示，将会在国内寻找替代产品并用“自主研发”来应对此次事件。

七、2019AI+智慧安防技术创新与产业赋能暨 IVAA 高峰论坛召开

2019 年 8 月，由中国安全防范产品行业协会主办，视频图像信息智能分析与共享应用技术国家工程实验室、福建省公共安全防范行业协会及业内相关企业共同协办承办的，以“新融合、新科技、新赋能”为主题的 2019AI+智慧安防技术创新与产业赋能暨 IVAA 高峰论坛在厦门举行，论坛从国家政策、产业发展、技术创新等层面深度解构人工智能技术在安防领域的实际应用。来自 15 个省区及计划单列市、省会、地市科信部门技防管理部门，22 个地方安防协会以及企业嘉宾和代表近 400 人参会。本次论坛不仅为行业发展拓展了新领域、推动了新融合、开阔了新视野、注入了新动能，更进一步推动了安防行业的技术创新与产业赋能，助力安防技术智能化、数字化发展。

八、国家标准《居家安防智能管理系统技术要求》发布

市场监督管理总局（国家标准化管理委员会）批准了 GB/T37845-2019《居家安防智能管理系统技术要求》，并予以发布。《居家安防智能管理系统技术要求》国家标准归口单位为全国安全防范报警系统标准化技术委员会（SAC \ TC100），将于 2020 年 3 月 1 日实施。

GB/T37845-2019《居家安防智能管理系统技术要求》标准的出台将进一步规范居家安防智能管理系统的产品市场的发展，给整个行业带来推进作用，有助于行业资源的大整合，促进行业更快更健康地可持续发展。

九、2019 年（深圳）第十七届中国国际公共安全博览会隆重举办

2019 年第十七届中国国际公共安全博览会（以下简称 CPSE 安博会）于 10 月 28 日至 31 日在深圳会展中心举行，本届安博会以“大安防　大数据　大产业”为主题，安博会展览总面积达 11 万平方米，超过 1500 家企业参加此次展会，展现安防领域在大数据、云计算、物联网、人工智能时代的前沿技术及创新发展，同期举办第十五届中国安防论坛和中国生物特征识别技术创新应用论坛及“一带一路”国际安保论坛。

十、复眼形态的摄像机等新品面世，芯片处理技术升级

2019 年 10 月，业界首个多镜多芯复眼形态摄像机 SDC X8341-10 系列以及首款基于“鲲鹏+昇腾”处理器的智能微云 IVS1800 面世。

SDC X8341-10 系列产品采用三核“芯”架构，提供 8Tops 澎湃算力，能实现极简化智能覆盖与全 AI 联动抓拍与分析；多镜协同，三镜头视野协同共享；四大场景化模式，让智能化覆盖更简单、更全面。创新的十字协同模式，只需 2 台即可实现十字路口的智能全覆盖，替代传统 4 杆 10 台摄的建设方案。

智能微云 Huawei HoloSens IVS1800 平台是“鲲鹏+昇腾”智能视频云微型边缘云平台，小机大智，采用存算检一体的智能微云架构，全通道图片智能，1 台设备实现接入存储、分析、检索布控综合业务功能，可实现学校、网点、商超、企业园区、全息社区等场景的量身定制。

技防管理工作大事记

2019 年 1 月 31 日

中共安徽省委、安徽省人民政府下发《中共安徽省委安徽省人民政府关于坚持农业农村优先发展做好“三农”工作的实施意见》（皖发〔2019〕1 号），明确加快推进农村“雪亮工程”建设的总体任务。

2019 年 2 月 21 日

公安部科技信息化局在北京召开 2019 年度安防行业组织、中介机构和实验室联席会议。会议通报了科技信息化局 2018 年技防工作完成情况以及 2019 年技防工作要点，听取了联席会议各成员单位 2018 年工作报告和 2019 年工作要点，围绕推进安防标准化与认证、加强舆论宣传与新媒体建设等议题进行了研讨，确定了年度重点工作任务。

2019 年 3 月 15 日

内蒙古自治区公安厅科技信息化总队印发《内蒙古自治区公安机关视频图像大数据应用系统指导意见（试行）》，明确了总体建设思路和具体技术方案。

2019 年 3 月 19 日

公安部科技信息化局在湖北省十堰市召开公共安全技防及视频监控工作研讨会，就公共安全视频监控资源的共享管理及智能应用、2019 年技防及视频监控的重点工作进行了探讨交流。

2019 年 4 月 8 日

贵州省委政法委部署开展了“努力把贵州建设成全国最平安的省份之一”主题调研，贵州省公安厅安全技术防范管理办公室承担“运用大数据、人工智能等现代科技手段提升社会治理能力水平——子课题”，迅速组织各地技防管理部门开展了全省“雪亮工程”建设、应用情况调研。

2019 年 4 月 29 日

公安部科技信息化局向中国安全防范产品行业协会发出《关于进一步规范协会对外开展重大活动有关要求的通知》（公科信〔2019〕89 号），就进一步规范协会对外开展重大活动提出明确工作要求。

2019 年 5 月 8 日

内蒙古自治区公安厅印发《内蒙古公安厅关于加快推进视频监控智能化建设应用工作的通知》，明确了内蒙古自治区各级公安机关在视频监控智能化建设中的分工和任务指标。

2019 年 5 月 10 日

《内蒙古移动警务综合应用平台方案》和《内蒙古自治区公安机关视频大数据应用系统建设方案》在“第二届中国警务信息化建设成果推介活动研讨会”上分别获得“最佳智慧移动警务解决方案”和“最佳智慧视频解决方案”奖项。

2019 年 6 月 1 日

河南省人民政府印发《河南省工程建设项目审批制度改革实施方案》，全面部署工程建设项目审批制度改革工作，将技防管理纳入改革范畴。

2019 年 6 月 6 日

山西省委政法委组织召开全省“雪亮工程”建设视频推进会，总结全省“雪亮工程”建设进展情况，交流先进经验做法，安排部署下一步工作。

2019 年 6 月 24 日

新疆生产建设兵团公安局召开了兵团公共安全视频监控项目建设现场推进会，对 2018 年以来各师公共安全视频监控项目建设情况进行了通报，对后期的项目建设工作重点进行了部署。

2019 年 7 月 2 日

山东省公安厅与山东省委政法委等 9 部门联合印发了《山东省“雪亮工程”建设管理规范》（鲁政发〔2019〕26 号），明确要求县级以上人民政府将公共安全视频图像建设联网维护纳入城市公共基础设施管理及本地经济社会发展和城乡规划中长期规划，与智慧城市、平安城市建设规划同步设计、同步推进、同步实施。

2019 年 7 月 3 日

江苏省委政法委、公安厅、科技厅联合印发《全省“智慧技防小区”和“智慧技防校园”建设指导意见》，明确了建设标准和数据采集、存储、传输和应用规范，在全省部署“智慧技防小区”和“智慧技防校园”建设。

2019 年 7 月

公安部科技信息化局会同国家机关事务管理局房地产管理司等部门，赴湖北武汉市、鄂州市、宜昌市，青海西宁市、门源县，甘肃兰州市、白银市，北京西城区、朝阳区、丰台区、通州区等地调研城镇老旧小区改造工作，重点对老旧小区改造涉及的技防建设应用情况进行了专题调研。

2019 年 7—8 月

公安部科技信息化局组织开展了对北京、天津、河北、山西、山东、湖北、云南、西藏 8 个省份和 17 个地市的公安视频监控网络安全现场抽查，并就抽查发现的问题提出整改要求。

2019 年 8 月

吉林省公安厅视频监控处更名为图像侦查总队，由综合管理监督类单位变为专业实战执法类单位，主要负责开展实战应用年系列活动、开展视频监控技术专题培训、开展总队青年民警岗位练兵、组织技术服务队下基层。

2019 年 8 月

根据 GB50348-2018《安全防范工程技术标准》、GB308-2001《安全防范系统验收规则》等要求，上海市公安局技术防范办公室发布《关于进一步加强本市安全技术防范工程评审验收工作的通知》，加强事中和事后监管。

2019 年 8 月 22 日

贵州省公安厅安全技术防范管理办公室对《贵州省安全技术防范管理条例》中涉及机构改革、不符合“放管服”改革、政务服务“一网通办”、涉及民营经济发展的相关条例进行清理。

2019 年 8 月 26—28 日

公安部科技信息化局在山东警察学院举办重点贫困地区公安技防及视频监控技术培训班，对全国 20 个省份 117 个重点贫困县公安机关的 120 余名业务骨干进行了培训。

2019 年 9 月 10 日

山西省公安厅治安管理总队下发《关于进一步做好二类视频监控资源联网整合工作的通知》，对全省进一步做好二类视频监控资源联网整合工作提出具体要求。

2019 年 9 月 16 日

甘肃省公安厅以“建为用、建为战”为理念，举办了全省公安机关视频图像信息应用比武竞赛活动，在创新开展视频图像智能化应用上下功夫，充分挖掘视频监控应用实战效能，强化了视频监控在技防工作中的基础地位。

2019 年 9 月 24 日

中共黑龙江省委政法委与黑龙江省公安厅联合印发了《关于进一步推进“雪亮工程”建设的通知》（黑政法字〔2019〕80 号），进一步明确了职能任务，强化了组织保障和责任监督。

2019 年 9 月 25 日

青海省公安厅科技信息化总队下发了《关于在全省开展安全技术防范设施系统安全检查工作的通知》，同时下发《安全技术防范系统日常安全检查工作手册》。

2019 年 9 月 28 日

甘肃省公安厅联合甘肃省住房和建设厅，联合下发《关于进一步明确安全技防系统技术审查并入施工图审查有关事宜的通知》（甘建设〔2019〕299 号），明确了将安全技防系统设计文件并入施工图审查中进行综合审查。

2019 年 10 月 30 日

江西省公安厅安全技术防范管理办公室建立《江西省视频图像资源共享目录》，分级分类厘清全省已联网可共享各类视频监控点位，统筹推进视频图像信息资源整合、安全共享和综合应用。

2019 年 11 月 4 日

安徽省地方标准 DB34/T3429-2019《安全防范联网报警接入规范》颁布，并于 2019 年 12 月 4 日正式实施。

2019 年 11 月 13 日

广东省公安厅安全技术防范管理办公室与广东省住房城乡建设厅联合印发了《关于房屋建筑和市政基础设施工程实行联合审图的通知》，要求将房屋建筑和市政基础设施工程的消防、人防、技防等技术审查整合并入施工图设计文件审查。

2019 年 12 月

湖北省公安厅科技信息化处会同湖北省住房和城乡建设厅有关部门印发《房屋建筑和市政基础设施

工程施工图设计文件技术审查要点》。

2019 年 12 月 9 日

福建省公安厅、福建省住房和城乡建设厅联合印发《关于全省推广开展智慧安防小区建设的指导意见》，全面推广落实推广智慧安防小区建设。

2019 年 12 月 12 日

河南省公安厅科技处积极与河南省市场监督管理局沟通，立足河南省行业发展实际，审核发布了地方标准《安防报警设计规范》，为进一步规范河南省技防行业的发展提供了有力保障。

2019 年 12 月 20 日

为全面贯彻落实《辽宁省公共安全技术防范条例》，辽宁省公安厅历时 3 年起草制定了《大中型商场和超市安全技术防范系统要求》地方标准，经辽宁省市场监督局批准正式下发给全省公安机关贯彻执行。

2019 年 12 月 30 日

公共安全视频监控建设联网应用部际协调工作组全体会议暨“雪亮工程”建设工作推进会在北京召开。会议审议通过了新修订的“雪亮工程”部际协调工作制度，总结通报了 2018 年以来各地区、各部门“雪亮工程”工作情况以及“雪亮工程”第二阶段联网测试工作情况，部署了 2020 年“雪亮工程”重点工作。

2019 年 12 月 30 日

福建省委政法委、福建省公安厅组织召开全省“雪亮工程”贯彻部署视频会，学习贯彻中央“雪亮工程”建设工作推进会，并对下一步全省开展公共安全视频监控建设联网应用提出工作要求。

行业组织大事记

2019 年 1 月 4 日

由中国安全防范产品行业协会主办、成都安全防范协会协办的“中国报警运营服务新发展高峰论坛”在成都召开，探讨报警运营服务新发展新模式。

2019 年 1 月 5 日

中国安全防范产品行业协会在成都召开全国安防协会负责人座谈会，通报中国安全防范产品行业协会 2019 年主要工作，听取意见建议，增进协会间交流、沟通。

2019 年 1 月 5 日

中国安全防范产品行业协会在成都召开专家委员会第三届第一次委员会议，报告第三届专家委员会换届及专家考核登记情况，通过新一届专家委员会委员，聘任新一届专家委各专业组组长、副组长。

2019 年 1 月 18 日

中国安全防范产品行业协会、浙江省安全技术防范行业协会、深圳市安全防范行业协会、杭州市安全技术防范行业协会、全国安全防范报警系统标准化技术委员会在杭州召开 2019 安防产业发展专题调研座谈会，进一步了解和掌握我国安防产业发展状况，全面推动安防产业高质量发展。

2019 年 1 月 19 日

北京安全防范行业协会第三届第二次会员代表大会审议通过了协会成立内保分会的决议，分会将依托安防行业专家智库及会员单位，为政府部门和公安机关的监督管理提供支撑和服务，提升机关、企事业单位内部安全防控能力。

2019 年 1 月 19 日

北京安全防范行业协会与中国儿童少年基金会共同启动“鹰翔计划”公益项目，发动更多行业爱心人士关注英烈子女。期间共收到爱心会员企业及行业爱心人士捐赠善款近 40 万元。

2019 年 1 月 25 日

安徽省安全技术防范行业协会第五届第一次常务理事会、理事会通过了《安徽省安全技术防范行业资质等级评价管理办法》（修订案）、《安徽省安全技术防范行业技术人员能力考核评价体系》（草案）。

2019 年 3 月

新加坡安全协会组织政府官员、企业家、公司高管来京进行为期 4 天的参观访问，北京安全防范行业协会应邀接待访华团，并陪同参观相关企业。

2019 年 3 月 1 日

福建省公共安全防范行业协会归口并发布的团体标准 T/FJAF001-2019《民宿安全管理服务规范》于 2019 年 3 月 1 日起正式实施。

2019 年 3 月 8 日

由深圳市智慧安防行业协会组织制定的团体标准 T/SZSSIA001-2019《停车库（场）电子收费　银行卡免密支付技术规范》正式发布。

2019 年 3 月 13—15 日

由湖北省安全技术防范行业协会主办，武汉市、宜昌市、黄冈市、孝感市、十堰市安防协会协办的“第十九届 2019 中国（武汉）公共安全产品暨警用装备展览会”在武汉国际会展中心举行，参观观众达 3 万余人次。

2019 年 3 月 21 日

云南省安全技术防范协会支持的“2019 第二届中国（昆明）南亚社会公共安全科技博览会”举办，同期还举办了“第二届中国—南亚智慧融合共享平安高峰论坛”。

2019 年 3 月 22—24 日

由石家庄市安全技术防范协会主办的 2019 第十八届河北公共安全防范产品博览会在石家庄市开幕。

2019 年 3 月 27 日

内蒙古自治区公共安全技术防范行业协会制定并出台了《内蒙古自治区公共安全技术防范系统设计、

施工和维修服务能力等级评定办法》、《评定办法实施细则》和《评定积分认定标准》等系列试行文件，在全区范围内对从事相关工作的单位的服务能力、专业水平及诚信水平进行综合认定，实施服务能力等级管理。

2019 年 4 月

内蒙古自治区公共安全技术防范行业协会晋升成为 5A 级社会组织。

2019 年 4 月 1 日

由重庆市公共安全技术防范协会与相关单位联合主办的“2019 中国（重庆）智慧城市、公共安全暨智能建筑、警用装备产品技术展览会”在重庆开幕。会议同期还举办了“中国（重庆）公共安全信息化建设暨信息安全、大数据、人工智能创新发展论坛”。

2019 年 4 月 11 日

由中国安全防范产品行业协会、合肥市公安局主办，安徽省安全技术防范行业协会协办的 2019 中国智能安防行业峰会在合肥举行。会议以“星云聚合智能进化——走进安防新时代”为主题，探索新时代安防行业发展之路。

2019 年 4 月 11 日

广东省公共安全技术防范协会成立广东省安防人工智能专业委员会，由高校和企业的 11 名专家任专家委员。

2019 年 4 月 18 日

由中国安全防范产品行业协会主办，辽宁省社会公共安全产品行业协会、浙江省安全技术防范行业协会承办的“全国安防行业团体标准建设发展论坛”在沈阳举行。

2019 年 4 月 18 日

由辽宁省社会公共安全产品行业协会主办的“2019 第二十一届东北国际公共安全防范产品博览会”在沈阳举行。

2019 年 4 月 18—20 日

湖南省安全技术防范行业协会举办了“2019 第十九届湖南智慧安防产品与技术博览会”，来自国内外 160 余家安防产品、工程商参展。

2019 年 4 月 25 日

中国安全防范产品行业协会组织专家召开了 2019 年度团体标准制修订计划项目立项评审会，对上报的 8 个项目的必要性、可行性、先进性等进行详细讨论。

2019 年 4 月 26 日

中国安全防范产品行业协会专家委员会战略规划专业组在北京召开“人工智能与安防产业深度融合”研讨会，探讨人工智能下的安防产业发展状况。

2019 年 4 月 28 日

中国安全防范产品行业协会专家委员会召开实体防护工作组第三届第一次会议，讨论分析了实体防护产业发展情况，研究工作组下一阶段工作方式和重点任务。

2019 年 4 月 30 日

根据《中国安全防范产品行业协会标准管理办法（试行）》，团体标准 T/CSPIA 001-2019《视频监控室外电子设备箱通用技术要求》经立项、起草、征求意见、技术审查等标准编制流程，通过中国安全防范产品行业协会理事长会议批准，予以发布实施。

2019 年 5 月 20 日

中国安全防范产品行业协会在南京召开第五届理事会第八次理事长工作会议暨常务理事会议，总结回顾了协会上年度的主要工作，并对协会下一步重点工作进行部署。

2019 年 5 月 22 日

由青海省公共安全技术防范协会承办的主题为“智慧公安·兴警惠民”的 2019 年青海省公安科技活动周暨青海省公共安全技术防范协会十周年庆典举行，约 1000 人参加庆典，同期颁布“青海安防辉煌十年特别贡献奖”。

2019 年 5 月 22 日

北京安全防范行业协会和中关村安防产业发展促进会联合主办第一期中小企业信贷投融资专题研讨会，为会员企业搭建服务平台，协助和解决会员企业融资难、融资贵等问题，并协助企业走出融资的误区和困境，扶持中小企业进入更高层次的多层次资本市场。

2019 年 5 月 22 日

上海安全防范报警协会、浙江省安全技术防范行业协会、安徽省安全技术防范行业协会、苏州安全技术防范行业协会、镇江安全技术防范行业协会等三省一市安防行业协会在上海联合主办“长三角区域安防产业一体化协同发展座谈会”，推动长三角区域安防行业深化合作。

2019 年 5 月 22 日

由上海安全防范报警协会主办的“第十九届上海国际公共安全产品暨上海国际警用无人系统博览会”在上海开幕，展会同期还举办了“第二届上海 3A 论坛（AI 硬件+AI 软件+安防）”、“第二届警用安防无人机创新发展论坛”、“第四届中国上海保安理论高峰论坛”和“上海安防行业智慧创新评选活动”。

2019 年 5 月 22 日

由安徽省安全技术防范行业协会主办的“聚力创新合作共赢”智慧安防技术创新论坛在合肥召开，来自安防行业的相关领导、专家、全国各省市安防协会负责人及部分省市公安代表共 300 余人参加了论坛。

2019 年 5 月 27—29 日

由陕西省委政法委、陕西省公安厅批准，由陕西省安全防范产品行业协会承办的 2019 中国（西安）国际社会公共安全产品、智慧交通、应急消防、反恐防爆技术暨“雪亮工程”应用博览会在西安曲江国际会展中心开幕。

2019 年 5—7 月

广东省公共安全技术防范协会与广东省人力资源和社会保障厅、广东省总工会共同主办 2019 年广东省职业技能大赛——“平安城市—智慧守护”智能安防职业技能竞赛，共计 200 余人报名参赛。

2019 年 6 月 5 日

湖北省安全技术防范行业协会召开第四届第五次（常务）理事会暨无人机分会成立大会。会议审议通过了 2019 上半年工作报告及下半年工作计划等议题。同期召开了“湖北省安全技术防范行业协会无人机分会成立大会”。

2019 年 6 月 6 日

武汉市安全技术防范行业协会于 6 月 6 日发布《公共安全防范视频监控系统运维服务规范》团体标准公告，该项团体标准于 7 月 1 日起实施。

2019 年 6 月 20 日

由中国安全防范产品行业协会制定的《安防工程企业能力评价体系文件（2018 版）》正式发布并施行。

2019 年 7 月 3—4 日

北京安防行业协会与法制日报社联合举办“中国公共安全防范建设应用成果展、全国政法智能化建设技术装备”及“雪亮工程”成果展，同期还举办了“中关村科技助力政法系统智能化建设供需对接会及需求单位技术交流座谈会”。

2019 年 7 月 5 日

深圳市智慧安防行业协会与东莞市公共安全技术防范协会联合举办“深圳市智慧安防行业协会与东莞市公共安全技术防范协会专家技术交流研讨会”，围绕两地安防行业的现状、专家委职能架构工作等议题展开讨论。

2019 年 7 月 24 日

天津市安全防范服务行业协会召开第一届第一次全体会员大会，审议通过了协会《章程》，选举产生了理事 13 名、监事 1 名，通过了协会《会费标准》。同期还召开第一届第一次理事会，选举产生了会长 1 名、副会长 2 名、秘书长兼法人 1 名。

2019 年 7—9 月

由北京市职工技术协会、北京市职业技能鉴定管理中心主办，北京安全防范行业协会承办的 2019 年北京市“职工技协杯”暨首届安全防范系统安装维护员职业技能竞赛举行。

2019 年 8 月 1 日

浙江省安全技术防范行业协会发布团体标准《智慧社区综合信息服务平台技术规范》。

2019 年 8 月 9 日

由中国安全防范产品行业协会主办的 2019AI+智慧安防技术创新与产业赋能暨 IVAA 高峰论坛在厦门举行，本次论坛以“新融合、新科技、新赋能”为主题，从技术、产业、行业、市场等方面，深入探讨人工智能技术与安防行业的融合与发展。

2019 年 8 月 9 日

成都安全防范协会主办的 2019 中国（成都）首届国际警用和消防装备博览会举行。

2019 年 8 月 15 日

安徽省安全技术防范行业协会组织“情系宁国　爱心无限”抗击强台风“利奇马”救灾募捐活动，相关领导及社会各界爱心人士等 60 余人参与了活动，共筹集善款 30 余万元。

2019 年 8 月 15 日

由新疆维吾尔自治区安全技术防范行业协会主办的第六届中国——亚欧安防博览会暨 2019 第十五届新疆警用反恐技术装备博览会暨第五届新疆国际消防安全装备暨应急救援设备博览会在新疆举行。

2019 年 8 月 16 日

由中国安全防范产品行业协会组织编写的《中国安防行业 2018 年度统计报告》正式对外发布。

2019 年 8 月 26 日

深圳市反恐怖工作领导小组办公室会同深圳市智慧安防行业协会等相关单位共同制定并发布了《反恐怖防范管理规范：中小学、幼儿园》，本标准规定了深圳市中小学、幼儿园反恐怖防范管理的防范原则、重要部位、等级划分、常态反恐怖防范、非常态反恐怖防范、应急准备要求和监督、检查。

2019 年 8 月 26 日

由深圳市智慧安防行业协会组织起草的深圳市地方标准《城市轨道交通警用安全防范系统与通信系统技术规范》正式发布。

2019 年 8 月 31 日

重庆市公共安全技术防范协会《重庆安防通讯》创刊，内容包括工作动态、专题报道、行业动态、前沿技术、会员风采等，首期印制 1000 本，送发会员单位和赠阅相关行业单位。

2019 年 6—9 月

湖北省安全技术防范行业协会先后在恩施、荆门、襄阳、十堰、宜昌、荆州、黄石 7 个地市举办了“2019 智慧安防生态圈暨地市交流沙龙活动”。全省共计 280 余家会员单位负责人参加。该活动大大促进了全省各地市会员互动交流及合作。

2019 年 9 月 1 日

由辽宁省社会公共安全产品行业协会提出并归口、6 家会员单位共同起草的 T/LNPSA0001-2019《安全防范系统维修保养规范》，正式在全国团体标准信息平台发布。

2019 年 9 月 21 日

广西安防行业协会组织的第十六届中国—东盟博览会之“第二届中国—东盟智慧城市会客厅”在南宁举办。

2019 年 9 月 25 日

辽宁省社会公共安全产品行业协会 LED 技术委员会成立大会在沈阳召开。

2019 年 9 月 27 日

由中关村中安安防产业发展促进会主办，北京安全防范行业协会协办的中国（雄安）国际智慧城市暨社会公共安全产品展览会、中国（雄安）国际消防产品与应急救援展览举办，吸引了来自全国各地的工程商、专业观众前来参观。

2019 年 9 月

由中国安全防范产品行业协会编辑完成的《中国安全防范行业年鉴》（2018 版）正式对外发布。

2019 年 10 月 10 日

浙江省安全技术防范行业协会在杭州召开“2019 智能安防工程师大会”，表彰 100 名浙江安防行业模范工程师，并同期举办“全国安防职业教育产教融合研讨会”和“全国省际安防协会工作分享会”。

2019 年 10 月 10 日

浙江省安全技术防范行业协会、浙江未来技术研究院共同成立了长三角智能安防协同创新中心。

2019 年 10 月 10 日

浙江大学非传统安全与和平发展研究中心硕博士实践基地在浙江省安全技术防范行业协会揭牌。

2019 年 10 月 13 日

由中国安全防范产品行业协会主办的智能视频技术标准研讨会在杭州召开，会议听取了有关技术指数研究成果介绍并对相关问题进行了研讨。

2019 年 10 月 26 日

中国安全防范产品行业协会在广州组织召开了全国安防行业协会负责人座谈会，交流行业协会如何在进一步提升服务，协调、引领及加强行业自律等方面发挥职能作用，推动行业健康发展。

2019 年 10 月 31 日

广东省公共安全技术防范协会牵头制定的广东省地方标准 DB44/T 2195-2019《金银珠宝营业场所安全防范工程规范》经广东省市场监督管理局批准予以发布，并于 2020 年 1 月 31 日起实施。

2019 年 11 月 12 日

贵州省安全技术防范行业协会、贵州师范大学附属中学等单位结对帮扶黔西县中建中学公益扶贫活动暨“黔西县中建中学贫困优生基金”成立仪式在黔西县中建乡中建中学举行。

2019 年 11 月 15 日

南通安全防范协会第一届第四次全体会员大会暨 AI 智能安防论坛会举行，共计 200 余人到场参会。

2019 年 11 月 18 日

北京安全防范行业协会安防系统维修维护运营中心正式运营。

2019 年 11 月 27 日

内蒙古自治区公共安全技术防范行业协会举办“聚焦 AI　赋能未来”——内蒙古安防行业 2019“创

新+智慧”品牌学术论坛暨高端技术讲座，共计 260 余人参加了本次论坛。

2019 年 11 月 27 日

2019 孟加拉国公共管理研修班与广西安全技术防范行业协会在广西国际商务职业技术学院召开座谈会，孟加拉国共有 20 多名政府官员和学者参加本次座谈会。

2019 年 11 月 30 日

湖北省职业技能鉴定指导中心、湖北省安全技术防范行业协会共同举办 2019 年“湖北工匠杯”技能大赛——湖北省第二届安防职业技能竞赛，来自全省各地优秀安防企业选拔推荐的 106 名选手分别同台献技。

2019 年 10—11 月

广东省公共安全技术防范协会举办 2019 广东省公共安全科技创新巡回技术交流会，交流会设广州站、深圳站、汕头站、清远站、湛江站 5 个站点，覆盖全省 21 个地市，共有 314 家单位的 815 人参加。

2019 年 12 月

内蒙古自治区公共安全技术防范行业协会启动 2019 年度行业评优工作，根据《内蒙古自治区公共安全技术防范行业 2019 年度评优管理办法实施细则》，评选出 12 家诚信示范企业、10 家十佳工程商、18 家优秀安防企业、5 家新锐之星和 12 位先进工作者。

2019 年 12 月 6 日

郑州市公共安全防范行业协会被郑州市民政局授予“中国社会组织评估 4A 级协会”和“郑州市社会组织工作先进单位”两项荣誉。

2019 年 12 月 25 日

上海内保工作会议暨内保、报警、保安协会会员大会在上海举行，通过了《2019 年上海内保、报警、保安协会工作报告》，并向荣获 2019 年“治安安全合格单位”、治安保卫先进集体和个人、安防行业杰出贡献个人、保安“双十佳”集体和个人代表颁发奖状、证书。

2019 年 12 月 26 日

中国安全防范产品行业协会第五届第九次理事会在北京召开，会议以习近平新时代中国特色社会主义思想为指导，全面贯彻落实党的十九届四中全会精神，回顾总结协会 2019 年工作，研究提出协会 2020 年工作意见，并围绕当前行业发展中面临的机遇与挑战，以及行业协会在服务国家、服务社会、服务行业、服务会员中如何发挥应有的作用进行了深入探讨。

2019 年 12 月 27 日

由深圳市公安局安全技术防范管理办公室、深圳市公安局交通警察局、深圳市市场监督管理局指导，深圳市智慧安防行业协会、深圳市停车行业协会、深圳市安防产业标准联盟共同主办的“‘AI 赋能　智引安防’第七届中国·深圳智慧城市建设高峰论坛”在深圳举行。

2019 年 12 月 30 日

中国安全防范产品行业协会专家委员会实体防护工作组在宁波召开年度工作会议。会议回顾总结了

2019 年实体防护工作组的工作，研讨了新版防盗保险柜国家强制性标准实施有关问题，探讨了实体防护产品新技术融合应用和发展事项，研究了实体防护工作组下一阶段重点工作任务。经过讨论，形成了《促进我国安防实体防护产业升级发展的建议》（实体防护发展宁波共识）。

技术服务大事记

2019 年 1 月

中国安全技术防范认证中心编制并发布 CSP-C19-02：2018《安全技术防范产品自愿性认证实施规则 安防实体防护产品》，启动防盗保险柜（箱）产品由强制性认证转换成 CSP 认证工作。

2019 年 1 月 7 日

“一带一路智慧安防合作倡议”签字仪式在深圳举行。国家安全防范报警系统产品质量监督检验中心（北京）、中国安全技术防范认证中心、深圳市安全防范行业协会、马来西亚安防行业协会、新加坡安防行业协会、菲律宾安防协会、印尼安防协会、越南安防协会等机构联合发起并签署“一带一路智慧安防合作倡议”，秉承“诚信平等、合作共赢”的发展理念，为促进贸易投资自由化、便利化发挥积极作用。

2019 年 1 月 24 日

国家安全防范报警系统产品质量监督检验中心（北京）召开“公共安全视频监控联网信息安全调测软件 V1.0”专家评审会。中心按照 FDWSF（具有安全功能的前端设备）检测内容开发的国内首个 GB 35114-2017 检测工具“公共安全视频监控联网信息安全调测软件 V1.0”顺利通过评审，可为公共安全视频监控联网系统的工程建设提供科学、公正的检测手段，为规范行业秩序提供重要技术支撑。

2019 年 3 月 1 日

由公安部科技信息化局提出，全国安全防范报警系统标准化技术委员会（SAC/TC100）归口的 GA374-2019《电子防盗锁》发布，2019 年 4 月 1 日起实施。

2019 年 3 月 28 日

由国家反恐怖工作领导小组办公室（公安部反恐怖局）、公安部治安管理局提出，全国安全防范报警系统标准化技术委员会（SAC/TC100）归口，公安部治安管理局、公安部科技信息化局、公安部反恐怖局等有关部门参与制定的公共安全行业系列标准 GA1551-2019《石油石化系统治安反恐防范要求》（第 1—5部分）批准发布，于 2019 年 7 月 1 日起实施，具体如下：1. GA1551. 1-2019《石油石化系统治安反恐防范要求第 1 部分：油气田企业》；2. GA1551. 2-2019《石油石化系统治安反恐防范要求第 2 部分：炼油与化工企业》；3. GA1551. 3-2019《石油石化系统治安反恐防范要求第 3 部分：成品油和天然气销售企业》；4. GA1551. 4-2019《石油石化系统治安反恐防范要求第 4 部分：工程技术服务企业》；GA1551. 5-2019《石油石化系统治安反恐防范要求第 5 部分：运输企业》。

2019 年 4 月 4 日

由公安部提出并归口的 GB10409-2019《防盗保险柜（箱）》发布，于 2020 年 5 月 1 日起实施，代替 GB10409-2001《防盗保险柜》；由公安部提出并归口的 GB37481-2019《金库门通用技术要求》发布，于 2020 年 5 月 1 日起实施。

2019 年 5 月 5 日

由公安部科技信息化局提出，全国安全防范报警系统标准化技术委员会（SAC/TC100）归口的 GA/T1563-2019《鞋内安全检查仪技术要求》发布，2019 年 5 月 5 日起实施。

2019 年 5 月 26 日

国家安全防范报警系统产品质量监督检验中心（上海）相关同志参加了 ISO/IECJTC1/SC41（国际标准化组织/国际电工委员会第一联合技术委员会物联网及相关技术分技术委员会）第五次全会及其 WG5（物联网应用工作组）会议，向会议提交并宣讲了《物联网人员定位管理系统》系列国际标准提案。目前，ISO/IECJTC1/SC41 已成立“PPMS”特设工作组（ISO/IECJTC1/SC41/AHG23），由检验中心研究员担任工作组召集人，组织来自中国、美国、韩国、日本、以色列、意大利等国的 10 余位专家开展 PPMS 技术及标准化相关研究工作。

2019 年 5 月

中国安全技术防范认证中心与浙江永康质监局检测中心共同组建了认证中心永康服务工作站。

2019 年 6 月

由国家安全防范报警系统产品质量监督检验中心（北京）参与起草的两项国家标准经市场监督管理总局和国家标准委批准发布，分别为 GB/T 37714-2019《公安物联网感知设备数据传输安全性评测技术要求》和 GB/T 37715-2019《公安物联网基础平台与应用系统软件测试规范》。

2019 年 8 月 20 日

公安部第三研究所认证中心修订了《强制性产品认证实施规则　防盗报警产品》并正式发布，于 2019 年 9 月 1 日起实施。

2019 年 8 月 27 日

国家安全防范报警系统产品质量监督检验中心（上海）无人机试验基地正式揭牌成立，标志着检测中心无人机业务迈向了一个新的台阶。

2019 年 8 月 30 日

由全国安全防范报警系统标准化技术委员会（SAC/TC100）提出并归口的 GB/T37845-2019《居家安防智能管理系统技术要求》发布，于 2020 年 3 月 1 日起实施。

2019 年 8 月

中国安全技术防范认证中心在公安部第一研究所组织召开了安防实体防护产品高端认证研讨会，研讨了安防实体防护产品高端认证的相关问题，启动了安防实体防护产品高端认证相关工作。

2019 年 9 月 18 日

中关村安防工程检测技术联盟在山西太原召开的第一届第四次全体成员大会上，发布了标志着联盟首款自有的检测设备 GB/T28181《公共安全视频联网应用测试工具》，规范视频联网符合性测试的统一工具，测试工具正式应用推广。

2019 年 9 月 20 日

由全国安全防范报警系统标准化技术委员会（SAC/TC100）提出并归口的 GA/T1589-2019《展示物品防盗装置通用技术要求》发布，2019 年 12 月 1 日起实施。

2019 年 9 月

中国安全技术防范认证中心在北京组织召开了新版身份证阅读机具认证实施规则宣贯会，正式启动了我国微模块型居民身份证阅读机具的认证工作。

2019 年 9 月

中国安全技术防范认证中心安检设备自愿性认证试行工作启动。

2019 年 10 月 14 日

由公安部提出并归口的 GB12663-2019《入侵和紧急报警系统控制指示设备》发布，将于 2020 年 11 月 1 日起实施，代替 GB12663-2001。

2019 年 10 月 18 日

由公安部提出，全国安全防范报警系统标准化技术委员会（SAC/TC100）归口的 GB/T38122-2019《公共安全指纹识别应用验证算法性能评测方法》发布，将于 2020 年 5 月 1 日起实施。

2019 年 10 月

由中国安全技术防范认证中心与工业和信息化部国家工业信息安全发展研究中心共同主办的首届“新一代人工智能公安应用论坛”举行，论坛为推进人工智能公安应用工作创造了良好基础。

2019 年 11 月

公安部安全与警用电子产品 DNA 检测试剂实验室正式挂牌，为 DNA 检测试剂产品 GA 认证提供了强有力技术支撑。

2019 年 12 月 13 日

由中国安全技术防范认证中心作为具体牵头实施单位的国家认证认可监督管理委员会“短平快”项目《一体化汽车安全电子产品认证技术要求研究》，在深圳通过专家组评审验收。该项目研究填补了国内空白，研究成果受到与会专家高度评价。

第二章 法律、法规、规章及规范性文件

第一节 国家法律、法规、规范性文件

本节收录了2019年新颁布的安防行业相关法律、法规、规章及规范性文件，包括1条国家法律、法规、12条国家规范性文件，索引目录见下表：

生产安全事故应急条例

（中华人民共和国国务院令第708号）

《生产安全事故应急条例》已经2018年12月5日国务院第33次常务会议通过，现予公布，自2019年4月1日起施行。

总 理 李克强

2019年2月17日

生产安全事故应急条例

第一章　总　则

第一条　为了规范生产安全事故应急工作，保障人民群众生命和财产安全，根据《中华人民共和国安全生产法》和《中华人民共和国突发事件应对法》，制定本条例。

第二条　本条例适用于生产安全事故应急工作；法律、行政法规另有规定的，适用其规定。

第三条　国务院统一领导全国的生产安全事故应急工作，县级以上地方人民政府统一领导本行政区域内的生产安全事故应急工作。生产安全事故应急工作涉及两个以上行政区域的，由有关行政区域共同的上一级人民政府负责，或者由各有关行政区域的上一级人民政府共同负责。

县级以上人民政府应急管理部门和其他对有关行业、领域的安全生产工作实施监督管理的部门（以下统称负有安全生产监督管理职责的部门）在各自职责范围内，做好有关行业、领域的生产安全事故应急工作。

县级以上人民政府应急管理部门指导、协调本级人民政府其他负有安全生产监督管理职责的部门和下级人民政府的生产安全事故应急工作。

乡、镇人民政府以及街道办事处等地方人民政府派出机关应当协助上级人民政府有关部门依法履行生产安全事故应急工作职责。

第四条　生产经营单位应当加强生产安全事故应急工作，建立、健全生产安全事故应急工作责任制，其主要负责人对本单位的生产安全事故应急工作全面负责。

第二章　应急准备

第五条　县级以上人民政府及其负有安全生产监督管理职责的部门和乡、镇人民政府以及街道办事处等地方人民政府派出机关，应当针对可能发生的生产安全事故的特点和危害，进行风险辨识和评估，制定相应的生产安全事故应急救援预案，并依法向社会公布。

生产经营单位应当针对本单位可能发生的生产安全事故的特点和危害，进行风险辨识和评估，制定相应的生产安全事故应急救援预案，并向本单位从业人员公布。

第六条　生产安全事故应急救援预案应当符合有关法律、法规、规章和标准的规定，具有科学性、针对性和可操作性，明确规定应急组织体系、职责分工以及应急救援程序和措施。

有下列情形之一的，生产安全事故应急救援预案制定单位应当及时修订相关预案：

（一）制定预案所依据的法律、法规、规章、标准发生重大变化；

（二）应急指挥机构及其职责发生调整；

（三）安全生产面临的风险发生重大变化；

（四）重要应急资源发生重大变化；

（五）在预案演练或者应急救援中发现需要修订预案的重大问题；

（六）其他应当修订的情形。

第七条　县级以上人民政府负有安全生产监督管理职责的部门应当将其制定的生产安全事故应急救援预案报送本级人民政府备案；易燃易爆物品、危险化学品等危险物品的生产、经营、储存、运输单位，矿山、金属冶炼、城市轨道交通运营、建筑施工单位，以及宾馆、商场、娱乐场所、旅游景区等人员密集场所经营单位，应当将其制定的生产安全事故应急救援预案按照国家有关规定报送县级以上人民政府负有安全生产监督管理职责的部门备案，并依法向社会公布。

第八条　县级以上地方人民政府以及县级以上人民政府负有安全生产监督管理职责的部门，乡、镇人民政府以及街道办事处等地方人民政府派出机关，应当至少每 2 年组织 1 次生产安全事故应急救援预案演练。

易燃易爆物品、危险化学品等危险物品的生产、经营、储存、运输单位，矿山、金属冶炼、城市轨道交通运营、建筑施工单位，以及宾馆、商场、娱乐场所、旅游景区等人员密集场所经营单位，应当至少每半年组织 1 次生产安全事故应急救援预案演练，并将演练情况报送所在地县级以上地方人民政府负有安全生产监督管理职责的部门。

县级以上地方人民政府负有安全生产监督管理职责的部门应当对本行政区域内前款规定的重点生产经营单位的生产安全事故应急救援预案演练进行抽查；发现演练不符合要求的，应当责令限期改正。

第九条　县级以上人民政府应当加强对生产安全事故应急救援队伍建设的统一规划、组织和指导。

县级以上人民政府负有安全生产监督管理职责的部门根据生产安全事故应急工作的实际需要，在重点行业、领域单独建立或者依托有条件的生产经营单位、社会组织共同建立应急救援队伍。

国家鼓励和支持生产经营单位和其他社会力量建立提供社会化应急救援服务的应急救援队伍。

第十条　易燃易爆物品、危险化学品等危险物品的生产、经营、储存、运输单位，矿山、金属冶炼、城市轨道交通运营、建筑施工单位，以及宾馆、商场、娱乐场所、旅游景区等人员密集场所经营单位，应当建立应急救援队伍；其中，小型企业或者微型企业等规模较小的生产经营单位，可以不建立应急救援队伍，但应当指定兼职的应急救援人员，并且可以与邻近的应急救援队伍签订应急救援协议。

工业园区、开发区等产业聚集区域内的生产经营单位，可以联合建立应急救援队伍。

第十一条　应急救援队伍的应急救援人员应当具备必要的专业知识、技能、身体素质和心理素质。

应急救援队伍建立单位或者兼职应急救援人员所在单位应当按照国家有关规定对应急救援人员进行培训；应急救援人员经培训合格后，方可参加应急救援工作。

应急救援队伍应当配备必要的应急救援装备和物资，并定期组织训练。

第十二条　生产经营单位应当及时将本单位应急救援队伍建立情况按照国家有关规定报送县级以上人民政府负有安全生产监督管理职责的部门，并依法向社会公布。

县级以上人民政府负有安全生产监督管理职责的部门应当定期将本行业、本领域的应急救援队伍建立情况报送本级人民政府，并依法向社会公布。

第十三条　县级以上地方人民政府应当根据本行政区域内可能发生的生产安全事故的特点和危害，储备必要的应急救援装备和物资，并及时更新和补充。

易燃易爆物品、危险化学品等危险物品的生产、经营、储存、运输单位，矿山、金属冶炼、城市轨道交通运营、建筑施工单位，以及宾馆、商场、娱乐场所、旅游景区等人员密集场所经营单位，应当根据本单位可能发生的生产安全事故的特点和危害，配备必要的灭火、排水、通风以及危险物品稀释、掩埋、收集等应急救援器材、设备和物资，并进行经常性维护、保养，保证正常运转。

第十四条　下列单位应当建立应急值班制度，配备应急值班人员：

（一）县级以上人民政府及其负有安全生产监督管理职责的部门；

（二）危险物品的生产、经营、储存、运输单位以及矿山、金属冶炼、城市轨道交通运营、建筑施工单位；

（三）应急救援队伍。

规模较大、危险性较高的易燃易爆物品、危险化学品等危险物品的生产、经营、储存、运输单位应当成立应急处置技术组，实行 24 小时应急值班。

第十五条　生产经营单位应当对从业人员进行应急教育和培训，保证从业人员具备必要的应急知识，掌握风险防范技能和事故应急措施。

第十六条　国务院负有安全生产监督管理职责的部门应当按照国家有关规定建立生产安全事故应急

救援信息系统，并采取有效措施，实现数据互联互通、信息共享。

生产经营单位可以通过生产安全事故应急救援信息系统办理生产安全事故应急救援预案备案手续，报送应急救援预案演练情况和应急救援队伍建设情况；但依法需要保密的除外。

第三章　应急救援

第十七条　发生生产安全事故后，生产经营单位应当立即启动生产安全事故应急救援预案，采取下列一项或者多项应急救援措施，并按照国家有关规定报告事故情况：

（一）迅速控制危险源，组织抢救遇险人员；

（二）根据事故危害程度，组织现场人员撤离或者采取可能的应急措施后撤离；

（三）及时通知可能受到事故影响的单位和人员；

（四）采取必要措施，防止事故危害扩大和次生、衍生灾害发生；

（五）根据需要请求邻近的应急救援队伍参加救援，并向参加救援的应急救援队伍提供相关技术资料、信息和处置方法；

（六）维护事故现场秩序，保护事故现场和相关证据；

（七）法律、法规规定的其他应急救援措施。

第十八条　有关地方人民政府及其部门接到生产安全事故报告后，应当按照国家有关规定上报事故情况，启动相应的生产安全事故应急救援预案，并按照应急救援预案的规定采取下列一项或者多项应急救援措施：

（一）组织抢救遇险人员，救治受伤人员，研判事故发展趋势以及可能造成的危害；

（二）通知可能受到事故影响的单位和人员，隔离事故现场，划定警戒区域，疏散受到威胁的人员，实施交通管制；

（三）采取必要措施，防止事故危害扩大和次生、衍生灾害发生，避免或者减少事故对环境造成的危害；

（四）依法发布调用和征用应急资源的决定；

（五）依法向应急救援队伍下达救援命令；

（六）维护事故现场秩序，组织安抚遇险人员和遇险遇难人员亲属；

（七）依法发布有关事故情况和应急救援工作的信息；

（八）法律、法规规定的其他应急救援措施。

有关地方人民政府不能有效控制生产安全事故的，应当及时向上级人民政府报告。上级人民政府应当及时采取措施，统一指挥应急救援。

第十九条　应急救援队伍接到有关人民政府及其部门的救援命令或者签有应急救援协议的生产经营单位的救援请求后，应当立即参加生产安全事故应急救援。

应急救援队伍根据救援命令参加生产安全事故应急救援所耗费用，由事故责任单位承担；事故责任单位无力承担的，由有关人民政府协调解决。

第二十条　发生生产安全事故后，有关人民政府认为有必要的，可以设立由本级人民政府及其有关部门负责人、应急救援专家、应急救援队伍负责人、事故发生单位负责人等人员组成的应急救援现场指挥部，并指定现场指挥部总指挥。

第二十一条　现场指挥部实行总指挥负责制，按照本级人民政府的授权组织制定并实施生产安全事故现场应急救援方案，协调、指挥有关单位和个人参加现场应急救援。

参加生产安全事故现场应急救援的单位和个人应当服从现场指挥部的统一指挥。

第二十二条　在生产安全事故应急救援过程中，发现可能直接危及应急救援人员生命安全的紧急情况时，现场指挥部或者统一指挥应急救援的人民政府应当立即采取相应措施消除隐患，降低或者化解风险，必要时可以暂时撤离应急救援人员。

第二十三条　生产安全事故发生地人民政府应当为应急救援人员提供必需的后勤保障，并组织通信、交通运输、医疗卫生、气象、水文、地质、电力、供水等单位协助应急救援。

第二十四条　现场指挥部或者统一指挥生产安全事故应急救援的人民政府及其有关部门应当完整、准确地记录应急救援的重要事项，妥善保存相关原始资料和证据。

第二十五条　生产安全事故的威胁和危害得到控制或者消除后，有关人民政府应当决定停止执行依照本条例和有关法律、法规采取的全部或者部分应急救援措施。

第二十六条　有关人民政府及其部门根据生产安全事故应急救援需要依法调用和征用的财产，在使用完毕或者应急救援结束后，应当及时归还。财产被调用、征用或者调用、征用后毁损、灭失的，有关人民政府及其部门应当按照国家有关规定给予补偿。

第二十七条　按照国家有关规定成立的生产安全事故调查组应当对应急救援工作进行评估，并在事故调查报告中作出评估结论。

第二十八条　县级以上地方人民政府应当按照国家有关规定，对在生产安全事故应急救援中伤亡的人员及时给予救治和抚恤；符合烈士评定条件的，按照国家有关规定评定为烈士。

第四章　法律责任

第二十九条　地方各级人民政府和街道办事处等地方人民政府派出机关以及县级以上人民政府有关部门违反本条例规定的，由其上级行政机关责令改正；情节严重的，对直接负责的主管人员和其他直接责任人员依法给予处分。

第三十条　生产经营单位未制定生产安全事故应急救援预案、未定期组织应急救援预案演练、未对从业人员进行应急教育和培训，生产经营单位的主要负责人在本单位发生生产安全事故时不立即组织抢救的，由县级以上人民政府负有安全生产监督管理职责的部门依照《中华人民共和国安全生产法》有关规定追究法律责任。

第三十一条　生产经营单位未对应急救援器材、设备和物资进行经常性维护、保养，导致发生严重生产安全事故或者生产安全事故危害扩大，或者在本单位发生生产安全事故后未立即采取相应的应急救援措施，造成严重后果的，由县级以上人民政府负有安全生产监督管理职责的部门依照《中华人民共和国突发事件应对法》有关规定追究法律责任。

第三十二条　生产经营单位未将生产安全事故应急救援预案报送备案、未建立应急值班制度或者配备应急值班人员的，由县级以上人民政府负有安全生产监督管理职责的部门责令限期改正；逾期未改正的，处 3 万元以上 5 万元以下的罚款，对直接负责的主管人员和其他直接责任人员处 1 万元以上 2 万元以下的罚款。

第三十三条　违反本条例规定，构成违反治安管理行为的，由公安机关依法给予处罚；构成犯罪的，依法追究刑事责任。

第五章　附　则

第三十四条　储存、使用易燃易爆物品、危险化学品等危险物品的科研机构、学校、医院等单位的安全事故应急工作，参照本条例有关规定执行。

第三十五条　本条例自 2019 年 4 月 1 日起施行。

中共中央办公厅　国务院办公厅印发《关于加强和改进乡村治理的指导意见》

实现乡村有效治理是乡村振兴的重要内容。为深入贯彻落实党的十九大精神和《中共中央、国务院关于实施乡村振兴战略的意见》部署要求，推进乡村治理体系和治理能力现代化，夯实乡村振兴基层基础，现就加强和改进乡村治理提出如下意见。

一、总体要求

（一）指导思想。以习近平新时代中国特色社会主义思想为指导，全面贯彻党的十九大和十九届二中、三中全会精神，紧紧围绕统筹推进“五位一体”总体布局和协调推进“四个全面”战略布局，按照实施乡村振兴战略的总体要求，坚持和加强党对乡村治理的集中统一领导，坚持把夯实基层基础作为固本之策，坚持把治理体系和治理能力建设作为主攻方向，坚持把保障和改善农村民生、促进农村和谐稳定作为根本目的，建立健全党委领导、政府负责、社会协同、公众参与、法治保障、科技支撑的现代乡村社会治理体制，以自治增活力、以法治强保障、以德治扬正气，健全党组织领导的自治、法治、德治相结合的乡村治理体系，构建共建共治共享的社会治理格局，走中国特色社会主义乡村善治之路，建设充满活力、和谐有序的乡村社会，不断增强广大农民的获得感、幸福感、安全感。

（二）总体目标。到 2020 年，现代乡村治理的制度框架和政策体系基本形成，农村基层党组织更好发挥战斗堡垒作用，以党组织为领导的农村基层组织建设明显加强，村民自治实践进一步深化，村级议事协商制度进一步健全，乡村治理体系进一步完善。到 2035 年，乡村公共服务、公共管理、公共安全保障水平显著提高，党组织领导的自治、法治、德治相结合的乡村治理体系更加完善，乡村社会治理有效、充满活力、和谐有序，乡村治理体系和治理能力基本实现现代化。

二、主要任务

（一）完善村党组织领导乡村治理的体制机制。建立以基层党组织为领导、村民自治组织和村务监督组织为基础、集体经济组织和农民合作组织为纽带、其他经济社会组织为补充的村级组织体系。村党组织全面领导村民委员会及村务监督委员会、村集体经济组织、农民合作组织和其他经济社会组织。村民委员会要履行基层群众性自治组织功能，增强村民自我管理、自我教育、自我服务能力。村务监督委员会要发挥在村务决策和公开、财产管理、工程项目建设、惠农政策措施落实等事项上的监督作用。集体经济组织要发挥在管理集体资产、合理开发集体资源、服务集体成员等方面的作用。农民合作组织和其他经济社会组织要依照国家法律和各自章程充分行使职权。村党组织书记应当通过法定程序担任村民委员会主任和村级集体经济组织、合作经济组织负责人，村“两委”班子成员应当交叉任职。村务监督委员会主任一般由党员担任，可以由非村民委员会成员的村党组织班子成员兼任。村民委员会成员、村民代表中党员应当占一定比例。健全村级重要事项、重大问题由村党组织研究讨论机制，全面落实“四议两公开”。加强基本队伍、基本活动、基本阵地、基本制度、基本保障建设，实施村党组织带头人整体优化提升行动，持续整顿软弱涣散村党组织，整乡推进、整县提升，发展壮大村级集体经济。全面落实村“两委”换届候选人县级联审机制，坚决防止和查处以贿选等不正当手段影响、控制村“两委”换届选举的行为，严厉打击干扰破坏村“两委”换届选举的黑恶势力、宗族势力。坚决把受过刑事处罚、存在“村霸”和涉黑涉恶、涉邪教等问题的人清理出村干部队伍。坚持抓乡促村，落实县乡党委抓农村基层党组织建设和乡村治理的主体责任。落实乡镇党委直接责任，乡镇党委书记和党委领导班子成员等要包村联户，村“两委”成员要入户走访，及时发现并研究解决农村基层党组织建设、乡村治理和群众生产生活等问题。健全以财政投入为主的稳定的村级组织运转经费保障制度。

（二）发挥党员在乡村治理中的先锋模范作用。组织党员在议事决策中宣传党的主张，执行党组织决定。组织开展党员联系农户、党员户挂牌、承诺践诺、设岗定责、志愿服务等活动，推动党员在乡村治理中带头示范，带动群众全面参与。密切党员与群众的联系，了解群众思想状况，帮助解决实际困难，加强对贫困人口、低保对象、留守儿童和妇女、老年人、残疾人、特困人员等人群的关爱服务，引导农民群众自觉听党话、感党恩、跟党走。

（三）规范村级组织工作事务。清理整顿村级组织承担的行政事务多、各种检查评比事项多问题，切实减轻村级组织负担。各种政府机构原则上不在村级建立分支机构，不得以行政命令方式要求村级承担有关行政性事务。交由村级组织承接或协助政府完成的工作事项，要充分考虑村级组织承接能力，实行严格管理和总量控制。从源头上清理规范上级对村级组织的考核评比项目，鼓励各地实行目录清单、审核备案等管理方式。规范村级各种工作台账和各类盖章证明事项。推广村级基础台账电子化，建立统一的“智慧村庄”综合管理服务平台。

（四）增强村民自治组织能力。健全党组织领导的村民自治机制，完善村民（代表）会议制度，推进民主选举、民主协商、民主决策、民主管理、民主监督实践。进一步加强自治组织规范化建设，拓展村民参与村级公共事务平台，发展壮大治保会等群防群治力量，充分发挥村民委员会、群防群治力量在公共事务和公益事业办理、民间纠纷调解、治安维护协助、社情民意通达等方面的作用。

（五）丰富村民议事协商形式。健全村级议事协商制度，形成民事民议、民事民办、民事民管的多层次基层协商格局。创新协商议事形式和活动载体，依托村民会议、村民代表会议、村民议事会、村民理事会、村民监事会等，鼓励农村开展村民说事、民情恳谈、百姓议事、妇女议事等各类协商活动。

（六）全面实施村级事务阳光工程。完善党务、村务、财务“三公开”制度，实现公开经常化、制度化和规范化。梳理村级事务公开清单，及时公开组织建设、公共服务、脱贫攻坚、工程项目等重大事项。健全村务档案管理制度。推广村级事务“阳光公开”监管平台，支持建立“村民微信群”、“乡村公众号”等，推进村级事务即时公开，加强群众对村级权力有效监督。规范村级会计委托代理制，加强农村集体经济组织审计监督，开展村干部任期和离任经济责任审计。

（七）积极培育和践行社会主义核心价值观。坚持教育引导、实践养成、制度保障三管齐下，推动社会主义核心价值观落细落小落实，融入文明公约、村规民约、家规家训。通过新时代文明实践中心、农民夜校等渠道，组织农民群众学习习近平新时代中国特色社会主义思想，广泛开展中国特色社会主义和实现中华民族伟大复兴的中国梦宣传教育，用中国特色社会主义文化、社会主义思想道德牢牢占领农村思想文化阵地。完善乡村信用体系，增强农民群众诚信意识。推动农村学雷锋志愿服务制度化常态化。加强农村未成年人思想道德建设。

（八）实施乡风文明培育行动。弘扬崇德向善、扶危济困、扶弱助残等传统美德，培育淳朴民风。开展好家风建设，传承传播优良家训。全面推行移风易俗，整治农村婚丧大操大办、高额彩礼、铺张浪费、厚葬薄养等不良习俗。破除丧葬陋习，树立殡葬新风，推广与保护耕地相适应、与现代文明相协调的殡葬习俗。加强村规民约建设，强化党组织领导和把关，实现村规民约行政村全覆盖。依靠群众因地制宜制定村规民约，提倡把喜事新办、丧事简办、弘扬孝道、尊老爱幼、扶残助残、和谐敦睦等内容纳入村规民约。以法律法规为依据，规范完善村规民约，确保制定过程、条文内容合法合规，防止一部分人侵害另一部分人的权益。建立健全村规民约监督和奖惩机制，注重运用舆论和道德力量促进村规民约有效实施，对违背村规民约的，在符合法律法规前提下运用自治组织的方式进行合情合理的规劝、约束。发挥红白理事会等组织作用。鼓励地方对农村党员干部等行使公权力的人员，建立婚丧事宜报备制度，加强纪律约束。

（九）发挥道德模范引领作用。深入实施公民道德建设工程，加强社会公德、职业道德、家庭美德和个人品德教育。大力开展文明村镇、农村文明家庭、星级文明户、五好家庭等创建活动，广泛开展农村道德模范、最美邻里、身边好人、新时代好少年、寻找最美家庭等选树活动，开展乡风评议，弘扬道德新风。

（十）加强农村文化引领。加强基层文化产品供给、文化阵地建设、文化活动开展和文化人才培养。传承发展提升农村优秀传统文化，加强传统村落保护。结合传统节日、民间特色节庆、农民丰收节等，因地制宜广泛开展乡村文化体育活动。加快乡村文化资源数字化，让农民共享城乡优质文化资源。挖掘文化内涵，培育乡村特色文化产业，助推乡村旅游高质量发展。加强农村演出市场管理，营造健康向上的文化环境。

（十一）推进法治乡村建设。规范农村基层行政执法程序，加强乡镇行政执法人员业务培训，严格按照法定职责和权限执法，将政府涉农事项纳入法制化轨道。大力开展“民主法治示范村”创建，深入开展“法律进乡村”活动，实施农村“法律明白人”培养工程，培育一批以村干部、人民调解员为重点的“法治带头人”。深入开展农村法治宣传教育。

（十二）加强平安乡村建设。推进农村社会治安防控体系建设，落实平安建设领导责任制，加强基础性制度、设施、平台建设。加强农村警务工作，大力推行“一村一辅警”机制，扎实开展智慧农村警务室建设。加强对社区矫正对象、刑满释放人员等特殊人群的服务管理。深入推进扫黑除恶专项斗争，健全防范打击长效机制。加强农民群众拒毒防毒宣传教育，依法打击整治毒品违法犯罪活动。依法加大对农村非法宗教活动、邪教活动打击力度，制止利用宗教、邪教干预农村公共事务，大力整治农村乱建宗教活动场所、滥塑宗教造像。推进农村地区技防系统建设，加强公共安全视频监控建设联网应用工作。健全农村公共安全体系，强化农村安全生产、防灾减灾救灾、食品、药品、交通、消防等安全管理责任。

（十三）健全乡村矛盾纠纷调处化解机制。坚持发展新时代“枫桥经验”，做到“小事不出村、大事不出乡”。健全人民调解员队伍，加强人民调解工作。完善调解、仲裁、行政裁决、行政复议、诉讼等有机衔接、相互协调的多元化纠纷解决机制。发挥信息化支撑作用，探索建立“互联网+网格管理”服务管理模式，提升乡村治理智能化、精细化、专业化水平。强化乡村信息资源互联互通，完善信息收集、处置、反馈工作机制和联动机制。广泛开展平安教育和社会心理健康服务、婚姻家庭指导服务。推动法院跨域立案系统、检察服务平台、公安综合窗口、人民调解组织延伸至基层，提高响应群众诉求和为民服务能力水平。

（十四）加大基层小微权力腐败惩治力度。规范乡村小微权力运行，明确每项权力行使的法规依据、运行范围、执行主体、程序步骤。建立健全小微权力监督制度，形成群众监督、村务监督委员会监督、上级部门监督和会计核算监督、审计监督等全程实时、多方联网的监督体系。织密农村基层权力运行“廉政防护网”，大力开展农村基层微腐败整治，推进农村巡察工作，严肃查处侵害农民利益的腐败行为。

（十五）加强农村法律服务供给。充分发挥人民法庭在乡村治理中的职能作用，推广车载法庭等巡回审判方式。加强乡镇司法所建设。整合法学专家、律师、政法干警及基层法律服务工作者等资源，健全乡村基本公共法律服务体系。深入推进公共法律服务实体、热线、网络平台建设，鼓励乡镇党委和政府根据需要设立法律顾问和公职律师，鼓励有条件的地方在村民委员会建立公共法律服务工作室，进一步加强村法律顾问工作，完善政府购买服务机制，充分发挥律师、基层法律服务工作者等在提供公共法律服务、促进乡村依法治理中的作用。

（十六）支持多方主体参与乡村治理。加强妇联、团支部、残协等组织建设，充分发挥其联系群众、团结群众、组织群众参与民主管理和民主监督的作用。积极发挥服务性、公益性、互助性社区社会组织作用。坚持专业化、职业化、规范化，完善培养选拔机制，拓宽农村社工人才来源，加强农村社会工作专业人才队伍建设，着力做好老年人、残疾人、青少年、特殊困难群体等重点对象服务工作。探索以政府购买服务等方式，支持农村社会工作和志愿服务发展。

（十七）提升乡镇和村为农服务能力。充分发挥乡镇服务农村和农民的作用，加强乡镇政府公共服务职能，加大乡镇基本公共服务投入，使乡镇成为为农服务的龙头。推进“放管服”改革和“最多跑一次”改革向基层延伸，整合乡镇和县级部门派驻乡镇机构承担的职能相近、职责交叉工作事项，建立集综合治理、市场监管、综合执法、公共服务等于一体的统一平台。构建县乡联动、功能集成、反应灵敏、扁平高效的综合指挥体系，着力增强乡镇统筹协调能力，发挥好乡镇服务、带动乡村作用。大力推进农村社区综合服务设施建设，引导管理服务向农村基层延伸，为农民提供“一门式办理”、“一站式服务”，构建线上线下相结合的乡村便民服务体系。将农村民生和社会治理领域中属于政府职责范围且适合通过市场化方式提供的服务事项，纳入政府购买服务指导性目录。推动各级投放的公共服务资源以乡镇、村党组织为主渠道落实。

三、组织实施

（一）加强组织领导。各级党委和政府要充分认识加强和改进乡村治理的重要意义，把乡村治理工作摆在重要位置，纳入经济社会发展总体规划和乡村振兴战略规划，开展乡村治理试点示范，及时研究解决工作中遇到的重大问题。将加强和改进乡村治理工作纳入乡村振兴考核。将党组织领导的乡村治理工作作为每年市县乡党委书记抓基层党建述职评议考核的重要内容，推动层层落实责任。各省（自治区、直辖市）党委和政府要抓好本意见贯彻落实，每年向党中央、国务院报告推进实施乡村振兴战略进展情况时，要将乡村治理工作情况作为重要内容。

（二）建立协同推进机制。严格落实责任，加强部门联动，建立乡村治理工作协同运行机制。党委农村工作部门要发挥牵头抓总作用，强化统筹协调、具体指导和督促落实，对乡村治理工作情况开展督导，对乡村治理政策措施开展评估。组织、宣传、政法、民政、司法行政、公安等相关部门要按照各自职责，强化政策、资源和力量配备，加强工作指导，做好协同配合，形成工作合力。

（三）强化各项保障。各级党委和政府要加强乡村治理人才队伍建设，充实基层治理力量，指导驻村第一书记、驻村干部等围绕乡村治理主要任务开展工作，聚合各类人才资源，引导农村致富能手、外出务工经商人员、高校毕业生、退役军人等在乡村治理中发挥积极作用。加强乡村社会治安综合治理设施装备保障，落实乡村治理经费。切实保障村干部基本报酬，建立健全与绩效考核相挂钩的报酬兑现机制。有计划、分层次开展村干部培训。坚决整治形式主义、官僚主义，让基层干部从繁文缛节、文山会海、迎来送往中解脱出来。进一步激励干部新时代新担当新作为，鼓励各地创新乡村治理机制。组织开展乡村治理示范村镇创建活动，大力选树宣传乡村治理各类先进典型，营造良好舆论氛围。

（四）加强分类指导。各级党委和政府要结合本地实际，围绕加强和改进乡村治理的主要任务，分类确定落实举措。对于需要普遍执行和贯彻落实的政策措施，要加大工作力度，逐级压实责任，明确时间进度，尽快取得实效。对于需要继续探索的事项，要组织开展改革试点，勇于探索创新，及时总结一批可复制可推广的经验做法，加快在面上推广。对于鼓励提倡的做法，要有针对性地借鉴吸收，形成适合本地的乡村治理机制。

关于印发《加快推动全国中小学幼儿园安全防范建设三年行动计划》的通知

（公通字〔2019〕27号）

各省、自治区、直辖市公安厅（局）、教育厅（教委），新疆生产建设兵团公安局、教育局：

为深入贯彻落实全国教育大会和全国公安工作会议精神，全面提升中小学幼儿园安全防范建设整体水平，确保中小学幼儿园持续安全稳定，努力为推动新时代教育事业高质量发展提供坚实有力保障，公安部、教育部联合制定了《加快推动全国中小学幼儿园安全防范建设三年行动计划》，现印发给你们，请结合实际认真贯彻落实。

公安部

教育部

2019年9月16日

加快推动全国中小学幼儿园安全防范建设三年行动计划

近年来，各地公安机关会同教育部门和学校幼儿园认真贯彻落实《企业事业单位内部治安保卫条例》《国务院办公厅〈关于加强中小学幼儿园安全风险防控体系建设的意见〉的通知》（国办发〔2017〕35号）等法规和规范要求，不断推进校园安全保卫工作，有效维护了中小学幼儿园持续安全。但一些地区和学校幼儿园在责任落实、“三防”建设、管理机制等方面仍存在不少薄弱环节和风险隐患。为切实履行监管部门法定职责，从严落实中小学幼儿园安全管理措施，着力提升校园安防建设整体水平，公安部、教育部决定，自即日起至2022年底，在全国范围组织开展中小学幼儿园安全防范建设三年行动。特制定计划如下：

一、指导思想和工作原则

（一）指导思想

以习近平新时代中国特色社会主义思想为指导，深入贯彻落实全国教育大会和全国公安工作会议精神，全面落实总体国家安全观和以人民为中心的发展思想，坚持底线思维、问题导向，坚持依法监管、整体推进，坚持协同配合、共建共治，切实加大投入，集中攻坚克难，着力解决校园安全管理方面存在的突出问题，提升校园安保工作运行质量，逐步构建系统、科学、智慧、高效的校园安全防范体系，为推动新时代教育事业高质量发展提供坚实有力保障。

（二）工作原则

坚持统筹协调、综合施策。健全公共安全综合治理体系，构建政府、学校、家庭、社会“四位一体”校园安全综合治理机制，运用法律、行政、社会服务、市场机制等各种方式，综合施策、形成合力。

坚持以人为本、全面防控。牢固树立“生命至上、安全第一”的理念，高起点规划、高水平建设，确保校园安全防控体系建设既体现整体性和创新性，又具有科学性和可操作性，最大限度发挥整体效能。

坚持分类施策、突出重点。坚持问题导向，突出地方差异、办学类别、师生特点，按照风险的类型和特点，有针对性地构建校园安全风险防控机制，集中解决群众关心、社会关注的校园安全问题。

坚持教育为先、预防为主。深入开展中小学生思想道德教育、法治安全教育、心理健康教育，完善安全教育制度，增强学生综合素养，提高自我安全防护意识，推动学校、家庭、社会日常安全教育常态化、制度化。

二、目标任务

（一）安保组织体系更加严密。进一步明确校园安保工作主体责任，完善安保规章制度，配齐配强安保力量，形成机构健全、措施有力、运转高效的学校安保组织体系。

（二）校园周边治安环境更加优化。深入开展校园周边综合治理，加强管理和监督，加大对治安复杂场所的清理整治，加强校园门口道路交通秩序管理，强化巡逻守护，不断净化校园周边治安环境，形成联防联控的有效机制。

（三）内部安全管理更加科学规范。严格执行校园内部治安保卫工作规章制度，强化日常安全管理，健全完善各类安保台账资料。推进提升公安机关、教育部门校园安全监管工作信息化、智能化水平。

（四）安防系统建设更加完善。切实加强安防系统规范化、标准化建设，确保校园重要部位的实体防护，技防系统建设实现全面达标，且一键式紧急报警和视频监控系统与公安机关联网率达到100%。

（五）风险预警机制更加高效。加快安全防范新技术、新产品推广应用，汇聚融合校园内外各种基础数据信息，完善数据动态监测和分析研判机制，建立预警模型，逐步实现校园风险隐患智能感知、及时预警、即时响应、迅速处置。

（六）应急处置机制更加健全。优化完善中小学幼儿园突发事件应急预案，提高应急管理水平。组织开展经常性、针对性实战演练，整合力量资源，强化联动响应，细化处置流程，确保一旦发生涉校突发案事件，相关部门和学校能够高效应对、妥善处置。

三、主要措施

（一）全面加强校园内部安全管理

1. 落实安全保卫工作主体责任。明确安全是办学的底线，按照“单位负责、政府监管”原则，建立健全以中小学校长、幼儿园园长为第一责任人的内部安全保卫工作责任制，健全校内安全工作领导机构，加强校内日常安全管理。将安保工作作为学校幼儿园内部管理的重要内容，制定落实值班巡逻、防范守护、安全检查和隐患整改等各项安全保卫制度，与教育教学工作同谋划、同部署、同推进、同考核，形成党政领导、单位负责、部门协同、综合治理的工作格局。

2. 加强校园保卫队伍建设。进一步健全安全管理机构，配齐配好专兼职安全保卫人员，按照相关标准聘用专职门卫和保安员，配备相应的护卫器械。进一步规范保卫队伍日常教育和考核评价，加强有关法律知识和治安保卫业务、技能培训。2019 年底前，中小学与城市幼儿园专职保安员配备率达到 100%；2020 年底前，城镇幼儿园专职保安员配备率达到 100%；2021 年底前，乡村幼儿园专职保安员配备率达到 100%。

3. 加强校园物防设施建设。进一步完善中小学幼儿园围墙、护栏等实体防范设施建设，实行校园封闭式管理。2019 年底前，中小学封闭化管理达到 100%；2020 年底前，城市幼儿园封闭化管理达到 100%；2021 年底前，城镇幼儿园封闭化管理达到 100%；2022 年底前，全部幼儿园封闭化管理达到 100%。城市、城镇及有条件的乡村，要在校园门口设置隔离栏、隔离墩或升降柱等硬质防冲撞设施。

4. 推进智慧安防系统建设。积极推动新技术、新手段在校园安防建设领域的深度应用，建立健全智慧校园智能预警平台，进一步规范一键式紧急报警、入侵报警、视频监控、出入口控制和电子巡查等系统建设，推进校园安防系统与公安、教育信息化应用服务体系的有效融合。2019 年底前，中小学与城市幼儿园一键式紧急报警、视频监控系统达标率达到 100%；2020 年底前，城镇幼儿园一键式紧急报警、视频监控系统达标率达到 100%；2021 年底前，乡村幼儿园一键式紧急报警、视频监控系统达标率达到 100%。已安装一键式紧急报警、视频监控系统的中小学幼儿园要实现与属地公安机关、教育部门联网。

5. 加强校园安全防范制度建设。完善校园内部安全管理制度，重点加强校园门卫安全管理和上下学校园门口教职员工值守制度，确保安全防范工作有章可循、有迹可查。严格实行外来人员、车辆登记和安全检查制度，内部人员、车辆出入证制度，小学、幼儿园家长接送制度，防止无关人员、精神病人、来历不明人员进入校园，防止不法人员将危险品带入校园制造事端。强化校园及周边巡查制度，严格落实每月安全隐患自查整改制度，发现问题隐患及时整改。健全校车安全管理制度，配备安全管理人员，加强安全教育和车辆维护，保障学生乘车安全。

（二）着力打造校园周边安全区域

1. 强化校园周边重点巡防。公安机关要结合推进“智慧街面巡防建设项目”，不断优化上、下学重点时段和校园周边重要路段“高峰勤务”机制。加强以公安民警为主导，协辅警、学校保卫干部、保安员、教职员工和群防群治力量共同参与的常态化“护学岗”建设，建立地市统一规划、区县推进实施、属地具体执行的工作机制。2019 年底前，城市“护学岗”设置率达到 100%；2020 年底前，城镇“护学岗”设置率达到 100%。

2. 强化校园及周边警务室建设。各地要全面加强校园及周边警务室和治安岗亭正规化、专业化、智能化建设。充分发挥警务室或治安岗亭民警联系中小学幼儿园的桥梁纽带作用，推广移动警务、“互联网+校园安防管理”应用，及时通报校园警情，及时应对处置师生报警求助，提高校园安防工作效能。

3. 强化校园安全风险预警防范。教育部门要健全完善学校安全风险清单，建立动态监测和数据搜集、分析机制，及时为学校提供安全风险提示。公安机关要坚持发展新时代“枫桥经验”，会同有关部门和基层组织落实排查发现、及时化解、提前处置工作机制，切实把涉校矛盾风险化解在萌芽状态和初始阶段。要加强对校园及周边各类重点人员的滚动排查，切实落实动态管控措施。要有效整合公安大数据和社会大数据，加强相关信息碰撞比对、深度挖掘和智能研判，及时推送有关信息并进行预警提示，提高防范涉校案事件能力。

4. 强化校园周边治安整治。公安机关要会同教育、文化、市场监管等有关部门定期组织开展对校园周边治安复杂场所、治安乱点的排查整治，及时发现消除治安隐患，切实净化校园周边治安环境。按照《中小学与幼儿园周边道路交通设施设置规范》，完善、规范交通安全设施和管理设施。优化学校周边道路交通组织，设置学生、幼儿、家长等候区、护学通道、临时停车位，鼓励共享学校周边停车资源，减轻上下学时段学校门前集中通行压力，有效保障学生及接送人员安全顺畅出行。

5. 严厉打击涉校违法犯罪活动。公安机关要对涉及校园的案件坚持“优先受理、优先出警、优先立案、优先侦办”，充分运用多种侦查手段，提高打击处置效能。对重大案件，上级公安机关要挂牌督办或成立专案组提级侦办；对一段时间集中出现的涉及学生幼儿安全的突出违法犯罪，要及时组织开展专项打击整治，严防形成气候影响校园稳定。

（三）切实强化应急处置工作

1. 制定专门应急预案。各地要针对各类可能发生的事故风险，指导中小学幼儿园分级分类制定细化应急处置预案，明确牵头部门、规范处置程序，完善案事件报告制度。根据实际需要配齐配足应急保障装备器材，确保一旦发生突发事件，能够有力有序开展快速高效处置。

2. 开展常态应急演练活动。中小学幼儿园每学期至少开展 1 次应急演练，使教职员工明确职责任务、熟知处置流程，提高其第一时间参与应对处置突发案事件的能力，使学生、幼儿掌握基本的防范应对突发风险的方法。针对演练中暴露出的问题隐患，对应急预案及时进行调整优化和修订完善。

3. 建立应急联动处置机制。各地要加强对各类涉校园安全信息的搜集掌握、分析研判，及时发现倾向性、苗头性线索，及时采取防范处置措施。要建立健全学校新闻发言人制度，增强重大案事件发生后的舆情应对能力。教育、公安等相关部门要进一步健全涉校园案事件应急指挥、联动处置、新闻宣传、舆论引导一体化机制，一旦发生重大案事件，按照依法办理、舆论引导和社会面管控“三同步”原则，在做好案事件调查处置的同时，及时发布权威信息，回应社会关切，防止引发炒作和恐慌，切实维护社会稳定。

（四）加强校园法制安全宣传教育

1. 深入推进安全教育进学校进课堂。各地要将提高学生安全意识和自我防护能力作为素质教育的重要内容，加强校园安全课程与资源建设，推动安全教育、法制教育、生命教育和心理健康教育进新生教育、进课程教育、进课外实践活动，进一步完善校园安全教育科学化、规范化工作体系，构建“多位一体”新型校园安全教育模式。

2. 选派优秀公安民警加强学校法制教育。公安机关要选派业务能力强、工作经验丰富的优秀民警兼任学校法制辅导员。要加强对法制辅导员的系统培训和考核，不断提高其业务能力，确保一批素质高、工作能力强的公安民警被选派到学校开展此项工作，充分发挥积极作用。

（五）着力提升监督指导效能

1. 健全监督指导工作机制。教育部门要制定中小学幼儿园安全工作考核目标，并纳入教育督导评估体系。公安机关要将中小学幼儿园纳入治安保卫重点单位加强监督指导。公安、教育部门要建立健全校园日常监管、重大隐患督办、约谈通报等工作机制，随时通报校园安全风险、定期组织开展联合检查和集中整治，推进校园安全重点难点问题解决。

2. 落实监督检查常态化措施。省级教育部门要会同公安机关每学期至少开展一次学校安全督导检查，并将督查结果作为评价政府教育工作和学校管理工作成效的重要内容。市、县教育、公安部门每学期至少开展两次校园及周边地区安全检查和督导，并及时在市、县范围通报检查情况，督促落实整改措施。各级责任督学要对校园及周边安全情况实施经常性督导检查，发现问题隐患及时督促学校处理并通报属地教育部门。

四、工作要求

1. 强化组织领导。各地公安机关、教育部门要进一步统一思想，提高认识，成立工作专班，制定实施方案，推进工作落实。要及时向党委和政府汇报工作推进情况和存在的问题困难，力争在资金投入、设施建设等方面得到政策保障支持。要围绕组织协调、监督指导、检查验收等具体环节认真进行研究谋划，对标对表抓好各项措施的推进落实。

2. 强化资金保障。各地要结合国务院部署开展义务教育薄弱环节改善与能力提升工作，将校园安全建设资金需求纳入财政预算，统筹中央财政相关资金和地方自有财力，支持学校安全防范建设，全面提高中小学幼儿园安全防护经费保障水平。

3. 强化阶段推进。各地要立足于突出问题解决、着眼于长效机制建立，结合本地校园安保工作实际情况，将实施行动计划与推进社会治安防控体系建设、平安校园建设等重点工作有机结合起来，按照整体规划、分步实施的原则，制定时间表、路线图，明确责任单位、建设标准、时间节点，有力有序推进校园人防、物防、技防建设，确保2022年前实现全面达标。

4. 强化协作配合。各级公安机关、教育部门要牢固树立“一盘棋”思想，充分发挥各自职能优势，切实强化协作配合，科学统筹本系统资源优势，在信息技术、指挥调度、应急联动等方面形成整体合力，坚持做到方案同谋划、问题共研究、协同抓落实。工作中，要注重加强与中小学幼儿园之间的沟通衔接，主动提供指导服务，及时掌握工作进度，切实强化联动共治，着力构建中小学幼儿园安防建设管理良性机制。

5. 强化检查验收。公安部、教育部将联合组织对行动计划推进落实情况进行检查验收、评估通报，并适时组织开展“中小学、幼儿园安防建设优秀案例”推广展示活动。各地要进一步压实工作责任，层层推进任务落实，定期检查进展，分析存在问题，有针对性地提出具体推进措施。行动结束后，各地公安机关、教育部门要分条线报送工作总结以及典型经验。

科技部关于印发《国家新一代人工智能创新发展试验区建设工作指引》的通知

（国科发规〔2019〕298号）

各省、自治区、直辖市及计划单列市科技厅（委、局），新疆生产建设兵团科技局：

为深入贯彻习近平总书记关于人工智能的系列重要指示精神，加快落实《国务院关于印发新一代人工智能发展规划的通知》（国发〔2017〕35号）的部署要求，有序开展国家新一代人工智能创新发展试验区建设，充分发挥地方主体作用，在体制机制、政策法规等方面先行先试，形成促进人工智能与经济社会发展深度融合的新路径，探索智能时代政府治理的新方式，推动新一代人工智能健康发展，科技部制定了《国家新一代人工智能创新发展试验区建设工作指引》。现印发给你们，请结合本地方实际做好相关工作。

科技部

2019年8月29日

国家新一代人工智能创新发展试验区建设工作指引

为深入贯彻习近平总书记关于人工智能的系列重要指示精神，加快落实《国务院关于印发新一代人工智能发展规划的通知》（国发〔2017〕35 号）的部署要求，进一步明确国家新一代人工智能创新发展试验区的总体要求、重点任务、申请条件、建设程序和保障措施，有序推动国家新一代人工智能创新发展试验区建设，特制定本指引。

一、总体要求

（一）建设思路。

国家新一代人工智能创新发展试验区（以下简称试验区）是依托地方开展人工智能技术示范、政策试验和社会实验，在推动人工智能创新发展方面先行先试、发挥引领带动作用的区域。试验区建设以促进人工智能与经济社会发展深度融合为主线，创新体制机制，深化产学研用结合，集成优势资源，构建有利于人工智能发展的良好生态，全面提升人工智能创新能力和水平，打造一批新一代人工智能创新发展样板，形成一批可复制可推广的经验，引领带动全国人工智能健康发展。

（二）建设原则。

应用牵引。适应人工智能发展特点和趋势，强化创新链和产业链深度融合，大力推动人工智能在经济社会领域的应用，以规模化应用促进人工智能技术和系统的迭代升级。

地方主体。充分发挥地方在试验区建设中的主体作用，重点依托人工智能发展基础较好的城市，在推动人工智能研发应用方面大胆探索，推出一批重大举措，有力促进地方经济社会发展。

政策先行。在人工智能发展的体制机制、政策法规、标准规范等方面发挥先行先试作用，促进创新政策与产业政策、社会政策的协调，加强政策储备，形成更加完备的政策体系。

突出特色。结合地方经济社会实际和人工智能发展的基础条件，在人工智能与经济社会发展深度融合、智能时代政府治理等方面形成各具特色的经验做法和发展模式。

（三）建设目标。

到 2023 年，布局建设 20 个左右试验区，创新一批切实有效的政策工具，形成一批人工智能与经济社会发展深度融合的典型模式，积累一批可复制可推广的经验做法，打造一批具有重大引领带动作用的人工智能创新高地。

（四）总体布局。

服务支撑国家区域发展战略。重点围绕京津冀协同发展、长江经济带发展、粤港澳大湾区建设、长三角区域一体化发展等重大区域发展战略进行布局，兼顾东中西部及东北地区协同发展，推动人工智能成为区域发展的重要引领力量。

以城市为主要建设载体。重点依托人工智能创新资源丰富、发展基础较好的城市，探索人工智能赋能城市经济、优化城市治理、引领高质量发展的新模式。选择人工智能应用基础较好的若干县域，探索人工智能引领县域经济发展、支撑乡村振兴战略的新模式。

二、重点任务

（一）开展人工智能技术应用示范，探索促进人工智能与经济社会发展深度融合的新路径。围绕地方经济发展和民生改善的迫切需求，在制造、农业农村、物流、金融、商务、家居、医疗、教育、政务、交通、环保、安防、城市管理、助残养老、家政服务等领域开展人工智能技术应用示范，拓展应用场景，加快推进人工智能与实体经济深度融合，促进人工智能在社会民生领域的广泛应用。

（二）开展人工智能政策试验，营造有利于人工智能创新发展的制度环境。围绕数据开放与保护、成果转化、知识产权、安全管理、人才引育、财税金融、社会保障、国际合作等方面开展政策先行先试，探索建立支持人工智能原始创新的体制机制，形成适应人工智能发展的政策框架和法规标准体系，为人工智能科学研究、技术开发、产品创新、产业发展和社会应用营造良好环境。

（三）开展人工智能社会实验，探索智能时代政府治理的新方法、新手段。组织开展长周期、跨学科的社会实验，客观记录、科学评估人工智能技术对个人和组织的行为方式、就业结构和收入变化等方面的综合影响，持续积累数据和实践经验，为智能时代的政府治理提供支撑。

（四）推进人工智能基础设施建设，强化人工智能创新发展的条件支撑。加强网络基础设施、大数据基础设施、计算基础设施建设，提升传统基础设施的智能化水平，形成支撑新一代人工智能广泛应用的基础设施体系。建设人工智能研发基地和开放创新平台，推动公共数据安全有序开放，强化人工智能研发创新的基础条件支撑。

三、申请条件

试验区建设以直辖市、副省级城市、地级市等为主，拟申请建设试验区的城市应具备以下条件。

（一）科教资源丰富。应拥有设立人工智能学院或研究院的高校，拥有人工智能基础研究或关键技术领域的高水平研发机构，拥有一批高水平的人工智能创新团队。

（二）产业基础较好。原则上应是国家自主创新示范区或国家高新区所在城市，并已明确将发展人工智能作为重点产业方向，人工智能核心产业规模超过50亿元，人工智能相关产业规模超过200亿元。

（三）基础设施健全。数据资源丰富，拥有相关的数据平台、大数据中心和云计算中心，移动通信、物联网、工业互联网等网络基础设施较为完善。优先支持已布局国家新一代人工智能开放创新平台的城市。

（四）支持措施明确。地方政府对人工智能发展高度重视，已出台人工智能发展规划或实施意见。地方对人工智能有明确资金和政策支持，设立人工智能专项资金，政府相关部门设有专门人工智能推进机制或机构。

对于人工智能产业优势明显、智能化基础设施健全、应用场景特色突出、具有较强技术研发和成果转化能力的部分县域，也可申请建设国家新一代人工智能创新发展试验区。

四、建设程序

（一）推荐申请。符合上述申请条件、有意愿建设试验区的地方结合自身基础和条件，撰写《国家新一代人工智能创新发展试验区建设方案》。建设方案应包括基础条件、建设思路、建设目标、建设内容以及保障措施等。建设方案经地方所属省（自治区、直辖市）政府审核后，报送科技部。

（二）综合论证。科技部组织专家对试验区建设方案开展综合论证，论证专家主要由国家新一代人工智能战略咨询委员会和国家新一代人工智能治理专业委员会的部分专家，以及高校、科研院所、企业的人工智能技术专家和政策专家组成。

（三）启动建设。科技部结合论证意见，综合考虑试验区建设的总体布局，对满足建设条件、建设方案较成熟的地方，按程序批复支持启动建设试验区，并向社会公布。

（四）运行管理。地方按照试验区建设方案部署推进相关工作。每年12月底前，试验区形成年度工作总结报告，经所属省（自治区、直辖市）科技主管部门审核后报送科技部。科技部将适时对试验区建设情况开展考核评估。

（五）示范推广。试验区凝练提出可供推广的若干政策措施和经验做法，科技部在此基础上进行总结提炼，向全国示范推广。

五、保障措施

（一）组织保障。科技部充分发挥新一代人工智能发展规划推进办公室的统筹作用，会同有关部门加强对试验区建设的系统布局、协调推进和政策指导。试验区所属省（自治区、直辖市）政府切实加强对试验区建设的组织领导和工作指导。

（二）支持方式。科技部从政策、资源等方面对试验区建设给予支持。地方政府要加大试验区建设的资金投入，做好试验区建设的政策设计，积极引导企业和社会力量参与试验区建设。

（三）宣传引导。加强试验区建设的政策解读，定期开展交流研讨，及时宣传试验区建设工作取得的新进展、新成效、新突破，总结经验做法，在全社会营造人工智能创新发展的良好氛围。

交通运输部关于印发《推进综合交通运输大数据发展行动纲要（2020—2025 年）》的通知

各省、自治区、直辖市、新疆生产建设兵团及计划单列市交通运输厅（局、委），部属各单位、部内各司局：

为贯彻落实习近平总书记关于网络强国的重要论述和国家大数据战略部署，推进交通运输治理体系和治理能力现代化，提升综合交通运输服务水平，加快建设交通强国，现将《推进综合交通运输大数据发展行动纲要（2020—2025 年）》印发给你们，请结合实际认真贯彻落实。

交通运输部

2019 年 12 月 9 日

推进综合交通运输大数据发展行动纲要（2020—2025 年）

为贯彻落实习近平总书记关于网络强国的重要论述和国家大数据战略部署，加快建设交通强国，依据《国务院关于印发促进大数据发展行动纲要的通知》（国发〔2015〕50 号）、《交通强国建设纲要》等文件，特制定本纲要。

一、总体思路

以数据资源赋能交通发展为切入点，按照统筹协调、应用驱动、安全可控、多方参与的原则，聚焦基础支撑、共享开放、创新应用、安全保障、管理改革等重点环节，实施综合交通运输大数据发展“五大行动”，推动大数据与综合交通运输深度融合，有效构建综合交通大数据中心体系，为加快建设交通强国提供有力支撑。

二、主要目标

到 2025 年，力争实现以下目标：

综合交通运输大数据标准体系更加完善，基础设施、运载工具等成规模、成体系的大数据集基本建成。政务大数据有效支撑综合交通运输体系建设，交通运输行业数字化水平显著提升。综合交通运输信息资源深入共享开放。大数据在综合交通运输各业务领域应用更加广泛。大数据安全得到有力保障。符合新时代信息化发展规律的大数据体制机制取得突破。综合交通大数据中心体系基本构建，为加快建设交通强国，助力数字经济勃兴提供坚强支撑。

三、主要任务

（一）夯实大数据发展基础。

1. 完善标准规范。重点研究制定综合交通运输信息资源分类分级、脱敏、溯源、标识等标准规范，完善信息资源目录编制、采集、传输、交换共享等标准规范。不断完善各类交通运输业务数据技术规范。引导相关社会组织和产业技术联盟制定满足市场和创新需要的团体标准。（部科技司牵头负责，国家铁路局有关司局、部内各司局、各省级交通运输主管部门按职责分工负责）

2. 强化数据采集。完善修订有关交通基础设施工程建设规范，将采集设备、传输网络等信息基础设施纳入铁路、公路、港口、航道、机场、综合交通枢纽等有关交通基础设施工程建设内容，实现同步规划、同步设计、同步建设、同步运维。完善运载工具运行监测制度规范，实现对车辆、船舶、航空器等运载工具数据自动化采集。（部综合规划司、公路局、水运局、运输服务司、科技司、海事局、国家局有关司局、各省级交通运输主管部门按职责分工负责）

3. 加强技术研发应用。推动各类交通运输基础设施、运载工具数字孪生技术研发，加快交通运输各领域建筑信息模型（BIM）技术创新，形成具有自主知识产权的应用产品。研究制定交通运输行业互联网协议第六版（IPv6）地址规划，推进第五代移动通信技术（5G）、卫星通信信息网络等在交通运输各领域的研发应用。开展综合交通运输体系下大数据关键技术研发应用。（部科技司牵头负责，国家铁路局有关司局、部内各司局、各省级交通运输主管部门按职责分工负责）

（二）深入推进大数据共享开放。

4. 完善信息资源目录体系。完善政务信息资源目录，建立覆盖多种运输方式、多级行业管理的综合交通运输信息资源目录体系，完善信息资源目录采集、更新和发布机制。开展信息资源目录合规性检测，形成完整规范的综合交通运输行业信息资源“总账本”。（部科技司牵头负责，国家局有关司局、部内各司局、各省级交通运输主管部门按职责分工负责）

5. 全面构建政务大数据。深入推进国家综合交通运输信息平台建设。升级完善交通运输信息资源共享平台，建立综合交通运输政务信息资源共享交换机制，研究开展政务信息资源质量评估，汇聚形成全覆盖、高质量的综合交通运输政务大数据。建立完善与公安、自然资源、生态环境、水利、文化和旅游、卫生健康、应急、海关、市场监管、气象等部门的政务信息资源共享交换机制，有效支撑综合交通运输政务大数据跨部门应用。（部科技司牵头负责，国家局有关司局、部内各司局、各省级交通运输主管部门按职责分工负责）

6. 推动行业数字化转型。以试点示范方式推动建立行业大数据平台。促进行业企业应用大数据、云计算等技术提高企业建设能力、运输效率和经营水平，鼓励各行业企业依法积极利用大数据开展融合应用，不断丰富行业大数据内容，推动行业企业数字化转型。（部科技司牵头负责，各省级交通运输主管部门按职责分工负责）

7. 稳步开放公共信息资源。研究完善交通运输相关领域公共信息资源开放机制，建立公共信息资源开放清单及更新制度，建立统一的综合交通运输公共信息资源开放平台，优先开放与民生紧密相关、社会需求迫切、有利于激活市场活力的公共信息资源，推动公共信息资源有序开放。（部科技司牵头负责，部内各司局配合）

8. 引导大数据开放创新。组织开展综合交通运输公共信息资源开放创新活动，支持各类主体开展大数据创新创业。推动政企数据融合创新，引导行业公共企事业单位依法开放自有公共信息资源，形成良好数据开放生态。（部科技司牵头负责，各省级交通运输主管部门按职责分工负责）

（三）全面推动大数据创新应用。

9. 构建综合性大数据分析技术模型。综合运用跨行业、跨层级交通运输大数据集，研究建立具有较强应用价值的综合性、全局性大数据分析模型，形成一系列易理解、有结论、实用性和权威性较强的大数据分析成果，有效支撑综合交通运输决策管理与服务。（部科技司牵头负责，部内各司局配合，各省级交通运输主管部门按职责分工负责）

10. 加强在服务国家战略中的应用。在服务“一带一路”建设、京津冀协同发展、长江经济带发展、粤港澳大湾区建设、长江三角洲区域一体化发展、黄河流域生态保护和高质量发展等重大国家战略中，充分利用大数据开展综合交通运输规划和实施情况评估，持续提升规划决策和评估工作的科学性。（部综合规划司牵头负责，国家局有关司局、部内各司局配合）

11. 提升安全生产监测预警能力。推动基于大数据的综合交通运输安全生产全流程监管，实现重点营运车辆、超限车辆、重点船舶及水域、重点建设工程、客运码头、危险货物港口装卸存储设施以及铁路运输、民航运行等重点领域安全生产风险的监测预警和重大风险的防范化解，利用大数据深化“平安交通”建设。（国家局有关司局、部内各司局、各省级交通运输主管部门按职责分工负责）

12. 推动应急管理综合应用。构建跨部门、跨运输方式应急管理大数据，有效掌握重点领域和区域综合交通运输运行动态，及时获取突发事件信息、应急资源和力量分布，有力支撑综合交通运输应急处置和调度指挥。（部应急办牵头负责，国家局有关司局、部内各司局、各省级交通运输主管部门按职责分工负责）

13. 加强信用监管。推动跨部门、跨行业、跨层级信用信息的归集和共享，利用大数据研究推进综合交通运输信用舆情监测、信用风险预警、信用指数分析等工作，推动信用信息在行政审批、行政检查、招投标等业务中深度应用，加快构建以信用为基础的综合交通运输新型监管机制。（部政策研究室牵头负责，国家局有关司局、部内各司局配合，各省级交通运输主管部门按职责分工负责）

14. 加快推动“互联网+监管”。优化综合执法业务流程，推动实现行政检查、行政处罚及行政强制等执法活动全过程数字化。加快建立交通运输“互联网+监管”系统，实现与国家“互联网+监管”系统对接，为实现综合监管、智慧监管提供支撑。（部法制司、科技司牵头负责，部内各司局配合，各省级交通运输主管部门按职责分工负责）

15. 深化政务服务“一网通办”。依托全国一体化在线政务服务平台，深入推进交通运输政务服务“一网通办”，推动政务服务事项动态更新，完善政务服务门户，推动电子证照信息共享，逐步实现统一身份认证、统一电子印章和统一电子归档。（部科技司、办公厅、法制司牵头负责，部内各司局配合，各省级交通运输主管部门按职责分工负责）

16. 促进出行服务创新应用。鼓励各类市场主体培育“出行即服务（MaaS）”新模式，以数据衔接出行需求与服务资源。促进交通旅游服务大数据创新应用。利用大数据分析评价道路客运、公共汽电车、出租汽车、汽车分时租赁等领域新老业态发展特征，推动新老业态动能转化和融合发展。（部运输服务司、综合规划司、科技司、各省级交通运输主管部门按职责分工负责）

17. 推动货运物流数字化发展。逐步完善国家交通运输物流公共信息平台，推动全国多式联运公共信息系统建设，促进多种运输方式间数据交换共享。研究制定货运物流单据电子化相关技术标准。完善全国快件数据监测体系，为全程可跟踪、可追溯的“一站式”快递服务提供数据支撑。鼓励网络平台道路货运、车货匹配、智能航运等“互联网+货运物流”新模式发展。建立完善道路货运行业运行监测分析体系，充分利用大数据预测发展趋势，引导货运物流行业健康发展。（部综合规划司、运输服务司、水运局、国家局有关司局、各省级交通运输主管部门按职责分工负责）

（四）加强大数据安全保障。

18. 完善数据安全保障措施。推进交通运输领域数据分类分级管理，加强重要数据和个人信息安全保护，制定数据分级安全管理、数据脱敏等制度规范。推进重要信息系统密码技术应用和重要软硬件设备自主可控。（部办公厅、科技司、各省级交通运输主管部门按职责分工负责）

19. 保障国家关键数据安全。全面识别梳理交通运输领域国家关键数据资源，将重要数据保护纳入交通运输关键信息基础设施安全规划，推进国家关键数据资源全面实现异地容灾备份，推进去标识化、云

安全防护、大数据平台安全等数据安全技术普及应用。(部科技司牵头负责，部内各司局、各省级交通运输主管部门按职责分工负责)

(五) 完善大数据管理体系。

20. 推动管理体制改革。加强与机构编制部门沟通，争取基于现有内设机构，研究设立或明确综合交通运输大数据发展管理部门，负责统筹推进综合交通运输大数据发展。(部科技司、人事教育司牵头负责，各省级交通运输主管部门按职责分工负责)

21. 完善技术管理体系。研究明确统一的公益性综合交通运输大数据管理与应用机构，负责综合交通运输大数据技术统筹。(部科技司、人事教育司牵头负责，各省级交通运输主管部门按职责分工负责)

四、保障措施

(一) 加强组织领导。

深入学习领会和贯彻落实习近平总书记关于网络强国的重要论述，将综合交通运输大数据发展作为“一把手”工程予以推进。增强各级领导干部获取数据、分析数据、运用数据的基本功，让广大领导干部“懂得大数据，用好大数据”。

(二) 加强队伍建设。

引导建立综合交通运输大数据智库，创新行业大数据人才培养机制和激励机制，引进招聘高层次人才，培育层次多样、良性流动、激励有效的专业化大数据人才队伍。

(三) 加强经费保障。

发挥财政资金引导作用，加大对政务大数据建设的支持力度，鼓励设立专项资金保障大数据发展。研究利用社会资本开展大数据创新应用，引导以市场化基金、政府和社会资本合作等模式推动行业大数据市场发展。

(四) 加强效果评估。

推动将综合交通运输大数据工作绩效纳入部门和单位工作评估体系，对综合交通运输大数据工作情况开展评估，以评促建，推动综合交通运输大数据不断发展。

交通运输部关于印发《数字交通发展规划纲要》的通知

各省、自治区、直辖市、新疆生产建设兵团及计划单列市交通运输厅（局、委），部属各单位，部内各司局：

为贯彻落实党中央、国务院关于推进数字经济发展的决策部署，促进先进信息技术与交通运输深度融合，有力支撑交通强国建设，现将《数字交通发展规划纲要》印发给你们，请结合实际认真贯彻落实。

交通运输部

2019 年 7 月 25 日

数字交通发展规划纲要

数字交通是数字经济发展的重要领域，是以数据为关键要素和核心驱动，促进物理和虚拟空间的交通运输活动不断融合、交互作用的现代交通运输体系。为贯彻落实党中央、国务院关于促进数字经济发展的决策部署，有力支撑交通强国建设，制定本规划纲要。

一、指导思想

以习近平新时代中国特色社会主义思想为指导，全面贯彻党的十九大和十九届二中、三中全会精神，落实习近平总书记关于加快建设数字中国的重要指示，统筹推进“五位一体”总体布局，协调推进“四个全面”战略布局，按照“巩固、增强、提升、畅通”八字方针，抓住新一轮科技革命和产业变革的机遇，坚持推动高质量发展，坚持以人民为中心，坚持以创新为第一动力，促进先进信息技术与交通运输深度融合，以“数据链”为主线，构建数字化的采集体系、网络化的传输体系和智能化的应用体系，加快交通运输信息化向数字化、网络化、智能化发展，为交通强国建设提供支撑。

二、基本原则

创新引领，数据赋能。以数据为关键要素，赋能交通运输及关联产业，推动模式、业态、产品、服务等联动创新，提升出行和物流服务品质，让数字红利惠及人民，增强人民获得感。

共建共享，融合发展。充分发挥统筹规划、协同推进的制度优势，推动政企、行业、部省间协同发力。发挥市场主体作用，科学配置各类资源要素，构建跨界融合、共创共享的数字交通产业生态。以数据链促进多种运输方式高效衔接，促进政企间数据双向转化运用。

防范风险，保障安全。兼顾创新发展和安全发展，防范化解数字化转型带来的信息安全风险，提升网络安全和数据安全保障能力，保障公共安全和国家利益。

勇于探索，试点先行。坚持世界眼光、国际标准、中国特色，以开放包容的态度，适应技术发展趋势，以试点为重要手段，汇聚技术、智力、产业等资源，通过典型引路，逐步形成数字交通发展的“中国经验”和“中国方案”。

三、发展目标

到 2025 年，交通运输基础设施和运载装备全要素、全周期的数字化升级迈出新步伐，数字化采集体系和网络化传输体系基本形成。交通运输成为北斗导航的民用主行业，第五代移动通信（5G）等公网和新一代卫星通信系统初步实现行业应用。交通运输大数据应用水平大幅提升，出行信息服务全程覆盖，物流服务平台化和一体化进入新阶段，行业治理和公共服务能力显著提升。交通与汽车、电子、软件、通信、互联网服务等产业深度融合，新业态和新技术应用水平保持世界先进。

到 2035 年，交通基础设施完成全要素、全周期数字化，天地一体的交通控制网基本形成，按需获取的即时出行服务广泛应用。我国成为数字交通领域国际标准的主要制订者或参与者，数字交通产业整体竞争能力全球领先。

四、构建数字化的采集体系

（一）推动交通基础设施全要素、全周期数字化。

推动交通基础设施规划、设计、建造、养护、运行管理等全要素、全周期数字化。构建覆盖全国的高精度交通地理信息平台，完善交通工程等要素信息，实现对物理设施的三维数字化呈现，支撑全天候复杂交通场景下自动驾驶、大件运输等专业导航应用。针对重大交通基础设施工程，实现基础设施全生命周期健康性能监测，推广应用基于物联网的工程质量控制技术。

（二）布局重要节点的全方位交通感知网络。

推动铁路、公路、水路领域的重点路段、航段，以及隧道、桥梁、互通枢纽、船闸等重要节点的交通感知网络覆盖。推动交通感知网络与交通基础设施同步规划建设，深化高速公路 ETC 门架等路侧智能终端应用，建立云端互联的感知网络，让“哑设施”具备多维监测、智能网联、精准管控、协同服务能力。注重众包、手机信令等社会数据融合应用。构建载运工具、基础设施、通行环境互联的交通控制网基础云平台。加快北斗导航在自由流收费、自动驾驶、车路协同、海上搜救、港口自动化作业和集疏运调度等领域应用。

（三）推动载运工具、作业装备智能化。

鼓励具备多维感知、高精度定位、智能网联功能的终端设备应用，提升载运工具远程监测、故障诊断、风险预警、优化控制等能力。推动自动驾驶与车路协同技术研发，开展专用测试场地建设。鼓励物流园区、港口、铁路和机场货运站广泛应用物联网、自动驾驶等技术，推广自动化立体仓库、引导运输车（AGV）、智能输送分拣和装卸设备的规模应用。推动自动驾驶船舶、自动化码头和堆场发展，加强港航物流与上下游企业信息共享和业务协同。

五、构建网络化的传输体系

推动交通运输基础设施与信息基础设施一体化建设，促进交通专网与“天网”“公网”深度融合，推进车联网、5G、卫星通信信息网络等部署应用，完善全国高速公路通信信息网络，形成多网融合的交通信息通信网络，提供广覆盖、低时延、高可靠、大带宽的网络通信服务。

六、构建智能化的应用体系

（一）打造数字化出行助手。

促进交通、旅游等各类信息充分开放共享，融合发展。鼓励平台型企业深化多源数据融合，整合线上和线下资源，鼓励各类交通运输客票系统充分开放接入，打造数字化出行助手，为旅客提供“门到门”的全程出行定制服务。倡导“出行即服务（MaaS）”理念，以数据衔接出行需求与服务资源，使出行成为一种按需获取的即时服务，让出行更简单。打造旅客出行与公务商务、购物消费、休闲娱乐相互渗透的“智能移动空间”，带来全新出行体验。推动“互联网+”便捷交通发展，鼓励和规范发展定制公交、智能停车、智能公交、汽车维修、网络预约出租车、互联网租赁自行车、小微型客车分时租赁等城市出行服务新业态。

（二）推动物流全程数字化。

大力发展“互联网+”高效物流新模式、新业态，加快实现物流活动全过程的数字化，推进铁路、公路、水路等货运单证电子化和共享互认，提供全程可监测、可追溯的“一站式”物流服务。鼓励各类企业加快物流信息平台差异化发展，推进城市物流配送全链条信息共享，完善农村物流末端信息网络。依托各类信息平台，加强各部门物流相关管理信息互认，构建综合交通运输物流数据资源开放共享机制。

（三）推动行业治理现代化。

完善国家综合交通运输信息平台，提高决策支持、安全应急、指挥调度、监管执法、政务服务、节能环保等领域的大数据运用水平，实现精确分析、精准管控、精细管理和精心服务。完善资源目录与信息资源管理体系，实现行业信息资源的汇聚融合，提升信息资源共享交换和开放服务能力。建立大数据支撑的决策与规划体系，推动部门间、政企间多源数据融合，提升交通运输决策分析水平。采用数据化、全景式展现方式，提升综合交通运输运行监测预警、舆情监测、安全风险分析研判、调度指挥、节能环保在线监测等支撑能力。进一步推进交通运输领域“互联网+政务服务”，实现政务服务同一事项、同一标准、同一编码。延长网上办事链条，推动政务服务向“两微一端”等延伸拓展。加快完善运政、路政、海事等政务信息系统，推进交通运输综合执法、治超联网等系统建设，提高执法装备智能化水平，推进在线识别和非现场执法。

七、培育产业生态体系

聚焦基础设施和载运工具数字化的关键环节与核心技术，鼓励优势企业整合电子、软件、通信、卫星、装备制造、信息服务等领域资源，构建强强联合、优势互补、高效适配的协同创新体系。加强测试、检测、认证综合能力建设，促进新技术成果转化。加快北斗导航、卫星通信、高分辨率对地观测等技术行业应用。鼓励建立协同创新产业联盟，积极开展产业化应用示范，促进各类主体合作，打造具有国际竞争力的产业生态体系。

八、健全网络和数据安全体系

贯彻落实《中华人民共和国网络安全法》以及国家关于数据安全的要求，落实各级交通运输管理部门及相关机构的网络安全职责，健全信息通报、监测预警、应急处置、预案管理等工作机制，建立专家库。落实网络安全等级保护制度，确保各级安全防护合规达标。加强网络安全与信息系统同步建设，提高交通运输关键信息基础设施和重要信息系统的网络安全防护能力。推进重要信息系统国产密码应用、重要软硬件设备国产化应用。加强对交通数据全生命周期的管控，保护国家秘密、商业秘密和个人隐私。完善适应新技术发展的行业网络安全标准。

九、完善标准体系

加快完善面向数字交通应用的交通基础设施工程建设标准，推动信息基础设施与交通基础设施同步规划、同步设计、同步建设、同步运维。按照交通运输信息化标准体系，持续完善相关标准。加快自动驾驶国家及行业标准体系建设，完善生产制造、测试评价、网络安全、数据共享、运行使用等标准。推动建立跨行业、跨领域、跨部门数字交通标准协同发展机制，发挥企业在标准研究方面的作用，积极参与国际标准制修订的协调、交流与合作。

十、完善支撑保障体系

（一）营造发展环境。

探索有利于数字交通创新发展的行业监管模式，推动完善相关法律法规体系，在规范发展、安全发展的前提下，营造有利于创新发展的政策环境。积极推进企业间、政企间的数据资源融合应用，鼓励市场主体提供丰富的数字交通服务，激发创新活力和潜在价值，提供更好的服务体验。

（二）多渠道筹措资金。

发挥中央财政资金的引导作用，加大对创新试点支持力度，强化过程指导，加强绩效评估。各级交通运输主管部门积极争取财政性资金、专项资金等支持数字交通建设。探索政府和社会资本合作模式。

（三）促进创新应用。

坚持试点先行，带动全面发展，围绕“一带一路”建设、京津冀协同发展、长江经济带发展、粤港澳大湾区发展、长江三角洲区域一体化发展等国家重要区域发展战略，开展区域性数字交通综合试点。系统开展数字交通发展配套政策研究。在保障国家安全、维护国家利益的前提下，促进资源跨境流动，实现引资、引智、引技相结合。

（四）加强人才支持。

建立跨领域、多层次人才培养体系，提升行业数字化思维和应用能力。建立多层次专家库，发挥高端智库、院校等机构的智力支持作用，鼓励建立产学研金的对接平台。

危险货物道路运输安全管理办法

（中华人民共和国交通运输部令2019年第29号）

《危险货物道路运输安全管理办法》已于2019年7月10日经第15次部务会议通过，现予公布，自2020年1月1日起施行。

交通运输部部长　李小鹏
工业和信息化部部长　苗　圩
公安部部长　赵克志
生态环境部部长　李干杰
应急管理部部长　王玉普
国家市场监督管理总局局长　肖亚庆
2019年11月10日

危险货物道路运输安全管理办法

第一章　总　则

第一条　为了加强危险货物道路运输安全管理，预防危险货物道路运输事故，保障人民群众生命、财产安全，保护环境，依据《中华人民共和国安全生产法》《中华人民共和国道路运输条例》《危险化学品安全管理条例》《公路安全保护条例》等有关法律、行政法规，制定本办法。

第二条　对使用道路运输车辆从事危险货物运输及相关活动的安全管理，适用本办法。

第三条　危险货物道路运输应当坚持安全第一、预防为主、综合治理、便利运输的原则。

第四条　国务院交通运输主管部门主管全国危险货物道路运输管理工作。

县级以上地方人民政府交通运输主管部门负责组织领导本行政区域的危险货物道路运输管理工作。

工业和信息化、公安、生态环境、应急管理、市场监督管理等部门按照各自职责，负责对危险货物道路运输相关活动进行监督检查。

第五条　国家建立危险化学品监管信息共享平台，加强危险货物道路运输安全管理。

第六条　不得托运、承运法律、行政法规禁止运输的危险货物。

第七条　托运人、承运人、装货人应当制定危险货物道路运输作业查验、记录制度，以及人员安全教育培训、设备管理和岗位操作规程等安全生产管理制度。

托运人、承运人、装货人应当按照相关法律法规和《危险货物道路运输规则》（JT/T 617）要求，对本单位相关从业人员进行岗前安全教育培训和定期安全教育。未经岗前安全教育培训考核合格的人员，不得上岗作业。

托运人、承运人、装货人应当妥善保存安全教育培训及考核记录。岗前安全教育培训及考核记录保存至相关从业人员离职后12个月；定期安全教育记录保存期限不得少于12个月。

第八条　国家鼓励危险货物道路运输企业应用先进技术和装备，实行专业化、集约化经营。

禁止危险货物运输车辆挂靠经营。

第二章　危险货物托运

第九条　危险货物托运人应当委托具有相应危险货物道路运输资质的企业承运危险货物。托运民用爆炸物品、烟花爆竹的，应当委托具有第一类爆炸品或者第一类爆炸品中相应项别运输资质的企业承运。

第十条　托运人应当按照《危险货物道路运输规则》（JT/T 617）确定危险货物的类别、项别、品名、编号，遵守相关特殊规定要求。需要添加抑制剂或者稳定剂的，托运人应当按照规定添加，并将有关情况告知承运人。

第十一条　托运人不得在托运的普通货物中违规夹带危险货物，或者将危险货物匿报、谎报为普通货物托运。

第十二条　托运人应当按照《危险货物道路运输规则》（JT/T 617）妥善包装危险货物，并在外包装设置相应的危险货物标志。

第十三条　托运人在托运危险货物时，应当向承运人提交电子或者纸质形式的危险货物托运清单。

危险货物托运清单应当载明危险货物的托运人、承运人、收货人、装货人、始发地、目的地、危险货物的类别、项别、品名、编号、包装及规格、数量、应急联系电话等信息，以及危险货物危险特性、运输注意事项、急救措施、消防措施、泄漏应急处置、次生环境污染处置措施等信息。

托运人应当妥善保存危险货物托运清单，保存期限不得少于 12 个月。

第十四条　托运人应当在危险货物运输期间保持应急联系电话畅通。

第十五条　托运人托运剧毒化学品、民用爆炸物品、烟花爆竹或者放射性物品的，应当向承运人相应提供公安机关核发的剧毒化学品道路运输通行证、民用爆炸物品运输许可证、烟花爆竹道路运输许可证、放射性物品道路运输许可证明或者文件。

托运人托运第一类放射性物品的，应当向承运人提供国务院核安全监管部门批准的放射性物品运输核与辐射安全分析报告。

托运人托运危险废物（包括医疗废物，下同）的，应当向承运人提供生态环境主管部门发放的电子或者纸质形式的危险废物转移联单。

第三章　例外数量与有限数量危险货物运输的特别规定

第十六条　例外数量危险货物的包装、标记、包件测试，以及每个内容器和外容器可运输危险货物的最大数量，应当符合《危险货物道路运输规则》（JT/T 617）要求。

第十七条　有限数量危险货物的包装、标记，以及每个内容器或者物品所装的最大数量、总质量（含包装），应当符合《危险货物道路运输规则》（JT/T 617）要求。

第十八条　托运人托运例外数量危险货物的，应当向承运人书面声明危险货物符合《危险货物道路运输规则》（JT/T 617）包装要求。承运人应当要求驾驶人随车携带书面声明。

托运人应当在托运清单中注明例外数量危险货物以及包件的数量。

第十九条　托运人托运有限数量危险货物的，应当向承运人提供包装性能测试报告或者书面声明危险货物符合《危险货物道路运输规则》（JT/T 617）包装要求。承运人应当要求驾驶人随车携带测试报告或者书面声明。

托运人应当在托运清单中注明有限数量危险货物以及包件的数量、总质量（含包装）。

第二十条　例外数量、有限数量危险货物包件可以与其他危险货物、普通货物混合装载，但有限数量危险货物包件不得与爆炸品混合装载。

第二十一条　运输车辆载运例外数量危险货物包件数不超过 1000 个或者有限数量危险货物总质量（含包装）不超过 8000 千克的，可以按照普通货物运输。

第四章　危险货物承运

第二十二条　危险货物承运人应当按照交通运输主管部门许可的经营范围承运危险货物。

第二十三条　危险货物承运人应当使用安全技术条件符合国家标准要求且与承运危险货物性质、重量相匹配的车辆、设备进行运输。

危险货物承运人使用常压液体危险货物罐式车辆运输危险货物的，应当在罐式车辆罐体的适装介质列表范围内承运；使用移动式压力容器运输危险货物的，应当按照移动式压力容器使用登记证上限定的介质承运。

危险货物承运人应当按照运输车辆的核定载质量装载危险货物，不得超载。

第二十四条　危险货物承运人应当制作危险货物运单，并交由驾驶人随车携带。危险货物运单应当妥善保存，保存期限不得少于12个月。

危险货物运单格式由国务院交通运输主管部门统一制定。危险货物运单可以是电子或者纸质形式。

运输危险废物的企业还应当填写并随车携带电子或者纸质形式的危险废物转移联单。

第二十五条　危险货物承运人在运输前，应当对运输车辆、罐式车辆罐体、可移动罐柜、罐式集装箱（以下简称罐箱）及相关设备的技术状况，以及卫星定位装置进行检查并做好记录，对驾驶人、押运人员进行运输安全告知。

第二十六条　危险货物道路运输车辆驾驶人、押运人员在起运前，应当对承运危险货物的运输车辆、罐式车辆罐体、可移动罐柜、罐箱进行外观检查，确保没有影响运输安全的缺陷。

危险货物道路运输车辆驾驶人、押运人员在起运前，应当检查确认危险货物运输车辆按照《道路运输危险货物车辆标志》（GB 13392）要求安装、悬挂标志。运输爆炸品和剧毒化学品的，还应当检查确认车辆安装、粘贴符合《道路运输爆炸品和剧毒化学品车辆安全技术条件》（GB 20300）要求的安全标示牌。

第二十七条　危险货物承运人除遵守本办法规定外，还应当遵守《道路危险货物运输管理规定》有关运输行为的要求。

第五章　危险货物装卸

第二十八条　装货人应当在充装或者装载货物前查验以下事项；不符合要求的，不得充装或者装载：

（一）车辆是否具有有效行驶证和营运证；

（二）驾驶人、押运人员是否具有有效资质证件；

（三）运输车辆、罐式车辆罐体、可移动罐柜、罐箱是否在检验合格有效期内；

（四）所充装或者装载的危险货物是否与危险货物运单载明的事项相一致；

（五）所充装的危险货物是否在罐式车辆罐体的适装介质列表范围内，或者满足可移动罐柜导则、罐箱适用代码的要求。

充装或者装载剧毒化学品、民用爆炸物品、烟花爆竹、放射性物品或者危险废物时，还应当查验本办法第十五条规定的单证报告。

第二十九条　装货人应当按照相关标准进行装载作业。装载货物不得超过运输车辆的核定载质量，不得超出罐式车辆罐体、可移动罐柜、罐箱的允许充装量。

第三十条　危险货物交付运输时，装货人应当确保危险货物运输车辆按照《道路运输危险货物车辆标志》（GB 13392）要求安装、悬挂标志，确保包装容器没有损坏或者泄漏，罐式车辆罐体、可移动罐柜、罐箱的关闭装置处于关闭状态。

爆炸品和剧毒化学品交付运输时，装货人还应当确保车辆安装、粘贴符合《道路运输爆炸品和剧毒化学品车辆安全技术条件》（GB 20300）要求的安全标示牌。

第三十一条 装货人应当建立危险货物装货记录制度，记录所充装或者装载的危险货物类别、品名、数量、运单编号和托运人、承运人、运输车辆及驾驶人等相关信息并妥善保存，保存期限不得少于 12 个月。

第三十二条 充装或者装载危险化学品的生产、储存、运输、使用和经营企业，应当按照本办法要求建立健全并严格执行充装或者装载查验、记录制度。

第三十三条 收货人应当及时收货，并按照安全操作规程进行卸货作业。

第三十四条 禁止危险货物运输车辆在卸货后直接实施排空作业等活动。

第六章　危险货物运输车辆与罐式车辆罐体、可移动罐柜、罐箱

第三十五条 工业和信息化主管部门应当通过《道路机动车辆生产企业及产品公告》公布产品型号，并按照《危险货物运输车辆结构要求》（GB 21668）公布危险货物运输车辆类型。

第三十六条 危险货物运输车辆生产企业应当按照工业和信息化主管部门公布的产品型号进行生产。危险货物运输车辆应当获得国家强制性产品认证证书。

第三十七条 危险货物运输车辆生产企业应当按照《危险货物运输车辆结构要求》（GB 21668）标注危险货物运输车辆的类型。

第三十八条 液体危险化学品常压罐式车辆罐体生产企业应当取得工业产品生产许可证，生产的罐体应当符合《道路运输液体危险货物罐式车辆》（GB 18564）要求。

检验机构应当严格按照国家标准、行业标准及国家统一发布的检验业务规则，开展液体危险化学品常压罐式车辆罐体检验，对检验合格的罐体出具检验合格证书。检验合格证书包括罐体载质量、罐体容积、罐体编号、适装介质列表和下次检验日期等内容。

检验机构名录及检验业务规则由国务院市场监督管理部门、国务院交通运输主管部门共同公布。

第三十九条 常压罐式车辆罐体生产企业应当按照要求为罐体分配并标注唯一性编码。

第四十条 罐式车辆罐体应当在检验有效期内装载危险货物。

检验有效期届满后，罐式车辆罐体应当经具有专业资质的检验机构重新检验合格，方可投入使用。

第四十一条 装载危险货物的常压罐式车辆罐体的重大维修、改造，应当委托具备罐体生产资质的企业实施，并通过具有专业资质的检验机构维修、改造检验，取得检验合格证书，方可重新投入使用。

第四十二条 运输危险货物的可移动罐柜、罐箱应当经具有专业资质的检验机构检验合格，取得检验合格证书，并取得相应的安全合格标志，按照规定用途使用。

第四十三条 危险货物包装容器属于移动式压力容器或者气瓶的，还应当满足特种设备相关法律法规、安全技术规范以及国际条约的要求。

第七章　危险货物运输车辆运行管理

第四十四条 在危险货物道路运输过程中，除驾驶人外，还应当在专用车辆上配备必要的押运人员，确保危险货物处于押运人员监管之下。

运输车辆应当安装、悬挂符合《道路运输危险货物车辆标志》（GB 13392）要求的警示标志，随车携带防护用品、应急救援器材和危险货物道路运输安全卡，严格遵守道路交通安全法律法规规定，保障道路运输安全。

运输爆炸品和剧毒化学品车辆还应当安装、粘贴符合《道路运输爆炸品和剧毒化学品车辆安全技术条件》（GB 20300）要求的安全标示牌。

运输剧毒化学品、民用爆炸物品、烟花爆竹、放射性物品或者危险废物时，还应当随车携带本办法第十五条规定的单证报告。

第四十五条 危险货物承运人应当按照《中华人民共和国反恐怖主义法》和《道路运输车辆动态监

督管理办法》要求，在车辆运行期间通过定位系统对车辆和驾驶人进行监控管理。

第四十六条　危险货物运输车辆在高速公路上行驶速度不得超过每小时 80 公里，在其他道路上行驶速度不得超过每小时 60 公里。道路限速标志、标线标明的速度低于上述规定速度的，车辆行驶速度不得高于限速标志、标线标明的速度。

第四十七条　驾驶人应当确保罐式车辆罐体、可移动罐柜、罐箱的关闭装置在运输过程中处于关闭状态。

第四十八条　运输民用爆炸物品、烟花爆竹和剧毒、放射性等危险物品时，应当按照公安机关批准的路线、时间行驶。

第四十九条　有下列情形之一的，公安机关可以依法采取措施，限制危险货物运输车辆通行：

（一）城市（含县城）重点地区、重点单位、人流密集场所、居民生活区；

（二）饮用水水源保护区、重点景区、自然保护区；

（三）特大桥梁、特长隧道、隧道群、桥隧相连路段及水下公路隧道；

（四）坡长坡陡、临水临崖等通行条件差的山区公路；

（五）法律、行政法规规定的其他可以限制通行的情形。

除法律、行政法规另有规定外，公安机关综合考虑相关因素，确需对通过高速公路运输危险化学品依法采取限制通行措施的，限制通行时段应当在 0 时至 6 时之间确定。

公安机关采取限制危险货物运输车辆通行措施的，应当提前向社会公布，并会同交通运输主管部门确定合理的绕行路线，设置明显的绕行提示标志。

第五十条　遇恶劣天气、重大活动、重要节假日、交通事故、突发事件等，公安机关可以临时限制危险货物运输车辆通行，并做好告知提示。

第五十一条　危险货物运输车辆需在高速公路服务区停车的，驾驶人、押运人员应当按照有关规定采取相应的安全防范措施。

第八章　监督检查

第五十二条　对危险货物道路运输负有安全监督管理职责的部门，应当依照下列规定加强监督检查：

（一）交通运输主管部门负责核发危险货物道路运输经营许可证，定期对危险货物道路运输企业动态监控工作的情况进行考核，依法对危险货物道路运输企业进行监督检查，负责对运输环节充装查验、核准、记录等进行监管。

（二）工业和信息化主管部门应当依法对《道路机动车辆生产企业及产品公告》内的危险货物运输车辆生产企业进行监督检查，依法查处违法违规生产企业及产品。

（三）公安机关负责核发剧毒化学品道路运输通行证、民用爆炸物品运输许可证、烟花爆竹道路运输许可证和放射性物品运输许可证明或者文件，并负责危险货物运输车辆的通行秩序管理。

（四）生态环境主管部门应当依法对放射性物品运输容器的设计、制造和使用等进行监督检查，负责监督核设施营运单位、核技术利用单位建立健全并执行托运及充装管理制度规程。

（五）应急管理部门和其他负有安全生产监督管理职责的部门依法负责危险化学品生产、储存、使用和经营环节的监管，按照职责分工督促企业建立健全充装管理制度规程。

（六）市场监督管理部门负责依法查处危险化学品及常压罐式车辆罐体质量违法行为和常压罐式车辆罐体检验机构出具虚假检验合格证书的行为。

第五十三条　对危险货物道路运输负有安全监督管理职责的部门，应当建立联合执法协作机制。

第五十四条　对危险货物道路运输负有安全监督管理职责的部门发现危险货物托运、承运或者装载过程中存在重大隐患，有可能发生安全事故的，应当要求其停止作业并消除隐患。

第五十五条　对危险货物道路运输负有安全监督管理职责的部门监督检查时，发现需由其他负有安全监督管理职责的部门处理的违法行为，应当及时移交。

其他负有安全监督管理职责的部门应当接收，依法处理，并将处理结果反馈移交部门。

第九章　法律责任

第五十六条　交通运输主管部门对危险货物承运人违反本办法第七条，未对从业人员进行安全教育和培训的，应当责令限期改正，可以处5万元以下的罚款；逾期未改正的，责令停产停业整顿，并处5万元以上10万元以下的罚款，对其直接负责的主管人员和其他直接责任人员处1万元以上2万元以下的罚款。

第五十七条　交通运输主管部门对危险化学品托运人有下列情形之一的，应当责令改正，处10万元以上20万元以下的罚款，有违法所得的，没收违法所得；拒不改正的，责令停产停业整顿：

（一）违反本办法第九条，委托未依法取得危险货物道路运输资质的企业承运危险化学品的；

（二）违反本办法第十一条，在托运的普通货物中违规夹带危险化学品，或者将危险化学品匿报或者谎报为普通货物托运的。

有前款第（二）项情形，构成违反治安管理行为的，由公安机关依法给予治安管理处罚。

第五十八条　交通运输主管部门对危险货物托运人违反本办法第十条，危险货物的类别、项别、品名、编号不符合相关标准要求的，应当责令改正，属于非经营性的，处1000元以下的罚款；属于经营性的，处1万元以上3万元以下的罚款。

第五十九条　交通运输主管部门对危险化学品托运人有下列情形之一的，应当责令改正，处5万元以上10万元以下的罚款；拒不改正的，责令停产停业整顿：

（一）违反本办法第十条，运输危险化学品需要添加抑制剂或者稳定剂，托运人未添加或者未将有关情况告知承运人的；

（二）违反本办法第十二条，未按照要求对所托运的危险化学品妥善包装并在外包装设置相应标志的。

第六十条　交通运输主管部门对危险货物承运人有下列情形之一的，应当责令改正，处2000元以上5000元以下的罚款：

（一）违反本办法第二十三条，未在罐式车辆罐体的适装介质列表范围内或者移动式压力容器使用登记证上限定的介质承运危险货物的；

（二）违反本办法第二十四条，未按照规定制作危险货物运单或者保存期限不符合要求的；

（三）违反本办法第二十五条，未按照要求对运输车辆、罐式车辆罐体、可移动罐柜、罐箱及设备进行检查和记录的。

第六十一条　交通运输主管部门对危险货物道路运输车辆驾驶人具有下列情形之一的，应当责令改正，处1000元以上3000元以下的罚款：

（一）违反本办法第二十四条、第四十四条，未按照规定随车携带危险货物运单、安全卡的；

（二）违反本办法第四十七条，罐式车辆罐体、可移动罐柜、罐箱的关闭装置在运输过程中未处于关闭状态的。

第六十二条　交通运输主管部门对危险货物承运人违反本办法第四十条、第四十一条、第四十二条，使用未经检验合格或者超出检验有效期的罐式车辆罐体、可移动罐柜、罐箱从事危险货物运输的，应当责令限期改正，可以处5万元以下的罚款；逾期未改正的，处5万元以上20万元以下的罚款，对其直接负责的主管人员和其他直接责任人员处1万元以上2万元以下的罚款；情节严重的，责令停产停业整顿。

第六十三条　交通运输主管部门对危险货物承运人违反本办法第四十五条，未按照要求对运营中的危险化学品、民用爆炸物品、核与放射性物品的运输车辆通过定位系统实行监控的，应当给予警告，并责令改正；拒不改正的，处10万元以下的罚款，并对其直接负责的主管人员和其他直接责任人员处1万元以下的罚款。

第六十四条 工业和信息化主管部门对作为装货人的民用爆炸物品生产、销售企业违反本办法第七条、第二十八条、第三十一条，未建立健全并严格执行充装或者装载查验、记录制度的，应当责令改正，处1万元以上3万元以下的罚款。

生态环境主管部门对核设施营运单位、核技术利用单位违反本办法第七条、第二十八条、第三十一条，未建立健全并严格执行充装或者装载查验、记录制度的，应当责令改正，处1万元以上3万元以下的罚款。

第六十五条 交通运输主管部门、应急管理部门和其他负有安全监督管理职责的部门对危险化学品生产、储存、运输、使用和经营企业违反本办法第三十二条，未建立健全并严格执行充装或者装载查验、记录制度的，应当按照职责分工责令改正，处1万元以上3万元以下的罚款。

第六十六条 对装货人违反本办法第四十三条，未按照规定实施移动式压力容器、气瓶充装查验、记录制度，或者对不符合安全技术规范要求的移动式压力容器、气瓶进行充装的，依照特种设备相关法律法规进行处罚。

第六十七条 公安机关对有关企业、单位或者个人违反本办法第十五条，未经许可擅自通过道路运输危险货物的，应当责令停止非法运输活动，并予以处罚：

（一）擅自运输剧毒化学品的，处5万元以上10万元以下的罚款；

（二）擅自运输民用爆炸物品的，处5万元以上20万元以下的罚款，并没收非法运输的民用爆炸物品及违法所得；

（三）擅自运输烟花爆竹的，处1万元以上5万元以下的罚款，并没收非法运输的物品及违法所得；

（四）擅自运输放射性物品的，处2万元以上10万元以下的罚款。

第六十八条 公安机关对危险货物承运人有下列行为之一的，应当责令改正，处5万元以上10万元以下的罚款；构成违反治安管理行为的，依法给予治安管理处罚：

（一）违反本办法第二十三条，使用安全技术条件不符合国家标准要求的车辆运输危险化学品的；

（二）违反本办法第二十三条，超过车辆核定载质量运输危险化学品的。

第六十九条 公安机关对危险货物承运人违反本办法第四十四条，通过道路运输危险化学品不配备押运人员的，应当责令改正，处1万元以上5万元以下的罚款；构成违反治安管理行为的，依法给予治安管理处罚。

第七十条 公安机关对危险货物运输车辆违反本办法第四十四条，未按照要求安装、悬挂警示标志的，应当责令改正，并对承运人予以处罚：

（一）运输危险化学品的，处1万元以上5万元以下的罚款；

（二）运输民用爆炸物品的，处5万元以上20万元以下的罚款；

（三）运输烟花爆竹的，处200元以上2000元以下的罚款；

（四）运输放射性物品的，处2万元以上10万元以下的罚款。

第七十一条 公安机关对危险货物承运人违反本办法第四十四条，运输剧毒化学品、民用爆炸物品、烟花爆竹或者放射性物品未随车携带相应单证报告的，应当责令改正，并予以处罚：

（一）运输剧毒化学品未随车携带剧毒化学品道路运输通行证的，处500元以上1000元以下的罚款；

（二）运输民用爆炸物品未随车携带民用爆炸物品运输许可证的，处5万元以上20万元以下的罚款；

（三）运输烟花爆竹未随车携带烟花爆竹道路运输许可证的，处200元以上2000元以下的罚款；

（四）运输放射性物品未随车携带放射性物品道路运输许可证明或者文件的，有违法所得的，处违法所得3倍以下且不超过3万元的罚款；没有违法所得的，处1万元以下的罚款。

第七十二条 公安机关对危险货物运输车辆违反本办法第四十八条，未依照批准路线等行驶的，应当责令改正，并对承运人予以处罚：

（一）运输剧毒化学品的，处 1000 元以上 1 万元以下的罚款；

（二）运输民用爆炸物品的，处 5 万元以上 20 万元以下的罚款；

（三）运输烟花爆竹的，处 200 元以上 2000 元以下的罚款；

（四）运输放射性物品的，处 2 万元以上 10 万元以下的罚款。

第七十三条　危险化学品常压罐式车辆罐体检验机构违反本办法第三十八条，为不符合相关法规和标准要求的危险化学品常压罐式车辆罐体出具检验合格证书的，按照有关法律法规的规定进行处罚。

第七十四条　交通运输、工业和信息化、公安、生态环境、应急管理、市场监督管理等部门应当相互通报有关处罚情况，并将涉企行政处罚信息及时归集至国家企业信用信息公示系统，依法向社会公示。

第七十五条　对危险货物道路运输负有安全监督管理职责的部门工作人员在危险货物道路运输监管工作中滥用职权、玩忽职守、徇私舞弊的，依法进行处理；构成犯罪的，依法追究刑事责任。

第十章　附　则

第七十六条　军用车辆运输危险货物的安全管理，不适用本办法。

第七十七条　未列入《危险货物道路运输规则》（JT/T 617）的危险化学品、《国家危险废物名录》中明确的在转移和运输环节实行豁免管理的危险废物、诊断用放射性药品的道路运输安全管理，不适用本办法，由国务院交通运输、生态环境等主管部门分别依据各自职责另行规定。

第七十八条　本办法下列用语的含义是：

（一）危险货物，是指列入《危险货物道路运输规则》（JT/T 617），具有爆炸、易燃、毒害、感染、腐蚀、放射性等危险特性的物质或者物品。

（二）例外数量危险货物，是指列入《危险货物道路运输规则》（JT/T 617），通过包装、包件测试、单证等特别要求，消除或者降低其运输危险性并免除相关运输条件的危险货物。

（三）有限数量危险货物，是指列入《危险货物道路运输规则》（JT/T 617），通过数量限制、包装、标记等特别要求，消除或者降低其运输危险性并免除相关运输条件的危险货物。

（四）装货人，是指受托运人委托将危险货物装进危险货物车辆、罐式车辆罐体、可移动罐柜、集装箱、散装容器，或者将装有危险货物的包装容器装载到车辆上的企业或者单位。

第七十九条　本办法自 2020 年 1 月 1 日起施行。

工业和信息化部　国家广播电视总局　中央广播电视总台关于印发《超高清视频产业发展行动计划（2019—2022 年）》的通知

（工信部联电子〔2019〕56 号）

各省、自治区、直辖市及计划单列市、新疆生产建设兵团工业和信息化、广播电视主管部门，有关单位：

现将《超高清视频产业发展行动计划（2019—2022 年）》印发你们，请结合实际认真贯彻落实。

工业和信息化部
国家广播电视总局
中央广播电视总台
2019 年 2 月 28 日

超高清视频产业发展行动计划（2019—2022 年）

超高清视频是继视频数字化、高清化之后的新一轮重大技术革新，将带动视频采集、制作、传输、呈现、应用等产业链各环节发生深刻变革。加快发展超高清视频产业，对满足人民日益增长的美好生活需要、驱动以视频为核心的行业智能化转型、促进我国信息产业和文化产业整体实力提升具有重大意义。为推动产业链核心环节向中高端迈进，加快建设超高清视频产业集群，建立完善产业生态体系，制定本行动计划。

一、总体要求

（一）指导思想

以习近平新时代中国特色社会主义思想为指导，全面贯彻落实党的十九大和十九届二中、三中全会精神，坚持新发展理念，落实高质量发展要求，深入实施创新驱动发展战略，着力推进供给侧结构性改革，充分发挥信息技术拉动中高端消费、提升人民生活品质的基础作用，夯实超高清视频产业核心基础，丰富超高清视频内容供给，提升网络传输能力，加强行业推广应用，完善公共支撑体系，全面促进我国超高清视频产业快速发展。

（二）基本原则

坚持市场主导、企业主体。坚持使市场在资源配置中起决定性作用，营造良好政策环境，强化企业主体地位，促进创新要素向企业集聚，引导企业做大做强做优。

坚持系统布局、统筹推进。加强顶层设计，基于产业链各环节发展基础和不同地区发展条件，围绕产业链部署创新链，围绕创新链完善资金链，实现产业链上下游协同发展。

坚持整机带动、重点突破。聚焦产业发展关键薄弱环节，通过整机产品产业化，集中资源实现重点突破，带动超高清视频产业链各环节整体提升。

坚持应用牵引、融合创新。加快超高清视频与重点行业领域融合创新发展，创新业务模式，培育新市场、新业态、新服务，助力以视频为核心的行业创新升级。

坚持开放发展、合作共赢。促进国内外优势资源的整合利用，加强与海外优势地区、优势企业的业务合作，融入全球产业生态，推动超高清视频产业国际化发展。

二、发展目标

按照“4K 先行、兼顾 8K”的总体技术路线，大力推进超高清视频产业发展和相关领域的应用。2022 年，我国超高清视频产业总体规模超过 4 万亿元，4K 产业生态体系基本完善，8K 关键技术产品研发和产业化取得突破，形成一批具有国际竞争力的企业。超高清视频内容资源极大丰富，网络承载能力显著提高，制播、传输和监管系统建设协同推进，产业发展支撑体系基本健全，形成技术、产品、服务和应用协调发展的良好格局。

——到 2020 年，4K 摄像机、监视器、切换台等采编播专用设备形成产业化能力；符合高动态范围（HDR）、宽色域、三维声、高帧率、高色深要求的 4K 电视终端销量占电视总销量的比例超过 40%；建立较为完善的超高清视频产业标准体系；中央广播电视总台和有条件的地方电视台开办 4K 频道，不少于 5 个省市的有线电视网络和 IPTV 平台开展 4K 直播频道传输业务和点播业务，实现超高清节目制作能力超过 1 万小时/年；4K 超高清视频用户数达 1 亿；在文教娱乐、安防监控、医疗健康、智能交通、工业制造等领域开展基于超高清视频的应用示范。

——到 2022 年，CMOS 图像传感器、光学镜头、专业视频处理芯片、编解码芯片等核心元器件取得突破，8K前端核心设备形成产业化能力；符合HDR、宽色域、三维声、高帧率、高色深要求的4K电视终端全面普及，8K电视终端销量占电视总销量的比例超过5%；4K频道供给能力大幅提升，有线电视网络升级改造和监测监管系统建设不断完善，实现超高清节目制作能力超过3万小时/年，开展北京冬奥会赛事节目8K制播试验；超高清视频用户数达到2亿；在文教娱乐、安防监控、医疗健康、智能交通、工业制造等领域实现超高清视频的规模化应用。

三、重点任务

（一）突破核心关键器件

坚持整机带动，突破超高清成像、高带宽实时传输、超高速存储、HDR显示兼容与动态适配、三维声编解码与渲染、三维声采集、视频人脸识别、行为动态分析、医学影像诊断等关键技术，支持面向超高清视频的SoC核心芯片、音视频处理芯片、编解码芯片、存储芯片、图像传感器、新型显示器件等的开发和量产。加强4K/8K显示面板创新，发展高精密光学镜头等关键配套器件。

（二）推动重点产品产业化

强化应用牵引，加大超高清电视关键制播设备的研发力度，支持超高清影视摄像机、极低照度摄像机等视频采集设备研发。推进超高清电视切换台及其系统、总控和播出系统、视音频矩阵、专业调音台、专业监视器等重点制播设备产业化。支持适配超高清视频的高容量、高速率存储系统等研发应用。推动超高清电视、机顶盒、虚拟现实（增强现实）设备等产品普及，发展大屏拼接显示、电影投影机等商用显示终端，加快超高清视频监控、工业相机、医疗影像设备等行业专用系统设备的产业化。

（三）提升网络传输能力

发展高速光纤传输与接入、大容量路由交换、5G通信、SDN/NFV（软件定义网络/网络功能虚拟化）等网络设备与软件系统，推进有线网络IP化、光纤化进程。提升通信网络的接入速率及服务质量，推进网络云化和智能化，优化网络结构，增强IPTV网络的承载能力，满足4K和8K视频传输的低时延、高宽带、高可靠、高安全应用需求，推动普及超高清机顶盒。加快全国有线电视网络互联互通平台建设，同步建设4K超高清电视监测监管系统。探索5G应用于超高清视频传输，实现超高清视频业务与5G的协同发展。

（四）丰富超高清电视节目供给

持续推进4K超高清电视内容建设，创新内容生产，丰富超高清电视节目有效供给。加强4K超高清电视节目制作能力建设，支持体育赛事、纪录片、影视剧、文化科技等超高清电视节目制作。支持有条件的地区打造超高清电视内容制作生产基地，建设超高清电视内容集成平台。

（五）加快行业创新应用

1. 广播电视领域

加大超高清电视采集制作、总控播出、互动分发、数据中心、管理平台等系统建设投入，推动超高清电视直播频道建设。加强超高清视频点播平台建设，构建支撑超高清视频生产、聚合、分发、应用的融合业务平台。推动超高清电视在有线电视、卫星电视、IPTV和互联网电视的应用。

2. 文教娱乐领域

推动超高清视频在游戏、动漫、电影等领域的应用，支持超高清游戏制作工具、电影拍摄和放映设备、超高清画屏等产品的研发量产。探索和推广面向家庭用户的院线准同步、个性化点播院线等创新业务模式，支持建设4K影院。加快超高清教育平板、投影仪、会议平板、交互智能终端等教学产品的研发及应用，推动超高清视频技术在数字博物馆、鉴真防伪、艺术鉴赏等领域的应用。

3. 安防监控领域

加快推进超高清监控摄像机等的研发量产。推进安防监控系统的升级改造，支持发展基于超高清视频的人脸识别、行为识别、目标分类等人工智能算法，提升监控范围、识别效率及准确率，打造一批智能超高清安防监控应用试点。

4. 医疗健康领域

加快推进超高清术野摄像机、内窥镜手术设备、术野显示器、医学影像与设备中央控制器、医学影像诊断显示器、会诊显示器等超高清产品研发及应用，推动超高清视频技术在远程医疗、手术培训、内窥镜手术、医疗影像检测等方面的广泛应用。加强超高清医疗影像与人工智能有效结合，支持医疗影像识别分析、智能会诊等智能算法研发。

5. 智能交通领域

推动超高清视频技术在智能网联汽车中的应用，加强超高清车载图像传感器及车载屏幕产品研发量产，提升车辆感知能力与人机交互体验。推动超高清技术在交通管控中的应用，提升复杂环境下对车牌、车型识别的正确率。开展超高清硬件、智能算法等一体化的交通智能化试点应用。

6. 工业制造领域

加快超高清工业内窥镜、工业相机、生产线自动检测设备等的产业化，推动超高清视频技术在工业可视化、缺陷检测、产品组装定位引导、机器人巡检、人机协作交互等场景下的应用，围绕电子、汽车、航空航天等规模大、精度高的工业生产场景打造一批可推广的典型应用。

（六）加强支撑服务保障

坚持标准先行，建立覆盖采集、制作、传输、呈现、应用等全产业链的超高清视频产业综合标准化体系，鼓励国家/行业标准和团体标准协同发展。建设超高清视频制造业创新中心，汇聚创新资源，开展产业前沿及关键共性技术研发，突破产业短板环节。建设超高清视频产业协同中心，开展超高清视频摄录编播系统集成与验证，解决超高清视频内容采集、制作、传输、呈现等产业链协同不足的痛点，强化产业生态体系构建服务能力。建立超高清视频产业支撑服务平台，提供标准制定、评测认证、视频制作、版权交易、知识产权保护、人才培训、国际交流合作等支撑服务。

四、保障措施

（一）加强统筹协调，建立协同工作机制

建立超高清视频产业发展部门协调机制，加强协调配合和统筹规划，合力解决产业发展中重大事项和重要问题。强化从中央到地方的上下联动，建立协同工作机制，推动重大项目实施和产业链构建完善。加强跟踪研究和督促指导，做好重点领域统计监测。

（二）加大创新力度，完善资金投入机制

聚焦超高清视频产业链中内容制作与播出、网络传输及监管、终端普及和关键设备制造等重点薄弱环节，通过设立超高清视频产业投资基金等方式，支持超高清视频产业创新发展。支持超高清视频企业与金融机构加强对接合作，通过市场机制引导多方资本参与，加快超高清视频产业化进程。支持行业协会联合彩电企业开展彩电“汰旧换优”，加大超高清电视推广力度。

（三）建立反哺机制，推动产业可持续发展

充分发挥超高清电视内容产业的上游拉动作用与相关设备制造业的下游促进作用，创新支持方式和渠道，缓解超高清电视内容生产高投入、低产出的资金压力，促进上游内容产业发展。研究建立下游设备制造及销售对上游节目制作的反哺机制，推动上下游产业协同共进，保障高质量节目内容供给，促进我国超高清视频产业健康可持续发展。

（四）加快人才培养，构筑智力资源高地

采取培养和引进相结合的方式，加强超高清视频产业人才队伍建设，培养一批高端、复合型领军人才。鼓励产学研合作，支持高等学校加强超高清视频相关学科专业建设，引导职业学校培养产业发展急需的技能型人才。鼓励领军企业、行业服务机构等培养、培训高水平超高清视频产业人才队伍。

（五）推动部省合作，加强行业应用推广

充分发挥地方积极性，调动地方资源，推进部省合作，形成发展合力。指导有条件的地区结合实际制定差异化行动方案，明确落实措施，加强组织实施。支持地方建设超高清视频产业协同中心、制造业创新中心等，打造产业创新集群，发挥示范引领和辐射带动作用。按照企业主体、市场化运作模式，在广播电视、文教娱乐、安防监控、医疗健康、智能交通、工业制造等重点领域开展试点应用，总结先进经验并向全行业推广。

（六）发挥社团作用，深化国际交流合作

发挥产业联盟、行业协会等社会团体组织在生态体系构建、商业模式创新、团体标准制定、行业规范自律等方面的积极作用，整合优势资源，推动全产业链协同发展。支持产业联盟等单位发布《超高清视频产业发展需求指南》，引导社会资金资源投向，支持国内外相关企业共同推动超高清视频产业发展。积极跟踪超高清视频领域国际标准化组织、行业协会以及先行国家的技术发展趋势，拓展超高清视频产业国际交流合作渠道。坚持“引进来”和“走出去”相结合，推进国内外技术、人才、资金、市场等资源互动，实现共享机遇、共同发展、合作共赢。

关于印发《网络音视频信息服务管理规定》的通知

（国信办通字〔2019〕3 号）

各省、自治区、直辖市网信办、文化和旅游厅（局）、广播电视局，新疆生产建设兵团网信办、文化体育广电和旅游局：

为促进网络音视频信息服务健康有序发展，保护公民、法人和其他组织的合法权益，维护国家安全和公共利益，国家互联网信息办公室、文化和旅游部、国家广播电视总局制定了《网络音视频信息服务管理规定》。现印发给你们，请认真遵照执行。

国家互联网信息办公室
文化和旅游部
国家广播电视总局
2019 年 11 月 18 日

网络音视频信息服务管理规定

第一条 为促进网络音视频信息服务健康有序发展，保护公民、法人和其他组织的合法权益，维护国家安全和公共利益，根据《中华人民共和国网络安全法》《互联网信息服务管理办法》《互联网新闻信息服务管理规定》《互联网文化管理暂行规定》《互联网视听节目服务管理规定》，制定本规定。

第二条 在中华人民共和国境内从事网络音视频信息服务，应当遵守本规定。

本规定所称网络音视频信息服务，是指通过互联网站、应用程序等网络平台，向社会公众提供音视频信息制作、发布、传播的服务。

网络音视频信息服务提供者，是指向社会公众提供网络音视频信息服务的组织或者个人。网络音视频信息服务使用者，是指使用网络音视频信息服务的组织或者个人。

第三条 各级网信、文化和旅游、广播电视等部门依据各自职责开展网络音视频信息服务的监督管理工作。

第四条 网络音视频信息服务提供者和使用者应当遵守宪法、法律和行政法规，坚持正确政治方向、舆论导向和价值取向，弘扬社会主义核心价值观，促进形成积极健康、向上向善的网络文化。

第五条 国家鼓励和指导互联网行业组织加强行业自律，建立健全网络音视频信息服务行业标准和行业准则，推动网络音视频信息服务行业信用体系建设，督促网络音视频信息服务提供者依法提供服务、接受社会监督，提高网络音视频信息服务从业人员职业素养，促进行业健康有序发展。

第六条 网络音视频信息服务提供者应当依法取得法律、行政法规规定的相关资质。

第七条 网络音视频信息服务提供者应当落实信息内容安全管理主体责任，配备与服务规模相适应的专业人员，建立健全用户注册、信息发布审核、信息安全管理、应急处置、从业人员教育培训、未成年人保护、知识产权保护等制度，具有与新技术新应用发展相适应的安全可控的技术保障和防范措施，有效应对网络安全事件，防范网络违法犯罪活动，维护网络数据的完整性、安全性和可用性。

第八条 网络音视频信息服务提供者应当依照《中华人民共和国网络安全法》的规定，对用户进行基于组织机构代码、身份证件号码、移动电话号码等方式的真实身份信息认证。用户不提供真实身份信息的，网络音视频信息服务提供者不得为其提供信息发布服务。

第九条 任何组织和个人不得利用网络音视频信息服务以及相关信息技术从事危害国家安全、破坏社会稳定、扰乱社会秩序、侵犯他人合法权益等法律法规禁止的活动，不得制作、发布、传播煽动颠覆国家政权、危害政治安全和社会稳定、网络谣言、淫秽色情，以及侵害他人名誉权、肖像权、隐私权、知识产权和其他合法权益等法律法规禁止的信息内容。

第十条 网络音视频信息服务提供者基于深度学习、虚拟现实等新技术新应用上线具有媒体属性或者社会动员功能的音视频信息服务，或者调整增设相关功能的，应当按照国家有关规定开展安全评估。

第十一条 网络音视频信息服务提供者和网络音视频信息服务使用者利用基于深度学习、虚拟现实等的新技术新应用制作、发布、传播非真实音视频信息的，应当以显著方式予以标识。

网络音视频信息服务提供者和网络音视频信息服务使用者不得利用基于深度学习、虚拟现实等的新技术新应用制作、发布、传播虚假新闻信息。转载音视频新闻信息的，应当依法转载国家规定范围内的单位发布的音视频新闻信息。

第十二条 网络音视频信息服务提供者应当加强对网络音视频信息服务使用者发布的音视频信息的管理，部署应用违法违规音视频以及非真实音视频鉴别技术，发现音视频信息服务使用者制作、发布、传播法律法规禁止的信息内容的，应当依法依约停止传输该信息，采取消除等处置措施，防止信息扩散，保存有关记录，并向网信、文化和旅游、广播电视等部门报告。

网络音视频信息服务提供者发现不符合本规定第十一条第一款要求的信息内容的，应当立即停止传输该信息，以显著方式标识后方可继续传输该信息。

第十三条 网络音视频信息服务提供者应当建立健全辟谣机制，发现网络音视频信息服务使用者利用基于深度学习、虚拟现实等的虚假图像、音视频生成技术制作、发布、传播谣言的，应当及时采取相应的辟谣措施，并将相关信息报网信、文化和旅游、广播电视等部门备案。

第十四条 网络音视频信息服务提供者应当在与网络音视频信息服务使用者签订的服务协议中，明确双方权利、义务，要求网络音视频信息服务使用者遵守本规定及相关法律法规。对违反本规定、相关法律法规及服务协议的网络音视频信息服务使用者依法依约采取警示整改、限制功能、暂停更新、关闭账号等处置措施，保存有关记录，并向网信、文化和旅游、广播电视等部门报告。

第十五条 网络音视频信息服务提供者应当自觉接受社会监督，设置便捷的投诉举报入口，公布投诉、举报方式等信息，及时受理并处理公众投诉举报。

第十六条 为网络音视频信息服务提供技术支持的主体应当遵守相关法律法规规定和国家标准规范，采取技术措施和其他必要措施，保障网络安全、稳定运行。

第十七条 各级网信、文化和旅游、广播电视等部门应当建立日常监督检查和定期检查相结合的监督管理制度，指导督促网络音视频信息服务提供者依据法律法规和服务协议规范网络音视频信息服务行为。

网络音视频信息服务提供者应当遵守相关法律法规规定，依法留存网络日志，配合网信、文化和旅游、广播电视等部门开展监督管理执法工作，并提供必要的技术、数据支持和协助。

第十八条 网络音视频信息服务提供者和网络音视频信息服务使用者违反本规定的，由网信、文化和旅游、广播电视等部门依照《中华人民共和国网络安全法》《互联网信息服务管理办法》《互联网新闻信息服务管理规定》《互联网文化管理暂行规定》《互联网视听节目服务管理规定》等相关法律法规规定处理；构成违反治安管理行为的，依法给予治安管理处罚；构成犯罪的，依法追究刑事责任。

第十九条 本规定自 2020 年 1 月 1 日起施行。

工业和信息化部办公厅关于印发《电信和互联网行业提升网络数据安全保护能力专项行动方案》的通知

（工信厅网安〔2019〕42 号）

各省、自治区、直辖市通信管理局，中国信息通信研究院、中国电子信息产业发展研究院、国家工业信息安全发展研究中心、中国电子技术标准化研究院、人民邮电报社、中国工业互联网研究院、中国互联网协会、中国通信标准化协会，中国电信集团有限公司、中国移动通信集团有限公司、中国联合网络通信集团有限公司、中国广播电视网络有限公司，有关互联网企业：

现将《电信和互联网行业提升网络数据安全保护能力专项行动方案》（工信厅网安〔2019〕42 号）印发给你们，请认真抓好贯彻执行。

联系人及电话：苗琳 010-66069800/66069561（传真）

电子邮箱：miaolin@ miit. gov. cn

工业和信息化部办公厅

2019 年 6 月 28 日

电信和互联网行业提升网络数据安全保护能力专项行动方案

近年来，随着国家大数据发展战略加快实施，大数据技术创新与应用日趋活跃，产生和集聚了类型丰富多样、应用价值不断提升的海量网络数据，成为数字经济发展的关键生产要素。与此同时，数据过度采集滥用、非法交易及用户数据泄露等数据安全问题日益凸显，做好电信和互联网行业（以下简称行业）网络数据安全管理尤为迫切。为积极应对新形势新情况新问题，切实做好新中国成立 70 周年网络数据安全保障工作，全面提升行业网络数据安全保护能力，制定本方案。

一、总体要求

以习近平新时代中国特色社会主义思想为指导，全面贯彻党的十九大和十九届二中、三中全会精神，严格落实《网络安全法》《全国人民代表大会常务委员会关于加强网络信息保护的决定》《互联网信息服务管理办法》等法律法规，坚持维护数据安全与促进数据开发利用并重，坚持数据分类分级保护，坚持充分发挥政府引导作用、企业主体作用和社会监督作用，立足我部行业网络数据安全监管职责，开展为期一年的行业提升网络数据安全保护能力专项行动（以下简称专项行动），加快推动构建行业网络数据安全综合保障体系，为建设网络强国、助力数字经济发展提供有力保障和重要支撑。

二、工作目标

（一）通过集中开展数据安全合规性评估、专项治理和监督检查，督促基础电信企业和重点互联网企业强化网络数据安全全流程管理，及时整改消除重大数据泄露、滥用等安全隐患，2019 年 10 月底前完成全部基础电信企业（含专业公司）、50 家重点互联网企业以及 200 款主流 App 数据安全检查，圆满完成新中国成立 70 周年等重大活动网络数据安全保障工作。

（二）基本建立行业网络数据安全保障体系。网络数据安全制度标准体系进一步完善，形成行业网络数据保护目录，制定 15 项以上行业网络数据安全标准规范，贯标试点企业不少于 20 家；行业网络数据安全管理和技术支撑平台基本建成，遴选网络数据安全技术能力创新示范项目不少于 30 个；基础电信企业和重点互联网企业网络数据安全管理体系有效建立。

三、重点任务

（一）加快完善网络数据安全制度标准

1. 强化网络数据安全管理制度设计。梳理对标《网络安全法》《电信和互联网用户个人信息保护规定》等法律法规要求，加快建立网络数据分类分级保护、数据安全风险评估、数据安全事件通报处置、数据对外提供使用报告等制度。部署电信和互联网企业按照法律法规要求，开展数据安全管理对标工作，健全完善企业内部网络数据全生命周期安全管理制度。

2. 完善网络数据安全标准体系。推动出台行业《网络数据安全标准体系建设指南》，加快完善行业网络数据安全标准体系。制定出台行业重要数据识别指南、网络数据安全防护等重点标准，遴选企业开展贯标试点。指导中国通信标准化协会成立网络数据安全标准专项工作组，加快推动网络数据安全相关标准制定工作。

（二）开展合规性评估和专项治理

3. 开展网络数据安全风险评估。出台网络数据安全合规性评估要点，依托互联网新技术新业务安全评估机制，部署基础电信企业（含专业公司）和重点互联网企业结合重点业务类型和场景，开展网络数据安全合规性自评估工作，提升企业网络数据安全风险防范能力。针对物联网、车联网、卫星互联网、人工智能等新技术新应用带来的重大互联网数据安全问题，及时开展行业评估和跨部门联合评估工作。

4. 深化 App 违法违规专项治理。持续推进 App 违法违规收集使用个人信息专项治理行动，组织第三方评测机构开展 App 安全滚动式评测，对在网络数据安全和用户信息保护方面存在违法违规行为的 App 及时进行下架和公开曝光。组织开展应用商店安全责任专项部署，督促应用商店落实 App 运营者真实身份信息验证、应用程序安全检测、违法违规 App 下架等责任。创新工作模式，引导鼓励第三方机构开展 App 数据安全管理认证，探索推动应用商店等明确标识并优先推荐通过认证的 App。

5. 强化网络数据安全监督执法。将企业网络数据安全责任落实情况、数据安全合规性评估落实情况作为重点内容，纳入 2019 年网络信息安全“双随机一公开”检查和基础电信企业网络与信息安全责任考核检查，采取远程测试、实地检查等方式开展监督检查，督促问题整改。持续开展数据泄露等网络数据安全和用户信息安全事件监测跟踪与执法调查，对违法违规行为及时采取约谈、公开曝光、行政处罚等措施，将处罚结果纳入电信业务经营不良名单或失信名单。

（三）强化行业网络数据安全管理

6. 稳步实施网络数据资源“清单式”管理。开展电信和重点互联网企业网络数据资源调研摸底，依据网络数据重要敏感程度和泄露滥用可能造成的危害，研究形成行业网络数据保护目录，并选取重点企业开展试点应用。指导督促试点企业建立内部网络数据清单和数据分类分级管理制度，对列入目录的网络数据实施重点保护。

7. 明确企业网络数据安全职能部门。指导电信和重点互联网企业加强内部网络数据安全组织保障，推动设立或明确网络数据安全管理责任部门和专职人员，负责承担企业内部网络数据安全管理工作，督促协调企业内部各相关主体和环节严格落实操作权限管理、日志记录和安全审计、数据加密、数据脱敏、访问控制、数据容灾备份等数据安全保护措施，组织开展数据安全岗位人员法律法规、知识技能等培训。

8. 强化网络数据对外合作安全管理。落实《工业和信息化部关于加强基础电信企业数据安全管理规范清理数据对外合作工作的通知》等相关管理要求，督促企业定期开展网络数据对外合作业务专项排查，及时发现问题消除隐患。研究明确利用行业网络数据进行大数据开发应用的数据安全管理要求，督促企业开展合作方数据安全保障能力动态评估，充分依托合同约束、信用管理等手段强化合作方管理，切实提升网络数据共享安全管理水平。

9. 加强行业网络数据安全应急管理。落实工业和信息化部相关应急预案要求，指导企业进一步健全完善企业网络数据安全事件应急处置机制，开展应急演练，落实重大网络数据安全事件报告、调查追责、向社会公告等要求。在新中国成立 70 周年等重大活动保障期间，明确企业数据安全重要岗位职责要求，强化应急响应，及时处置网络数据安全突发情况。

（四）创新推动网络数据安全技术防护能力建设

10. 加强网络数据安全技术手段建设。加快建设行业网络数据安全管理和技术支撑平台，支撑开展行业数据备案管理、事件通报、溯源核查、技术检测和安全认证等工作，提升网络数据安全监管技术支撑保障能力。指导企业加大网络数据安全技术投入，加快完善数据防攻击、防窃取、防泄漏、数据备份和恢复等安全技术保障措施，提升企业网络数据安全保障能力。

11. 推动网络数据安全技术创新发展。推动成立大数据安全联盟，打造网络数据安全技术交流、联合攻关和试点应用平台。组织开展网络数据安全技术最佳实践案例征集和试点示范项目评选，加大技术研发、成果转化和解决方案的支持力度，促进网络数据安全先进技术创新和产品服务应用推广。制定发布网络数据安全产业发展白皮书。

12. 加强专业支撑队伍建设。成立行业网络数据安全专家委员会，为网络数据安全政策标准制定、关键技术研究、重大网络数据安全风险评估、网络数据安全示范项目评审等提供决策支撑。委托中国信息通信研究院、中国电子信息产业发展研究院、中国电子技术标准化研究院、中国互联网协会、中国通信标准化协会等单位开展面向行业的网络数据安全法律法规和政策标准宣贯、技能培训和测试检查。

（五）强化社会监督和宣传交流

13. 强化社会监督和行业自律。依托中国互联网协会 12321 网络不良与垃圾信息举报受理中心，建立网络数据违法违规行为举报平台，及时受理用户投诉举报。强化行业自律，指导中国互联网协会联合基础电信企业、重点互联网企业、第三方机构等签署网络数据安全自律公约，引导企业自觉履行数据安全保护义务，努力提高数据安全保护水平。

14. 加强宣传展示和国际交流。充分利用中国互联网大会、中国国际大数据产业博览会、国家网络安全宣传周等，指导相关单位举办网络数据安全论坛，开展网络数据安全主题宣传日等活动，促进网络数据安全管理和技术经验交流，提升全行业数据安全意识。加强数据安全国际交流合作，利用世界互联网大会、中欧数字经济与网络安全会议等，积极开展数据安全管理经验交流和信息共享。

四、工作安排

（一）工作部署阶段（2019 年 7 月）。部制定印发专项行动方案，组织开展宣贯部署，向各单位、各企业制定印发工作任务清单，明确各项任务时间节点和工作要求。

（二）重点保障阶段（2019 年 8—10 月）。部组织完成电信和重点互联网企业网络数据资源调研摸底，明确数据安全合规性评估要点，指导完成各省级基础电信企业和重点互联网企业重点环节数据安全合规性评估，持续开展 App 违法违规收集使用个人信息专项治理，组织完成对重点企业网络数据安全责任落实情况的监督检查和隐患整改，全力做好新中国成立 70 周年网络数据安全保障工作。

（三）长效建设阶段（2019 年 11 月—2020 年 5 月）。总结固化新中国成立 70 周年网络数据安全保障工作经验，重点围绕关键制度、重点标准、技术手段、示范项目、支撑队伍等方面，加快推进完成重点任务举措，推动建立网络数据安全管理长效机制。

（四）总结提升阶段（2020 年 6—7 月）。各单位、各企业梳理总结专项行动完成情况、工作成效及问题，形成工作总结报部（网络安全管理局）。部组织对专项行动工作情况进行总结通报，对典型经验做法进行推广，巩固相关工作成效。

五、工作要求

（一）加强组织领导。各单位要充分认识加快提升行业网络数据安全保护能力的重要性和紧迫性，结合本单位实际，精心组织，周密部署，迅速行动，确保专项行动顺利开展。部网络安全管理局牵头做好专项行动总体部署、推进落实、督导检查等工作；各地通信管理局结合实际，组织开展属地网络数据安全能力提升专项行动各项工作。

（二）明确任务分工。各企业要明确责任部门和责任人，对照任务清单，坚持问题导向，逐一细化工作措施和责任分工，做到措施到位、责任到人，确保专项行动各项任务落实到位、取得实效。中国信息通信研究院、中国电子信息产业发展研究院、中国电子技术标准化研究院、人民邮电报社、中国互联网协会、中国通信标准化协会等单位要做好相关支撑保障工作。

（三）强化监督检查。部和各地通信管理局组织对各单位、各企业专项行动落实情况进行督导检查，指导督促基础电信企业和互联网企业进一步落实相关制度标准要求，健全完善企业网络数据安全合规管理体系，对存在问题及时督促整改。

（四）加强宣传通报。各单位、各企业要建立信息通报机制，及时总结专项行动进展和成效，每月底前将工作进展情况、取得成效、问题和建议报部网络安全管理局。大力宣传专项行动新进展、新动态及典型经验做法，营造全行业重视网络数据安全、自觉维护网络数据安全的良好氛围，推动专项行动扎实深入开展。

工业和信息化部办公厅关于开展民爆行业安全生产集中整治行动的通知

（工信厅安全函〔2019〕262 号）

各省、自治区、直辖市民爆行业主管部门：

为深入贯彻落实习近平总书记关于安全生产工作的重要指示批示精神，严防各类生产安全事故，坚决遏制重特大事故，确保民爆行业安全生产形势持续稳定，按照国务院安委会统一部署，我部决定自即日起，在民爆行业开展为期三个月的安全生产集中整治行动。有关事项通知如下：

一、工作目标

以不发生重特大事故为底线，通过全面排查治理安全隐患，引导各级民爆行业主管部门提升安全监管效能，督促民爆企业提高安全管理水平，协调推进民爆行业安全、高质量发展，为保障国民经济发展和社会公共安全提供坚实基础。

二、重点内容

各级民爆行业主管部门及民爆物品生产、销售企业要按照国务院安委会《全国安全生产集中整治工作方案》、国务院安委办《关于加强冬春火灾防控工作的通知》要求，以及地方人民政府具体安排，结合民爆行业安全管理水平提升三年专项行动计划，认真组织开展集中整治工作。

（一）各级民爆行业主管部门整治重点

1. 政治站位不高的问题。对习近平总书记关于安全生产重要论述领会不深不透，对民爆行业安全生产重要性认识不足，存在侥幸心理和畏难情绪；对安全生产工作规律研究不深入，安全监管部署不细致，隐患排查治理不扎实，工作措施落实不到位等。

2. 安全监管体制机制不健全的问题。属地安全监管职责落实不到位；市、县级安全监管体系、管理制度体系不完善，监管程序不规范，监管责任人缺失；一级查一级的监督检查工作机制不健全，难以逐级督促落实部门监管责任。

3. 监管执法宽松软的问题。在“放管服”改革中，不能正确处理“放”和“管”的关系，简单限制执法，放松对企业的安全监管；监管队伍专业化能力和水平不高、作风不实，难以发现问题；监管执法行为不规范，开展执法检查不严不实不细，流于形式；对违法违规企业不敢动真碰硬，该整改不整改、该停不停。

（二）民爆物品生产、销售企业整治重点

1. 红线意识不强的问题。对安全生产的极端重要性认识不足，企业负责人安全意识淡薄，落实企业主体责任措施不力，在安全生产制度建设、隐患排查、风险防控、日常检查、员工培训等环节不认真不负责，甚至弄虚作假、违法违规。

2. 隐患排查整改不扎实的问题。隐患排查不深入不全面，对风险隐患视而不见，甚至故意隐瞒；安全隐患整改走形式、走过场、不及时，整改问题没有盯住不放、形成闭环；安全隐患排查治理没有形成有效机制，导致同一问题反复出现。

3. 本质安全水平不高的问题。对民用爆炸物品工业化生产动态风险认识不足，自动控制及安全措施不完善；视频监控存在盲区，安全联锁参数设置不合理，监控人员业务不熟悉；重大危险源辨识、分级不准确，登记、建档、标识不规范，监测监控体系不健全，控制措施不完善；安全评价报告、工艺技术及设备鉴定证书、设计图纸与企业现状不一致；未严格落实抗爆间室门机安全联锁措施，工业雷管生产线钢板防护间防殉爆能力不足；未及时对老旧抗爆间室、抗爆门、传递窗改造，安全防护能力不足；火灾防控措施不到位，存在消防安全隐患。

4. 安全管理规范落实不到位的问题。盲目抢产量、赶进度，“四超”（超员、超量、超产、超时）现象时有发生；生产现场管理混乱，现场员工执行安全行为规范不严格，全员安全教育培训不到位；不按规定程序和要求处置不合格品及生产废料，不按规范对生产线作销爆处理；出入库管理不规范，落实销售备案制度不到位，存在账证不符、账物不符现象；特种作业人员管理不严，存在无证上岗或持假证上岗现象；库区装卸车及中转运输过程不遵守安全规程；企业、生产线停产或复产手续不完备、不履行相关手续；岁末年初及重要时段值班值守不严格，领导干部到岗带班、关键岗位 24 小时值班制度和事故信息报告制度落实不到位。

三、时间安排

（一）自查阶段（2020 年 1 月底以前）

省级民爆行业主管部门要结合实际，研究提出本地区具体实施措施，认真组织各市、县级民爆行业主管部门从严、从细、从实做好自查，并督促属地民爆物品生产、销售企业认真开展安全隐患集中排查治理和自查整改工作。

（二）检查阶段（2020 年 2 月底以前）

省级民爆行业主管部门要盯紧风险隐患突出的关键环节和重点企业，综合采取执法检查、“双随机一公开”等多种监管方式，将排查整改、执法查处贯穿集中整治全过程，督导属地部门工作到位，督查企业整改到位，并于 2020 年 2 月 28 日前将全覆盖集中整治检查工作总结报部（安全生产司）。

四、工作要求

（一）统一思想。全国民爆行业要牢固树立以人民为中心的发展思想，坚决扛起防范化解重大安全风险的政治责任，从思想认知、组织领导、责任措施等方面真正把安全生产摆在突出位置，协力推动安全生产综合治理，紧抓薄弱环节夯实安全生产基础，坚决防范和遏制重特大生产安全事故发生。

（二）健全机制。省级民爆行业主管部门要坚持“科学严谨、依法依规、实事求是、注重实效”的原则，扎实做好安全生产集中整治各项工作。市、县级民爆行业主管部门要结合辖区内民爆企业实际情况，着力健全动态排查治理安全隐患工作机制，深入开展安全生产集中整治工作，确保取得实效。

（三）开展“回头看”。省级民爆行业主管部门要结合2020年度民爆行业安全水平提升专项行动，对此次集中整治行动开展“回头看”。集中整治行动结束后，部（安全生产司）将采取“双随机一公开”等方式，对10家以上民爆企业集中整治工作情况进行检查；采取“专家篦梳式巡查”方式，对5家以上民爆企业安全隐患排查治理工作进行督导。部拟将民爆行业安全生产专项作为2020年重点工业行业综合督查检查内容之一，待上级部门批准后，按照规定程序和要求，组织对10个左右省级民爆行业主管部门集中整治工作情况进行督查检查。

特此通知。

工业和信息化部办公厅

2019年11月29日

教育部办公厅关于印发《2019年教育信息化和网络安全工作要点》的通知

（教技厅〔2019〕2号）

各省、自治区、直辖市教育厅（教委），新疆生产建设兵团教育局，部内各司局、各直属单位：

经教育部网络安全和信息化领导小组审议通过，现将《2019年教育信息化和网络安全工作要点》印发给你们，请结合本地、本单位工作实际，认真贯彻落实。

教育部办公厅

2019年2月27日

2019年教育信息化和网络安全工作要点

一、工作思路

以习近平新时代中国特色社会主义思想为指导，深入贯彻落实党的十九大精神，全面落实全国教育大会、全国网络安全和信息化工作会议精神，围绕加快教育现代化、建设教育强国、办好人民满意的教育，以“育人为本、融合创新、系统推进、引领发展”为原则，坚持稳中求进工作总基调，深入落实《教育信息化“十三五”规划》和《教育信息化2.0行动计划》，实施好教育信息化“奋进之笔”，加快推动教育信息化转段升级，积极推进“互联网+教育”，坚持高质量发展，以教育信息化支撑和引领教育现代化。

二、核心目标

一是全面落实党中央国务院对教育领域网络安全和信息化的战略部署。加强教育部网络安全和信息化领导小组的统筹领导，深入实施《教育信息化2.0行动计划》，印发加强“三个课堂”应用的指导意见，编制《中国智能教育发展方案》，举办国际人工智能与教育大会。

二是推动数字资源服务普及，不断扩大优质教育资源覆盖面，提升教育服务供给能力。成立国家数字教育资源公共服务体系联盟，实现省级平台全部接入体系，完善大资源开发利用机制，“一师一优课、一课一名师”活动晒课 100 万堂，认定 800 门国家精品在线开放课程。

三是网络学习空间应用不断深入，全国师生网络学习空间开通数量新增 1000 万个，继续推选网络学习空间应用优秀地区 40 个和优秀学校 200 所。完成中小学校长和骨干教师“人人通”专项培训 6000 人，推动逐步实现“一人一空间、人人用空间”。

四是网络条件下的精准扶智持续推进，继续开展面向“三区三州”教育信息化“送培到家”活动，举办 3 期管理干部培训班和 3 期中小学校长培训班，举行信息化教学设备捐赠、优质数字教育资源共享、教育信息化应用服务等活动。

五是典型案例的辐射带动作用充分彰显，出台百区千校万课引领行动实施方案，统筹教育信息化各类试点和培育计划的实施，启动认定第一批 20 个典型区域、200 所标杆学校、2000 堂示范课例，编制教育信息化创新应用系列案例集，推广典型经验。

六是教育治理能力显著提升，印发关于加强新时代教育管理信息化工作的指导意见。有序推进“互联网+政务服务”，做好教育部直属机关政务信息系统整合共享工作，建立政务信息资源目录和数据溯源图谱，促进学生数据的贯通和教师数据的复用。

七是数字校园建设与应用加快推进，印发《高等学校数字校园建设规范》，开展学校联网攻坚行动，全面改善学校网络接入和带宽条件，中小学宽带接入率达到 97%以上、出口带宽达到 100Mbps 以上，并探索采用卫星通信等多种技术手段实现学校互联网全覆盖。

八是智慧教育创新发展行动有序开展，指导宁夏“互联网+教育”示范区和湖南教育信息化 2.0 试点省建设，支持设立 5 个以上“智慧教育示范区”，组建 15 个教育信息化创新实践共同体。

九是师生信息素养全面提升，完成义务教育阶段学生信息素养评价指标体系和评估模型设计，开展对 2 万名中小学生信息素养测评。启动互联网+教师教育创新行动，印发《关于实施全国中小学教师信息技术应用能力提升工程 2.0 的意见》，完成教育厅局长教育信息化专题培训 900 人。

十是教育系统网络安全保障能力显著增强，出台落实党委（党组）网络安全责任制评价考核办法，制定关键信息基础设施保护规划，开展教育系统关键信息基础设施认定工作，制定教育系统数据安全管理办法，建立线上线下相结合的网络安全培训机制，着力打好防范化解重大风险攻坚战。

三、重点任务

（一）加强教育信息化和网络安全统筹部署

1. 做好教育信息化和网络安全统筹部署与协调

加强教育部网络安全和信息化领导小组的统筹领导，组织落实党中央国务院的重大决策部署，研究审议重大问题和重要政策文件，落实“一带一路”“互联网+”、大数据、云计算、人工智能、智慧城市、信息惠民、宽带中国、网络扶贫等重大战略的任务安排。

深入实施《教育信息化 2.0 行动计划》。召开 2019 年全国教育信息化工作会，研究部署年度重点工作。组织开展智能教育推进路径研究，编制《中国智能教育发展方案》。指导各地进一步完善教育信息化管理体制和发展机制，围绕重大问题组织开展专题调研，推动教育信息化融合创新发展。

2. 规范教育信息化标准化管理

落实《教育部关于完善教育标准化工作的指导意见》，进一步规范教育信息化标准化工作，加强对教育部教育信息化技术标准委员会的管理和指导，组织制定教育信息化标准规划，有序推进教育信息化标准规范研制。

（二）全面开展数字资源服务普及行动

3. 完善国家数字教育资源公共服务体系

深入落实《教育部关于数字教育资源公共服务体系建设与应用的指导意见》，国家数字教育资源公共服务体系实现省级平台全接入，成立国家数字教育资源公共服务体系联盟，推动体系共建共治，探索体系协同服务的有效机制，提升服务能力和水平。不断完善体系系统功能和相关标准，推动国家体系试点走向深入应用阶段。

编制教育大资源共享计划。有序开展国家平台资源汇聚工作，新汇聚 20 个以上单位的资源应用。做好体系汇聚资源应用课题研究工作，促进体系建设和创新应用的落地。

4. 深化基础教育数字教育资源开发与应用

深入开展“一师一优课，一课一名师”活动，组织教师晒课 100 万堂，优先覆盖无部级优课节点，进一步提高资源的系列化程度。发挥教研员群体力量，总结凝练优课资源创新应用模式，深入推进资源的有效应用，优化搜索和导航服务，满足不同层次的学科教师应用资源开展教学的实际需求。地方各级教育部门组织广大中小学教师开展网络教研和优课应用。

进一步推进少数民族学科数字教学资源建设，完成朝鲜语、彝语初中数理化数字教学资源开发，启动民族中小学汉语学科数字教学资源的开发。

继续做好统编三科和普通高中的“人教数字教材”开发。深入开展数字教材教学模式研究，推进义务教育“人教数字教材”在不同数字化教学环境下与教育教学的深度融合和应用推广，培育形成 3 个区域及 10 个学校示范案例。

5. 持续推进职业教育和高等教育资源建设

推动落实《教育部关于进一步推进职业教育信息化发展的指导意见》。组织开展 2019 年度职业教育专业教学资源库建设与应用，做好验收、立项和备选工作。开展职业院校数字资源应用共享项目和“职业岗位核心能力精品课”资源建设项目，汇聚一批职业院校和企业的优质数字教育资源，引导职业院校形成教育信息化应用模式。

深入落实《教育部关于加强高等学校在线开放课程建设应用与管理的意见》，完成第二批 800 门国家精品在线开放课程的认定工作。加快推进示范性虚拟仿真实验教学项目建设。

6. 推进继续教育资源建设

进一步探索高等继续教育资源建设的新模式、新机制，积极发挥高等学校继续教育数字化学习资源开放与在线教育联盟作用，创新高校继续教育的培训模式，扩大高校优质教育资源覆盖面，积极服务学习型社会建设。

继续推动国家开放大学网络学习课程、通识课程、五分钟课程、全媒体数字教材建设，使上线的网络课程总量超过 350 门，完成 1 万个 5 分钟课程规划和建设，推进 110 门通识课程建设，启动 100 门大规模在线开放课程建设。

7. 推进网络思想政治与法治教育

组织开展“中国梦—行动有我：2019 年全国中小学校本德育课程和教育案例评选展播活动”。

持续推动加强 32 家省级高校网络思想政治教育中心建设，大力深化全国高校思想政治工作网、易班网和中国大学生在线全国共建，加大高校网络文化研究评价中心建设力度，实施“高校网络教育名师培育支持计划”，举办第四届“大学生网络文化节”和“高校网络教育优秀作品推选展示活动”，全面统筹网络育人各环节、各要素的育人资源和育人力量，切实提升网络育人工作实效。

提供网络负面用语清单，规范网络用语用字，加强微语言传播治理工作。

发挥普法网作用，用好网言网语，开设网络课堂，打造宪法学习网络阵地。继续办好全国学生“学宪法　讲宪法”活动，实现大中小学各学段全覆盖。

8. 推广中华语言文字和优秀文化

开展“中华经典资源库”第六期项目建设，推动在贫困地区中小学使用并启动“一带一路”送经典活动。继续推进“中小学语文示范诵读库”项目建设。

完善中国语言资源采录展示平台，持续推动语言文字信息化关键技术研究与应用。建设和完善国家语委语言资源网，促进语言资源的服务和共享。

进一步优化网络孔子学院平台，以合作共享的形式吸纳全球优质教学资源，为广大汉语学习者提供更优质、便利的资源，实现注册学员数 90 万人。

（三）持续深化网络学习空间覆盖行动

9. 拓展网络学习空间应用广度与深度

深化网络学习空间覆盖行动，推动落实《教育部关于加强网络学习空间建设与应用的指导意见》《网络学习空间建设与应用指南》，加快推进各地网络学习空间的普及应用。

开展 2019 年度全国网络学习空间应用普及活动，依托国家数字教育资源公共服务体系，组织师生开通实名制网络学习空间，数量新增 1000 万个，在基础教育、职业教育、高等教育和继续教育范围内遴选出 40 个网络学习空间应用优秀区域和 200 所优秀学校进行展示推广，推动逐步实现“一人一空间、人人用空间”。

继续与中国电信、中国移动合作开展中小学校长和骨干教师“网络学习空间人人通”专项培训，计划全年培训中小学校长 2000 人、骨干教师 4000 人。

（四）大力实施网络扶智工程攻坚行动

10. 支持“三区三州”教育信息化发展

在基础电信企业等社会机构的大力支持下，深入推进网络扶智工程攻坚行动，继续开展面向“三区三州”教育信息化“送培到家”活动，分别举办 3 期管理干部培训班和 3 期中小学校长培训班，并进行信息化教学设备捐赠、优质数字教育资源共享、教育信息化应用服务等系列活动。

在“三区三州”及其他贫困地区实施“推普脱贫攻坚”普通话学习手机 App 项目，发放定制手机约 100 万部。

国家开放大学完成援建“三区三州”及“长征带”40 间云教室。

11. 开展网络条件下的精准扶智

制定出台加强“三个课堂”应用的指导意见，大力推广“优质学校带薄弱学校、优秀教师带普通教师”模式，帮助缺乏师资的边远贫困地区学校利用信息化手段提高教学质量。

面向“三区三州”农村中小学提供国家规定课程资源服务，汇聚 1—3 年级国家规定课程各学科各 1 个版本的数字化课程资源包，供“三区三州”农村中小学自主选用。组织应用巡回指导，提高资源使用效益。

（五）深入推进教育治理能力优化行动

12. 加强教育管理信息化统筹管理

印发关于加强新时代教育管理信息化工作的指导意见，加强教育管理信息化的顶层设计。启动建设国家教材管理信息平台。开展教育系统网站调研，指导规范网站的域名和建设，探索推进区域网站集中化管理和通用业务集中建设的新模式。

继续完善高考综合改革录取平台。推动国家教育考试综合管理平台和国家题库 2.0 建设工作。

13. 推进政务信息系统整合共享

开展政务信息系统整合共享专项调研。研究制定《教育部直属机关政务信息系统整合共享工作方案》的实施方案。加快用户统一认证和统一门户，探索通用业务服务新机制。建立政务信息资源目录和数据溯源图谱，完善教育数据标准体系，促进不同阶段学生数据贯通共享和人员数据的统筹管理，减少数据重复采集。加快建设电子政务外网，推进数据共享支撑地方政务服务。

14. 加快电子政务建设与优化“互联网+政务服务”

持续推进“互联网+政务服务”平台建设，实现“一次认证、全网通办”。整合优化涉及跨地区、跨部门、跨层级的事项办理流程，推动部分政务服务业务办理系统对接并与国家政务服务平台对接，实现一张清单告知、一张表单申报、一个标准受理、一个平台流转。

配合国务院办公厅推进“互联网+监管”系统建设，形成教育部监管事项目录清单，实现监管数据的归集共享和充分利用。

15. 加强教育系统密码应用与管理

制定《教育行业密码应用实施方案（2018—2022）》，加强密码宣传教育和业务培训工作，逐步提高密评工作水平，开展教育行业密评服务，推进国家教育管理信息系统密码应用，进一步做好商用密码推广使用工作。

16. 全面规范校园App的管理和使用

开展校园App专项调研，摸清底数，研判形势。与网信部门开展联合行动，治理校园App乱象。研究制定规范校园App管理的意见，规范第三方校园App的引入和自主开发校园App的建设，探索建立规范校园App管理的长效机制，促进移动互联网有序健康发展。推动落实《教育部办公厅关于严禁有害App进入中小学校园的通知》，重点加强学习类App的规范管理。

（六）启动实施百区千校万课引领行动

17. 遴选认定典型区域、标杆学校和典型课例

实施百区千校万课引领行动，针对支撑教育改革发展效果突出的应用模式进行培育和提炼，启动教育信息化优秀区域、优秀学校和优秀课堂教学案例认定工作，汇聚优秀案例，推广典型经验。

继续组织实施“基于教学改革、融合信息技术的新型教与学模式”实验区遴选工作。鼓励各地积极开展试点示范工作，创新教育信息化推进机制和应用模式。

（七）扎实推进数字校园规范建设行动

18. 加快推进中小学“宽带网络校校通”

会同工业和信息化部推进学校联网攻坚行动，结合精准扶贫、宽带中国和贫困村信息化等工作，采取有线、无线、卫星等多种形式，加快推进未联网学校的宽带网络接入，支持学校网络提速降费，基本实现各级各类学校互联网全覆盖。督促各地做好“全面改善贫困地区义务教育薄弱学校基本办学条件”收尾工作，全面组织“回头看”，严格建设项目竣工验收，完善学校网络教学环境，确保到2019年底所有义务教育学校都达到“底线要求”。

19. 引导数字校园建设与应用

编制《高等学校数字校园建设规范》。充分发挥地方与学校的积极性与主动性，引导各级各类学校结合实际特色发展，开展数字校园、智慧校园建设与应用。开展区域推进数字校园建设覆盖所有学校的试点工作。

继续开展职业院校数字校园建设实验校项目，修订并推动落实《职业院校数字校园建设规范》，完成第三批125所实验校的中期评估，同时进一步挖掘优秀案例，为职业院校数字校园建设提供可借鉴的经验。

国家开放大学完成三期142间云教室建设，实现与一、二期云教室的对接。

（八）有序开展智慧教育创新发展行动

20. 推动教育信息化应用典型示范

实施智慧教育创新发展行动，设立5个以上“智慧教育示范区”。指导宁夏“互联网+教育”示范区和湖南教育信息化2.0试点省建设。继续实施教育信息化教学应用实践共同体项目，从网络学习空间、在线开放课程、跨学科学习（STEAM教育）、智能教育等4个方面遴选组建15个不同应用方向的实践共同体，探索推进信息化教学应用的长效机制。

21. 推进信息技术在教学中的深入普遍应用

开展教育行为数据研究计划的实践研究，继续深入推进未来学校的实践探索。

开展教育信息化 2.0 环境下信息化教学模式的研究与实验，探索跨学科学习（STEAM 教育）模式应用，出版基于 3D 打印的跨学科课程教材。

（九）深入开展信息素养全面提升行动

22. 持续做好教师和管理干部教育信息化培训

深入实施《教师教育振兴行动计划（2018—2022 年）》，启动互联网+教师教育创新行动，印发《关于实施全国中小学教师信息技术应用能力提升工程 2.0 的意见》，启动新一轮中小学教师信息技术应用能力培训。举办全国教师大数据高级研修班。

继续举办教育厅局长教育信息化专题培训班，以新任教育厅局长为主，计划培训 900 人。地方各级教育行政部门组织开展本地区教育信息化管理干部专题培训。

23. 培养提升教师和学生的信息素养

研制《师范生信息技术应用能力标准》，提高师范生信息素养和信息化教学能力。指导宁夏和北京外国语大学做好人工智能助推教师队伍建设行动试点工作，做好中期评估，及时总结成果，适时在全国层面进行推广。实施学生信息素养培育行动，完成义务教育阶段学生信息素养评价指标体系，建立评估模型，启动中小学生信息素养测评。推动在中小学阶段设置人工智能相关课程，逐步推广编程教育。

推动大数据、虚拟现实、人工智能等新技术在教育教学中的深入应用。继续办好全国职业院校技能大赛教学能力比赛、全国中小学生电脑制作等应用交流与推广活动，开展职业院校学生信息化职业能力提升项目，创新活动的内容和形式，提高师生信息素养。

（十）强化教育信息化支撑保障措施

24. 完善多元化教育信息化投入格局

协调财政部进一步完善有关农村学校信息化建设投入政策，引导督促各地统筹好中央资金和自有财力，加大教育信息化投入力度。

继续完善政府和市场作用相互补充、相互促进的教育信息化投入机制，鼓励企业等社会力量积极支持教育信息化建设与应用，持续推进与基础电信企业的战略合作。

25. 开展全国教育信息化专项督导

完成第三次全国教育信息化工作专项督导，面向社会公开发布督导报告。

26. 加强教育信息化专家团队和研究基地建设

完成教育信息化专家组换届，充分发挥教育信息化专家组、教育管理信息化专家组等咨询机构的作用，支持开展教育信息化战略研究，发布《中国教育信息化发展报告（2018）》、2019 年《职业院校信息化教学发展报告》等。

加强教育信息化研究基地建设，增设教育部教育信息化战略研究基地，指导教育信息化领域国家工程实验室发展和教育部重点实验室筹建，以基地为依托凝聚专家队伍，广泛宣传并组织申报自然科学基金委教育科学基础研究项目。

27. 拓展教育信息化国际交流与合作

与联合国教科文组织联合在北京举办“人工智能时代的教育：机遇与挑战”国际人工智能与教育大会，宣传全国教育大会精神，加快推进教育现代化，助力我国教育全球治理能力提升。支持参与教育信息化相关国际会议和重大活动，推荐项目参评联合国教科文组织 2019 年度哈马德国王奖。

28. 做好教育信息化宣传报道

充分利用各类媒体特别是新媒体，通过多种方式，围绕教育信息化工作的重要政策、重大部署和进展成效，开展全方位、多角度、立体化宣传。中国教育报、中国教育新闻网、中国教育电视台和中国教育网络电视台也进一步加大报道力度，为推进教育信息化建设营造良好舆论氛围。

（十一）提升网络安全人才支撑和保障能力

29. 提升网络安全人才培养能力和质量

编写《网络空间安全研究生核心课程指南》。加强对有关“双一流”建设高校的指导，继续加强网络空间安全、人工智能相关学科建设。

进一步推动落实《关于加强网络安全学科建设和人才培养的意见》和《一流网络安全学院建设示范项目管理办法》，探索网络安全人才培养新思路、新体制和新机制，建设世界一流网络安全学院。实施“卓越工程师教育培养计划 2.0”，加快推进网络安全领域新工科建设，推进产学合作协同育人。

引导鼓励有条件的职业院校开设网络安全类专业，继续扩大网络安全相关人才培养规模。继续完善职业教育国家教学标准体系，开展第二批高等职业学校专业教学标准修（制）订工作。

30. 强化网络安全宣传教育

开展教育系统网络安全专题研讨班和技术人员专题网络培训班，全面提高领导干部的安全意识和技术人员的防护水平。

指导各地各校把网络文明、网络安全教育纳入学校教育工作内容，落小落细落实网络安全教育工作要求。进一步完善现有中职德育课课程设置，在课程中进一步强化网络安全意识教育内容，继续加强职业教育有关网络信息安全课程的教材建设。

重视校园文化建设，开展丰富多样的网络安全教育宣传活动，营造学生良好成长成才环境。组织好教育系统国家网络安全宣传周“校园日”活动，切实提高广大青少年网络安全意识、实践能力和防护技能。深化网络舆情工作机制建设，不断提升预警预判、舆论引导和应对处置能力，联合网信、公安等部门加强网络监管，建立联合研判、快速处置机制，试行高校直报点制度，形成网络突发事件应对合力。

31. 开展网络空间国际治理研究

加强对网络空间国际治理研究基地的指导，印发《网络空间国际治理研究基地管理办法》。在教育部人文社会科学研究项目中，设立全球互联网发展治理相关研究课题，产出一批有分量有影响力的研究成果。支持高校自主设立全球互联网发展治理研究学术机构，支持高校智库、重点研究基地等发挥全球互联网发展治理研究咨政建言作用，督促有关研究平台，开展前瞻性、对策性、应用性研究。

32. 深入贯彻落实《网络安全法》

根据落实网络安全等级保护制度的要求，进一步完善相关管理制度和标准规范。持续推进网络安全监测预警通报机制，建立常态化的通用软件安全评估机制；完善网络安全信息通报机制，加强与省级教育行政部门的信息共享，提高安全威胁信息的质量和针对性。

33. 加强教育系统数据安全防护能力

研究制定教育部直属机关数据安全管理办法。建立数据分级保障的工作机制，加强数据全生命周期管理。开展数据安全专项整治行动，全面排查个人信息保护存在的安全隐患。

34. 推进关键信息基础设施保障工作

研究制定关键信息基础设施保护规划，制定关键信息基础设施识别认定指南，开展教育系统关键信息基础设施认定工作，明确教育系统关键信息基础设施名单。组织关键信息基础设施网络安全应急演练和安全评估，切实提高关键信息基础设施保障水平。

35. 建立常态化的网络安全保障机制

制定出台党委（党组）网络安全责任制评价考核办法。根据中央网信办、公安部的统筹部署，开展网络安全检查。开展教育系统网络安全专题研讨班。

自然资源部办公厅关于印发《智慧城市时空大数据平台建设技术大纲（2019 版）》的通知

各省、自治区、直辖市自然资源主管部门，新疆生产建设兵团自然资源主管部门：

习近平总书记在党的十九大报告中提出，推动互联网、大数据、人工智能和实体经济深度融合，建设数字中国、智慧社会。城市是社会发展最活跃的地区，因此智慧城市建设是建设智慧社会的重要组成部分，而时空大数据平台是智慧城市建设与运行的基础支撑。为进一步做好智慧城市时空大数据平台建设，我部修订完成了《智慧城市时空大数据平台建设技术大纲（2019 版）》（简称 2019 版技术大纲），现印发给你们，并就有关事项通知如下：

一、提高认识，积极履职

根据《自然资源部机关各司局职能配置、内设机构和人员编制规定》，组织数字中国时空信息数据库建设与更新是部依法赋予相关职能部门的重要职责。智慧城市时空大数据平台是数字中国时空信息数据库的重要组成部分，是基础测绘转型升级的重要任务。各级自然资源主管部门要进一步提高思想认识，贯彻新发展理念，推动高质量发展，按照 2019 年全国自然资源工作会议的部署，积极履职尽责，加快推进智慧城市时空大数据平台建设工作，为提升城市发展质量提供支撑。

二、加强培训，领会要求

各级自然资源主管部门要加强 2019 版技术大纲培训工作，组织相关管理、技术人员学习研讨，切实把握智慧城市时空大数据平台建设的主要内容、建设思路、重点任务、技术路线等要求。省级自然资源主管部门要将 2019 版技术大纲转发至已开展及拟开展建设的城市，引导各地按要求进行建设。技术指导单位中国测绘科学研究院要做好 2019 版技术大纲解读，适时组织技术培训，广泛征集典型案例，促进各地相互交流借鉴。

三、强化指导，协同推进

省级自然资源主管部门要指导城市做好智慧城市时空大数据平台建设试点申报，投入技术力量协助做出高质量的设计，高标准、严要求抓好全过程监督管理。城市自然资源主管部门是智慧城市时空大数据平台建设的责任主体，要积极争取城市人民政府支持，把时空大数据平台纳入本市智慧城市建设工作中整体安排，加强对试点建设工作的统筹管理与组织协调，做好与其他智慧城市建设项目的衔接，细化措施，注重创新，扎实深入推进试点建设。各级自然资源主管部门要加强沟通，相互支持，形成合力，确保建设成果都能切实发挥示范作用。

四、促进应用，发挥效能

时空大数据平台既是履行自然资源管理“两统一”职责的技术支撑，又是为城市管理提供一张底板、一个平台、一套数据的重要基础。要切实发挥时空大数据平台基础性作用，推进建设成果广泛应用，支撑国土空间规划、用途管制、生态修复、确权登记等自然资源管理工作；增强测绘地理信息公共服务能力，服务城市经济社会发展各领域，推进城市治理体系和治理能力现代化，促进城市高质量发展。同时，要通过应用带动，完善平台功能，保持数据鲜活，建立长效机制，持续发挥平台作用。

2019 版技术大纲执行过程中的问题和建议，请及时向自然资源部国土测绘司或技术指导单位中国测绘科学研究院反馈。

自然资源部办公厅

2019 年 1 月 24 日

第二节　地方法规、规章

本节主要根据各地技防管理机构提供的2019年新颁布地方法规、规章发布情况进行归纳整理，收录了5条地方法规、规章，索引目录见下表：

北京市中小学校幼儿园安全管理规定（试行）

（市政府京政字〔2019〕17号批准施行）

第一章　总　则

第一条　为全面加强北京市中小学幼儿园平安校园建设，构建学校安全风险防控体系，促进学校安全规范化管理，维护学校正常教育教学秩序，保障学生和教职工安全，根据国家和本市相关法律法规和政策规章，制定本规定。

第二条　本市普通中小学校、幼儿园、中等职业学校、特殊教育学校、专门学校（以下简称“学校”）的安全管理适用本规定。

第三条　学校安全管理坚持以人为本、生命至上、安全第一；坚持党政同责、一岗双责、齐抓共管、失职追责、尽职免责和管行业必须管安全、管业务必须管安全、管生产经营必须管安全；遵循积极预防、依法管理、综合防控、齐抓共管、各负其责、社会参与的原则。

第四条　学校及周边安全主要包括消防安全、治安安全、食品安全、卫生安全、交通安全、校舍安全、设备设施安全、教学实验安全、学生活动安全、学生欺凌和暴力以及自然灾害、突发意外事故等可能对师生造成伤害的安全威胁。

第五条　学校安全管理工作主要包括：

（一）构建学校安全领导组织体系，完善安全管理体制机制；

（二）构建学校安全管理制度体系，落实安全管理责任；

（三）构建学校安全宣传教育体系，提高师生安全防范能力；

（四）构建学校安全综合防控体系，提高安全预防水平；

（五）构建学校安全隐患排查整治体系，提升安全隐患治理能力；

（六）构建学校安全突发事件应急处置体系，提升应急管理水平；

（七）建立学校及周边安全综合治理机制，营造校园安全环境；

（八）建立学校安全事故调查处理机制，落实责任追究制度。

第二章　管理体制

第六条　各区政府全面落实本区学校安全工作领导和管理责任，将平安校园建设纳入本区平安建设规划，明确各部门、各街道乡镇安全监督管理职责，建立政府统一领导、部门齐抓共管、街道乡镇组织落实、社会协同联动的学校安全工作机制。

第七条　各街道乡镇落实属地学校安全管理责任，落实完善“街乡吹哨，部门报到”管理机制，组织协调开展校园及周边联合执法、安全隐患排查整治、社会治安综合治理，维护校园及周边环境秩序。

第八条　宣传部门对学校安全工作履行以下职责：

（一）负责统筹指导学校安全突发事件舆情应对工作，加强学校新闻发言人业务培训；

（二）负责组织协调学校及周边“扫黄打非”工作，组织查处学校周边制售含有涉政（宗教）、淫秽色情、凶杀暴力等内容非法出版物的单位和个人。

第九条　政法部门对学校安全工作履行以下职责：

（一）负责加强对学校及周边社会治安综合治理的统筹协调，将学校及周边社会治安综合治理工作纳入平安北京建设工作考核体系；

（二）负责协调各相关部门推进重大涉校矛盾纠纷的化解工作。

第十条　机构编制部门负责根据学校安全管理工作需要和本规定要求，在教育系统编制总量范围内确定安全管理人员数量。

第十一条　网信部门对学校安全工作履行以下职责：

（一）负责指导学校网络安全管理；

（二）负责指导协调涉校网络舆情应急处置；

（三）负责加强互联网法治宣传教育，管控网上各类有害信息，为学生成长创造健康的网络环境。

第十二条　教育部门对学校安全工作履行以下职责：

（一）负责制定学校安全工作考核目标，建立安全工作责任制和事故责任追究机制，加强对学校安全工作的检查指导，督促学校建立健全并落实安全管理制度；

（二）负责统筹制定学校安全教育规划和实施计划，指导学校有针对性地开展学生安全教育和应急演练；

（三）负责指导组织学校开展安全隐患排查整治，及时消除安全隐患；按规定配置安全监察员队伍；

（四）负责本系统安全突发事件的应对处置工作，指导督促学校制定安全突发事件应急预案；指导学校妥善处理学生伤害事故；

（五）负责组织开展对本级政府部门和下级政府以及学校安全工作的专项督导。

第十三条　公安机关对学校安全工作履行以下职责：

（一）负责学校及周边治安保卫工作，将校园及周边治安纳入社会治安防控体系，排查管控校园及周边治安隐患，依法严厉打击各类涉校违法犯罪活动；

（二）负责定期入校指导安全保卫工作，协助开展法治安全宣传教育，排查化解涉校矛盾纠纷，处理校园治安突发事件，依法查处围堵学校、殴打教职工、干扰学校正常教育教学秩序等校闹行为；

（三）负责落实完善上下学高峰期间勤务和日常巡逻防控制度，加强“护学岗”建设；

（四）负责完善校园周边交通标志标线和科技监控设备，建立学生上下学高峰时段交警执勤制度，对易发生交通拥堵或地处交通复杂路段的学校周边加强交通秩序维护和执法处罚力度；

（五）负责依法对校车许可申请进行审核和对校车标牌进行发放回收工作；做好校车驾驶人资格申请的受理、审查、认定工作，以及校车驾驶人审验、校车安全技术检验工作；加强对校车行驶线路的道路交通秩序管理、对校车运行情况的监督检查；依法查处校车道路交通安全违法行为。

第十四条　财政部门负责将学校安全工作经费纳入一般公共预算，优先保障学校安全风险防控经费的支出。

第十五条　人力社保部门对学校安全工作履行以下职责：

（一）负责将学校安全管理岗位设置纳入管理岗位序列；指导教育部门在学校绩效工资中适度加大对安全管理岗位的分配力度；

（二）负责加强对服务学校的劳务派遣公司、专业服务机构等第三方社会机构合法用工行为的监督管理，建立劳务派遣用工备案制度。

第十六条　生态环境部门对学校安全工作履行以下职责：

（一）负责对学校及周边环境污染防治的监督管理；

（二）负责对校园危险废物的环境污染防治提供政策指导，对放射源管理提供指导支持；

（三）负责查处危害校园的环境污染案事件。

第十七条　住房城乡建设部门对学校安全工作履行以下职责：

（一）负责指导督促学校开展校舍安全管理工作；

（二）负责指导督促学校对校舍使用安全开展检查和评估鉴定工作；

（三）负责依法加强对校舍工程建设的监督管理，查处违反法律法规和工程建设强制性标准的建设行为。

第十八条　交通部门对学校安全工作履行以下职责：

（一）负责合理调整学校周边公交线路，加大公交供给；

（二）负责统筹协调学校周边交通综合治理，加强学校周边停车管理，提高学校周边道路管养水平，实施疏堵工程，优化道路设施；

（三）负责依法对校车许可申请进行道路旅客运输资质审核，督促取得道路运输经营许可的校车服务提供者落实安全生产主体责任；依法对取得道路运输经营许可校车企业的违法行为进行处罚。

第十九条　文化旅游部门负责加强对学校周边互联网上网服务、歌舞娱乐、游艺娱乐等经营服务场所经营活动的监督管理；依法查处学校周边擅自设立的互联网上网服务营业场所、无照经营文化娱乐场所和非法出版物。

第二十条　卫生健康部门对学校安全工作履行以下职责：

（一）负责依法开展学校传染病防控和疫情处置工作，指导督促学校落实传染病防控措施，加强对学校疾病预防控制和卫生保健工作的监督指导；

（二）负责指导学校做好饮用水安全管理，开展食源性疾病预防和营养健康知识教育；

（三）负责组织开展学校公共卫生安全风险监测和公共卫生专业人员培训；

（四）负责组织医疗卫生机构救治校园安全事故中的伤患人员；

（五）负责协助开展校舍新建、改建、扩建工程的预防性卫生审查。

第二十一条　应急管理部门对学校安全工作履行以下职责：

（一）负责学校安全生产、实验室危险化学品使用安全的综合监督管理，依法依规查处学校安全生产和实验室危险化学品使用安全事故；

（二）负责配合教育部门指导学校开展安全突发事件应急工作；负责校车安全管理的综合监管工作。

第二十二条　消防救援部门对学校安全工作履行以下职责：

（一）负责开展消防安全监督检查，依法督促学校落实消防安全主体责任；

（二）负责指导学校开展日常消防安全管理、消防安全宣传教育和疏散演练；

（三）负责开展学校火灾的处置与救援，并依法进行火灾事故调查。

第二十三条　市场监管部门对学校安全工作履行以下职责：

（一）负责学校食堂供餐、学校外供餐企业供餐食品安全的监督管理和执法检查；建立学校食堂、学校外供餐企业食品安全信用档案；指导学校、学校外供餐企业加强食品安全管理和宣传教育；依法会同有关部门对学校食品安全事故进行调查处理；

（二）负责对学校周边各类经营单位进行监督检查和专项治理；负责对学校及周边特种设备安全进行重点监督检查；

（三）负责学校采购教学仪器设备、床上用品、校服等产品质量安全的监督管理。

第二十四条 城管执法部门负责对学校周边市容环境卫生、流动无照经营、店外经营、违法建设、乱堆物料、散发小广告等违法违规行为的监督检查和专项治理。

第二十五条 保险监管部门负责加强对涉校保险业务的监督管理，依法规范保险公司经营行为。

第三章 学校安全管理

第二十六条 学校全面落实安全管理主体责任；将安全工作纳入学校总体规划和首要任务；建立学校安全工作领导组织机构和统一领导、分工负责、齐抓共管、群防群治的学校安全管理工作机制。

第二十七条 学校安全工作实行校长负责制；学校校长直接分管安全工作，学校可设一名校级干部协助校长负责学校安全工作；学校结合岗位设置，明确其他校级干部、部门负责人及全校教育教学行政后勤岗位人员的安全管理职责，建立覆盖全体教职员工的安全管理责任体系，层层签订安全责任书。

第二十八条 学校设立安全管理工作机构（部门），统筹负责学校日常安全管理工作，督促落实各岗位安全管理职责；按照师生员工总人数 800 人（不含）以下至少配备 1 名专职安全管理干部；800 人（含）以上每增加 800 人至少增配 1 名专职安全管理干部；学校参照班主任补贴标准给予专职安全管理干部待遇。

第二十九条 学校按照师生员工总人数 1000 人（不含）以下至少配备 6 名专职保安员，有寄宿制的学校至少配备 8 名专职保安员；1000 人（含）以上每增加 500 人至少增配 1 名专职保安员，有寄宿制学生的学校每增加 300 人至少增配 1 名专职保安员。

第三十条 学校聘任法治副校长；协助学校加强安全工作，开展法治安全、防治校园欺凌和暴力等宣传教育培训；协助解决学校及周边涉校安全问题；联合心理专家对有不良行为学生开展教育转化工作。

第三十一条 学校建立食品和饮用水安全管理制度；实行阳光餐饮和集中用餐陪餐制度；严格学校食堂规范化管理和校外供餐管理，严格执行食堂卫生操作规范，严格执行食堂物资采购索证、查验、登记和饭菜留样、记录制度；严格落实饮用水安全卫生标准，定期开展水质检测和饮水设备维护清洗消毒。

第三十二条 学校建立消防安全管理制度；严格落实消防安全工作责任制；实行标准化管理；对消防设施和器材加强日常维护，规范设置消防安全标志标识，保证安全出口、疏散通道和消防通道畅通。

第三十三条 学校建立交通安全管理制度；严格内部驾驶员管理，保证学校车辆安全有效；严格执行校车安全管理规定；租用校外车辆组织师生参加活动，须租用有资质的租车服务单位的车辆，并签订租车安全责任书；校内机动车行驶或停放须与学生活动区域物理隔离，如校内不具备物理隔离条件，须禁止机动车进入校园；不得出租出借校内场地停放校外机动车辆，不得利用学校用地建设对社会开放的停车场。

第三十四条 学校建立防治校园欺凌和暴力工作制度；开展预防欺凌和暴力教育，严格学生日常行为管理；公开工作机构和举报电话；对欺凌和暴力行为早发现、早预防、早控制，及时处置突发校园欺凌和暴力事件。

第三十五条 学校建立实验室安全管理制度；制定实验和设备的安全操作规程；开展实验安全教育培训，建立教育培训档案；严格落实中小学实验室规程，规范仪器设备和药品管理；严格落实实验室危险化学品安全管理规范标准，加强对危险化学品采购、储存、使用和危险废物处置的规范化管理。

第三十六条 学校建立水、电、气、热及设施设备运行安全管理制度；按规定接受行业主管部门的定期检查；定期检查设施设备运行情况，发现老化或损毁等安全隐患，及时进行维修或更换。

第三十七条 学校建立安全隐患排查整治制度；建立安全隐患台账，及时消除安全隐患；对无力解决或无法排除的重大安全隐患，及时书面报告上级主管单位或其他有权管理的单位，并采取有效措施，做好安全防范。

第三十八条 寄宿制学校建立寄宿制学生安全管理制度；专门配备宿舍安全管理人员，实行24小时宿舍值班和安全巡查制度；保证教室、宿舍、楼道、楼梯等场所的照明符合标准。

第三十九条 学校实行封闭式管理；校门实行24小时值守，门卫由配备专业器械的专职保安员持械上岗，校门口设置硬质防冲撞设施；实行外来人员出入校登记、检查制度，禁止无关人员和校外车辆进校，禁止将非教学用易燃易爆等危险物品、有毒物品、管制器具和动物等带入校园。

第四十条 学校实行上下学高峰时段校门口值班制度；组织带班干部、值周老师、保安员、家长志愿者等，配合公安机关共同维护校园门前安全秩序；小学上下学实行小黄帽路队制和接送交接制度，不得将晚离学校的低年级学生、幼儿交与无关人员。

第四十一条 学校建立安防视频监控管理系统；中小学校按要求覆盖所有重点部位，幼儿园实现公共活动区域全覆盖，并与属地公安、教育部门联网；建立安防视频监控值班监看、信息保存、调用调取、运行维护管理制度，保障安防监控系统正常运行；采集的视频图像信息保存期限达到法定时长；安装一键式报警装置并保持完好有效，与属地接警平台联网。

第四十二条 学校建立校外活动安全管理制度；成立活动安全管理机构，明确安全管理责任，制定安全应急预案，配备相应物资设备，配齐安全、医护等管理保障人员，提前对师生进行安全教育。

第四十三条 学校建立学生安全信息通报制度；将未按要求正常到校、非正常缺勤、擅自离校以及身体和心理异常学生情况等关系学生安全的信息，及时告知其监护人和校内相关负责人员。

第四十四条 学校加强学生日常和课间活动的安全管理；合理安排学生疏散时间和上下楼道顺序，安排专门人员值班巡查，防止拥挤、踩踏、伤害事故发生；加强对学校后勤维修工具、食堂厨房用具和体育器械等使用安全的管理。

第四十五条 学校建立合法用工和内部人员矛盾排查调处制度；学校领导要与劳务用工人员开展谈心谈话，全面掌握教职工思想状况；定期开展心理健康和内部矛盾排查；新录用教职工和外聘人员要进行身份核查和背景审查，不得聘用因故意犯罪而受到刑事处罚的人员、有精神病史人员入校工作。

第四十六条 学校按规定配备具有从业资格的专职医务（保健）人员或兼职卫生保健教师；寄宿制和学生人数600人以上的学校应设立卫生室，其他学校设置保健室；购置必需的急救器材和药品，保障对学生常见病的治疗，遇疑难病症及时送医救治。

第四十七条 学校建立学生健康管理制度；建立学生健康档案，定期组织开展学生体检和心理健康排查，依法保护学生的个人隐私；对有特异体质、特定疾病或异常心理状况的学生，应当给予适当关注和照顾；对生理、心理状况异常不宜在校学习的学生，应当休学，由监护人安排治疗、休养；监护人发现被监护人有特异体质、特定疾病或异常心理状况的，应当及时告知学校。

第四十八条 学校建立传染病防控管理制度；制定突发公共卫生事件应急预案；落实晨午检、因病缺勤登记追访、日常通风消毒、免疫规划管理、疫情报告、复课证明查验制度，做好登记和报告工作；积极配合疾控部门开展流行病学调查和传染病防控工作。

第四十九条 学校建立网络安全管理制度；落实网络安全主体责任，制定网络安全应急预案；保证网络安全工作值班值守，开展网络系统安全监测管理与检查维护，防范网络安全风险。

第五十条 学校建立安全工作档案管理制度，记录日常安全管理、安全责任落实、安全检查、安全隐患整改等情况，作为实施安全工作目标考核、责任追究和事故处理的依据。

第五十一条 学校不得组织学生参加抢险等应由专业人员或成人从事的活动，不得组织学生参与具有危险性的活动，不得组织学生参加商业性活动；不得将场地出租出借用于生产经营活动；不准商业广告进入校园。

第五十二条 学校加强与属地街道乡镇、社区和家长合作，建立学校安全志愿者队伍，协助开展安全工作。

第五十三条 学校举办者应当按规定为学校购买中小学幼儿园校方责任保险及附加无过失责任保险。

第四章 安全宣传教育

第五十四条 学校按规定开设安全教育课程；将安全教育作为重要教育教学内容，根据不同学龄阶段学生的生理心理特点、接受能力以及可能遇到的安全风险，增强安全教育的针对性和实效性。

第五十五条 学校在开学初、放假前，有针对性地对学生集中开展安全教育；新生入学后，应开展新生入学安全教育，帮助新生及时了解学校安全制度规定。

第五十六条 学校通过渐进式安全教育，在幼儿园和九年义务教育期间完成对学生的基本安全知识与技能的普及任务，确保学生掌握与年龄阶段相适应的基本安全知识、避险逃生能力以及自救互救技能。

第五十七条 学校开展实验室安全教育；针对不同课程实验课的特点与要求，对学生进行实验实训用品的防毒、防爆、防辐射、防污染等安全防护教育。

第五十八条 学校加强安全防范宣传教育；重点针对消防安全、治安安全、食品安全、交通安全、用电安全、用火安全和防溺水、防踩踏、防侵害、防暴恐袭击、防黑恶势力渗透、防极端天气、防自然灾害等可能造成伤害的安全威胁，使学生掌握基本防范技能和自救、互救、逃生能力。

第五十九条 有条件的学校建设专门的安全宣传教育体验教室，配备多个主题的安全体验设施设备，组织学生开展体验式学习，增强安全教育实效。各区加强对本区安全教育基地、场馆、教室资源的统筹，有条件的区可建设综合性或专业性较强的安全教育课外活动基地。

第六十条 学校充分利用政府、社会、高校、企事业单位等公共安全教育基地、博物馆、体验馆等资源，组织学生开展参观、宣传教育和实训体验活动。

第六十一条 学校定期组织开展各类突发事件应急演练，中小学每月开展一次应急疏散演练，幼儿园每季度开展一次应急疏散演练。

第六十二条 学校将教职工安全教育培训纳入年度工作计划，每年定期组织开展岗位安全教育培训，将安全培训纳入继续教育学分；对新入职教师进行岗前安全教育培训；定期组织保安员开展安全保卫和应急处突专业训练；提高教职员工指导学生预防事故、自救、逃生、紧急避险的能力。

第六十三条 学校结合本校情况组织开展应急救援进校园活动，帮助师生掌握初级急救知识和急救技能。

第六十四条 学校开展家校安全共育，引导家长履行监护人义务，对孩子开展家庭安全教育和遵纪守法教育，关心关注孩子身心健康，支持配合学校安全教育和日常管理工作。

第五章 学校周边安全管理

第六十五条 建立学生安全区域制度；在学校周边 200 米范围内，相关部门按职责重点整治学校周边环境秩序，加强对学校周边经营服务场所、经营服务活动监管以及治安状况、交通秩序整治；禁止新建对环境造成污染的企业、设施；禁止设立互联网上网服务、歌舞娱乐、游艺娱乐、彩票专营等营业场所。

第六十六条 公安机关加强学校及周边治安综合治理；建立校园及周边治安形势会商研判、信息互通共享、联动应急处置工作机制；加强涉校矛盾问题隐患排查化解；加强反恐防暴和应急处突能力建设；加强对校园及周边治安环境整治和巡逻防控。

第六十七条 公安机关严厉打击涉校违法犯罪；建立涉校案件摸排预防、快速出警核查、案件侦查等工作机制；加大对恶性伤害、欺凌和暴力、性侵等侵害师生人身财产安全违法犯罪案件的侦破力度。

第六十八条 公安机关建立警校合作工作机制；加强学校及周边警务室建设和民警入校指导安全防范工作；强化学校周边高峰勤务和“护学岗”机制；建立学校及周边安全网上快速巡查系统。

第六十九条 公安机关和交通部门加强学校周边交通综合治理；加强学校门前停车管理，校园门前

100 米（校门两侧各 50 米）禁止停放机动车；加大对学校门前及周边道路交通违法行为执法处罚力度；规范设置学校门前及周边道路交通标志标识标线、设施和科技监控设备；优化学校周边交通组织形式和公交站点设置，完善道路公交设施。

第七十条　市场监管部门加强学校周边食品安全专项整治；禁止学校周边无证无照餐饮经营；加强学校周边食杂店、便利店、小超市等食品销售单位的日常监管，定期开展食品安全专项检查；加大对学校周边批发市场、零售市场和农村市场等场所的整治力度，严禁销售不合格食品；严格规范网络餐饮经营行为。

第七十一条　市场监管和文化旅游部门加强学校周边非法经营行为治理；依法取缔学校周边兜售非法出版物、不合格文体用具、儿童玩具的游商和摊点；严格查处学校周边制售含有淫秽色情、凶杀暴力等内容出版物的单位和个人。

第七十二条　住房城乡建设部门加强对学校周边建设工程的执法检查，禁止任何单位或个人违规在学校围墙或建筑物边建设工程。

第六章　安全事故处理和应急管理

第七十三条　学校按照以人为本、依法依规、快速反应、注重实效的原则，制定以应急处置为核心的安全突发事件应急预案。

第七十四条　学校建立与区政府、相关部门和属地街道乡镇相衔接的安全突发事件应急处置机制，明确应急职责，规范应急程序，细化保障措施；定期组织开展应急预案演练；各相关部门和属地街道乡镇应加强对学校应急工作的指导和预案的衔接。

第七十五条　学校建立安全突发事件信息报送制度，遇有突发安全事件，按规定第一时间上报相关信息，杜绝瞒报、谎报、漏报、迟报。

第七十六条　学校建立新闻发言人制度和安全突发事件网络舆情管理制度；在相关专业部门的指导下，加强网络舆情监控，及时发布相关信息，加强正面引导，回应社会关切。

第七十七条　在发生地震、洪水、泥石流、台风等重大自然灾害和重大治安、公共卫生突发事件时，区政府及教育部门和学校应立即启动应急预案，及时转移、疏散学生，或采取其他必要防护措施，保障师生和学校安全。

第七十八条　学校发生火灾、食物中毒、治安案件等突发安全事件以及自然灾害时，应立即启动应急预案，组织教职工参与抢险、救助和防护，第一时间救治受伤学生，对受伤学生开展心理干预辅导，妥善做好善后工作。

第七十九条　学校发生学生伤亡事故，须按照《学生伤害事故处理办法》等规定的原则和程序，结合校方责任保险及附加无过失责任保险保障机制，及时实施救助；严禁借学生伤害事故，围堵学校、殴打教职工、干扰学校正常教育教学秩序等校闹行为。

第八十条　学校发生重大安全突发事件后，在市政府统一领导下，由市教育部门牵头组建市相关部门、纪检监察机关和有关专业机构、专家参加的突发事件调查组，及时组织开展调查评估工作；必要时，由教育部门牵头组织对较大、一般学校安全突发事件进行调查评估。

第八十一条　学校安全突发事件调查评估工作应对事件发生的原因、过程和造成的后果，以及事前、事发、事中、事后全过程的应对工作，进行全面客观的调查、分析、评估，提出改进措施，形成突发事件调查评估报告。

第七章　考核奖励与责任追究

第八十二条　市政府将学校安全工作作为对各区政府和各政府相关部门绩效考核的重要内容，具体考核评价办法和组织实施由市教育部门会同有关部门负责；各区政府将学校安全工作纳入对各区政府相关部门和街道乡镇的绩效考核内容；各区教育部门将学校安全工作纳入对学校的绩效考核。

第八十三条 市、区教育部门将学校安全工作作为教育督导的重要内容，加强对市政府有关部门、各区政府及有关部门、街道乡镇和学校落实安全工作职责的督导检查。

第八十四条 教育等有关部门，对于在学校安全工作中成绩显著或做出突出贡献的单位和个人，应当视情况联合或分别给予表彰奖励。

第八十五条 依据《中小学幼儿园安全管理办法》六十一条规定，政府相关部门不依法履行学校安全监督管理职责的，由上级部门给予批评；对直接责任人员由上级部门和所在单位视情节轻重，给予批评教育或行政处分；构成犯罪的，依法追究刑事责任。

第八十六条 依据《中小学幼儿园安全管理办法》六十二条规定，学校不履行安全教育管理职责，对重大安全隐患长期不整改或不采取有效措施的，有关主管部门应当责令其限期改正；拒不改正或有下列情形之一的，应当对学校负责人和其他直接责任人给予党纪、政纪或行政处分；构成犯罪的，依法追究刑事责任。

（一）发生重大安全事故、造成学生和教职工伤亡的；

（二）发生事故后未及时采取适当措施、造成严重后果的；

（三）瞒报、谎报、缓报重大事故的；

（四）妨碍事故调查或提供虚假情况的；

（五）拒绝或不配合有关部门依法实施安全监督管理职责的。

第八十七条 依据《中小学幼儿园安全管理办法》六十三条规定，校外单位或人员违反治安管理规定、引发学校安全事故的，或在学校安全事故处理过程中，扰乱学校正常教育教学秩序，由公安机关依法处理；构成犯罪的，依法追究刑事责任；造成学校财产损失的，依法承担赔偿责任。

第八十八条 对职责范围内发生学校安全事故，经查实已经全面履行有关职责，并全面落实了党委和政府有关工作部署的，不予追究相关人员责任。

第八章　保障机制

第八十九条 建立由市、区政府分管教育工作的领导为召集人、教育部门牵头、相关部门参加的学校安全工作联席会议制度，定期研究解决学校安全工作中存在的重大问题；教育部门履行联席会议办公室职责。

第九十条 建立由市、区政府分管教育工作的领导带队，由市教育、公安、交通、应急管理、卫生健康、市场监管、城管执法、消防救援等部门共同参加的学校安全联合检查机制，每年定期开展学校安全工作联合检查，对存在的重大安全隐患进行现场执法，严格处罚，并在一定范围内通报。

第九十一条 市、区政府建立学校安全预警和风险评估制度，制定学校安全风险清单，建立动态监测和数据搜集、分析机制，及时为学校提供安全风险提示，指导学校健全风险评估和预防制度。

第九十二条 建立学校安全经费投入保障机制；合理调整学校安全经费在教育经费中的投入比例，加大对人防、物防、技防经费的投入力度，优先保障学校安全风险防控经费的投入。

第九十三条 探索建立学校安全风险防控专业机构服务机制；采取政府采购、购买服务等方式，利用具备相应专业能力的组织机构，为学校安全教育和安全风险防控提供相关服务。

第九十四条 建立多元化的事故风险分担机制；完善学校校方责任保险及附加无过失责任保险制度，规范保险范围、投保理赔程序和理赔标准；严禁以学校名义指定学生家长购买或向学生直接推销保险产品；鼓励社会组织机构设立学校安全风险基金或学生救助基金，健全学生意外伤害救助机制。

第九十五条 完善校园伤害矛盾纠纷调处机制；建立学校法律顾问制度；积极利用行政调解、仲裁、人民调解、保险理赔、法律援助等方式，依法处理校园伤害事件。

第九十六条 社会团体、企业事业单位、其他社会组织和个人应积极参与支持学校安全工作，依法维护学校安全秩序。

第九十七条　强化家长对孩子的依法监护责任，加强对孩子良好品德和行为习惯的养成教育，加强遵纪守法教育，要求学生服从学校安全管理，管教孩子不得有危及自身或他人安全的活动，约束孩子的不良行为。

第九十八条　学生在校学习和生活期间，应遵守学校纪律和规章制度，服从学校的安全教育和日常行为管理，不得有危及自身或他人安全的行为。

第九章　附　则

第九十九条　本市民办中小学校幼儿园、校外教育机构、外籍人员子女学校、中外合作举办的高中和幼儿园参照执行。

第一〇〇条　本规定自 2019 年 9 月 1 日起施行。

上海市经济信息化委、市公安局、市交通委
关于印发《上海市智能网联汽车道路测试和示范应用管理办法（试行）》的通知

有关单位：

为深入贯彻党的十九大精神，全面落实《汽车产业中长期发展规划》和《长江三角洲区域一体化发展规划纲要》，推进上海建设具有全球影响力的科技创新中心，全力打响“上海制造”品牌，加快培育世界级汽车产业集群，进一步落实《上海市智能网联汽车产业创新工程实施方案》，指导和规范本市智能网联汽车道路测试和示范应用工作，依据《智能网联汽车道路测试管理规范（试行）》，我们联合制定了《上海市智能网联汽车道路测试和示范应用管理办法（试行）》。现印发给你们，请遵照执行。

上海市经济和信息化委员会
上海市公安局
上海市交通委员会

上海市智能网联汽车道路测试和示范应用管理办法（试行）

第一章　总　则

第一条　为深入贯彻党的十九大精神，全面落实《汽车产业中长期发展规划》和《长江三角洲区域一体化发展规划纲要》，推进上海建设具有全球影响力的科技创新中心，全力打响“上海制造”品牌，加快培育世界级汽车产业集群，进一步落实《上海市智能网联汽车产业创新工程实施方案》，指导和规范本市智能网联汽车道路测试和示范应用工作，依据《智能网联汽车道路测试管理规范（试行）》及相关法律法规，制定本办法。

第二条　本办法适用于在本市行政区域范围内进行的智能网联汽车自动驾驶相应级别的道路测试和示范应用。

第三条　本市智能网联汽车道路测试和示范应用工作应分级分类推进，遵循智能网联汽车自主式智能驾驶和网联式协同驾驶融合发展的路径，加快智能网联汽车从研发测试逐步向示范应用过渡，并逐步实现商业化应用。

第二章　管理机构及职责

第四条　市经济信息化委、市公安局、市交通委共同成立上海市智能网联汽车道路测试推进工作小组（以下简称“推进工作小组”），负责本办法的统一实施、监督和管理。推进工作小组组成部门按照职责分工，审核申请主体提出的道路测试或示范应用申请，组织开展道路测试或示范应用检查以及车辆和道路的相关评估、论证和审核工作，颁发智能网联汽车道路测试或示范应用通知书以及试车临时行驶车号牌，协调本办法实施过程中的有关事项，并积极推动长江三角洲区域智能网联汽车道路测试和示范应用的互认合作。

第五条　推进工作小组成立上海市智能网联汽车道路测试和示范应用评审专家组，定期召开专家组评审会议，对申请主体提出的道路测试或示范应用申请进行论证，形成专家组意见。

第六条　推进工作小组委托本市的第三方机构受理申请主体提出的道路测试或示范应用申请，并对第三方机构的封闭测试区等测试场所、预设场景及设施进行审核认定。第三方机构评估申请主体、测试驾驶人和申请车辆的条件符合性，对智能网联汽车道路测试和示范应用过程中产生的相关数据进行采集分析，同时将相关数据接入推进工作小组组成部门的官方数据平台，须每月形成分析报告上报推进工作小组。

第七条　相关管理主体在本市行政区域范围内选择公共道路、园区、停车场（库）、港区等典型环境，向推进工作小组申请用于智能网联汽车道路测试和示范应用。推进工作小组遵循分级分类有序、风险可控的原则，依照《自动驾驶开放测试道路环境分级标准（试行）》，不断完善自动驾驶道路环境，积极研究开放高架道路、高速公路等典型道路环境，对相关申请进行审核并定期公开道路路段等相关信息，在开放的道路环境上分级推进道路测试和示范应用工作。用于智能网联汽车道路测试和示范应用的典型道路环境，应符合下列条件：

（一）无明显的道路交通安全隐患；

（二）道路标志标线符合国家标准相关要求；

（三）应实现监控全覆盖或覆盖重点路段，监控设备数据应接入第三方机构数据平台，监控记录保存不少于30天；

（四）应安装网联通信路侧设备，通信设备数据应接入第三方机构数据平台。

第三章　道路测试和示范应用申请条件

第八条　申请主体是指提出并组织开展智能网联汽车道路测试或示范应用申请，同时承担相应责任的单位，应符合下列条件：

（一）在中国境内登记注册的独立法人；

（二）具备汽车及零部件技术研发、生产制造、试验检测或出行服务等智能网联汽车相关业务能力；

（三）具有智能网联汽车自动驾驶封闭区域和道路测试等相关企业技术标准；

（四）建立车辆远程监控数据平台，具备对申请车辆进行实时远程监控的能力，与第三方机构签署承诺书，按照要求接入第三方机构数据平台；

（五）具备对申请车辆的相关事件进行记录、分析和重现的能力；

（六）为申请车辆购买每车不低于500万元人民币的交通事故责任保险或提供不低于500万元人民币的交通事故赔偿保函，并提交相关证明材料。其中，对于客车、半挂牵引车、专项作业车等商用车应购买每车不低于1000万元人民币的交通事故责任保险或提供不低于1000万元人民币的交通事故赔偿保函；

（七）具有车辆改装、维修场地及相关专用设备，具备系统的人员培训和安全保障体系；

（八）法律、法规规定的其他条件。

第九条　测试驾驶人是指经申请主体授权，负责道路测试或示范应用并在出现紧急情况时对车辆实施应急措施的驾驶人，应符合下列条件：

（一）取得相应准驾车型驾驶证并具有3年以上驾驶经历；

（二）最近连续3个记分周期内无记满12分记录；

（三）最近1年内无驾驶车辆超员、超载、超速等严重交通违法行为记录；

（四）无饮酒后驾驶或者醉酒驾驶机动车记录；

（五）无服用国家管制的精神药品麻醉品记录；

（六）无致人死亡或者重伤的交通事故责任记录；

（七）经申请主体自动驾驶培训，熟悉自动驾驶测试规程，掌握自动驾驶测试操作方法，具有50小时以上自动驾驶系统操作经验，其中40小时以上的相应申请测试项目驾驶经验，具备紧急状态下应急处置能力，并提交相关证明材料；

（八）未达到国家法定退休年龄，并与申请主体签订劳动合同或劳务合同；

（九）法律、法规规定的其他条件。

第十条　申请车辆是指申请用于道路测试或示范应用的智能网联汽车，包括乘用车、商用车和特种车，不包括低速汽车、摩托车，应符合下列条件：

（一）未办理过机动车注册登记；

（二）符合《机动车运行安全技术条件》检测要求，对未符合检测要求的项目，申请主体应出具未降低车辆安全性能的相关证明材料；

（三）具备“人工操作”和“自动驾驶”两种模式，且能够以安全、快速、简单的方式实现模式转换并有相应的提示，保证在任何情况下都能够将车辆即时转换为“人工操作”模式；

（四）具备车辆和测试驾驶人状态记录、存储及在线监控功能，须实时向第三方机构数据平台回传下列第1至6项数据项信息，传输频率不低于1Hz，须自动记录和存储在车辆违规、事故或者失效状况发生前至少90秒的下列数据信息：

1. 车辆控制模式（自动驾驶状态/人工驾驶状态）；
2. 车辆位置；
3. 车辆速度、加速度；
4. 车辆行驶里程；
5. 车辆行驶方向；
6. 车辆的标识（车架号和临时行驶车号牌车牌号）；
7. 环境感知与响应状态；
8. 车辆灯光、信号实时状态；
9. 车辆外部360度视频监控情况；
10. 测试驾驶人和人机交互状态的车内视频及语音监控情况；
11. 车辆接收的远程控制指令；
12. 车辆故障情况。

（五）安装自动驾驶数据记录装置，保障第三方机构能够随时检索、调阅、回放记录的数据；

（六）安装具备提醒功能的装置，当遇到自动驾驶系统失效时，该装置应立即提醒测试驾驶人接管车辆。

第四章　道路测试申请及审核

第十一条　申请主体提出智能网联汽车道路测试申请参照申请流程图（附件1），要求如下：

（一）申请主体首次提出道路测试申请，按照申请材料清单（附件2）要求向第三方机构提交申请材料（附件3和附件4）。单个申请主体首次申请进行道路测试的车辆数不超过50辆，测试满6个月后且未发生交通违法行为和有责任交通事故，并且单车平均自动驾驶测试里程累计不低于 1000 公里，可申请增加测试车辆数量，具体数量由推进工作小组根据测试路段交通承载能力统筹安排。第三方机构收到材料后 5 个工作日内完成材料初审。

（二）材料初审合格后，第三方机构应进行以下工作：

1. 于 5 个工作日内通知申请主体到经推进工作小组认定的封闭测试区进行实车检查及试验，审查申请主体提供的测试车辆及相关功能与申请材料描述内容的一致性，并出具封闭测试区实车检查及试验评估报告。申请车辆在封闭测试区内应按照测试评价规程规定进行相应测试项目的实车试验，每个测试项目有效试验次数不少于 30 次，须通过要求的必测项目测试，测试通过率须不低于 90%。对于搭载相同功能自动驾驶系统的相同车型，申请相同道路测试项目，经过第三方机构一致性检查后，无须重复进行相同的实车试验；

2. 在通过实车检查及试验的车辆上安装监控装置，出具监控装置安装及接入第三方机构数据平台证明；

3. 对申请主体的车辆改装场地、专业设备、安全保障制度和应急预案、安全评估和事故处理的培训开展情况、安全负责人及安全联络员设立情况等进行现场核查；

4. 定期向推进工作小组提交符合要求的道路测试申请材料。

（三）推进工作小组在收到材料后 10 个工作日内组织召开专家组评审会议进行论证，并依据专家组意见进行审核。

（四）推进工作小组向通过审核的申请主体颁发智能网联汽车道路测试通知书（附件 5）、测试标识及试车临时行驶车号牌，明确测试车辆、测试周期、测试路段、测试驾驶人、测试项目，并定期向社会公布。每辆测试车辆对应固定的试车临时行驶车号牌，不得互换。测试周期首次不超过 6 个月。

（五）道路测试主体可根据实际需求，在道路测试周期结束前 15 个工作日内提出延期申请，向第三方机构提交道路测试延期申请表（附件 9），首次延期申请时长不得超过 6 个月，后续每次延期申请时长不得超过 1 年。

（六）道路测试周期结束后，测试主体应于 3 个工作日内将测试标识及试车临时行驶车号牌交予第三方机构保管，第三方机构定期统一上交推进工作小组。

（七）已取得道路测试资格的车辆发生自动驾驶系统功能增减、部件变更、安全性能变化、车身外观以及测试驾驶人改变等情况时，道路测试主体应立即停止相关车辆的道路测试，并提前 5 个工作日向第三方机构提交道路测试变更信息表（附件 10），申请变更相关信息，由第三方机构评估通过后方可继续开展测试。

（八）道路测试主体申请进行更复杂道路环境测试，应在已获得测试许可的开放测试道路上完成单车平均自动驾驶里程不低于 1000 公里，并提交阶段性道路测试评估报告，经推进工作小组审核通过，方可开展风险等级高的道路测试工作。

第十二条　为加快长江三角洲区域智能网联汽车一体化发展，对已获得江苏、浙江、安徽的省级或市级道路测试牌照的申请主体，在符合相应测试评价规程的条件下，提交已开展道路测试的相关报告等材料，经第三方机构评估和推进工作小组审核通过，可按适当的简易程序获得上海市智能网联汽车道路测试资格。对未获得江苏、浙江、安徽的省级或市级道路测试牌照的其他申请主体，在经推进工作小组认定的封闭测试区按照测试评价规程进行实车检查及试验，测试结果经第三方机构评估和推进工作小组审核通过，可按适当的简易程序获得上海市智能网联汽车道路测试资格。

第五章　示范应用申请及审核

第十三条　已获得本市智能网联汽车道路测试资格和道路测试车辆累计达到 3 辆及以上，单车平均自动驾驶测试里程累计不低于 1000 公里且未发生交通违法行为或有责任交通事故的申请主体，可申请开展智能网联汽车示范应用。申请主体提出智能网联汽车示范应用申请应参照申请流程图（附件1），要求如下：

（一）申请主体按照申请材料清单（附件2）要求向第三方机构提交申请材料（附件6和附件7）。单个申请主体首次申请示范应用的车辆数不超过50辆，示范应用满6个月和单车平均自动驾驶测试里程累计不低于5000公里且未发生交通违法和有责任交通事故，可申请增加示范应用车辆数量，具体数量由推进工作小组根据示范应用路段交通承载能力统筹安排。开展载人示范的申请主体应为参与示范应用的志愿者购买座位险、人身意外险等必要的商业保险，对志愿者尽安全提示义务，与志愿者签署自愿协议并留存以供第三方机构查阅，采取有效措施保障志愿者人身安全。第三方机构收到材料后5个工作日内完成材料初审。

（二）材料初审合格后，第三方机构应进行以下工作：

1. 于5个工作日内通知申请主体到经推进工作小组认定的封闭测试区进行实车检查和要求的必测项目的试验，按照测试评价规程有效试验次数不少于30次，测试通过率须达到100%；

2. 定期向推进工作小组提交符合要求的示范应用申请材料。

（三）推进工作小组在收到材料后10个工作日内组织召开专家组评审会议进行论证，并依据专家组意见进行审核。

（四）推进工作小组向通过审核的申请主体颁发智能网联汽车示范应用通知书（附件8）、示范应用标识及试车临时行驶车号牌，明确示范应用车辆、示范应用周期、示范应用路段、测试驾驶人、示范应用测试项目，并定期向社会公布。每辆示范应用车辆对应固定的试车临时行驶车号牌，不得互换。示范应用首次周期不超过6个月。

（五）示范应用主体可根据实际需求，在示范应用周期结束前15个工作日内提出延期申请，向第三方机构提交示范应用延期申请表（附件9），首次延期申请时长不得超过6个月，后续每次延期申请时长不得超过1年。

（六）示范应用周期结束后，示范应用主体应于3个工作日内将示范应用标识及试车临时行驶车号牌交予第三方机构保管，第三方机构定期统一上交推进工作小组。

（七）已取得示范应用资格的车辆发生自动驾驶系统功能增减、部件变更、安全性能变化、车身外观以及测试驾驶人改变等情况时，示范应用主体应立即停止相关车辆的示范应用，并提前5个工作日向第三方机构提交示范应用变更信息表（附件10），申请变更相关信息，由第三方机构评估通过后方可继续开展示范应用。

第六章　道路测试和示范应用管理

第十四条　道路测试或示范应用期间，车辆应遵守临时行驶车号牌管理相关规定，在指定位置放置试车临时行驶车号牌并张贴道路测试或示范应用标识，不得在规定路段外开展道路测试或示范应用。测试驾驶人应当遵守现行道路交通安全法律、法规要求，随车携带道路测试或示范应用通知书、计划表等备查，并严格依据通知书载明的时间、路段和项目开展工作。

第十五条　当出现可能影响道路测试或示范应用正常进行的情况时，道路测试或示范应用主体应主动停止道路测试或示范应用并向第三方机构报告，第三方机构应当根据实际情况暂停相关主体的道路测试或示范应用计划。

第十六条　第三方机构有权根据推进工作小组的要求或相关实际情况，变更或暂停申请主体的道路测试或示范应用计划。

第十七条　在开展道路测试或示范应用前，测试驾驶人应对车辆的轮胎、转向系统、制动系统、监控装置等关键部件进行检查，确保车辆自动驾驶系统功能正常、道路测试或示范应用道路交通状况良好。

第十八条　在道路测试或示范应用过程中：

（一）测试驾驶人应当始终处于车辆的驾驶座位上；

（二）测试驾驶人应当对道路测试或示范应用开展的时间、路段、项目及车辆状态等信息予以详细记录；

（三）测试驾驶人必须保障监控装置运行正常。在车辆行驶期间，测试驾驶人如发现监控装置工作异常或者接到第三方机构关于监控装置异常的通知，应当待监控装置恢复正常工作后方可继续开展道路测试或示范应用；

（四）当车辆处于“自动驾驶”模式时，测试驾驶人应当始终监控车辆运行状态及周围环境并做好随时接管的准备；

（五）当测试驾驶人发现车辆处于不适合“自动驾驶”的状态或者系统提示需要“人工操作”时，应当进行及时干预或者接管。

第十九条 在道路测试期间，测试车辆不得搭载与测试无关的人员或货物。

第二十条 在示范应用期间，要求如下：

（一）参与载人测试的志愿者应精神状态良好且具有完全民事行为能力，不得饮酒或服用国家管制的精神药品或者麻痹药品；

（二）测试驾驶人应确保志愿者坐在后排并系好安全带，车内监控设备应同时记录测试驾驶人及志愿者的情况；

（三）载人示范应用主体不得向参与示范应用的志愿者收取费用或报酬，其他示范应用主体不得向参与示范应用的相关方收取费用或报酬，不得从事运输或经营相关活动；

（四）示范应用主体应保护参与载人示范应用的志愿者的隐私，相关数据收集、利用、共享和存储应符合相关法律法规的要求。

第二十一条 在道路测试或示范应用期间存在下列情形之一的，推进工作小组必要时可以暂停或取消道路测试或示范应用主体的相关资格，相关主体应及时交回道路测试或示范应用标识和试车临时行驶车号牌，认真进行整改后重新申请。

（一）推进工作小组认为道路测试或示范应用具有重大安全风险的；

（二）车辆有闯红灯、逆行以及依照道路交通安全法律法规可以处暂扣、吊销机动车驾驶证或者拘留处罚等严重交通违法行为的；

（三）发生交通事故造成人员重伤、死亡或者车辆毁损等严重情形，车辆方负同等及以上责任的；

（四）在道路测试或示范应用周期内连续两个月无故未开展道路测试或示范应用的。

第二十二条 道路测试或示范应用主体在每月10日前（遇国家法定节假日可顺延至节后第1个工作日）向第三方机构提交上月的道路测试或示范应用脱离报告（附件11）。第三方机构有权调阅车辆脱离自动驾驶功能事件发生前90秒的自动驾驶数据记录装置记录的数据。道路测试或示范应用主体在道路测试或示范应用周期结束后1个月内向第三方机构提交总结报告。第三方机构应跟踪车辆的道路测试或示范应用进展情况，每月汇总上报推进工作小组。

第七章 事故处理

第二十三条 在道路测试或示范应用期间发生交通违法行为的，由违法行为发生地公安机关交通管理部门按照现行道路交通安全法律法规对测试驾驶人进行处理。

第二十四条 在道路测试或示范应用期间发生事故时，测试驾驶人应保护事故现场并立即报警。第三方机构应立刻暂停相关主体的道路测试或示范应用计划。道路测试或示范应用主体向第三方机构提交公安机关交通管理部门出具的事故责任认定书或者失控状况自评报告后，方可申请恢复道路测试或示范应用工作。道路测试或示范应用主体未获得第三方机构允许恢复道路测试或示范应用计划前，不得继续进行道路测试或示范应用。

第二十五条 道路测试或示范应用主体应在事故责任认定后 5 个工作日内，以书面方式将事故原因、责任认定结果及道路测试或示范应用交通事故报告（附件 12）等相关材料提交第三方机构，同时第三方机构应在 24 小时内上报推进工作小组。

第二十六条 在道路测试或示范应用期间发生交通事故，车辆方经依法认定有过错的，道路测试或示范应用主体应依照现行法律法规规定承担相应民事赔偿责任。

发生重伤或者死亡事故、车辆或者道路设施毁损等严重交通事故，由国家认可的交通事故司法鉴定机构对车辆进行技术鉴定，鉴定费用由道路测试或示范应用主体承担。公安机关交通管理部门依据鉴定结果进行责任认定，对测试驾驶人、道路测试或示范应用主体进行处理。

测试驾驶人或者相关主体的行为构成犯罪的，依法追究其刑事责任。

未经允许擅自上路进行道路测试或示范应用，造成人员伤亡或重大财产损失的，公安机关将按照规定开展事故深度调查，追究测试驾驶人或实际测试操作者的交通事故责任，并视情追究相关企业或机构负责人相应责任。构成犯罪的，依法追究刑事责任。

第八章 违规操作责任

第二十七条 道路测试或示范应用主体存在违规操作或者违反本办法规定的，第三方机构应暂停其道路测试和示范应用计划，并向推进工作小组报告。推进工作小组应取消其道路测试或示范应用资格并定期公布违规操作主体名单。道路测试或示范应用主体自被取消道路测试或示范应用资格之日算起的 1 年内不得提交道路测试或示范应用申请。

对多次出现违规情况的道路测试或示范应用主体，推进工作小组不再接受该主体的道路测试和示范应用申请。

第二十八条 道路测试或示范应用主体应对提交的所有材料及数据的真实性、合法性负法律责任。道路测试或示范应用主体提交不实材料或者数据的，推进工作小组将取消其道路测试或示范应用资格，并不再接受该主体的相关道路测试和示范应用申请。

第九章 附 则

第二十九条 本办法下列用语的含义：

（一）智能网联汽车是指搭载先进的车载传感器、控制器、执行器等装置，并融合现代通信与网络技术，实现车与 X（车、路、人、云端等）智能信息交换、共享，具备复杂环境感知、智能决策、协同控制等功能，可实现“安全、高效、舒适、节能”行驶，并最终可实现替代人来操作的新一代汽车。

（二）智能网联汽车自动驾驶相应级别包括有条件自动驾驶、高度自动驾驶和完全自动驾驶。有条件自动驾驶是指系统完成所有驾驶操作，根据系统请求，驾驶人需要提供适当的干预；高度自动驾驶是指系统完成所有驾驶操作，特定环境下系统会向驾驶人提出响应请求，驾驶人可以对系统请求不进行响应；完全自动驾驶是指系统可以完成驾驶人能够完成的所有道路环境下的操作，不需要驾驶人介入。

（三）监控装置是指具备监测车内驾驶人驾驶行为、采集车辆位置以及车辆是否处于自动驾驶状态等功能，并具备实时向第三方机构数据平台传输相关数据功能的设备。监控装置相关数据类型包括但不限于车辆位置、速度、加速度等运动状态信息，车内驾驶人状态数据，自动驾驶系统状态数据等。

（四）示范应用是指申请主体获得本市智能网联汽车道路测试资格并满足相应条件后，在本市行政区域范围内开放测试道路上开展的非营利性智能网联汽车载人、载货或特种作业的测试。

（五）志愿者是指 18 周岁以上、70 周岁以下，具有完全民事行为能力，充分了解智能网联汽车道路载人示范应用的内容、范围及风险，自愿参与示范应用并已签署相关协议的自然人。

（六）自动驾驶数据记录装置是指安装在申请车辆上，能够实时记录自动驾驶车辆感知信息、行驶信息、控制信息等并且能够满足数据回放和事故分析等需求的数据采集装置。

第三十条 申请主体根据申请车辆的自动驾驶功能选择进行测试试验项目，其中（一）至（十三）为申请道路测试的必测项目、（一）至（三）为申请示范应用的必测项目，其余为选测项目。具体测试项目为：

（一）车辆碰撞自动紧急制动；

（二）行人和非机动车识别及避让；

（三）道路弱势群体碰撞自动紧急制动；

（四）限速信息识别及响应；

（五）跟车行驶（包括停车和起步）；

（六）前方车辆变更车道检测及响应；

（七）障碍检测及响应；

（八）并道行驶；

（九）靠路边停车；

（十）交通信号灯识别及响应；

（十一）车道保持控制；

（十二）交叉路口通行；

（十三）环形路口通行；

（十四）超车；

（十五）探测并避让对向来车；

（十六）停车场通行；

（十七）网联通信；

（十八）人工操作接管；

（十九）编队行驶；

（二十）匝道通行；

（二十一）坡道行驶；

（二十二）弱基准环境巡航；

（二十三）人机交互；

（二十四）动态交通规则响应；

（二十五）特定场景作业。

第三十一条 本办法由市经济信息化委、市公安局、市交通委负责解释。

第三十二条 本办法自印发之日起施行，有效期至 2021 年 9 月 9 日。2018 年 2 月 22 日印发的《上海市智能网联汽车道路测试管理办法（试行）》同时废止。

辽宁省治安特业服务管理办法

（辽宁省人民政府令第 329 号）

《辽宁省治安特业服务管理办法》业经 2019 年 11 月 8 日辽宁省第十三届人民政府第 62 次常务会议审议通过，现予公布，自 2020 年 1 月 1 日起施行。

省 长 唐一军

2019 年 11 月 25 日

辽宁省治安特业服务管理办法

第一章 总 则

第一条 为了加强治安特业的服务和管理，保障公民、法人和其他组织的合法权益，根据《中华人民共和国治安管理处罚法》等法律、法规，结合我省实际，制定本办法。

第二条 我省行政区域内治安特业服务管理，适用本办法。

第三条 本办法所称治安特业包括：

（一）旅馆业；

（二）公章刻制业；

（三）典当业；

（四）开锁业；

（五）生产性废旧金属收购业；

（六）机动车维修业；

（七）提供按摩服务的洗浴、足浴等服务业（以下简称按摩服务业）；

（八）法律、法规规定的其他治安特业。

第四条 省、市、县（含县级市、区，下同）人民政府公安机关负责本行政区域内的治安特业服务管理工作。

市场监管、商务、地方金融监管、交通运输、应急管理、卫生健康、生态环境、住房城乡建设、文化和旅游、人力资源社会保障等部门按照各自职责，做好治安特业服务管理的相关工作。

第五条 公安机关应当加强治安特业信息化建设，将其纳入治安管理综合信息平台，按照规定与有关部门相互提供信息，实现信息共享。

第六条 鼓励各类治安特业建立行业协会，加强行业自律管理，指导和督促经营者及其从业人员依法履行治安防范义务。

第七条 任何单位和个人发现违反治安特业服务管理规定的行为，有权向公安机关举报，公安机关接到举报后应当及时处理。

第二章 审批服务

第八条 从事旅馆业、公章刻制业经营的，应当按照国家规定取得《特种行业许可证》。从事典当业经营的，按照国家和国务院公安部门有关规定执行。

申办《特种行业许可证》，应当向经营场所所在地的县公安机关提出书面申请，并提交下列材料：

（一）经营场所的所有权或者使用权材料；

（二）营业执照及其复印件；

（三）法定代表人或者负责人的身份证件及其复印件；

（四）经营场所内部结构平面示意图；

（五）依法应当提交的其他材料。

第九条 申办《特种行业许可证》实行告知承诺制。公安机关收到经申请人签章的告知承诺书以及告知承诺书约定的材料后，能够当场作出行政许可决定的，应当当场作出行政许可决定，并即时颁发《特种行业许可证》。

申请人不选择告知承诺方式的，应当按照法律、法规和规章的有关规定，办理行政许可。

第十条 作出准予行政许可决定后，申请人在告知承诺书约定的期限内未提交材料或者提交的材料不符合要求的，公安机关应当依法撤销行政许可决定。

公安机关应当在作出准予行政许可决定后 15 日内，对申请人的承诺内容是否属实进行核查。发现申请人实际情况与承诺内容不符的，应当要求其限期整改；逾期拒不整改或者整改后仍不符合条件的，应当依法撤销行政许可决定。

第十一条 取得旅馆业、公章刻制业《特种行业许可证》的经营者，改建、扩建营业场所，变更名称、地址、布局设施、法定代表人或者负责人，停业、转业的，应当在 15 日内向所在地的县公安机关依法变更或者注销。

第十二条 从事本办法第三条第（四）项至第（七）项治安特业经营的，应当在取得营业执照之日起 15 日内向所在地公安派出所备案，并提交下列材料：

（一）营业执照和其他有关部门的批准文件及其复印件；

（二）法定代表人或者经营负责人的身份证件及其复印件；

（三）经营场所地理位置和内部结构平面示意图；

（四）依法应当提交的其他材料。

治安特业经营者变更名称、经营场所、法定代表人或者经营负责人的，应当重新备案。

第十三条 公安机关应当落实“最多跑一次”相关规定，优化审批流程，简化办理手续，推行网上办事。

第三章　从业规范

第十四条 治安特业的法定代表人、负责人和因承包、受聘等实际负责治安特业经营的人员应当履行治安特业管理义务，做好治安防范工作。

第十五条 治安特业经营者应当履行下列治安责任：

（一）建立治安管理制度，排查治安隐患，落实治安防范措施，维护消费者人身、财产安全；

（二）接受公安机关的治安防范知识培训、指导以及治安检查；

（三）提高从业人员法律意识，定期开展业务培训；

（四）不得经营法律法规规定禁止经营的物品、公安机关查缉的物品以及有赃物嫌疑或者来源不明的物品；

（五）发现涉嫌违法犯罪行为以及公安机关通报寻查的赃物或者嫌疑赃物，立即报告公安机关，并协助公安机关调查。

第十六条 治安特业经营者应当建立从业人员名册，如实登记从业人员姓名、住址、身份证件种类和号码等身份信息及聘用时间、职责岗位等工作信息，留存从业人员的身份证件复印件或者外国人就业许可证件复印件。从业人员离职的，其资料至少延续留存 2 年。

治安特业经营者应当通过治安管理信息系统，将上述信息向公安机关实时传输报送；暂不具备实时传输条件的，应当按照公安机关的规定定期报送。

第十七条 治安特业经营者应当按照规定接入治安信息采集传输系统，并保证其正常运行。

从事旅馆业、典当业、按摩服务业的经营者，应当在经营场所出入口、前台、主要通道、电梯轿厢、停车场等公共区域安装视频监控设备，并确保设备正常运行。视频监控录像资料保存期限不得少于 60 日。

任何单位和个人不得删改、传播或者非法使用视频监控录像资料，不得非法透露有关的个人信息。

其他行业经营者根据治安管理需要可以安装视频监控设备。

第十八条 从事旅馆业经营活动的，应当遵守下列规定：

（一）建立并落实住宿登记、来访管理、财物保管和值班巡查等制度；

（二）按照规定设置安全保卫机构或者配备专职、兼职治安保卫人员；

（三）核对住宿旅客的身份证件，如实登记其姓名、住址、身份证件种类和号码以及入住、退房时间等信息，并实时通过治安管理信息系统向公安机关传输报送；

（四）对凌晨0时后发现旅客私自容留访客住宿的，应当要求访客办理入住手续；拒不办理的，及时向公安机关报告；

（五）对旅客遗留的财物，应当妥善保管，及时通知旅客领取或者送交公安机关处理；

（六）不得存放危险物品和违禁物品；

（七）不得为卖淫、嫖娼、赌博、吸毒、贩毒等违法犯罪活动提供条件；

（八）法律、法规的其他规定。

未携带身份证件的旅客入住旅馆，可以通过识别设备核验，或者经属地公安派出所确认后，办理登记入住。

第十九条　从事公章刻制业经营活动的，应当遵守下列规定：

（一）建立并落实公章刻制核验、档案管理等制度，采集申请单位或者机构的基本信息，法定代表人、经营者、经办人的有效身份证件信息和联系方式；

（二）样章经检测合格后方可生产制作；

（三）公章刻制后，应当在规定时限内将印模等信息和本条第一项规定的信息通过治安管理信息系统向公安机关传输报送；

（四）对超过约定期限3个月未领取的公章，应当登记造册、销毁；

（五）终止经营的，应当将公章档案材料及时交由公安机关处理；

（六）协助公安机关查询公章信息；

（七）法律、法规的其他规定。

用章单位应当到取得《特种行业许可证》的公章刻制单位刻制公章。

第二十条　从事典当业经营活动的，应当遵守下列规定：

（一）建立并落实当物查验、登记和保管制度，如实登记当物和当户信息，并实时通过治安管理信息系统向公安机关传输报送；

（二）不得收当国家禁止流通的物品；

（三）法律、法规的其他规定。

第二十一条　从事开锁业经营活动的，应当遵守下列规定：

（一）从业人员应当到所在地公安派出所留存个人基本信息；

（二）为居民上门开启锁具前，应当确认并留存委托人身份信息，并邀请邻居、物业管理人员或者社区、居（村）民委员会工作人员到场，发现有违法犯罪嫌疑的，立即向公安机关报告；

（三）为机关、企事业单位或者机动车开启锁具的，应当确认委托人身份、组织机构代码证或者机动车行驶证；

（四）如实填写开锁服务记录单，由委托人、见证人、开锁技术人员分别签名、注明联系方式，并留存备查；

（五）法律、法规的其他规定。

从事开锁业经营活动，经过公安机关备案的，由公安机关向社会公布经营者名单。

任何单位和个人不得擅自在楼道、户外及公共场所书写、张贴、悬挂锁具修理广告。

第二十二条　从事生产性废旧金属收购业经营活动的，应当遵守下列规定：

（一）建立并落实查验登记制度，如实登记交易物品的名称、数量、规格等信息并留存备查；

（二）收购大宗生产性废旧金属或者铁路、油田、电力、电信、矿山、水利、测量和市政公用设施等废旧专用器材的，查验并留存其合法来源信息，如实登记出售人和经办人的有效身份证件信息和联系方式；

（三）不得收购国家禁止收购的物品；

（四）法律、法规的其他规定。

第二十三条 从事机动车维修业经营活动的，应当遵守下列规定：

（一）登记维修车辆的品牌、车型、颜色、牌照号码、发动机号码、车架号码、车主名称、送修人身份证件等信息，并实时通过治安管理信息系统向公安机关传输报送；

（二）不得维修、改装、拆解明知是盗窃、抢劫、走私等违法犯罪所得的机动车；

（三）不得更改发动机号码和车架号码、回收报废机动车；

（四）不得拼装、组装机动车；

（五）法律、法规的其他规定。

第二十四条 从事按摩服务业经营活动的，应当遵守下列规定：

（一）包厢、包间内不得设置阻碍展现室内整体环境的屏风、隔扇、板壁等隔断，除卫生间外不得设立任何形式的房中房；

（二）包厢、包间的门应当设置可视窗，可视窗应当使用双向透明材质，能够展示室内按摩区域整体环境，不得遮挡可视窗；

（三）营业大厅、包厢、包间内的照明灯亮度能够清晰辨明室内整体情况，不得设置可调试亮度或者彩色的照明灯；

（四）客房和包厢、包间明显区分，并悬挂标识、标牌，按摩人员不得进入客房服务；

（五）包厢、包间的门不得安装门锁、插销等阻碍他人自由进出包厢、包间的装置；

（六）不得设置用于逃避、阻碍治安检查的暗道、门锁、信号灯、响铃等设施；

（七）按照公安机关的规定张贴治安管理相关标识；

（八）不得从事卖淫、嫖娼、赌博、吸毒、淫秽表演、敲诈勒索、传播淫秽物品及其他违法犯罪活动或者为其提供条件；

（九）法律、法规的其他规定。

凌晨2时至上午8时，在取得《特种行业许可证》的提供按摩服务的洗浴、足浴等场所内休息的人员，应当查验其身份，如实登记姓名、住址、身份证件种类和号码等信息，并实时通过治安管理信息系统向公安机关传输报送。对在提供按摩服务场所内设置客房的，应当严格遵守旅馆业相关管理规定。

第四章 监督检查

第二十五条 公安机关应当依法规范治安特业管理，严格、规范、公正、文明执法，按照国家和省关于优化营商环境规定提供优质服务，自觉接受社会和公民监督。

第二十六条 公安机关对治安特业进行检查时，可以依法采取下列措施：

（一）实地查看经营场所治安管理制度落实情况；

（二）检查从业人员身份证件；

（三）检查交易物品或者承揽物品；

（四）调阅从业人员名簿、视频监控录像和其他相关资料；

（五）法律、法规规定的其他措施。

第二十七条 公安机关的人民警察开展治安检查，应当制定计划，经批准后实施。在检查中，应当最大限度地减少频次，尽量避免或者减少对经营者正常经营活动的影响，对知晓的国家秘密、商业秘密或者个人隐私依法予以保密。

除上级公安机关组织或者批准以外，不得跨行政区域对治安特业进行检查。

第二十八条 公安机关的人民警察对治安特业进行检查时，应当不少于2人，并主动出示人民警察证件和规定的检查证件，不得从事与职务无关的活动。

对治安特业进行检查，实行治安检查登记制度。检查结果由执法人员和被检查方签字确认。

第二十九条 相关部门应当相互通报有关治安特业的行政许可或者行政备案、日常监管、执法查处等信息，配合公安机关进行治安检查；发现治安特业经营活动有违反本办法规定情形的，应当及时通报或者移交公安机关处理。

第三十条 公安机关的人民警察在治安特业管理中，不得有下列违反行政许可和执法程序规定、损害营商环境的行为：

（一）对应当受理、办理的行政许可，无正当理由不受理、不办理，或者未在规定、承诺时限内办结的；

（二）擅自增设行政许可条件、证明材料、收费项目，提高收费标准的；

（三）违反规定随意检查、干扰企业正常生产经营活动；

（四）滥用自由裁量权、行政处罚显失公正，以罚代管、只罚不管的；

（五）参与、变相参与治安特业经营活动；

（六）不依法履行对治安特业的监督检查职责，不依法查处违法行为。

第五章 法律责任

第三十一条 违反本办法规定，从事治安特业经营的经营者未向所在地公安派出所备案的，由公安机关责令限期改正；逾期不改正的，处500元以上1000元以下罚款。

第三十二条 违反本办法规定，治安特业经营者未建立从业人员名册、未如实登记从业人员相关信息或者未留存资料的，由公安机关责令限期改正；逾期不改正的，处500元以上1000元以下罚款。

第三十三条 违反本办法规定，从事旅馆业、典当业、按摩服务业的经营者未安装视频监控设备或者设备不正常运行的，由公安机关处2000元以上5000元以下罚款；未按照规定期限保存视频监控录像资料的，处500元以上2000元以下罚款；删改、传播、非法使用视频监控录像资料或者非法透露有关个人信息的，处5000元以上20000元以下罚款。

第三十四条 违反本办法规定，开锁业从业人员未到所在地公安派出所留存个人相关信息的，由公安机关责令限期改正；逾期不改正的，处500元以上1000元以下罚款。

第三十五条 违反本办法规定，提供按摩的场所设施未按照规定设置，安装门锁、插销等阻碍他人自由进出包厢、包间的装置或者设置用于逃避、阻碍治安检查的暗道、门锁、信号灯、响铃等设施的，由公安机关责令限期改正；逾期不改正的，处5000元以上10000元以下罚款。

第三十六条 公安机关的人民警察在治安特业管理中，违反行政许可和执法程序规定、损害营商环境的，或者滥用职权、玩忽职守、徇私舞弊的，由其所在单位或者上级主管部门依法给予处分；构成犯罪的，依法追究刑事责任。

第三十七条 违反本办法规定的其他行为，法律、法规、规章有处罚规定的，从其规定。

第六章 附 则

第三十八条 本办法自2020年1月1日起施行。1988年1月19日辽宁省人民政府发布、2014年8月6日第一次修正、2015年6月14日第二次修正的《关于实施〈旅馆业治安管理办法〉的若干规定》，1988年2月24日辽宁省人民政府发布、1997年12月26日第一次修正、2011年1月13日第二次修正、2014年8月6日第三次修正、2015年6月14日第四次修正、2016年11月29日第五次修正的《辽宁省刻字业治安管理办法》，1988年12月18日辽宁省人民政府发布、1997年12月26日第一次修正、2004年9月2日第二次修正、2011年1月13日第三次修正的《辽宁省旧货业治安管理办法》，2006年12月24日发布的《辽宁省锁具修理业管理规定》同时废止。

浙江省无人驾驶航空器公共安全管理规定

（浙江省第十三届人民代表大会常务委员会公告第11号）

《浙江省无人驾驶航空器公共安全管理规定》已于2019年3月28日经浙江省第十三届人民代表大会常务委员会第十一次会议通过，现予公布，自2019年5月1日起施行。

浙江省人民代表大会常务委员会
2019年3月28日

浙江省无人驾驶航空器公共安全管理规定

（2019年3月28日浙江省第十三届人民代表大会常务委员会第十一次会议通过）

第一条 为了加强和规范无人驾驶航空器安全管理，保障公共安全，维护社会秩序，根据有关法律、行政法规，结合本省实际，制定本规定。

第二条 在本省行政区域内生产、经营、使用无人驾驶航空器涉及的相关公共安全管理活动，适用本规定。

第三条 本规定所称无人驾驶航空器，是指没有机载驾驶员操纵并自备飞行控制系统的无人机、飞艇、航空模型等，执行军事、海关、警察飞行任务的无人驾驶航空器除外。

前款规定的无人驾驶航空器的具体范围由省公安机关规定，并报省人民政府批准。

第四条 无人驾驶航空器公共安全管理，应当遵循安全规范、预防为主、综合治理的原则，落实生产者、经营者、所有者和使用者的责任。

无人驾驶航空器的生产、经营、使用应当遵守有关法律、法规和飞行管制部门的规定。

第五条 县级以上人民政府应当加强对无人驾驶航空器公共安全管理工作的领导，建立健全公共安全管理机制，制定突发事件应急预案，并将所需经费纳入本级财政预算。

公安机关负责无人驾驶航空器的公共安全管理，其他有关部门在各自职责范围内负责相关无人驾驶航空器安全管理工作。

省公安机关会同飞行管制部门、省有关部门建立信息共享和通报制度。

第六条 无人驾驶航空器行业协会应当加强行业自律，按照章程建立健全行业规范和奖惩机制，提供无人驾驶航空器公共安全信息、技术等服务，引导和督促无人驾驶航空器生产者、经营者、所有者、使用者依法生产、经营、使用，宣传、普及安全知识。

无人驾驶航空器培训机构应当依法经营、诚实守信，并将有关法律、法规、规章和飞行安全知识纳入培训内容。

无人驾驶航空器行业协会、培训机构应当向公安、民用航空等部门提供协会成员、培训对象的有关信息。

第七条 无人驾驶航空器依照国家规定实行实名登记管理制度。

公安机关协助民用航空主管部门实施无人驾驶航空器实名登记管理制度。民用航空主管部门应当为无人驾驶航空器所有者登记提供便利。

第八条 无人驾驶航空器所有者在取得无人驾驶航空器后，应当按照规定向民用航空主管部门进行登记。

无人驾驶航空器所有权转让或者消灭的，所有者应当及时向民用航空主管部门申请变更或者注销登记。

第九条　无人驾驶航空器生产企业应当按照国家和省有关规定在无人驾驶航空器上安装电子围栏，并采取技术措施防止恶意改装或者改变设置。

任何单位、个人不得违反规定改装无人驾驶航空器，不得擅自改变、破坏无人驾驶航空器电子围栏。

第十条　无人驾驶航空器销售者应当向购买者正确介绍使用方法和安全注意事项，并告知购买者进行实名登记。

无人驾驶航空器操控人员应当具有相应知识和技能。

鼓励无人驾驶航空器所有者购买无人驾驶航空器第三者责任险。

第十一条　国家和省规定的关系国计民生、国家安全和公共安全的重要单位、设施、场所，禁止无人驾驶航空器在其上空飞行。具体范围根据国家和省有关规定确定后向社会公布，并采取多种形式对公众进行宣传。

确需在前款规定的单位、设施、场所上空飞行的，应当依法报请飞行管制部门批准，并报所在地公安机关备案。

第十二条　在重大活动筹备、举行期间以及延后期限内，省、设区的市人民政府可以设定无人驾驶航空器禁飞时间和禁飞区域，并事先向社会公告。

无人驾驶航空器不得在禁飞时间和禁飞区域内起降、飞行。因执行重大活动的电视传播和航拍、应急救援、气象探测等飞行任务，无人驾驶航空器需要在禁飞时间和禁飞区域内起降、飞行的，应当事先报经公安机关同意。

在禁飞时间和禁飞区域内，公安机关可以临时封闭起降场地。

第十三条　任何单位、个人不得利用无人驾驶航空器实施下列行为：

（一）非法投掷物品；

（二）携带、运输违禁品；

（三）扰乱机关、团体、企业事业单位的工作、生产、教学、科研、医疗等活动的正常秩序；

（四）危害他人人身安全和财产安全，破坏公共设施；

（五）偷窥、偷拍个人隐私；

（六）违反法律、法规规定的其他行为。

第十四条　无人驾驶航空器违反规定飞行，可能危及公共安全的，公安机关可以采取拦截、迫降、捕获等方式对无人驾驶航空器予以扣押。

第十五条　无人驾驶航空器飞行过程中遇有紧急情况、可能危及人身和财产安全的，操控人员应当立即采取措施防止事故发生，并立即向公安、飞行管制等相关部门报告。有关部门接到报告后，应当依法处置，并立即通知其他相关管理部门。

无人驾驶航空器发生事故的，操控人员应当立即抢救受伤人员，采取措施防止损失扩大，并立即向公安机关报告。

第十六条　任何单位、个人有权举报违法使用无人驾驶航空器的行为。公安机关和其他有关部门接到举报的，应当及时处理，并对举报人的相关信息予以保密；对实名举报的，应当反馈处理结果等情况，查证属实的，对举报人给予奖励。

第十七条　违反本规定的行为，法律、行政法规已有法律责任规定的，从其规定。

第十八条　有下列行为之一的，由公安机关责令改正，对单位处二万元以上十万元以下罚款，对个人处一千元以上五千元以下罚款：

（一）违反本规定第九条第二款规定，改装无人驾驶航空器可能危及公共安全，或者擅自改变、破坏无人驾驶航空器电子围栏的；

（二）违反本规定第十二条第二款规定，在禁飞时间、禁飞区域内飞行的。

第十九条 三角翼、滑翔伞、动力伞、热气球、无人驾驶自由气球、没有自备飞行控制系统的航空模型等，应当遵守有关法律、法规和有关部门的规定，需要在本规定第十二条规定的禁飞时间和禁飞区域内飞行的，还应当事先报经公安机关同意；未经公安机关同意在禁飞时间和禁飞区域内飞行的，依照本规定第十八条相应规定予以处罚。

第二十条 本规定自 2019 年 5 月 1 日起施行。

深圳市民用微轻型无人机管理暂行办法

第一章 总 则

第一条 为了加强民用微轻型无人机安全管理，维护公共安全和飞行安全，根据《中华人民共和国民用航空法》《中华人民共和国飞行基本规则》《通用航空飞行管制条例》《民用机场管理条例》等法律、法规规定，结合本市实际，制定本办法。

第二条 本办法适用于本市行政区域内民用微轻型无人机的生产、销售、飞行以及安全管理活动。

其他民用无人机的生产、销售、飞行以及安全管理活动，适用相关法律、法规的规定。

第三条 本办法所称民用无人机，是指没有机载驾驶员操纵、自备飞行控制系统，除用于执行军事、警务、海关执法飞行任务外的航空器，包括遥控驾驶航空器、自主航空器。

微型无人机，是指空机重量小于 0. 25 千克，具备高度保持或者位置保持飞行功能，设计性能同时满足飞行真高不超过 50 米、最大飞行速度不超过 40 千米/小时、无线电发射设备符合微功率短距离无线电发射设备技术要求的民用遥控驾驶航空器。

轻型无人机，是指同时满足空机重量不超过 4 千克，最大起飞重量不超过 7 千克，最大平飞速度不超过 100 千米/小时，具备符合空域管理要求的空域保持能力和可靠被监视能力的民用遥控驾驶航空器，不包括微型无人机。

国家对民用无人机的定义和分类标准有不同规定的，按照国家有关规定执行。

本办法所称无人机，包括微型无人机和轻型无人机。

第四条 无人机管理遵循保障安全、服务发展、协调联动的原则。

第五条 飞行管制部门、民用航空管理部门、空中交通管理部门依法对无人机及其飞行活动进行管理。

第六条 市政府对无人机管理工作进行统一领导，明确各部门管理职责，建立与飞行管制部门、民用航空管理部门、空中交通管理部门的信息共享和协调联动机制，协调解决无人机管理中的重大问题。

第七条 市公安机关履行下列职责：

（一）建立无人机管理联席会议制度，组织协调有关部门和单位，落实无人机管理责任；

（二）建立深圳无人机管理系统（以下简称管理系统），实现无人机飞行动态管理，并负责管理系统的管理和维护，做好与飞行管制部门无人机飞行综合监管平台的数据对接；

（三）根据国家和本办法规定，向飞行管制部门申请划设和公布本市范围内的无人机禁止飞行区域；

（四）依法对危及公共秩序和公共安全的无人机采取紧急处置措施，组织协调地面防范管控，查处违法违规飞行行为；

（五）协助飞行管制部门、民用航空管理部门、空中交通管理部门落实无人机管理工作。

第八条 市交通运输管理部门应当配合民用航空管理部门、空中交通管理部门、机场管理机构划设机场障碍物限制面和机场净空保护区范围，协助做好机场净空管理工作。

第九条　无人机国家强制性标准制定前，市工业信息、市发展改革、市科技创新等行业管理部门应当会同市市场监督管理部门协调、指导深圳市无人机生产企业制定无人机团体标准。轻型无人机的团体标准应当实现实名登记、坐标定位、电子围栏、平台接入等技术功能，满足无人机飞行综合监管平台的基本功能要求。

第十条　市市场监督管理部门应当依法加强对无人机生产、销售的监督管理，及时查处违法违规生产、销售行为。

第十一条　市无线电管理部门依法对无人机使用的无线电频率、控制台（站）和反无人机的无线电发射设备等进行监督管理。

第十二条　机场管理机构应当按照自身职责做好机场范围的无人机管理工作。

第十三条　鼓励和支持航空、无人机、航拍等行业协会建立无人机行业管理制度，加强行业自律，宣传飞行管理及安全规范等知识，增强国家安全、公共安全、机场净空环境的保护意识。

第二章　生产和销售管理

第十四条　无人机生产企业应当在产品外包装和机体明显位置标注无人机类型，并明示执行的产品标准。

第十五条　无人机生产企业应当采取措施，确保轻型无人机飞行时能有效接入无人机飞行综合监管平台，禁飞数据设置实时、有效。

无人机生产企业应当协助有关部门对无人机进行管控，依法提供无人机品牌、型号、独立编码、实时飞行信息（速度、高度、轨迹等）和所有人邮箱、手机号码等信息。

第十六条　禁止销售不符合国家强制性标准或者明示的执行标准或者无产品标准标识的无人机。

第十七条　禁止改装无人机或者破解无人机系统。

禁止篡改无人机产品标识。

第三章　飞行管理

第十八条　禁止飞行不符合国家强制性标准或者明示的执行标准或者无产品标准标识的无人机。

除本办法另有规定外，禁止飞行未能有效接入无人机飞行综合监管平台的轻型无人机。

在室内或者拦网内等封闭空间飞行，不受前两款规定的限制。

第十九条　轻型无人机首次飞行前，应当在民用航空管理部门无人机实名登记系统上完成信息登记，包括所有人的姓名和移动电话号码等。

无人机转让、损毁、报废、丢失或者被盗的，无人机所有人应当及时变更或者注销登记信息。

第二十条　鼓励无人机所有人投保第三者责任保险。

第二十一条　任何单位和个人不得对合法飞行的无人机实施截控、捕获、摧毁等活动。

举行大型群众性活动，活动所在地管理单位可以向市公安机关提出申请，经飞行管制部门批准将有关区域划设为临时禁止飞行区域。

第二十二条　未经批准，用于植保作业的无人机飞行相对地面真高不得超出 30 米，且应当在农林牧区域上方。

第二十三条　在地面以上 3 米范围内水平飞行旋翼无人机应当安装螺旋桨防护设备，确保地面人员安全。

第二十四条　未经批准，禁止在以下区域及其上空飞行微型无人机：

（一）真高 50 米以上范围；

（二）机场、临时起降点围界内以及周边 3000 米范围；

（三）香港边境线到深圳一侧 100 米范围；

（四）军事禁区以及周边500米范围，军事管理区、市级（含）以上党政机关、监管场所、口岸、海关监管区以及周边200米范围；

（五）卫星地面站（含测控、测距、接收）、导航站等需要电磁环境特殊保护的设施以及周边1000米范围，气象雷达站以及周边500米范围；

（六）军工重要科研、生产、试验、存储设施保护区以及周边500米范围，实施一、二级实物保护的核设施控制区和生产、储存易燃易爆危险品的大型企业、储备可燃重要物资的大型仓库、基地以及周边100米范围，发电厂、变电站、加油站和大型车站、码头、港口、大型活动现场以及周边50米范围，高速铁路以及两侧100米范围，普通铁路和国道、省道以及两侧50米范围；

（七）法律、法规禁止微型无人机飞行的其他区域。

第二十五条 未经批准，禁止在以下区域及其上空飞行轻型无人机：

（一）真高120米以上范围；

（二）军用机场净空保护区，民用机场障碍物限制面水平投影范围；

（三）有人驾驶航空器和大型无人机临时起降点以及周边3000米范围；

（四）香港边境线到深圳一侧500米范围；

（五）军事禁区以及周边2000米范围，军事管理区、市级（含）以上党政机关、监管场所、口岸、海关监管区以及周边500米范围；

（六）卫星地面站（含测控、测距、接收）、导航站等需要电磁环境特殊保护的设施以及周边2000米范围，气象雷达站以及周边1000米范围；

（七）军工重要科研、生产、试验、存储设施保护区以及周边1000米范围，实施一、二级实物保护的核设施控制区及周边200米范围，生产、储存易燃易爆危险品的大型企业和储备可燃重要物资的大型仓库、基地以及周边150米范围，发电厂、变电站、加油站和中大型车站、码头、港口、大型活动现场以及周边100米范围，高速铁路以及两侧200米范围，普通铁路以及两侧100米范围，高速公路以及两侧50米范围；

（八）法律、法规禁止轻型无人机飞行的其他区域。

第二十六条 市公安机关应当会同民用航空管理部门根据法律、法规和本办法规定，确定禁止无人机飞行的具体区域范围，经飞行管制部门批准后公布实施。

民用航空管理部门、市公安机关可以根据实际需要确定临时禁止飞行区域。需要划设临时禁止飞行区域的，民用航空管理部门、市公安机关应当明确禁止飞行的区域范围和禁止飞行的具体时间，经飞行管制部门批准后向社会公布。

第二十七条 在非禁止飞行区域飞行无人机，应当通过无人机飞行综合监管平台报备飞行计划和动态信息。

第二十八条 在禁止飞行区域内飞行无人机或者进行分布式操作无人机系统或者集群飞行无人机的，无人机使用单位或者个人应当按照有关规定通过无人机飞行综合监管平台提出空域使用、飞行任务、飞行计划和放飞许可等申请，经飞行管制部门批准后方可飞行。

第二十九条 无人机操控者应当遵守下列规定：

（一）遵守相关法律法规和飞行规则；

（二）负责所操控无人机的飞行安全；

（三）在飞行前检查无人机状态；

（四）主动避让有人驾驶航空器，如发现有人驾驶航空器飞近，应当立即将无人机着陆；

（五）法律、法规对无人机操控者的其他规定。

前款所称无人机操控者，是指操控无人机飞行的驾驶员。

第三十条 无人机操控者对无人机的飞行活动安全直接负责。遇有紧急情况时，应当立即采取应急措施防止危及地面人身及财产安全的事故发生。出现危及公共安全的情况，应当立即向事故发生地的公安机关报告。涉及民用航空安全的，还应当报告民用航空管理部门。

第三十一条　除在室内或者拦网内等封闭空间飞行外，轻型无人机操控者应当年满 8 周岁。

未满 14 周岁的未成年人应当在成年人的陪同下飞行轻型无人机。

国家对无人机操控者年龄要求有不同规定的，按照国家有关规定执行。

第三十二条　任何单位和个人不得利用无人机扰乱居民、机关、团体、企业、事业单位的生活、工作、生产、教学、科研、医疗等正常秩序。

第三十三条　市公安机关应当会同有关部门制定无人机飞行事件应急处置预案，加强应急处置演练，提高应急处置能力。

第三十四条　公安机关发现或者接到举报无人机有违法违规飞行的，应当立即查找其操控者和所有权人，并责令立即停止飞行。

无人机操控者或者所有权人不听劝阻，或者无人机违法违规飞行危及公共秩序或者公共安全的，公安机关可以采取拦截、捕获、击落等紧急处置措施。

公安机关采取处置措施后，应当将无人机及其操控者或者所有权人移交有权部门依法处理。

第四章　法律责任

第三十五条　无人机生产企业违反本办法第十四条规定，未在产品外包装和机体标注无人机类型，或者未明示执行的产品标准，由市场监督管理部门责令改正，并按照《中华人民共和国产品质量法》和《深圳经济特区产品质量管理条例》进行处理。

第三十六条　无人机生产企业违反本办法第十五条规定，未采取措施确保轻型无人机有效接入无人机飞行综合监管平台的，由民用航空管理部门责令改正；造成损害的，处 10000 元罚款并依法承担相应责任。

第三十七条　任何单位和个人违反本办法第十六条规定，销售不符合国家强制性标准或者明示的执行标准或者无产品标准标识的无人机的，由市场监督管理部门按照《中华人民共和国产品质量法》和《深圳经济特区产品质量管理条例》进行处理。

第三十八条　任何单位和个人违反本办法第十七条规定，改装无人机、破解无人机系统或者篡改无人机产品标识的，由市场监督管理部门对单位处 20000 元罚款，对个人处 500 元罚款；情节严重的，对单位处 50000 元罚款，对个人处 1000 元罚款。

第三十九条　无人机所有人违反本办法第十九条规定，未在民用航空管理部门无人机实名登记系统上完成实名登记的，由民用航空管理部门责令改正，处 1000 元罚款。

第四十条　无人机操控者违反本办法第十八条、第二十二条、第二十四条、第二十五条、第二十七条、第二十八条规定飞行无人机的，由公安机关处 1000 元罚款；违反《中华人民共和国治安管理处罚法》有关规定的，按照《中华人民共和国治安管理处罚法》予以处理。

第四十一条　无人机操控者违反本办法第三十二条规定，扰乱居民、机关、团体、企业、事业单位的生活、工作、生产、教学、科研、医疗等正常秩序的，由公安机关责令改正，并按照《中华人民共和国治安管理处罚法》予以处理。

第五章　附　则

第四十二条　本办法实施前生产、销售的未能有效接入无人机飞行综合监管平台的轻型无人机，经公安机关备案后，可以在一定期限内继续飞行，但应当遵守本办法和飞行管制部门、民用航空管理部门的其他规定。

备案的具体办法由市公安机关另行制定。

第四十三条 本办法所称无人机飞行综合监管平台，是指飞行管制部门、民用航空管理部门发布的无人机飞行管理服务平台。

第四十四条 本办法自 2019 年 3 月 1 日起施行。

福建省公安厅、福建省住房和城乡建设厅
关于全省推广开展智慧安防小区建设的指导意见

各设区市公安局、建设局、城管局（委），福州市房管局，厦门市住房局，平潭综合实验区公安局、交建局：

为贯彻落实党的十九大精神和十九届四中全会关于推进国家治理体系和治理能力现代化的部署要求，进一步加强完善共建共治共享社会治理制度和立体化、信息化社会治安防控体系建设，切实提升群众的安全感、获得感和幸福感，依据《福建省公共安全技术防范管理办法》（福建省政府令第 163 号），决定在全省推广开展智慧安防小区建设，制定本指导意见。

一、总体原则

智慧安防小区建设应以保障居民生命财产安全，推进平安城市建设，构建和谐社区为目标，满足住宅小区建设与发展的需要，符合人防、物防、技防相结合的原则。

新建住宅小区应积极推广智慧安防小区建设模式，将相关系统设施建设纳入住宅小区工程建设总体规划，同步设计、同步施工、同步验收。在建小区、正在审批建设的小区也可参照要求推广开展智慧安防小区建设。

老旧小区改造时可将智慧安防小区相关系统设施纳入小区改造内容，同步开展建设，减少二次开挖。

二、建设标准

智慧安防小区建设应符合《安全防范工程技术标准》（GB 50348）和《福建省公共安全技术防范管理办法》（省政府令第 163 号令）等国家、本省现行有关技术标准和规定的要求。按照经济发展状况、社会人文状况、小区建设投资规模和安防系统功能、规模以及安全管理要求等因素，智慧安防小区建设分为“基本型、提高型、先进型”，一般由周界防护、公共区域与重点部位安全防范、住户安全防范、小区监控中心等部分组成（具体要求详见附件）。

三、工作要求

（一）加强协作配合。各地公安、住建部门要根据自身职责，加强协作配合。公安机关要认真贯彻落实《全省公安机关加快社会治安防控体系建设行动计划》，把智慧安防小区建设作为大力实施公安大数据战略，全面提升社会治安防控合成战斗力的重要抓手，同时要加强技防执法监督检查和技术指导，落实视频监控等相关系统预留与公安机关的联网接口要求。住建部门要加强对房地产开发企业和物业服务企业的业务指导，选取基础条件较好的住宅小区积极推广智慧安防小区建设，推动智慧安防小区相关信息系统与公安机关联网。

（二）强化经费保障。各地应向当地党委、政府汇报，采取政府补助、政策扶持等多种方式，积极争取财政支持，发挥市场作用，拓宽多元化投资途径，引导社会力量参与，探索建立符合本地实际的智慧安防小区系统建设和运维的经费保障机制。

（三）确保安全可控。可根据实际需求和在可控范围内，将视频监控等相关资源数据用于住宅小区物业日常管理工作和治安防控工作，严禁将涉及小区住户相关隐私信息数据私自保留或用于其他用途。物

业服务企业或者其他管理人、系统承建厂商和任何个人不得私自留存智慧安防小区系统所采集的各类信息数据，不得将数据用于商业用途。

（四）健全管理机制。按照“谁使用、谁受益、谁负责”原则，探索建立以小区为主的长效管理机制。有物业管理的小区可由物业服务企业负责，未实行物业管理的小区可协调请有条件的街道（乡镇）统筹解决后期维护和管理问题，避免因设备损坏、管理缺失导致智慧安防相关系统设施无法正常使用。

附件：福建省智慧安防小区建设技术导则（试行）（略）

福建省公安厅

福建省住房和城乡建设厅

2019 年 12 月 9 日

第三章 行业管理与服务

第一节 管理机构

全国公安科技信息化部门2019年安全技术防范管理工作概述

2019年，全国公安科技信息化部门坚持以习近平新时代中国特色社会主义思想为指导，按照公安部党委总体部署和改革要求，紧紧围绕公安中心工作和实战需要，认真贯彻落实行政审批制度改革精神及要求，进一步规范安防行业监管，发挥安防行业力量在提升行业影响、服务公安工作、引领技术发展等方面的专业优势，推动标准规范的支撑引领等方面发挥了重要作用。

一、积极推动技防管理“放、管、服”工作

根据国务院“放管服”改革精神，全国公安科技信息化部门在2019年进一步加大“放管服”改革工作的力度，解决政务执行过程中遇到的问题。

公安部科技信息化局指导中国安全技术防范认证中心、公安部第三研究所认证中心和国家安全防范报警系统产品质量监督检验中心（北京）、国家安全防范报警系统产品质量监督检验中心（上海）规范开展安全技术防范产品的公共安全行业自愿性认证及检测工作，探索开展机构自愿性认证工作。同时，指导相关认证机构深入研究公共安全行业自愿性产品认证或者机构自行开展的自愿性产品认证的推广方式，通过加强与中国安全防范产品行业协会等单位的深度合作，提升安防行业认证的社会认可度，为公安机关及社会相关部门选择切实具备安全防范效能的安全技术防范产品提供有效可靠证明。

北京市公安局指挥部为贯彻落实“放管服”工作的相关要求，按照“精简申报材料，让群众只跑一次腿”原则，多措并举，对图像备案申报各环节进行了全面优化，最大化精简。一是精简申报材料。图像备案单位需向公安部门提交《公共安全图像信息系统备案表》纸质版两份、电子版一份；精简后，图像备案单位只需向公安部门提交备案表电子版即可，纸质版备案表由公安部门自行打印。二是压减备案审理时限。备案材料的审核时限从15个工作日压减到6个工作日。三是让群众少跑腿。为实现群众少跑腿，要求市局业务部门、各分局在受理备案时，对申报材料的问题尽量现场修正完善。

天津市公安局图像侦查和技防监管总队全面深化改革，推动技防管理工作“放、管、服”：一是全面落实行政许可事项改革，按照天津市委、天津市政府“放、管、服”“一制三化”改革的部署，根据2018年修正的《天津市安全技术防范管理条例》，全面取消了技防系统开工审核和竣工审验两项行政许可审批事项。同时，为了进一步强化对技防行业的监督管理，创新工作思路，变更为技防系统工程备案和安防企业备案两项公共服务事项，对实现事中事后监管提供支撑。二是深化“一制三化”改革，根据有关精神，全面梳理相关法规和标准要求，最大程度减少公共服务事项办理要件；强力压缩办理时限，推动开通网上办理功能；将办理权限下放至各区级公安机关，全力推进两项公共服务事项进驻全市各区政

务服务大厅，形成了市、区共同办理的模式，真正实现了两项公共服务事项“就近办”、“马上办”、“一次办”、“网上办”，提升办理效率，方便企业群众。三是组织开展专题培训，为确保两项公共服务事项办理效率和质量，提升办理企业群众满意度，编制了统一的操作规程，组织全市各区技防管理部门召开专题业务培训会，就事项办理的材料审核要件、办理流程和办理标准进行规范，并逐一深入各区政务服务大厅对办理人员进行实机操作培训。2019 年，累计受理技防系统工程备案和安防企业备案 240 余件。

河北省公安厅安全技术防范管理办公室推进安防服务管理工作，根据《河北省公共安全技术防范管理规定修正案》（河北省人民政府令〔2010〕第 10 号）要求，认真做好对全省安防企业的服务工作。对办理的服务业务进一步进行了梳理，简化了工作办理流程，精简了申报材料，方便了企业的申报工作。积极推进技防管理工作，结合河北省政府的“双随机一公开”任务部署，对各地的技防设施建设应用工作进行抽查，有效推进了社会各类重要区域、部位的技防实施建设。

山西省公安厅治安管理总队强化安全技术防范行业服务、监督、管理工作，一是继续实行技防业务全部审批流程网上办理在网上公布办事指南（包括审核依据、受理部门、所需材料、审批环节和时限等）、申请表格（包括网上下载、在线填报）等办证所需材料，申请人网上申请，省、市两级公安机关网上审核，随时查询办理进度，全流程网上办理。极大方便了企业，提供了优质服务。二是为给企业进一步减轻负担，提供便利，优化审批流程取消了市级公安机关网上初审后，企业提交原件审核的环节，审批全流程企业最多跑一次；缩减审批时限，提高工作效率，从 15 个工作日审核时限缩减到 10 个工作日。按照省直相关部门要求，梳理涉及行政审批事项的权责清单、审批流程和“互联网+监管”中涉及技防管理的事项，进一步明确权责事项及要求。按照市场主体信用信息公示的有关要求，从业单位获得资质情况全部在山西省市场主体信用信息公示网上公示。

内蒙古自治区公安厅公共安全技术防范管理办公室开展了公共安全技术防范“互联网+监管”工作，按照国家目录的模式编制了内蒙古自治区公共安全技术防范监管检查实施清单，并完成了信息录入工作。完成了国家政务服务一体化平台中政务服务事项的梳理工作，确定了公共安全技术防范系统设计、施工和维修单位备案办事层级，指导盟市公安机关在工作中进一步加大“放管服”改革工作的力度，解决各盟市公安局在执行过程中遇到的问题，开展梳理行政权力事项，并通过公安厅法制局上报自治区政府。此外，为了使公共安全技术防范监督管理工作适应国家“放管服”改革的需要，内蒙古自治区公安厅公共安全技术防范管理办公室提出了对现行的《内蒙古自治区公共安全技术防范管理条例》部分条款进行修改的建议。

广东省公安厅安全技术防范管理办公室制定《广东省技防资格证材料审核工作指引》。按照“放管服”改革精神，将“省内单位一级、二级安全技术防范系统设计、施工、维修资格证核发”行政许可事项委托全省地级以上市公安局审批。为进一步规范各地技防办审批行为，印发了《广东省技防资格证材料审核工作指引》供各地参照执行。进一步优化“省内单位一级、二级安全技术防范系统设计、施工、维修资格证核发”办理工作。一是将企业人员到现场办理次数由原来的 1 次调整为 0 次，即企业人员可以选择邮寄方式，将申办材料原件邮寄到属地技防管理部门核验，核验后通过邮寄退回；二是将审批承诺时限由原来的 20 日调整为 15 日（法定时限为 30 日）。调整一般风险等级企业投资项目安全技术防范系统审批工作。为进一步加大营商环境改革力度，印发《关于调整一般风险等级企业投资项目安全技术防范系统审批工作的通知》：一是将设计方案核准改为程序性审查，审批时限调整为 3 个工作日；二是竣工验收审批时限调整为 10 个工作日。积极开展省级行政权力事项压减工作。广东省技防办将行使层级为省级的技防事项“地级以上市人民政府公安机关建设的公共区域安全技术防范系统设计方案核准”、“地级以上市人民政府公安机关建设的公共区域安全技术防范系统竣工验收”、“公共安全视频图像信息系统的设计技术方案论证”移出权责清单，同时着手准备“省内单位一级、二级安全技术防范系统设计、施工、维修资格证核发”事项下放相应工作。

二、积极指导行业协会规范化建设

公安科技信息化部门作为各地方协会的行业管理部门，通过切实加强与地方协会的工作联系和业务监管，指导协助协会做好各项行业管理工作，加强内部管理、细化内部流程、强化自身建设，加强对外开展重大活动的监管和指导；指导完善协会制度建设，抓好协会队伍建设，加强业务流程管理；指导协会开展业务培训工作，组织交流活动等，不断提高技防从业员技术能力素质；指导协会开展行业交流和举办大型安防博览会等。

公安部科技信息化局指导中国安全防范产品行业协会加强内部管理、强化自身建设，积极贯彻落实国家减税降费有关要求，并根据《公安部部属协会基金会对外开展活动管理办法》规定，制定《关于进一步规范协会对外开展重大活动有关要求的通知》，进一步规范协会对外开展重大活动的管理要求及审批程序，加强对外开展重大活动的监管和指导。

北京市公安局指挥部切实加强与北京安全防范行业协会的工作联系和业务监管。一是加强安防协会业务指导监管：指导北京安防协会在配合北京市公安局项目建设上对企业做好整体评估，通过北京安防协会加强对安防企业的规范化指导，提升首都安防行业整体水平。二是探索安防协会服务发展新途径：召开了第三届第二次会员代表大会，同期成功举办 2019 北京安全防范行业年会暨慈善盛典，经会员代表大会通过，成立企事业单位内部安全保卫分会，同时北京安防维修维护中心重新启动运行。北京安防协会与法制日报社联合举办“中国公共安全防范建设应用成果展、全国政法智能化建设技术装备及成果展”，展会期间北京安防协会还特别推出“安防四十年时光隧道——从首都应用市场纵观安防行业发展”主题展，组织了中关村科技助力政法系统智能化建设供需对接会及需求单位技术交流座谈会。有序推进安防企业能力评价、年审及复评工作。2019 年北京安防协会能力评价分中心已通过中安协网上申报审核系统，对 217 家正式提交能力评价申请企业进行评审，共培训安全防范系统安装维护员 3840 人、安防监控室设备值机员 371 人。为推动安防监控室设备值机员培训工作，为每位培训合格的学员都发放有安防监控室设备值机员培训合格证。同时，还开展了国家标准和行业标准宣贯培训班，参加培训人员 171 人，大力推进了安防标准的宣传贯彻工作。

辽宁省公安厅科技信息化总队积极指导相关行业协会开展“法规宣讲、政策解读、标准宣贯”工作。通过全面系统的培训宣贯，进一步明确了法条的适用、规范了执法的程序、开拓了执法标准化的视野，提升了民警执法办案的能力和水平，夯实了社会执行技防法规标准的基础，为做深、做精、做强技防执法工作奠定了基础。

黑龙江省公安厅安全技术防范管理办公室指导黑龙江省安全防范产品行业协会召开了 2019 年第一次理事（扩大）会议；进一步加强与有关高校、其他省市安防协会的交流；成功举办了两期《安全防范工程技术标准》宣贯培训班。

上海市公安局安全技术防范办公室在做好本市日常监管工作同时，指导上海安全防范报警协会加强行业管理。一是加强会员数量发展和服务工作，建立会员联系人制度等多项制度。二是强化内部管理，细化内部流程。指导完善协会制度建设，抓好协会队伍建设，加强业务流程管理，制定实施季度考核等工作。三是指导开展业务培训工作。通过线上线下培训、定期组织业务沙龙不断提高技防从业员技术能力素质。

安徽省公安厅科技信息化处深入指导安徽省安全技术防范行业协会工作：一是圆满完成安徽省民政厅社会团体 2018 年度检查工作，检查结果为“合格”。二是顺利举办智慧安防技术创新论坛、安全技术防范系列标准宣贯培训班，展现安徽安防行业、企业的竞争优势与发展潜力，宣贯安防系列标准，帮助企业及从业人员全面理解和准确掌握新标准。三是编制安徽公安技防 2018 年度工作年鉴并报公安部科技信息化局和中国安全防范产品行业协会。

广东省公安厅技防办积极指导协会开展工作。2019 年全年，一是指导广东省公共安全技术防范协会联合各地技防管理部门，结合“广东省安防从业人员继续教育培训”活动，开设普法宣传课程。指导广东省公共安全技术防范协会完成技防从业资格考试教材的编印工作，内容包括技防政策法规规章、标准体系和 GB50348 等常用标准，以及检测和验收有关内容，让从业人员熟知相关工作规则。二是推动广东省公共安全技术防范协会与国际刑警组织于 2020 年在广州筹备举办“2020 世界安防博览会暨国际刑警创新论坛”。三是于 10 月至 11 月在全省开展广东省公共安全科技创新巡回技术交流会，让各地市公安科信以及相关部门、警种了解行业最新的产品技术及系统解决方案。

广西壮族自治区公安厅安全技术防范管理办公室继续对广西安全技术防范行业协会进行政策和业务指导，并履行相关监管责任。一是指导广西安全技术防范行业协会开展各项工作，通过增强为企业服务的意识，借助协会这个平台，把区内各安防企业聚集起来，加强企业间的沟通交流，推动各安防企业公平竞争发展壮大，使广西的安防管理工作健康有序发展。二是开展日常安防工程企业设计施工维护能力评价工作。

重庆市公安局科技信息化处加强对协会和会员单位的调研指导工作，指导协会组织召开了第二届第四次常务理事会议，完成换届选举准备工作，召开第二届第四次理事大会，审核第三届会员代表大会全部文件。指导协会换届选举大会顺利举行，选举产生了第三届理事会和新的领导班子。同时，按照重庆市民政部门对行业协会的监督管理要求，指导协会完成了换届选举备案、章程变更、法定代表人离任审计、法定代表人变更等换届后的全部工作事项。

青海省公安厅安全技术防范管理办公室组织青海省公共安全技术防范协会开展 2019 年度企业资质年检工作；组织青海省公共安全技术防范协会召开理事会议研究 2019 年重点工作，研究进一步改进和规范安防企业资质年审等有关问题；组织开展青海省公共安全技术防范协会工作；协调青海省公共安全技术防范协会完成 2019 年度扶贫安排部署慰问及扶贫工作。

三、推动发挥行业力量参与安防标准化工作

全国公安科技信息化部门通过指导标准化组织及行业协会，推进安防行业标准编制工作，并通过加强重要标准的宣贯培训，推动重要标准的贯彻实施，帮助企业及从业人员全面理解和准确掌握新标准。持续推动现行安全技术防范标准的宣贯、执行。

公安部科技信息化局根据《国务院办公厅关于全面开展工程建设项目审批制度改革的实施意见》（国办发〔2019〕11 号）的有关要求，指导各地公安技防管理部门加强与住房和建设部门的沟通协调，通过联合印发意见等形式，明确联合审图工作中涉及的技防设计审查要求，推动《安全防范工程技术标准》等重点标准在建设工程中的贯彻落实，进一步强化技防监督管理工作。同时，进一步强化安全技术防范标准审查，指导全国安全防范报警系统标准化技术委员会推进公共安全视频图像信息联网共享应用标准编制工作，会同安防行业协会、检测机构等单位加强重要标准的宣贯培训，推动重要标准的贯彻实施。进一步强化安全技术防范标准审查，指导全国安全防范报警系统标准化技术委员会推进公共安全视频图像信息联网共享应用标准编制工作，会同安防行业协会、检测机构等单位加强重要标准的宣贯培训，推动重要标准的贯彻实施。截至 2019 年年底，安防标委会共制定安全技术防范国家标准 65 项，行业标准 148 项，覆盖了从前端建设、网络传输、系统搭建、后台应用等各个环节，为公安机关和其他行业、领域开展安全技术防范建设特别是视频监控建设应用工作提供了强有力的技术指引和规范。此外，根据 2017 年新修订的《标准化法》的规定，积极指导中安协和全国安防标委会规范安防行业团体标准制定工作，举办“全国安防行业团体标准建设高峰论坛”，进一步探讨安防行业团体标准发展新思路。

辽宁省公安厅技术防范办公室一方面制定出台了 DB21/T3092-2018《大中型商场和超市安全技术防范系统要求》、《全省公安技防执法工作规范（2019）版》、《关于下发〈全省公安机关防范恐怖袭击重点目标技防隐患排查工作实施方案〉的通知》等标准及规范性文件，为全省技防规范执法提供了根本遵循；另一方面，为了狠抓各项执法工作任务的落地，辽宁省公安厅科技信息化总队分两批次赴各地督导检查

任务完成情况，有力督促各地按期高标准完成年初下发的工作任务。同时，辽宁省公安厅科技信息化总队积极配合相关行业协会开展“法规宣讲、政策解读、标准宣贯”工作。通过全面系统的培训宣贯，进一步明确了法条的适用、规范了执法的程序、开拓了执法标准化的视野，提升了民警执法办案的能力和水平，夯实了社会执行技防法规标准的基础，为做深、做精、做强技防执法工作奠定了基础。不断加大技防政策、法规、标准的宣传贯彻力度，紧紧抓住公共安全专项法治宣传教育活动这一有利契机，利用入户、集中、网络、培训等多种形式，广泛发动基层民警、政务服务、行业协会等多方面力量开展技防法律法规、政策标准、规范性文件宣传解读工作，使社会不断增强对技防的认识、理解和应用程度，切实提升了技防知识的普及效能。

黑龙江省公安厅安全技术防范管理办公室积极配合一步规范行政处罚自由裁量权，保护公民、法人和其他组织的合法权益，促进黑龙江省公安行政处罚裁量基准制度的建立、完善和落实，根据公安部和省政府法制办的有关要求，制定了《黑龙江省公安机关〈黑龙江省公共安全技术防范条例〉行政处罚裁量基准》。

上海市公安局技术防范办公室紧密结合上海市公安局智慧公安建设和市场监督局强转推要求，在 2018 年完成《住宅小区智能安全技术防范系统要求》和《单位（楼宇）智能安全技术防范系统要求》智能安防标准基础上，全面开展上海地方标准《重点单位重要部位安全技术防范系统要求》（共 24 部分）系统标准的制修订工作。一是已完成《重点单位重要部位安全技术防范系统要求：第 1 部分　展览馆、博物馆》等 15 项标准的修订工作，并报市市场监督局审批通过。二是有《重点单位重要部位安全技术防范系统要求：第 3 部分　金融营业场所》等 5 项标准已启动了修订工作，现分别在组织讨论、书面征求意见、修改标准文本、组织专题调研工作中。三是另有《重点单位重要部位安全技术防范系统要求：第 12 部分　通信单位；第 13 部分　枪支弹药生产、销售场所、射击场所；第 15 部分　公交车站；第 19 部分　寄递单位》等 4 个标准待修订。另外，还加强标准和技术培训，提升专家专业水平。本市地方标准也逐步完善，《住宅小区智能安全技术防范系统要求》等标准已全面实施。

安徽省公安厅科技信息化处组织制定的安徽省地方标准《安全防范联网报警接入规范》正式颁布实施。

福建省公安厅科技通信处联合福建省公共安全防范行业协会，在福州、厦门两地分批、分期组织开展国家标准 GB50348-2018《安全防范工程技术标准》宣贯培训。

河南省公安厅科技处召集郑州市公安局、郑州大学、河南省质量技术监督局和郑州市公共安全防范行业协会等单位的技防、建设领域专家，围绕现行相关法规条例和安全防范工程建设标准等进行座谈，开展技防工程审图和验收标准的研究讨论，奠定审验标准制定的基础，并持续推动现行技防行业国标、地标的宣贯、执行。同时，积极与河南省市场监督管理局沟通，立足河南省行业发展实际，审核发布了《安防报警设计规范》，进一步规范河南省技防行业。

广东省公安厅安全技术防范管理办公室积极推动安全防范工程技术标准规范制修订工作。广东省地方标准《普通高等学校安全技术防范要求》、《中小学校和幼儿园安全技术防范要求》的修订工作通过广东省市场监督管理局（原广东省质量技术监督管理局）批准立项，并先后组织召开 3 次标准编制小组会议，对相关标准进行了修改并形成标准征求意见稿。下一步将根据征求到的意见建议，对标准进行不断完善和修改，争取尽快完成修订工作。针对 2019 年开展的全省中小学幼儿园“护校安园”技防检查中发现的问题，联合有关部门制定《中小学幼儿园一键式紧急报警联网规范意见》，目前已完成向各地征求意见的工作，待进一步修改完善后将于近期印发执行。推动发布《金银珠宝营业场所安全防范工程规范》、《互联网+视频门禁建设技术规范》等标准。广东省公安厅安全技术防范管理办公室联合广东省公共安全技术防范协会共同举办第四届广东智慧安防专家培训班，对国家标准 GB35114-2017《公共安全视频监控联网信息安全技术要求》进行了宣贯，详细讲解了广东省技防行政审批事项及管理规定，明确技防系统方案论证、工程检验、验收要求，同时就安防行业新技术及解决方案进行了培训。

甘肃省公安厅技防办向全省公安机关转发公安部公布的219项公共安全行业标准和已废止的59项公共安全行业标准，并在甘肃省公安信息化标准汇编系统中予以调整。

四、积极发动行业力量服务支撑“雪亮工程”建设

全国公安科技信息化部门认真贯彻中央九部委关于“雪亮工程”的一系列工作部署，坚持把“雪亮工程”建设作为深化平安建设的重大任务，作为加快推进立体化信息化社会治安防控体系建设的重要内容，积极采取有效举措，强力推进公共安全视频监控建设联网应用工作，加强视频图像信息智能应用技术体系与相关工作机制建设，提升视频图像支撑服务公安业务能力和水平，立足国家大力推进“雪亮工程”建设的有利契机，推动发挥行业协会及安防从业企业的技术优势，积极为“雪亮工程”建设提供优质技术解决方案、参与具体项目建设，确保项目建设高起点规划、高水平建设、高智能应用、高共享发展，推动安全防范技术与人工智能、大数据、云计算、5G等技术在安全技术防范领域的融合和落地应用。

此外，公安部科技信息化局积极发挥第三方评价机构的专业优势，组织研究制定了针对“雪亮工程”示范及重点支持项目的综合评价指标，为开展“雪亮工程”示范及重点支持项目验收评估工作提供了重要参考依据。同时，针对日益突出的网络安全隐患，公安部科技信息化局指导安全防范技术与风险评估公安部重点实验室建立健全视频监控网络安全监测预警通报制度，定期通报网络安全漏洞、风险，发布相关解决方案，组织视频图像信息智能分析与共享应用技术国家工程实验室参与GB35114《公共安全视频监控联网信息安全技术要求》试点工作的前期论证、技术方案起草等工作，为各地公安机关增强视频监控网络安全防护能力、有效防范应对视频监控网络安全事件、确保“雪亮工程”建设安全可控提供了技术支持。

五、制定出台地方政策及规范性文件指导行业发展

黑龙江省公安厅安全技术防范管理办公室按照《黑龙江省地方性法规政府规章和行政规范性文件清理工作方案》要求，提出对《黑龙江省公共安全技术防范条例》有关行政法律文书样式、《黑龙江省公安机关实施〈黑龙江省公共安全技术防范条例〉细则》及《黑龙江省公共安全技术防范条例》行政许可的内容进行修订的意见。

江苏省公安厅科技处联合有关部门制定下发了《全省“智慧技防小区”和“智慧技防校园”建设总体规划方案》和《关于进一步推进智慧技防建设与网格化社会治理融合对接的指导意见》，建立“智慧技防+社会治理”融合机制，推动社会治理从事后处置向事前预知预警转变。

浙江省公安厅科技信息化局编写了《住宅小区智能安全技术防范系统建设技术规范》，加强对“智安小区”标准化建设的指导。

山东省出台《山东省“雪亮工程”建设管理规范》，与智慧城市、平安城市建设同步设计、同步实施，并要求各级各部门切实履行管理责任，按照“谁建设、谁管理、谁维护”的要求，依法加强日常指导和不定期检查，督促、推动责任单位做好视频监控系统日常性运行管理工作。

河南省公安厅科技处充分学习借鉴人防、消防等部门在工程建设项目竣工验收工作中的经验做法，配合河南省住房和城乡建设厅、河南省发展和改革委员会、河南省自然资源厅等省直有关部门共同制定了《河南省建设工程竣工联合验收实施细则（试行）》。该细则规范了建设工程竣工联合验收的范围、组织、条件等内容，确保全省建设工程竣工联合验收工作有效开展。

广东省公安厅与广东省住房城乡建设厅联合印发《关于房屋建筑和市政基础设施工程实行联合审图的通知》。要求将房屋建筑和市政基础设施工程的消防、人防、技防等技术审查整合并入施工图设计文件审查，由房屋建筑和市政基础设施工程施工图审查机构，依法对施工图设计文件中涉及公共利益、公共安全、工程建设强制性标准的内容进行审查。

湖南省公安厅科技信息化总队出台了《湖南省公共安全视频图像信息共享使用暂行办法》，完善了跨

区域、跨部门视频图像信息共享应用机制和安全使用审核制度。

公安部技防管理机构名录

机构名称	地　址	联系电话
公安部科技信息化局安全技术防范工作指导处	北京市东城区东长安街 14 号	010-66266548
北京市公安局指挥部视频警务和安技防通信保障处	北京市东城区前门东大街 9 号	010-85222166
天津市公安局图像侦查和技防监管总队	天津市西青区新科道 2 号	022-27204660
河北省公安厅安全技术防范管理办公室	石家庄市桥西区槐安西路 276 号	0311-66991973
山西省公安厅治安管理总队安全技术防范支队	山西省太原市桃园南路 59 号	0351-7388528
内蒙古自治区公安厅公共安全技术防范管理办公室	内蒙古呼和浩特市海拉尔大街 15 号	0471-6550392
辽宁省公安厅技术防范办公室	辽宁省沈阳市岐山中路 2 号	024-86992121
吉林省公安厅图像侦查总队	长春市新发路 806 号	0431-93418345
黑龙江省公安厅安全技术防范管理办公室	哈尔滨市南岗区中山路 145 号	0451-82696966
上海市公安局安全技术防范办公室	上海市福州路 185 号	021-22023461
江苏省公安厅科技处	南京市扬州路 1 号	025-83525952
浙江省公安厅科技信息化局	浙江省杭州市民生路 66 号	0571-87286567
安徽省公安厅科技信息化处（信息中心）	安徽省合肥市庐阳区安庆路 270 号	0551-62801347
福建省公安厅科技通信处	福州市鼓楼区华林路 12 号	0591-87094507
江西省公安厅安全技术防范管理办公室	江西省南昌市赣江南大道 1366 号	0791-87288389
山东省公安厅科技处	济南市市中区经二路 185 号	0531-85123230
河南省公安厅科技处	河南省郑州市金水区金水路 9 号	0371-65991155
湖北省公安厅安全技术防范管理办公室	武汉市武昌区雄楚大街 181 号	027-67128301
湖南省公安厅科技信息化总队	湖南省长沙市芙蓉区八一路 110 号	0731-84597723
广东省公安厅安全技术防范管理办公室	广州市越秀区北较场横路 5 号 10 楼 1008 房	020-83922515
广西壮族自治区公安厅安全技术防范管理办公室	广西南宁市佛子岭路 1 号	0771-2892302
海南省公安厅安全技术防范管理办公室	海南省海口市龙华区滨涯路 9 号	0898-68836218
重庆市公安局科技信息化处	重庆市渝北区黄龙路 555 号	023-63962613
贵州省公安厅安全技术防范管理办公室	贵阳市宝山北路 82 号	0851-85904884
西藏自治区公安厅科信总队科技科	西藏自治区公拉萨市城关区林廓东路 26 号	0891-6311272
陕西省公安厅安全技术防范管理办公室	陕西省西安市凤城二路 19 号	029-86165300
甘肃省公安厅安全技术防范管理办公室	甘肃省兰州市城关区庆阳路 98 号	0931-5156343
青海省公安厅安全技术防范管理办公室	青海省西宁市八一中路 50 号	0971-8293506
宁夏公安厅安全技术防范管理办公室	银川市北京中路 86 号	0951-6136291

第二节　行业组织

本节主要收录了45家安防行业组织的2019年工作情况，索引目录如下：

中国安全防范产品行业协会

2019 年，中国安全防范产品行业协会（以下简称“中安协”）在公安部科技信息化局的坚强领导下，在广大会员单位的共同努力下，以习近平新时代中国特色社会主义思想为指导，全面贯彻党的十九大和十九届二中、三中、四中全会精神，深入开展“不忘初心、牢记使命”主题教育，守初心、担使命，始终以政治建设为统领，以行业发展为导向，以能力建设为目标，以队伍建设为保障，积极适应全面深化改革对行业协会提出的新任务、新要求，顺应新形势、转变新思路、找准新定位、力求新突破，团结带领广大会员单位，勤创新、解难题、求发展。

一、以政治建设为统领，全面加强协会党的建设

中安协始终坚持党对一切工作的领导，把党的领导贯穿协会各项工作，全面加强协会政治建设、思想建设、组织建设、党风廉政建设。

一是坚持政治建会。严守政治纪律和政治规矩，尊崇党章和党规，完善政治制度和工作机制，提高政治觉悟和政治能力。

二是把坚定理想信念作为党组织思想建设的首要任务，教育引导党员群众牢记党的宗旨。协会党支部按照公安部党委和科技信息化局党委“不忘初心、牢记使命”主题教育实施方案和工作计划，通过强化理论学习，强化调查研究，认真检视问题，逐项整改落实，扎实开展主题教育。

三是全面加强协会党支部标准化规范化建设。

四是全面加强协会党风廉政建设。

二、以改革创新为动力，全面加强协会能力建设

过去一年，中安协不断改善与优化工作机制和工作方法，提升工作效率，发挥协会职能作用。

（一）不断改革创新，充分发挥协会的服务与协调职能

一是把服务国家服务社会作为协会职责之首。中安协积极响应国家号召，开展扶贫工作。首先是向全体会员发起倡议，动员号召企业踊跃参与脱贫攻坚战。其次是组织会员企业赴国家级贫困县贵州省兴仁、普安两县进行扶贫考察调研，找准帮扶结合点，做到精准扶贫。第三是将上述两县的土特产品推荐给会员单位，以购代捐、以买代帮。第四是组织协会员工购买帮扶对象的土特产品和捐款捐物。

二是把服务行业服务会员作为协会工作的重中之重。中安协利用“一鉴、一刊、一平台”，做好会员服务工作。

“一鉴”是《中国安全防范行业年鉴》。2018 版年鉴主要内容有 2018 年中国安防行业发展综述，相关法律、法规、规章及规范性文件，行业管理、新技术、新产品等，全面记载了年度内行业发展大事、

领导的重要讲话、行业的相关重要活动、行业发展现状分析等。

“一刊”是《中国安防》杂志。该刊在业内具有一定的影响力和知名度。2019 年，注重提升采编质量和提高出版水平，努力做到对行业有引导和参考价值。

“一平台”是“中国安防行业网”。为扩大网站实用功能，提升网站整体服务力度，全方位整合行业资源，从信息更新、技术优化、管理制度、宣传推广四个方面加强网站建设。

为了提供更加便捷的服务，中安协还注重办好协会内部刊物《安防通讯》，内容涉及行业相关的政策法规、协会工作情况以及各地方协会工作动态等。

（二）不断改革创新，充分发挥协会的引领与自律职能

中安协把引领和推动行业发展，强化行业自律作为协会的一项重要职能。

一是加强和改进行业统计工作。2019 年对统计项目进行了合理安排，调整了工作机制，扩大了统计的覆盖面，提升了统计的完整性及数据的权威性。

二是开展团体标准制定工作。2019 年中安协通过发布立项通知，收到 8 个申请立项提案，经专家评审，其中 4 个同意立项。此外，还举办了“全国安防行业团体标准建设高峰论坛”，探讨安防行业团体标准发展新思路。

三是进一步提升能力评价工作。第一，举办能力评价工作交流推进会。通过总结工作，交流经验，研究解决存在的问题。第二，修订能力评价年审和复评标准。完善技术人员考试内容，梳理能力证书年审和复评的程序、标准，扩大安防工程业绩认定范围。第三，拓展能力评价合作区域。目前共授权全国 12 个省、区、市开展能力评价工作，已有 3337 家企业获得中安协颁发的能力证书。目前网上注册申请企业还有 2597 家，正在评审的企业 112 家。评价结果得到社会的认同和采信。

（三）不断改革创新，充分发挥协会的宣传与推广作用

中安协通过“一品牌、两平台、三刊物”等途径加强宣传和推广工作。

“一品牌”就是举办中国国际社会公共安全产品博览会。2019 年主要是做好 2020 年中国国际社会公共安全产品博览会的招展等筹备工作。

“两平台”就是“中国安防行业网”和“中安协”微信公众平台。截至目前，微信公众平台累计关注人数约 7 万人。年推送新闻资讯 1600 余条，内容包括行业动态、时事热点、精品论文、技术知识、企业新闻等。

“三刊物”就是《中国安防》杂志、《中国安全防范行业年鉴》和《安防通讯》，办刊水准及刊物品质受到业内好评。

三、以制度规范为保障，全面加强协会自身建设

2019 年中安协主要加强“两支队伍”建设和内部规范化建设。

（一）抓好“两支队伍”建设

一个是协会专家委队伍。2019 年进行了中安协第三届专家委换届工作，修订了专家委体系文件，扩大了专业范围，完成了专家审核，召开了专业组会议。

一个是协会员工队伍。2019 年，中安协通过学习培训等形式提升员工的业务素质和工作能力。

（二）抓好内部规范化建设

2019 年中安协修订完善 30 余项规章制度，编制了协会服务手册和员工手册，使协会内部管理工作制度化、科学化。

四、以市场应用为导向，全面加强行业创新发展

为探索行业发展趋势，展望行业技术前景，推动行业企业交流合作。2019 年，中安协主要举办了“三会、三论坛”。

（一）搭建反映企业诉求的互动平台

通过举办座谈会、研讨会，进一步了解企业诉求，统一各方认识。

2019 年 1 月，中安协会同杭州市安全技术防范行业协会，在杭州召开了安防产业发展专题调研座谈会。2019 年 9 月，中安协在杭州举办了智能视频技术标准研讨会。2019 年 10 月，针对中美贸易摩擦不断升级，受损企业数量不断增多的情况，中安协再次召开业内座谈会，联络各方共同应对。

（二）搭建相互借鉴相互学习的交流平台

中安协积极协调政府、科研院所、中介机构、企事业单位等多种资源，通过举办各类高端论坛，为企业搭建相互交流、相互学习的平台。

2019 年 1 月，由中安协主办、成都安全防范协会协办，中国报警运营服务新发展高峰论坛在成都召开。2019 年 4 月，由中安协、合肥市公安局等联合主办，安徽省安全技术防范行业协会协办，中国智能安防行业峰会在合肥举行。2019 年 8 月，中安协在厦门举办了 2019AI+智慧安防技术创新与产业赋能高峰论坛。

北京安全防范行业协会

2019 年，北京安全防范行业协会（以下简称“北京安防协会”）在北京市民政局、北京市公安局和属地党委的指导下，以党组织建设为统领，以融合发展为切入点，以开拓创新为动力，在全体会员单位的支持下，协会工作取得了可喜的成绩，协会服务能力得到提高。

一、抓党建促建设，协会自身建设得到加强

北京安防协会领导班子通过调查研究认识到，协会会员单位数量大，民营企业较多，行业的党组织建设参差不齐，而协会刚完成脱钩换届，自身党组织尚未建立，工作能力和号召力急需加强。因此，要完成北京市委关于在社会团体中加强党组织建设工作的要求，必须首先从抓好协会自身党组织建设入手，推动行业党组织建设工作，带动协会整体工作的开展。

（一）坚持从实际出发、条块结合建立党组织

北京安防协会主动接受北京市民政局联合党委的领导，开展社会团体中的党建工作。

（二）坚持以民营企业为重点抓好行业党建工作全覆盖

实现党组织建设在行业中的全覆盖是党交给行业协会的一项重要责任，在安防行业中民营企业又是行业党建工作的短板，北京安防协会在调查研究的基础上总结了部分非公企业党建工作的经验做法，并于 8 月 2 日召开了座谈会。会上有三家民营企业介绍了它们抓好党建工作引领企业发展的经验。

（三）坚持定向引导支持社会公益事业

支持公益事业是社会团体和企业的重要社会责任。在“不忘初心、牢记使命”主题教育活动中开展公益活动也是一项重要内容。北京安防协会结合行业实际，对公安部与全国妇联委托中国儿童少年基金会发起的“鹰翔计划”给予了定向支持，对全国公安战线英雄、模范、烈士和一至四级伤残民警的子女给予扶助。一年来，共有 11 家企业、128 位个人捐赠人民币 33 万余元。

二、抓融合促提升，协会影响力得到扩大

安防技术在融合中发展，安防行业在发展中融合，这已经成为协会上下的共识，如何顺应发展大势、引领行业健康发展成为摆在行业面前不应回避的课题。

（一）实现了北京安防协会与中关村中安安防产业发展促进会（以下简称安促会）的“两会”合署办公

“两会”的社会资源得以共享，北京安防协会人员管理优势与安促会地域跨界优势得以互补，“两会”

服务首都、面向京津冀、辐射重点地区的愿景得以实施。金秋时节由安促会主办，北京安防协会和北京国际贸易公司协办的雄安中国（雄安）国际智慧城市暨社会公共安全产品展览会、中国（雄安）国际消防产品与应急救援展览成功举办。

（二）实现了与法制日报社联合主办“中国公共安全防范建设应用成果展、全国政法智能化建设技术装备及成果展”

展会期间北京安防协会还特别推出“安防四十年时光隧道——从首都应用市场纵观安防行业发展”的主题展，组织了中关村科技助力政法系统智能化建设供需对接会及需求单位技术交流座谈会。

（三）实现了专家委员会的换届，协会智库得到了充实

第三届专家委员会换届大会修订了“专家委员会管理办法”等三个文件，选出了委员、顾问、专家共计 99 位。北京安防协会依托专家委员会和内保分会准备筹建医疗、金融系统等行业的专业委员会。

（四）实现了多项战略合作，为行业发展提供了更加广阔的空间

2019 年北京安防协会陆续与 6 家机构、企业签订战略合作协议：法制日报社、中国安全技术防范认证中心、安防应急产业国际合作平台（德国商会）、中国兵工学会、北京国际贸易有限公司、北京亿欧网盟科技有限公司，并正在推进与中关村环都绿色发展产业联盟的战略合作。

三、抓创新促发展，协会服务能力得到提高

经北京安防协会领导反复研讨，结合协会生存与发展需要，确定了依靠创新服务模式，确保生存与发展的工作思路。

（一）模式创新，解决安防工程重建轻管的问题

经过近一年的调研设计，11 月 18 日北京安防协会安防系统维修维护运营中心正式运行。运营中心是协会的分支机构之一，中心将携手协会专家委员会和内保分会，共同规范行业服务、参与建立行业标准，为需求客户提供从风险评估、需求分析到工程质量管控、项目验收、效能评估等咨询服务以及系统运营维修维护的服务体系，打造高标准、高品质、高质量的全套服务链；通过平台运营监管，为政府相关部门监督管理行业市场秩序提供技术性数据支持。

（二）渠道创新，解决民营中小企业融资难的问题

以北京安防协会为纽带建立起有需求的会员企业与银行、担保公司、投资公司之间的沟通机制，开拓创新服务渠道。制定《中心基本服务内容》、《“安防贷”产品方案》、《协会、银行、担保公司三方合作协议》等相关文件，通过举办有 32 家中小企业信贷参加的投融资专题研讨会，为企业融资答疑解惑。为会员企业争取到最低的贷款利率、简化融资流程、申请利息补贴，降低企业融资成本。

（三）方法创新，解决人才重使用、轻培训的问题

为提高行业从业人员素质，北京安防协会从方法创新入手，调动用人单位和从业人员参加培训的积极性，成功举办了 2019 年北京市“职工技协杯”暨首届安全防范系统安装维护员职业技能竞赛，全市有 400 多名选手参加，经初赛、复赛、决赛产生了竞赛的前十名。发挥协会所属的北京安全防范职业技能培训学校作用，与具备发放安防维修维护员和值机员证书资格的机构联合起来，全年共培训安全防范系统安装维护员 3840 人、安防监控室设备值机员 371 人，还举办了国家标准和行业标准宣贯的培训，参加培训人员共计 171 人。

（四）合作创新，解决协会发展瓶颈的问题

协会要发展，发展要干事，干事要用人，用人就要加大开支。北京安防协会打破传统的养人干事理念，利用自身的资源优势采取招投标的形式，寻求与社会专业团队的合作，开拓了协会新的合作模式。以战略合作为基础，具体落地项目合作为抓手，在合作中取得了互利共赢。

（五）机制创新，解决企业能力评价失效失实问题

企业能力评价关乎会员单位的等级评定切身利益，但由于企业自身管理上的多种原因，过期不审、

申报失实的问题较多。北京安防协会从加强制度管理入手，按照中国安全防范产品行业协会能力评价相关规定，研究制定了《安防工程企业设计施工维护能力复评实施细则（2019 版）》，修订了《安防工程企业设计施工维护能力评价工作规范》等 5 个规范性文件，并上网公布，使能力评价工作有章可循，评价过程透明公开。此外，针对有争议企业，建立评审人员双人现场抽检制度，保证了安防能力评价申报的真实性。

经过一年的努力，北京安防协会会员更加壮大，截至 2019 年 12 月 31 日协会共有会员单位 950 家，比 2018 年年底的 809 家增加了 141 家。协会工作更加规范，在 2019 年 5 月全市社会组织评估工作中，协会由中国社会组织评估 4A 级晋升到最高等级 5A 级。

北京安防协会服务政府、服务社会、服务行业、服务会员的能力显著提高，影响力逐步扩大。全年共完成《北京市成品油实名制加油管理建设规划可行性研究报告》等 5 份报告；完成 2019 年重大活动安保食品运输车远程监控项目技术评审和验收、北京市公安局“一带一路”通信项目的验收等 4 件；完成北京市卫生健康委员会医疗机构保卫技防评价项目报告 13 件；完成中华人民共和国农业农村部、国家机关事务管理局、国家计算机网络与信息安全管理中心、北京市公安局、北京市公安局公安交通管理局等单位提出的风险评估论证工作。

天津市安全防范服务行业协会

2019 年，天津市安全防范服务行业协会（以下简称“天津安防协会”）初创伊始，严格遵守宪法、法律、法规和国家政策，在政府有关部门指导下，依靠行业集体力量，加强行业自律，通过建档立制、发展会员、扩大影响力等方式，维护行业与会员单位的合法权益，努力促进天津市安防行业健康有序快速发展。

一、筹备成立安防协会

最初 7 家企业发起成立了“天津市社会公共安全防范协会”，并于 2019 年 7 月 24 日召开了第一次全体会员大会，到会企业 45 家，大会通过了协会章程和会费标准，选举出理事 13 人监事 1 人；召开了第一次理事会，选举了会长（1 名）、副会长（2 名）、秘书长兼法人。大会后，协会筹备组积极组织申报材料，在上级领导的悉心指导下，安防协会于 2019 年 10 月 17 日正式由天津市民政局批准成立，并更名为“天津市安全防范服务行业协会”。

2019 年 12 月 22 日，天津安防协会召开第一届第二次会员大会。会议审议通过了协会《章程》修订草案。会议选举产生了理事 19 名。会议还审议通过了协会《会费标准》修订草案。会议审议通过 54 家会员代表。同时召开第一届第三次理事会。会议选举产生了副会长 7 名。会议还研究推举出会员代表 54 家。

二、建档立制

天津安防协会正式批准成立后，成立了秘书处，积极建档立制，整理会员申报材料，建立健全内部管理制度，积极向会员企业通报协会工作情况。理事单位积极发展会员，扩大会员队伍，成功召开了第一届第二次理事会，新增会员单位 63 家，并积极筹备召开第一届第二次会员大会。

三、扩大协会知名度

天津安防协会负责人积极走出去，走访会员单位和国内知名安防企业，与其他省市安防协会座谈交流，广泛听取意见和建议，以便更好地做好协会工作。2019 年 10 月，参加了第十七届中国国际公共安全博览会（CPSE），出席了全国城市安防协会合作互助联盟交流会和2019“一带一路国际安保论坛”。2019年12月，天津安防协会召开“2019年度津安协论坛大会”，会上有6家企业做了技术交流。

四、成立协会党支部

天津安防协会成立以来，坚持中国共产党的全面领导，遵守宪法、法律、法规和国家政策，遵守社会道德风尚、社会主义核心价值观并积极加强党组织建设，以习近平新时代中国特色社会主义思想为指导，在社会组织党建处的指导下，成立协会党支部和党支部微信群，认真开展党建工作。

展望2020年，安防协会将本着联合创新发展理念，依靠行业集体力量，促进本市安全防范事业的健康有序发展。将继续加强与中国安全防范产品行业协会及其他省市安防协会的联系，开展企业间交流和考察；积极组织会员开展先进技术和产品的学习推广、新技术讲座和培训，以促进全行业技术水平、管理水平和经济效益的不断提高；协会作为政府主管部门与企事业单位之间的桥梁和纽带，一定积极向政府部门建言献策反映企业愿望与诉求，为会员的公共利益服务，为维护社会公共安全和社会稳定作出应有的贡献。

石家庄市安全技术防范协会

2019年，石家庄市安全技术防范协会（以下简称“石家庄安防协会”）在民政局的领导下，在全体会员单位的大力支持下，严格遵守协会章程，紧密围绕服务会员企业，构架企业与政府桥梁、引领安防行业发展的工作方向，不断加强自身建设、不断提升服务能力，整体工作取得了新的发展。具体包括以下几个方面：

一、加强内部组织机构建设，进一步提升协会服务能力

为了配合河北省公安厅做好安防工程单位备案等级评价工作，让会员企业少跑路，为会员企业备案证新办和年检提供更为便捷的服务。2019年石家庄安防协会专门招聘专职工作人员，负责备案证办理和等级评价的服务工作，为会员企业办理备案证提供前期咨询、建议和审核资料，组织等级评价程序，报送案卷、发放证件等全流程服务，实现了备案证的一站式办理，取得了较好的效果。

二、举办安防博览会

2019年3月22—24日，由石家庄安防协会的“2019第十八届河北公共安全防范产品博览会”成功举办，本次展会场地面积大大增加，新馆的设施大大提高，规模进一步扩大。来自全国的800多家安防厂商带来最先进的安全防范技术、产品和解决方案，多个省市的安防行业组织、政府部门，特别是智慧城市建设主要涉及公安、交通运输、电力、教育、医疗、文博、消防等部门，业内专业人士3万多人次应邀到场进行参观、交流、洽谈与采购。本次展会中与大数据、物联网、生物识别、人工智能等技术相结合的智慧安防产品、技术与解决方案成为热点和亮点。

三、开展对外交流活动

为了进一步提升石家庄安防协会的对外影响力，进而为石家庄安防企业走出石家庄、走出河北创造条件、奠定基础，协会将2019年定义为对外交流年，积极参加外省市协会举办的各类会议和学术交流活动，其中包括：5月8日由阳泉安防协会举办的“2019阳泉智能安防建设”首届友好协会合作交流会；5月20日中国安全防范产品行业协会召开的“第五届理事会第八次理事长工作会议暨常务理事会议”；5月22日安徽安防协会举办的“智慧安防技术创新论坛暨全国安防协会合作互助联盟一届八次会议”等，通

过参加一系列的对外交流活动，协会加强了与中国安全防范产品行业协会以及各省市兄弟协会的联系，学习了其他省市安防协会先进的管理经验和服务举措。

阳泉市保安和安防行业协会

2019 年，在中共阳泉市社会组织联合支部的领导下、在阳泉市公安局的指导下，阳泉市保安和安防行业协会（以下简称“阳泉安防协会”）坚持中央关于社会组织的各项政策、规定，坚持“以服务企业为中心”，积极推动阳泉市保安和安防行业发展。重点工作如下：

一、推动全省能评工作的开展

2019 年 3 月，经中共阳泉市公安局社会组织联合支部及阳泉安防协会的共同努力，中国安全防范产品行业协会正式授权阳泉安防成立能评阳泉分中心，受理山西省安防工程企业设计施工维护能力评价证书的办理。截至目前，共受理咨询企业 50 余个；颁发证书 14 个，其中一级证书企业 1 个，二级证书企业 5 个，三级证书企业 8 个。

二、举办全国安防行业的交流会

2019 年 5 月 8 日，举办了由阳泉市公安局指导、阳泉市保安和安防行业协会主办的“‘2019 阳泉智能安防建设’首届友好协会合作交流会”。

中国安全防范产品行业协会理事长、阳泉市公安局副局长、阳泉市投资促进局局长、阳泉市工商联主席、阳泉市归国华侨联合会秘书长等领导同志和 20 余个省市安防协会以及 10 余家大型安防生产企业参加了本次交流会。

会上阳泉安防协会与深圳、苏州、杭州、石家庄、邯郸等协会结为友好协会，达成了深入合作的意向。

三、组织会员单位交流、学习

全程免费组织会员单位参加了 2019 第十八届河北社会公共安全产品博览会、全国安防协会合作互助联盟百城会。

四、受邀至其它地市参会、学习

阳泉安防协会受邀至南京、厦门、北京、广州、南通、赣州、深圳等地参会，并向当地协会学习协会服务企业的经验、模式。

五、接待石家庄、邯郸等地来访协会

2019 年 12 月 8 日，石家庄市安全技术防范行业协会、邯郸市安全防范行业协会等联袂来访。双方就协会工作的开展、如何向会员单位提供深入的服务、如何推动会员单位发展、如何开展能评工作等问题进行了深入交流，并达成了为彼此会员单位跨区域开展业务提供便利的初步合作意向。

内蒙古自治区公共安全技术防范行业协会

2019 年，内蒙古自治区公共安全技术防范行业协会（以下简称“内蒙古安防协会”）在内蒙古自治区民政厅和公安厅的监督管理和业务指导下，在广大会员单位的共同努力下，高举中国特色社会主义伟

大旗帜，全面贯彻党的十九大和十九届二中、三中、四中全会精神，始终围绕为行业服务、为企业服务的宗旨，积极拓展协会业务，努力探索行业发展之路，圆满完成协会各项工作，取得了明显的成效。

一、规范管理，加强基础建设

（一）顺利完成脱钩换届工作

2019 年，按照相关管理部门的要求，内蒙古安防协会顺利完成与内蒙古自治区公安厅脱钩工作，并于 8 月 9 日召开第五届会员代表大会，顺利完成了第五届换届选举工作。结合国家及自治区政策改革要求，明确了协会新的组织架构和工作机制，基本形成了以业务为中心的组织架构。

（二）不断完善会员管理工作

内蒙古安防协会对会员管理工作进行精细化管理。对入会申请、晋级、会费缴纳、证书换领及年审等工作，做到档案齐全、分类清晰、精准对应、便捷查阅。同时定期通过网站、微信平台、微信群等途径及时发布行业信息并反馈会员信息。

（三）完善组织架构，加强规范管理

内蒙古安防协会进一步完善了原有管理制度，使得协会的管理工作更加规范化、专业化。不断提高工作人员综合素质，加强工作人员的政治学习，提高政治素养，定期开展业务培训，提升工作人员的业务拓展和创新能力。

（四）成功晋升 5A 级社会组织

2019 年内蒙古安防协会凭借自身扎实的基础条件、规范的内部治理、优异的工作成绩以及良好的社会评价等综合因素，经过民政厅实地考察和资料严格审核，成功晋升成为中国社会组织评估最高等级“5A 级社会组织”。

二、加强自律管理，构建行业自律体系

（一）开展服务能力等级评价工作

内蒙古安防协会制定并出台了《内蒙古自治区公共安全技术防范系统设计、施工和维修服务能力等级评定办法》、《评定办法实施细则》和《评定积分认定标准》等系列试行文件，在全区范围内对从事相关工作的单位的服务能力、专业水平及诚信水平进行综合认定，实施服务能力等级管理。

（二）出具诚信意见，鼓励诚信经营

内蒙古安防协会依据《内蒙古自治区公共安全技术防范行业诚信评价管理办法》，持续在会员单位中开展诚信评价工作，为符合条件的会员单位出具《内蒙古自治区公共安全技术防范行业企业诚信评估意见》，倡导企业诚信经营，增强企业市场竞争力，维护行业竞争秩序，形成良性市场发展环境。

（三）开展表彰活动，树立行业典型

内蒙古安防协会出台《内蒙古自治区公共安全技术防范行业 2019 年度评优管理办法实施细则》。对 2019 年度行业优秀的企业和个人进行表彰，对于推动内蒙古安防行业健康发展、树立行业典型、提升行业综合实力起到了积极作用。

三、发挥协会职能，深化会员服务

（一）不断提升资讯水平，服务行业需求

内蒙古安防协会不断加强网站建设，完善网站的版块、内容和功能，充分发挥微信平台、微信群作用。结合工作需要，通过微信平台、微信群等途径，第一时间为会员单位发布行业信息、协会通知。

（二）举办大型技术交流会议，扩大协会知名度

11 月 27 日—29 日，内蒙古安防协会成功举办“聚焦 AI　赋能未来”——内蒙古安防行业 2019“创新+智慧”品牌学术论坛暨高端技术讲座，共计 260 余人参加了本次论坛。论坛邀请行业知名学者及技术

专家围绕安防行业未来发展方向、5G 技术在行业中的应用、AIoT 技术应用、智慧安防解决方案等方面进行分享。讲座邀请多名国内知名安防专家从不同结构、不同视角围绕安防工程的技术标准、规范、要求等内容进行讲解，得到了行业管理部门以及广大行业企业的高度赞誉。

（三）多点开花，举办实用型讲座培训

5 月 28 日，内蒙古安防协会主办“企业财税辅导讲座”，围绕企业社保、人工成本合理管控；减税降费最新政策与务实案例进行详解。同时，结合内蒙古安防企业的实际情况，针对其税收过程中可能出现的财务问题以及企业负责人在制定发展规划中应该注意的财务问题等方面进行了深入解读。

（四）拓宽视野，带领会员单位参加技术交流活动

内蒙古安防协会积极带领会员单位走出去“多学多看多比较”，深层次、多维度地体验先进地区行业发展的领先程度，拓宽视野，学习先进经验。包括：组织参加上海安全防范报警协会主办的“第十九届上海国际公共安全产品博览会暨上海警用及安防无人系统博览会”、浙江安防协会主办的 5G+物联网应用、GB50348-2018《安全防范工程技术标准》培训和 2019 智能安防工程师大会等。

（五）走访会员企业，了解企业实际需求

9 月，内蒙古安防协会走访呼和浩特市多家企业，了解安防企业的主营业务、经营状况、技术提升等情况以及企业所面临的困难和遇到的问题，并征求企业的意见和建议，为下一步专业化的会员服务打下良好基础。

四、加强协会间交往，积极拓宽交流平台

（一）积极开拓区外交流工作

内蒙古安防协会积极参与全国及各省市安防协会会议活动，多角度多方位学习行业发展方向和热点。会议中同各省市协会建立了联系，为日后的交流合作打下了良好的基础。

（二）加强与区内相关行业协会、学会的联系沟通

12 月，内蒙古安防协会参加“内蒙古科协第八次代表大会”，理事长入选内蒙古科协第八届委员会常委，并在分组讨论会上代表内蒙古安防协会发言。协会将以此为契机，加强与内蒙古自治区科学技术协会、内蒙古自治区科技厅的联系，为行业企业获取更多相关政策及信息。

同时，内蒙古安防协会还与内蒙古测绘协会、计算机协会、通信协会以及物联网协会等均建立起友好联系，为今后协会工作交流打下了良好的基础。

经过一年的努力，内蒙古安防协会的工作取得了长足的进步与发展，积极发挥了协会的平台作用。2020 年，内蒙古安防协会将从规范党建、改革管理、创新业务等方面全面推动协会长远发展。

辽宁省社会公共安全产品行业协会

2019 年，辽宁省社会公共安全产品行业协会（以下简称“辽宁安防协会”），在辽宁省民政厅和公安厅的正确领导和指导下，在理事会成员和全体会员单位的大力支持下，严格遵守协会章程，履职尽责，主动作为，秉承“服务会员、服务行业、服务政府、服务社会”的办会宗旨，在规范资信管理、举办安博会、提供专业法律服务、组织技术培训、制定团体标准、进行换届选举等方面做了大量的工作，完成了全年各项预定工作。

一、引导行业自律，完善资信评价工作

2019 年是辽宁省开展新修订的安防工程企业资信评定工作的第二年，资信证书的样式有所改变。按照既定计划，2019 年资信证书的审验工作改为线上申报。辽宁安防协会严格按照资信评定管理办法，开

展对企业资信的审核和评定。截止到 2019 年 12 月末，经审核评定，有 1615 家企业获得资信证书，其中一级企业 169 家，二级企业 241 家，三级企业 1195 家，专门从事防弹、防爆玻璃安装的企业 10 家。

为保证资信证书的质量、提高安防工程企业的整体素质，辽宁安防协会加大了对企业资信的审核和评定力度。资信管理措施的实施，大大提升了安防工程企业的整体素质和自律能力。如今，《辽宁省安全技术防范设施设计、施工资信证》得到了市场的充分认可，已经成为企业进入安防市场的有效“通行证”。

二、加强协会自身建设，壮大理事会力量

根据协会章程，理事会是会员代表大会的执行机构，对会员代表大会负责。2019 年度的理事、常务理事会议审议通过了《成立 LED 委员会的议案》、《LED 委员会章程》、《创立安防产业园的工作议案》、《开展技术培训的方案》、《监事会制度》、《办事处管理办法》等议题和决议。

本年度相继有多家企业向协会申请晋级理事单位，秘书处根据协会章程的有关条款，将符合条件的候选单位，提交全体会员代表进行审议、表决，最终增补了 5 家理事单位。截至 2019 年，协会共有 69 家理事单位。

为进一步完善协会管理制度，建立和健全监督体系，确保协会开展各项活动，辽宁安防协会组织的各种活动，监事都全程参与，通过列席、出席会议和工作访问等形式履行监督职能，了解和掌握协会的重大决策、财务状况和日常工作情况。

随着信息量的不断增加，辽宁安防协会对网站进行了改版升级。新版网站优化了网上办事大厅功能，增加培训电子证书版块、会员电子证书版块以及外地办事处网站入口链接等。升级改版后的“辽宁安防协会信息网”内容丰富、栏目清晰、服务范围广泛，互动性强，会员企业操作便捷，理顺了材料提交流程，用户体验更加人性化。

三、举办东北安博会，搭建交流交易平台

东北国际社会公共安全产品博览会（简称“东北安博会”）是由辽宁安防协会与某公司发起并联合吉林省、黑龙江省安防协会共同创办的东北地区安防行业展览会。安博会以立足沈阳辐射东北，服务安防行业发展为宗旨。

2019 年，在第二十一届东北安博会期间，协会承办了由中国安全防范产品行业协会主办的“全国安防行业团体标准建设发展论坛”及相关活动，并得到全国 20 多家省、市安防协会及全国安全防范报警系统标准化技术委员会的支持。

安博会期间，还举办了东北安防发展论坛及东北安防工程商大会，邀请公安部专家和国内知名企业做安防新技术及工程解决方案的主题演讲，为安防企业搭建了开拓市场、沟通信息、交流技术的平台。

安博会还设有辽宁安防协会展区，展示协会工作历程并现场为会员单位提供咨询服务，同时协会的合作单位也在现场面向会员和观众就法律方面的问题答疑解惑，受到了广泛的好评和赞扬。

四、制定团体标准，组建专业服务团队

2019 年 9 月，由辽宁安防协会提出并归口、6 家会员单位共同起草的《安全防范系统维修保养规范》（T/LNPSA0001-2019），正式在全国团体标准信息平台发布。目前，协会对团体标准方面的工作处在摸索、学习阶段。协会鼓励广大会员单位集思广益，积极参加团体标准的建设工作。

2019 年 9 月 25 日，协会 LED 技术委员会成立大会在沈阳召开。LED 技术委员会的成立，标志着协会大家庭又增添了新成员。LED 显示技术和安防系统有着密不可分的关系，协会会员单位中有众多企业参与 LED 相关产品的经营和服务。

五、调研走访、交流学习，助力行业发展

辽宁安防协会多次参加全国各省市安防协会组织的各种会议和活动，也在辽宁接待兄弟省市安防协会的同仁考察交流。通过彼此间的互联互通，及时了解全国安防行业发展情况，吸收先进办会经验，对提高协会工作效能、助推辽宁省安防行业的创新发展起到了促进作用。

六、强化培训工作，提高从业人员素质

辽宁安防协会先后组织了 10 期培训，共计有 2000 余人参加了培训。培训内容是新修订的国家标准 GB50348-2018《安全防范工程技术标准》。当地公安技防部门的领导和专家也应邀出席，宣讲安防法规和管理要求，这对于安防企业以及从业人员提升法律观念和加强保密意识具有十分重要的意义。培训有效地提高了辽宁省安防工程企业技术人员的设计、施工及维护水平。此外，通过举办一系列专业技术培训，培养出了一批优秀的安防经理人和工程技术人员，提升了辽宁省安防工程企业整体素质和市场竞争能力。

七、提升企业“法治商数”，维护会员权益

为维护会员企业的合法权益，针对会员企业在经营中经常遇到的问题，2019 年度辽宁安防协会联合律师事务所，共同举办了六期法律培训。内容涵盖合同的法律学问、人力资源管理中的法律风险节点与防范、账务清收法律常识、企业应规避的法律风险、企业应收账款的解决方案等。通过学习培训，增强了企业管理者“法治商数”，促使企业在经营过程中将法律风险降至最低，使企业的自身利益得到有效保障。

2019 年度，通过电话解答会员企业咨询 100 多次、30 多家企业享受到免费的律师见面咨询服务。同时，还创建了免费的法律文本库，制作了一整套法律体检问答书和大数据分析报告。经统计，各年度的法律服务中法律咨询问题解决率达到 100%，客户满意度达到 100%。

八、召开第八届会员代表大会，进行换届选举

2019 年 12 月 18 日，辽宁安防协会召开第八届会员代表大会暨第八届理事会第一次会议。协会第七届理事会会长向大会作工作报告、财务工作报告。报告全面回顾了五年来协会第七届理事会所做的各项工作，从多个方面对工作内容进行总结。

会上全体参会代表以无记名投票方式，表决通过了《辽宁省安防协会章程》修订草案，选举产生了第八届理事会、监事会。在随后召开的第八届理事会第一次会议上，以无记名投票的方式，选举产生了新一届理事会负责人和常务理事。

立足新起点，展望新征程。2020 年，辽宁安防协会将在党的十九大和十九届四中全会精神指引下，在上级单位的正确指导下，紧紧依靠并团结带领全体会员，不断探索新模式、创造新机制、拓展新业务，扎实工作，不辱使命，为圆满完成各项工作任务而不懈努力，不断开创协会工作新局面。

吉林省社会公共安全产品行业协会

2019 年，吉林省社会公共安全产品行业协会（以下简称“吉林安防协会”）在上级主管部门的领导下，在广大会员单位的大力支持下，围绕党和国家公共安全事业的中心任务，秉承服务政府、服务行业、服务会员的根本宗旨，积极寻求安防行业发展的着力点，充分发挥协会组织的桥梁纽带作用，努力推动安防行业向高质量、高水平发展。

一、坚持党的领导，加强党建工作

（一）加强党的全面领导

吉林安防协会把党建工作总体要求纳入协会章程，明确和落实党组织在协会法人治理结构中的法定地位，发挥政治优势，推进依法治会，提高办会能力。

（二）认真贯彻《关于新形势下党内政治生活的若干准则》

吉林安防协会严格尊崇党章，坚定执行党的政治路线，发扬群众路线优良传统，协会领导关注基层人员意见建议，解决会员单位实际困难，党群关系更加密切，不断营造风清气正的良好政治生态。

（三）推动党建工作

紧密结合“不忘初心、牢记使命”主题教育，吉林安防协会开展了“不忘初心回馈社会，牢记使命彰显担当”的“重走抗联路”红色教育和助力精准扶贫爱心捐赠活动，切实把学习成效转化为做好本职工作、推动党建工作开展的生动实践。

（四）加强学习教育，提高理论水平。

把强化理论武装作为提高思想政治素质的首要任务。

二、不断深化为政府服务，为行政管理决策提供依据

（一）进一步加强与政府有关部门的联系，夯实协会的传统优势

为更好地服务政府发挥桥梁纽带作用，吉林安防协会采取多种方式加强与政府有关部门的联系，主动向民政厅、公安厅等上级主管部门汇报工作，交流情况，积极争取工作任务。受政府相关部门委托，推荐专家对行业内重大的投资、改造项目的可行性进行前期论证，承担技术咨询与培训、项目论证与验收等工作任务。

（二）开展行业统计，为政府主管部门决策提供数据支撑

吉林安防协会严格按照统计要求，积极配合全国安防行业统计调查、《中国安全防范行业年鉴》等工作，组织编辑了吉林省安防企业的上报材料，展现了吉林安防行业发展成就。

三、不断深化为行业服务，引导行业平稳健康有序发展

（一）做好资信等级评定工作，促进行业规范

在安防资信等级评定工作中，吉林安防协会严格准入门槛，精准审查申报条件。2019 年共有 674 家企业获得资信等级证书。通过严格安防资信等级评定工作，提升了安防工程企业的整体素质和自律能力，为企业开发市场提供了资信服务，有力地维护了行业秩序，得到了上级主管部门和会员单位的充分肯定与好评。

（二）开展分层次培训，提升人员素质

按照公安部和建设部相关文件的精神，吉林安防协会结合资质信用等级证书年检工作，聘请行业权威专家进行系统培训，开展了全省安全技术防范标准宣传贯彻培训会和安防工程企业职业技能培训，近 1800 人通过考试并获得培训合格证书。

（三）构建行业服务平台，履行服务职责

吉林安防协会积极引入有关专家为会员单位提供有质量的服务，从专业发展的角度、以创新的精神和能力分别为政府决策和行业共性工作提供专业服务。

为推进会员单位利益最大化，针对会员反映突出的问题，一方面积极向政府部门反映，提供政策建议、工作思路和解决方案，一方面组织专家与会员单位共同开展相关课题研究，为解决问题提供理论依据。

四、不断深化为企业服务，加强协会自身建设

服务会员始终是协会工作的重点，吉林安防协会一向高度重视服务会员工作，在广泛学习其他省市安防行业协会先进经验的基础上，多次组织进行专题研讨，狠抓落实。

（一）增员纳新，提升团队领导能力

截至 2019 年年底，吉林安防协会共有理事会成员 51 人，其中副理事长 16 人、常务理事 23 人、理事 12 人。其中，依据法定程序当年新增副理事长 1 人、常务理事 7 人、理事 1 人，为团队补充了新鲜血液，增强了团队力量，为协会后续发展打下坚实的基础。

（二）注重协会内部团队建设和人才培养

吉林安防协会不定期开展业务交流会，及时分析总结重点工作情况，交流最新行业动态，分享工作提升方法和高效的信息化工具，切实提升协会工作人员的业务能力和工作水平，为广大会员提供更高质量、更有价值的服务。

（三）增加沟通方式，加强互动交流

不断加强协会与会员单位之间的交流，引导会员企业服务吉林省经济建设，是吉林安防协会工作的重要内容。通过建立理事群、会员群、内部工作群等，搭建会员与协会、会员之间对话和交流的线上平台，及时了解企业需求，为会员量身定制服务。先后走访调研了六家会员单位，通过实地走访调研，倾听企业的心声和困难，为企业排忧解难。

（四）加强信息化建设，提高信息服务质量

吉林安防协会充分利用网络媒介，实现信息共享，及时、准确为会员发布最新行业资讯、政策动态、技术论坛等信息，使会员更好地掌握政策导向，为会员单位提供更便捷的信息服务。协会微信公众号“吉林省安防协会”2019 年 5 月正式上线，加强了协会与会员的沟通链接，成为协会服务会员的又一重要渠道。全面改版升级的“吉林安防网”于 11 月正式运行，新版网站不仅在功能模块及内容方面进行了重新规划和布局，在运行效率、安全拓展等方面也做了全面优化，网站整体较以往有了很大的创新和改进。

（五）组织开展交流活动，加强行业合作

吉林安防协会组织会员企业“走出去”开阔视野，主动向先进的同行企业学习，通过借鉴学习先进的经营模式和管理理念，总结查找自身的短板与不足，为企业可持续发展奠定了基础，组织近 200 人次参加第二十一届东北国际公共安全防范产品博览会、第十七届中国国际社会公共安全博览会等业内重大活动。

吉林安防协会将优秀同行“请进来”传经送宝，举办交流会，分享经验，组织近 800 人次参加大型技术交流会。这些展会和交流会的有效资源，为吉林省安防行业企业提供了交流提升的机会和合作平台，提供了推广品牌的契机，增加了企业开拓市场、更新技术以及合作共赢的信心。

（六）加强与其他安防协会的沟通，创建学习型组织

吉林安防协会开展“走出去”活动，向全国优秀的安防行业协会学习管理、运作的经验做法，自觉为营造公平、和谐、有序的行业氛围做出努力，不断提升为会员服务的水平。通过学习交流，开阔了视野，为建设好协会、服务好会员、规范行业拓宽了思路。

经过一年的努力，吉林安防协会在上级主管部门的领导下，在广大会员单位的大力支持下，围绕安防事业中心任务，秉承协会根本宗旨，在党建引领协会建设、积极开展行业交流、重点加强行业自律、大力开展培训工作、着力提升服务质量等方面做了大量工作，并取得了显著成效。

黑龙江省安全防范产品行业协会

2019年，黑龙江省安全防范产品行业协会（以下简称“黑龙江安防协会”）在黑龙江省公安厅和民政厅的正确指导下，在会员单位的大力支持下，紧紧围绕协会章程，以服务会员单位、引领行业健康发展、促进行业诚信自律为主线，不忘初心、开拓进取，较好地完成了各项工作任务。黑龙江安防协会现有会员单位700余家，其中副理事长单位40余家、常务理事单位30余家、理事单位80余家。现将工作情况总结如下：

一、夯实党建工作基础，发挥示范引领作用

黑龙江安防协会联合党支部以学习贯彻习近平新时代中国特色社会主义思想为主线，以开展“不忘初心，牢记使命”主题教育为契机，紧紧围绕党的领导和党的建设，充分发挥示范引领作用。组织会员单位党员、代表参观双城“四野”指挥部纪念馆，组织召开“不忘初心，牢记使命”专题教育组织生活会。

二、推进行业自律，开展企业能力评价工作

为进一步推进行业自律，规范从业行为，提高安防工程企业的整体素质，黑龙江安防协会自2018年开展能力评价工作，得到了黑龙江省内安防工程企业的积极响应和广泛参与。2019年，共有600余家企业申请并获得了能力评价证书，为企业开展安防工程设计、施工、维护工作提供了有力保障，同时也为社会及第三方提供了企业施工能力的参考。

三、巩固行业建设，召开理事会议

2019年1月20日，黑龙江安防协会顺利召开了2019年第一次理事（扩大）会议，副理事长单位、常务理事单位、理事单位、会员单位代表近300人出席会议。

会议做2018年度工作报告，汇报协会2018年主要工作及2019年工作计划；表决通过副理事长、常务理事、理事单位名单，经大家举手表决，全部通过；宣布2018年专家委员会名单。

四、加强行业宣传，推广《龙江安防》年刊

《龙江安防》自2017年1月创刊以来，累计出版印刷4000余册。其内容涵盖协会简介、协会动态、技术知识、行业发展、企业宣传等，并设有“协会动态”、“会员名录”、“技术导航”、“视点聚焦”等板块。

黑龙江安防协会推广年刊旨在传播安防前沿技术、助推行业长足发展，为全省安防行业宣传推广提供“窗口”，为会员单位交流学习搭建“平台”，同时也使社会各界更直观地了解到黑龙江安防行业发展现状，为省内安防事业的蓬勃发展添砖加瓦。

五、强化协会组织机构建设，切实发挥委员会职能作用

（一）专家委员会

黑龙江安防协会专家委员会前往哈尔滨工程大学信息与通信工程学院进行考察交流，与学院负责人和教授围绕安防、人工智能等话题展开交流座谈。双方希望可以发挥各自优势，保持紧密对接，共同为开创黑龙江安防、人工智能新局面提供有力保障。

（二）文体委员会

组织开展徒步大赛，300多名健将竞相角逐，为企业搭建了一个良好的沟通平台，进一步加强了企业

之间的交流与合作。

（三）爱心捐助委员会

2019 年春节前夕，组织开展了“2019 迎新春送温暖”慰问活动。慰问活动既是向社会传递爱心，为贫困群众送温暖的一种方式，同时也是协会贯彻落实党中央、国务院关于打赢脱贫攻坚战的决策部署，助力脱贫，传递正能量的一次行动。

六、增进交流学习，助力企业蓬勃发展

黑龙江安防协会组织会员单位参观了沈阳 2019 第二十一届东北安博会和深圳 2019 第十七届中国国际社会公共安全产品博览会。观看新产品、学习新技术，使大家拓宽了视野，开拓了思路，对新时期安防行业的发展趋势有了更深的认识，为黑龙江安防行业的发展起到了积极的推动作用。

为进一步加强协会与会员单位的沟通交流，深入了解会员单位的生产经营情况及发展需求，黑龙江安防协会赴企业走访调研，协会的桥梁与纽带作用得到了充分的发挥。

为帮助黑龙江省内安防行业技术人员全面理解和掌握最新实施的国家标准 GB 50348-2018《安全防范工程技术标准》，黑龙江安防协会联合全国安全防范报警系统标准化技术委员会、公安部安全与警用电子产品质量检测中心举办了两期标准宣贯培训班，共计 680 人取得培训合格证书，培训工作取得圆满成功。

组织会员单位参加 2019 中国安防工程商（系统集成商）大会暨第二十七届中国安防新产品、新技术成果展示会，搭建了一个相互展示、相互交流、相互学习的平台，企业增进了彼此的了解，坚定了合作的信心，为省内安防行业的发展起到了关键性的作用。

回顾过去，黑龙江安防协会勇于创新、攻坚克难，工作上取得了一定的成果；展望未来，黑龙江安防协会将继续秉承“一切为会员单位服务”的宗旨，以“大事小事，做精做细，认真负责”的态度积极开展工作，谱写新时代黑龙江安防行业的新篇章！

上海安全防范报警协会

2019 年，上海安全防范报警协会（以下简称“上海安防协会”）在上海市公安局治安总队及上海市社会团体管理局的指导下，在全体会员单位的支持下，围绕上海“五个中心”、“智慧城市”和“智慧公安”建设，依据《章程》的有关规定，全面完成了理事会制定的各项任务。

一、认真做好上海技防地方标准制修订工作

2019 年，上海安防协会认真组织相关单位、专家参与上海市地方标准的制定、修订和本市安防行业技术规范起草工作，先后起草推出了 DB31/T329. 1-2019《展览馆博物馆》、DB31/T329. 6-2019《学校幼儿园托育机构》、DB31/T329. 7-2019《城市轨道交通》等 11 项智能化技术规范，同时对上海市地方系列标准中《枪支弹药》、《养老机构》等进行修订。为提升上海技防水平，全面做好上海市安全技术防范工作提供了充分的技术保障。

二、发挥技防专家在评审咨询工作中的骨干作用

上海安防协会技防专家主要承担着上海市大型活动、重点工程项目的技防咨询服务、评审和验收工作。2019 年，上海市申报安防评审项目共计 2532 个，委派评审专家达 5358 人次，验收安防项目 2992 个，评审和验收项目累计金额达 17. 51 亿元，委派验收专家达 6276 人次。评审验收工作的开展，体现了上海国际大都市对技防工程高标准严要求的特性，确保了上海市技防工程建设的安全性、可行性和科学性。同时，为提高上海市重点单位安全技术防范水平作出了重要贡献。

三、优化会员单位服务工作，稳步提高服务质量

2019年，上海安防协会积极组织会员单位遵守宪法，贯彻执行国家法律、法规和政策，协助政府从事安防行业管理、维护会员单位的合法权益，发挥协会行业服务、行业自律、行业代表、行业协调功能。主要表现在：

（一）支持会员单位工作

为支持会员单位参与政府招投标、申请知名品牌推荐等活动，上海安防协会出具了各类证明材料近10份。

（二）开展中高级技术职称评审工作

为大力提升技防专家的履职能力和从业水平，上海安防协会通过严格评定，目前共有30位技术人员通过中高级技术职称评审。

（三）组织开展沙龙培训活动

为帮助会员单位充分了解《住宅小区智能安全技术防范系统要求》、“评审验收及智能安防关注要点”等相关内容，上海安防协会开展了10余场系列沙龙培训活动，邀请行业资深专家和主管部门深度解析地标条款、年检流程等，现场均设交流答疑，切实为广大会员单位提供优质服务。

（四）搭建学习平台

上海安防协会组织了20余家会员单位赴北京、新疆、澳大利亚等国内外多地进行学习考察活动，帮助会员单位了解前沿技术及安防行业发展态势，开拓国内国际市场。

（五）积极开展单位入会工作

2019年上海安防协会新吸收362家企业入会，目前，会员数量为796家。

（六）开展会员体检活动

上海安防协会为全体会员单位提供会员免费体检活动，将会员服务工作落向实处。

（七）完善会员联络制度，强化会员服务质量

上海安防协会设立联络组群、联络员，专项服务会员单位。

四、扎实做好行业培训工作，夯实行业基础

为更好地满足技防从业单位需求，帮助技防从业单位和从业人员进一步熟悉技防行业的新标准，适应上海市技防管理工作的新要求，上海安防协会组织开展针对性的系列培训。2019年，上海安防协会共组织了116场各类业务培训，超过3500人次参与了培训，经考试，85%以上的培训人员取得了合格证。

协会制定了对从业人员的业务培训目标和培训方向，根据制定的目标与方向，会同专家科学拟定了具有上海技防特点的培训内容，聘请了授课老师，以及认真收集培训质量意见反馈工作，使技防业务培训及教材充分适应形势和行业需要。

五、积极做好技防双平台运营维护工作

为加强对上海市技防工作建设的管理，切实保障技防设施的正常运行，上海安防协会通过上海安全技术防范工程监督管理应用平台与技防产品服务平台对技防项目和产品实施监督管理。自上线以来，上海安防协会共受理了两万余个项目，存储了上万路图像。另外，实时监管了200余个金柜与2000余台银行ATM机。平台相关功能的日趋完善，一方面加强了社会单位技防设施，特别是视频监控设施维护、使用情况的监督和管理，另一方面便于技防管理部门进行实时监管。截至目前，上海市技防产品服务平台内共注册产品企业860家，已提交申请入库的各系统技防产品累计10279款，审核通过的产品已达到9292款。

六、举办上海安博会，搭建安防展示平台

2019年5月22日至24日，上海安防协会成功举办了“第十九届上海国际公共安全产品博览会暨上

海国际警用及安防无人系统博览会”。本届展会组织了全国 200 多家人工智能、智慧安防、智能安保领域代表企业参展，展出面积达 25000 平方米，日均参观 2 万余人次。展会多层次展示了运用大数据、云计算、物联网、人工智能等新技术、新手段的智能安防产品，让观众零距离感受最前沿的安防科技，得到了社会各界好评，也为促进上海“智慧城市”和“智慧公安”建设发挥了协会良好的品牌效应。

七、充分发挥“一刊一号两网”信息交流作用

上海安防协会结合服务会员单位的发展与需要，积极办好《上海保安与技防》、“微信公众号”和“上海安防网与上海安博会官网”。在上级领导和相关部门的指导下，协会通过全方位、多样化、多层次宣传渠道，充分发挥了“一刊一号两网”信息交流作用。2019 年，共编辑发行《上海保安与技防》杂志 12 期共 8 万余册，原创撰写文章 420 余篇；微信公众号与上海安防网同步转载，累计点击阅读量超 10 万余次；上海安防网与第十九届上海国际公共安全产品博览会暨上海国际警用及安防无人系统博览会官网通过改版，新增会员服务平台。

2020 年，上海安防协会将深入贯彻党的十九大精神，对标国际最高标准、最好水平，在上海市公安局、上海市社会团体管理局的领导下，认真履职、强化自身建设、改革创新，全力做好各项会员服务工作，深耕行业发展；注重行业培训与管理，积极培养和聚集本市安防骨干人才，加快引导行业向科技化、信息化、数字化发展趋势，不断提升安防从业企业综合竞争力，勇创上海安防协会良好的桥梁和纽带服务品牌作用。

南京安全技术防范行业协会

2019 年，南京安全技术防范行业协会（以下简称“南京安防协会”）在南京市公安局主管部门的指导下，以行业发展为导向，以能力建设为目标，积极适应全面深化改革对行业协会提出的新任务、新要求，顺应新形势、转变新思路、找准新定位、力求新突破，团结带领广大会员单位，旨创新、解难题、求发展，重点开展了以下几方面工作。

一、充分发挥专家职能作用，为各项评审、评优工作提供支撑

2019 年，南京安防协会依照《南京安全技术防范行业协会专家管理办法》规定，组织专家团队开展了“2019 年度优秀安防工程（集成）企业、优质安防产品评选”活动、安防企业诚信等级评审、应邀参与公安部和中安协组织的智慧警务、“雪亮工程”等重大项目论证及新标准修制定、为会员单位技术咨询服务等工作，充分发挥了专家职能，为各项工作实施提供了有力支撑。

二、完善安防工程企业能力评价工作，切实为会员单位经营发展提供支持

2019 年，南京安防协会加强了对能力评价工作的监督和指导，进一步完善各项制度和服务举措，使能力评价工作健康有序发展，一年来，协会能力评价中心全年办理持证企业年审 251 家，全年办理新证申请 101 家。截至 2019 年年底，江苏全省持有工程企业能力评价证书的企业共计 480 家，南京持证企业共计 188 家。在相关工作中，南京安防协会建立完善了监督管理机制，确保了能力评价工作公开透明。

2019 年四季度，南京安防协会针对在能力评价审核过程中发现的问题，组织评审专家召开了两次培训宣贯会，覆盖 200 余家企业，宣贯会就能力评价体系文件、企业复评工作资料整理、操作流程及填报要求做了深入解读，培训宣贯会作为协会服务会员单位的重要举措之一，受到参会企业一致好评。在做好能力评价工作的基础上，协会全年为会员单位在外省市经营备案开具证明 150 余次，为会员单位经营发展提供了有力支持。

三、建立健全安防企业信用评价管理体系，推动诚信建设向纵深迈进

为更好地提高会员单位市场竞争力，营造诚实守信、公平有序、健康发展的市场环境，2019 年，南京安防协会组织专家委员会、会员单位代表及第三方评定机构，开展了多轮座谈，结合行业特点制定了《南京安防企业信用评价管理办法》及评价指标，使诚信评定工作更规范，安防行业诚信体系构建更扎实，对持续推动诚信建设工作常态长效有着十分重要的意义。根据信用评价管理办法，2019 年，共评审出安防诚信企业 29 家，其中安防产品生产销售企业 5 家、集成（设计施工）企业 24 家。

四、不断扩大对外交流，提升南京安防品牌形象

2019 年，南京安防协会充分发挥在全国安防界的影响力，与其他省市安防协会开展相互学习交流，共建友好协会。成功协办中安协第五届理事会第八次理事长工作会议暨常务理事会，分批组织会员单位参加在深圳、新疆、西藏、杭州、厦门等地举办的各类行业交流活动。

五、不断完善标准法规库，积极开展标准法规宣贯及行业技术培训

随着经济和社会的快速发展，标准化工作在行业发展中的地位越来越突出，2019 年，南京安防协会建立并不断完善标准库建设工作，目前共收录安防行业标准 117 项，其中国家标准 31 项，行业标准 86 项供会员单位查阅，同时南京安防协会高度重视标准法规宣贯及行业技术培训工作，年内多次组织开展安防企业管理人员、技术人员培训班，培训内容包含安防行业标准法规、工程造价与计价、项目实施成本管控等一系列企业招投标及项目管理中的实用技术，通过培训活动，促进了会员企业及时学习了解行业政策、法规、标准，规范了企业在安防工程设计、施工、维护、验收过程中的从业行为，得到了学员的一致好评。

六、不忘初心，积极投身公益事业

2019 年 6 月，南京安防协会与南京市公安局关工委、科信处、六合分局关工委联合举办了六合区马鞍中心小学公益助学活动。南京安防协会向马鞍中心小学品学兼优的贫困学生捐赠了助学金。

七、积极开展文体活动，加强协会文化建设

为进一步丰富会员单位业余文化生活，喜迎新中国成立 70 周年，9 月 26 日下午，南京安防协会与南京市公安局技术防范办公室联合举办了以“不忘初心齐奋进　砥砺前行保平安”为主题的庆祝中华人民共和国成立 70 周年摄影展，摄影展共展出了 8 位摄影爱好者的 40 余幅作品。通过展览，大家充分感受到伟大祖国 70 年巨大变化，极大地激发了爱国热情。

2019 年，南京安防协会工作虽然取得了很好的进展，但也要看到面临的挑战，面对经济发展“新常态”，面对协会、商会改革新形势，面对技术创新发展新浪潮，南京安防协会要紧跟时代步伐，适应时代要求，不断加强学习，深入思考，找准工作定位，明确工作重点，真正把协会建成一道撑得住、压不垮，适合时代需要，深受各方欢迎的行业“桥梁”。

常州市安全技术防范行业协会

2019年，常州市安全技术防范行业协会（以下简称“常州安防协会”）在常州市公安局、民政局的监督管理下，在行业主管部门的具体指导下，不断丰富工作内涵，充分发挥企业与政府之间、企业与企业之间桥梁纽带的作用和展示常州安防行业窗口的作用，勇于开展新实践，更具前瞻性、专业性和规范性地履行职能，积极作为，为“平安常州”建设发挥了重要作用，得到了指导部门、相关部门及会员单位的充分肯定。截至2019年年底，常州安防协会共有会员单位151家（其中副理事长单位14家，理事单位19家，普通会员单位118家）。

一、持续推进能力评价工作

为了加强行业自律，规范企业行为，倡导公平公正，体现社会诚信，确保工程质量，促进安防企业从业能力建设，为社会及第三方提供能力参考，常州安防协会依据《常州市安防工程企业设计施工维护能力评价管理暂行规定》，组织开展安防工程企业能力评价工作，并颁发《常州市安全技术防范行业工程企业设计施工维护能力证书》。截至目前，共有96家安防工程企业申领能力证书，不断提高全市安防工程建设质量。协会还积极协调常州市财政、经信、发改和建设等部门，将安防工程企业设计施工维护能力证书作为常州市安防系统建设工程招投标条件之一。

二、广泛开展协会交流

（一）积极参加联盟活动

常州安防协会积极响应中国安全防范产品行业协会、江苏省安全防范行业协会联盟的倡议，积极参加各项活动，交换协会工作信息，了解各地政策法规，为常州安防协会发展提供参考，联盟成员之间建立的合作关系也将为发展各自优势，相互借力，为会员单位走出去打开了一个广阔通道。

（二）接待兄弟协会的考察交流

3月，常州安防协会接待昆山市安全技术防范协会专家委员会来访和座谈交流，双方就如何顺应地方经济、人文实际，准确定位协会职能、规范行业自律有序、发挥协会中介作用以及兄弟协会加强互动等内容进行深入交流，两地专家就技术形势及具体技术问题展开探讨。

三、组织对外学习交流

2019年，常州安防协会组织会员单位参观考察相关企业。组织部分理事以上单位代表，专程赴青岛市安防协会学习考察，参观考察了两家知名企业，领略其多年来沉淀积累的企业文化和科技实力。会员单位也从两家传统制造业巨头的几十年的发展历程中，深刻体会到企业只有勇于尝试、不断创新、不断塑造核心竞争力才能持续发展，站在时代的巅峰。

四、拓展会员行业视野

常州安防协会组织理事以上会员单位负责人、行业专家及部分会员单位代表赴深圳参观第十七届中国（深圳）国际社会公共安全博览会，现场了解行业新技术、新亮点和新趋势，听取领军企业论坛报告，了解行业政策专家解读，了解行业商务模式、技术趋势，为企业拓展视野，发展创新、转型升级创造了良好的学习交流机会。

11月6日，常州安防协会组织会员代表前往苏州参观第十八届苏州电子信息博览会暨长三角工业互联网大会。该博览会已从以往单纯的电子器件、电子产品、电子设备向工业互联网延伸，互联网与安防、电子行业的交叉融合催生着希望的同时，也给传统安防行业带来了压力，各个厂商、集成商、运营商尝试通过互联网技术拓展到安防之外的行业，不断推陈出新，丰富了展会内涵，工业互联网的应用落地也给代表们带来了新的思考和启发。

五、搭建会员学习平台

9 月 10 日，常州安防协会举办第五期安防大讲堂，邀请税务局专家为会员单位相关负责人做企业涉税讲座，帮助企业了解国家税务体制改革相关政策，增强法律意识，降低运营成本，提高市场竞争力。

六、丰富会员单位活动

为了进一步增强会员之间相互交流，丰富业余生活，引导安防企业通过健康文明、积极向上的娱乐休闲方式，有效放松身心，缓解工作压力，促进会员单位之间相互沟通交流，增进同行业彼此间的友谊和感情，增强常州安防团队合作共赢意识。常州安防协会于 12 月 14 日举办了第六届“会员单位扑克牌比赛”，本次活动共有会员单位代表 70 多人报名参赛。

经过一年的努力，常州安防协会在习近平新时代中国特色社会主义思想的指导下，以“不忘初心、牢记宗旨”的目标定位，“围绕平安、立足常州”的核心内涵，“开放包融、广纳百川”的工作方略，不断关注行业发展、收集行业信息、建设交流平台，陪伴会员单位砥砺奋进谋发展，协助会员单位在变革中找准位置，开拓思路，寻找机遇，勇敢尝试，在产业细分领域中精准耕耘，以取得市场竞争的主动权。

苏州市安全技术防范行业协会

2019 年，苏州市安全技术防范行业协会（以下简称“苏州安防协会”）在苏州市公安局行业指导部门的具体指导下，根据苏州安防“再发展、再出发”的目标与要求，进一步提高站位，找准定位，谋划、完善更多以诚信评定、团标建设为代表的创新举措，打造以增添无人机分会、安保分会等资源汇聚、机遇叠加的更多平台，努力做出亮点，做强特色，成果明显，为建设“平安苏州”发挥了重要作用，得到了指导部门、相关部门以及会员单位的充分肯定。

一、诚信建设、团体标准建设向纵深迈进

（一）争当开展诚信评定、团体标准制定的探索与实践领跑者

2019 年上半年，苏州安防协会瞄准制定申报安防企业星级诚信评定团体标准和地方标准的目标立项，组织专门力量，制定安防行业星级诚信单位评价指标体系和诚信单位评分表，于 2019 年 8 月，审议通过安防行业星级诚信单位评价规范团体标准的立项申报，并报送协会团体标准专家委评审。同时，继续每年的星级单位申报及评审，2019 年的星级单位经协会诚信委员会、政府相关部门和专业信用公司共同根据不断完善的评价指标标准和诚信单位评分表评审，常务理事会审核同意并公示，共评定出 79 家，其中制造（产品）商 12 家，经销商 7 家，集成（设计施工）商 59 家，检测检验机构 1 家。

（二）全力孕育，努力催生多个高端化、高品质的标准供给，为安防业提供更有力的标准化支撑

2019 年 4 月，协会专门召开安防标准化建设专题学习会，介绍上海市、苏州市标准化建设在政策方面的保障、标准化生态的培育以及标准化能力的提升等方面情况，介绍 GB50348-2018 安防新标准内容。2018 年 5 月批准立项的《视频监控数据安全防护系统技术要求》，于 2019 年 11 月 22 日通过专家评审；由理事长单位牵头，相关会员单位参加的电警、车辆卡口补光灯使用的团体标准，基本完成立项前的调研工作；正在进行“123”安全用电智能集成系统申请团标立项的准备工作。

二、合作共建扩大范围，深化携手并进

（一）组织各方力量，扎实开展无人机分会工作

协会无人机分会于2018年年底成立后，首先建立苏州地区无人机行业管理制度、建立无人机专家委员会；制订了“无人机摸底调查”、“无人机法律法规宣传培训”、“无人机相关规定空白段整合”等5个方面的工作计划，多次召集相关人员，对该行业存在的问题开展调研，寻找对策；组织专门力量编写无人机培训教材，制订“阶梯式培训”计划；协助协会副理事长单位召开成立无人机大队的论证会。加强无人机领域的管理，促进无人机分会会员企业之间的相互合作，资源共享，合作共赢。

（二）不断打开新的空间，不断完善多种合作共建形式

2019年，苏州市职业大学明确苏州安防协会秘书长和苏州职大计算机学院院长分别担任苏州安防学院院长和执行院长。双方在共建的安防学院的合作项目中，新设立“安防学院奖学金”，以此激励该学院学生勤奋学习，刻苦钻研。

2019年，苏州安防协会分别与北京、上海、浙江等省市安防协会开展相互学习交流活动。并将长三角区域安防产业一体化协同发展过程中加强与西北省市安防协会的战略合作，加强东西部协会之间技防专家的交流学习列为重要内容。

（三）筹建协会安保分会，打造新的交流合作、资源汇聚的平台

苏州安防协会从5月开始，着手成立安保分会的准备工作，于2019年12月28日正式举行苏州市安全防范行业协会安保分会成立仪式。

三、“刊、网、号”平台优化建设与时俱进

《苏州安防》刊物、苏州安防网、苏州安防公众微信号是苏州安防行业聚智发声的重要载体，也是苏州安防对外的一张靓丽名片，特别是《苏州安防》，被认为业内标杆刊物之一。2019年主要取得了以下成绩：

全年4期《苏州安防》刊物共宣传报道16家会员企业，保持刊物的特色与品质，制作在全国引起广泛关注的独家策划栏目“文史安防”、“安防小说”、“境外安防”内容，在指导性、实用性、可读性等方面下功夫。

全年3个平台共推出由协会通讯员、编辑、专家撰写的原创性文稿达100篇，共100多万字，多篇被今日头条、腾讯、搜狐转载。

四、循序渐进创新多措服务会员单位

（一）积极推介安防新技术

苏州安防协会举办安防产业创新发展高峰论坛，积极支持和帮助会员企业开展主旨演讲、技术研讨、产品展示、体验和互动平台等新产品新技术新方案的宣传和推广。组织技防专家，对目前传统技术产品市场有升级和补充作用的掌静脉和光纤围栏报警产品进行理论学习讨论、实景应用考察调研。

（二）积极组织“高新技术企业”和科技项目的申报

2019年3月，协会召开技术创新工作会议，邀请苏州经济和信息化委员会领导作科技型企业在新形势下如何发展的讲话；邀请专业人员作“高新技术企业”入库培育与申报条件、审核要点、难点解析的辅导，帮助协会企业了解申报“高新技术企业”和科技项目的最新政策，2019年科技项目申报汇总分析等，掌握申报流程要求，规范企业日常的科技管理，做好高新技术企业和科技项目申报的规划和准备，同时规避各类企业申报高新技术企业和科技项目过程中出现的共性问题。协会还专门发出“关于专利申请快速预审备案主体申报的通知”，提醒符合条件的会员企业积极向苏州市知识产权保护中心备案，如备案成功，可享受开展专利申请快速预审、专利复审及无效请求快速预审、专利权评价报告快速处理预审

的服务等。

（三）加强对外学习交流，扩大苏州安防业影响

苏州安防协会努力创造机会，撮合各种形式的学习交流。分别组织会员单位参加第十九届上海国际公共安全产品博览会、2019 中国（西安）国际社会公共安全产品博览会、深圳第十七届中国国际社会公共安全博览会等活动。

五、加快推进行业规范化建设

（一）积极组织各类专题培训

苏州安防协会制订详尽的培训计划，组织会员单位、安防企业管理人员、安防企业内员工开展不同类别、不同层次的各种培训，力求以多种措施，帮助安防企业从业者谋求更高的发展平台和更多的可能性。

（二）大力加强专家管理

苏州安防协会积极配合指导部门，加强对专家的培训、考核和管理，规范专家的履职行为。参照《苏州市安全技术防范行业协会技术委员会专家管理及考核办法》（2017 版）评优条件规定，开展 2019 年度优秀专家评选活动，评选出 2019 年度优秀专家共 24 人。

六、不断增进协会纽带桥梁作用

（一）建立“不忘初心，牢记使命，精准扶贫”行动支部

苏州安防协会积极响应苏州市创建“行动支部”活动的号召，开展以“不忘初心，牢记使命，精准扶贫”为主题的党建活动：联合共建单位苏州大学有关院校，参观沙家浜革命历史纪念馆、新四军太湖游击队纪念馆等，全体党员举行入党宣誓。

同时，协会积极申请参加四川省成都市郫都区政府和甘孜藏族自治州道孚县政府共同开展的“郫都道孚手足情，全域帮扶共振兴”活动，制定并向相城区委组织部汇报涵盖捐赠帮困助学金、物资，免费教育培训，贸易、工程项目援助等方面的具体对口帮扶方案。

（二）不断强化政府有关部门在工作中的指导作用

苏州安防协会坚持秉承与公安业务主导部门脱钩不脱管的原则，主动争取公安技防部门的业务指导，积极宣传政府相关部门的政策和要求，及时汇报工作动态，继续保持每次常务理事会的主要内容通过协会的三个宣传平台传送到指导部门和每个会员单位。

（三）不断畅通渠道、加强管理，壮大规模

苏州安防协会严格加强现有的 9 个微信群的管理，充分发挥它们的重要作用。同时，专门制作门类详尽的会员通讯录，帮助会员企业之间的相互联系沟通。协会理事长、秘书长坚持经常走访会员单位，主动听取大家对协会工作的意见和建议，及时改进工作中的问题，努力为会员单位解决困难，不断增强协会在行业中的凝聚力影响力。截至目前，协会共有分会 2 个，会员单位 290 多家、其中理事单位 40 家、副理事长单位 22 家、理事长单位 1 家以及无人机分会理事长单位 1 家。

南通安全防范协会

南通安全防范协会（以下简称“南通安防协会”）自第一届第三次全体会员大会以来，在南通市公安局相关领导的正确指导和关怀下，在全体会员单位的大力支持下，结合南通“雪亮工程”、智慧城市的建设，紧密围绕协会“五服务、三提升”的服务宗旨，有目标、有计划地开展 2019 年度工作，主要包括五个方面：

一、服务全体会员，整体提升安防从业人员业务技能与素质，全面提升安防企业风险控制与管理能力

南通安防协会于 2019 年 6 月协同江苏省能力评价分中心在南通举行了“江苏省安防工程企业技术人员”考试，昆山、常熟等周边地区的安防协会会员单位也参加了考试，共计 66 人，平均通过率达 85%。

对本地区安防从业单位的能力进行初评与核实，凡符合条件的会员单位，及时帮助它们进行申报，参加中国安全防范产品行业协会组织的“安防工程企业设计施工维护能力评价”审评，2019 年共初审通过 6 家，年审单位 21 家，复评备案 7 家。

南通安防协会 2019 年共举办 10 期实用性培训和 2 期有关政策、法规、标准宣贯培训，共计 800 余人次参加。

此外，南通安防协会在做好各会员单位服务工作的基础上，积极协助企业举办各类展会活动，为更多的会员单位提供发展、服务平台，加大行业之间的交流与学习机会。

南通安防协会组织秘书处及专委会部分专家开展“访会员、看实情、听诉求、征意见、找服务”活动，听取企业介绍，了解企业的业务范围、发展状况及公司的发展理念。

二、服务公安政法、服务各级政府、服务和谐社会，为南通“雪亮工程”、智慧城市建设出谋划策

随着南通“雪亮工程”、智慧城市、“慧眼工程”的建设，专委会一直予以配合，出谋献策。南通市公安局指挥中心、视频管理大队相关领导及各县市区公安局主管技防的领导、特邀请南通安防协会部分专家参加南通市公安局召集的“南通市全市社会面视频管理工作座谈会”，就全市公安视频图像考核等问题进行了解读和宣贯。

南通安防协会为全市各单位的安防系统建设出谋献策。协会专委会为南通市某公安分局《社会面公共部位视频监控拓展工程》和《苏通高科技产业园视频监控工程》等项目从前期的勘察、设计、方案制订、方案论证、工程实施等进行了全面的跟踪、标准规范执行情况检查与监督等全方位支持与服务，解决了工程实施中的困难，使该工程质量得到可靠的保证。

三、贯彻《标准法》加速推进安防地方标准、团体标准建设工作

南通安防协会积极参与《安全防范视频图像系统维护保养规范》地方标准的立项，通过这次工作，认真总结经验，并在今后将根据需要，继续编制有关安防方面的地方标准和团体标准。

四、加大宣传力度、增强行业影响力

《南通安防》季刊、《南通安防》协会网站、《南通安防》协会微信公众号是南通安防协会对外宣传的重要载体，发挥了应有的推动力和导向力。《南通安防》定期接受南通市文化广电新闻出版局的专项检查与工作指导，2019 年按规定出版了 4 期，每期分发给协会全体会员单位外，还寄发给全国安防协会合作互助联盟单位、江苏省及南通市政法委、公安技防部门、江苏省安防协会联盟及院校等单位。《南通安防》网站及微信公众号及时、同步为各会员单位推送本协会及行业内的最新动态和信息。《南通安防》网站与兄弟协会做了链接，更有利于互联互通。充分利用以上平台进一步对外宣传，扩大南通安防协会的影响力，让国内外安防界同行知道协会并了解协会，增加互相交流的信息通道。

五、加强行业交流、提升协会服务水平

2019 年，南通安防协会组织应全国各地的协会邀请，分别赴浙江、武汉、常州等地安防协会及兄弟单位参加 2019 年度全体会员代表大会，并与湖北、武汉、浙江等地安防协会结成友好协会关系。除此以外，南通安防协会组织会员单位参加“2019 中国（杭州）国际社会公共安全产品与技术博览会暨杭州智慧安防大会”，赴德国参观考察、参观“2019 第十七届中国国际社会公共安全博览会”等活动，加强了对外的交流，为各会员单位的发展打下良好的合作基础。

经过一年的共同努力，南通安防协会的工作取得了一定的成绩，今后，南通安防协会将始终牢记“五服务、三提升”的宗旨，不断吸取优秀的办会管理经验，不折不扣地做好协会工作。

昆山市安全防范行业协会

2019年，昆山市安全防范行业协会（以下简称“昆山安防协会”）在昆山市公安局和民政局的监督指导下，通过全体理事会和会员单位的共同努力，紧紧围绕协会的章程和宗旨，以加强协会自身建设、配合本地技防管理、更好服务于会员和行业、促进行业诚信自律、引导行业健康发展为主线，较为圆满地完成了2019年度各项工作任务。

一、优化会员结构，保质稳定发展

2019年，昆山安防协会共新增会员单位10家；本年度根据章程有关规定，继续对已转行或两年不缴会费的会员单位进行退会处理，通过这些举措，进一步优化了会员结构，保持了会员保质稳定发展。截至12月31日，昆山安防协会共有会员单位155家，其中，理事会成员27家、理事单位11家、常务理事单位8家、副理事长单位6家、理事长单位1家。

二、加强协会自身建设，提高服务水平，促进和谐发展

充分发挥“一室、一刊、一网、一微信平台”的宣传服务作用，开辟产品展示间，让产品商会员有更多展示先进产品的机会。

为适应快速发展的行业需求，更好地发挥促进、引领和服务行业发展的作用，《昆山安防》杂志（半年刊）在办刊宗旨、理念、管理、编辑、印刷、出版、发行等方面都进行了全面调整和改革，在追求全面提升刊物质量、水平的同时，重在提高杂志的权威性、专业性及可读性，以崭新的面貌奉献给广大读者。在内容上，涵盖了安防政策、协会新闻、行业动态、科技、市场、企业、产品、人物等各个方面，极大地扩充了知识和信息量。

昆山安防网（www. kspia. com）经历了多次调整，新网站的栏目设置更加清晰、内容更丰富、更新更及时、功能更强大，现已成为从业人员学习国家及地方标准、了解昆山本地安防资讯、昆山安防协会通知公告等不可或缺的平台。

通过昆山安防协会微信公众号，不仅方便会员及时了解协会的相关动态、行业咨询等内容，更好地拉近了与会员的距离，使其能够随时随地参与到当地的安防建设中来，也进一步提高了昆山安防协会的影响力。

三、维护会员权益，更好地服务会员

在经济增长进入新常态的宏观形势下，一些潜在的风险和结构性矛盾更加显露，经济下行压力加大，在企业实际运行中，一些经济矛盾较为凸显，为保证昆山安防行业的健康发展，本着为会员单位出力谋划，规避风险的原则，昆山安防协会聘请法律顾问一名，为会员提供法律咨询、对协会和会员单位的员工进行法律知识培训和教育、维护协会和会员单位的合法权益。

四、服务行业，规范市场

为适应昆山市安防行业的发展需要，加强全市的安防工程规范化建设，提高本市安防行业技术人员的设计水平和施工能力，帮助安防从业人员尽快了解掌握昆山安防建设、设计等方面的最新动态，2019

年5月30日，昆山安防协会举办第十二期安防技术人员培训班，此次培训班有昆山本地及苏州、上海、南通等周边地区的共100多家单位、230位新老学员参加，通过系统培训大大提升了设计施工人员的水平，特别是在评审验收方案的初审过程中能体现出来，参加学习的单位编制出来的方案明显优于未经培训的单位的方案。

2019年昆山安防协会的工作尽管有了一定的进步和成绩，但在一些方面还存在着不足。在新的一年里，昆山安防协会将加强和会员企业特别是中小企业的联络，及时地、实实在在地帮助企业，更加提升工作效率，更好地为会员服务。

浙江省安全技术防范行业协会

2019年，浙江省安全技术防范行业协会（以下简称“浙江安防协会”）在主管部门的指导下，按照协会第五届第二次理事会议的部署和要求，精心筹划、全面落实，各项工作任务圆满完成。

一、成功举办2019智能安防工程师大会

2019智能安防工程师大会于10月10日举办。会议组织了长三角智能安防协同创新中心、浙江大学非传统安全与和平发展研究中心硕博士实践基地、浙江安防协会国际合作部三项揭牌仪式。会后，举办了“安防行业国庆70周年暨模范工程师颁奖仪式”，相关领导为100名“浙江安防行业模范工程师”称号获得者颁发奖章和证书。来自协会会员单位和文艺单位的演员奉献了精彩纷呈的节目表演，共庆新中国70周年华诞。

二、大力推进行业人才队伍建设

（一）申报安防专业高级职称社会化评价试点

5月，浙江省人力资源和社会保障厅下发文件，把安防工程列入2019年浙江省工程技术领域职称改革试点范围。文件下发后，协会组织专家，深入讨论，在深入结合安防行业特点的基础上形成相关评价标准和条件等申报文档，形成了具有安防行业专业特点的《浙江省安全技术防范专业工程师、高级工程师任职资格评价条件》等申报文档，拟适用于浙江省从事安全技术防范专业工程设计、生产制造、系统集成、技术服务等工作的企事业单位在职在岗专业技术人员申报工程师、高级工程师职务任职资格的评价，并向浙江省人力资源和社会保障厅主管部门上报了商请评审的请示。

（二）推动建立技能人才评价制度

浙江安防协会主动与人社管理部门沟通，全面汇报了浙江省安防行业发展状况、职业建设和需求情况，积极申请在政策允许的条件下承担开展安防行业职业技能等级认定的试点任务。根据主管部门的建议，协会启动调研工作，推动在浙江省建立安防行业技能人才评价制度。

（三）开展浙江安防行业模范工程师评选活动

浙江安防协会于7月启动了“浙江安防行业模范工程师”评选活动，表彰为浙江安防行业发展作出贡献的优秀工程技术人员，评选出100名模范工程师。

三、全力打造安防行业省际协会合作平台

2019年，浙江安防协会协调开展了多项活动，积极推动省际合作深入展开。

（一）组织参加“智涌钱塘”峰会

浙江安防协会邀请了12个省市安防协会的会长、秘书长及主要部门负责人参加了“智涌钱塘”2019AICloud生态国际峰会主论坛和“城市智力”、“公共服务”、“商业赋能”、“金融”、“智汇法治”5

个分论坛活动。这是在全国安防行业省际合作机制框架下开展的一次技术交流活动，为各协会了解最新技术发展趋势、掌握技术应用动态提供了学习平台。

（二）承办全国安防行业团体标准建设发展论坛

浙江安防协会与辽宁安防协会于 4 月共同承办了全国安防行业团体标准建设发展轮坛。论坛以“引领、建设、共享、合作、创新、发展”为主题，深入讨论了安防行业团体标准建设中存在的亟待解决的问题，并提出了建立合作机制的倡议。

（三）举办长三角区域安防产业一体化协同发展座谈会

5 月，浙江安防协会与上海、安徽、江苏等地安防协会共同举办了长三角区域安防产业一体化协同发展座谈会，推动长三角区域安防商品与服务的自由流动，逐步形成区域内自由竞争局面，最终实现安防资源共享。

（四）召开全国省际安防协会工作分享会

10 月，浙江安防协会主办了全国省际安防协会工作分享会。来自全国 30 多个省市安防协会的负责人在杭州齐聚一堂，就各自的工作内容、工作特点和工作方向进行了交流，并围绕团体标准、行业培训、技能比赛、继续教育、行业诚信等感兴趣的话题进行了充分讨论与分享。

（五）发布《新时代安防产业发展报告》

浙江安防协会联合各省市兄弟协会、部分行业骨干企业组成了编写委员会，并邀请公安部第一研究所研究员担任主要执笔，起草编写了《新时代安防产业发展报告》。

此外，协会还参加了中国安全防范产品行业协会于 10 月在广州召开的全国安防行业协会负责人座谈会、全国安防协会联盟举办的相关会议与活动，以及各地安防协会举办的相关活动，加强与各兄弟协会的交流和互动。

四、不断拓展各业务领域的互利合作

为做好会员服务工作，浙江安防协会主动与相关政府主管部门、技术机构对接，为企业发展提供良好的外部环境。

（一）召开《浙江省智慧安防应用》编写研讨会

为配合浙江省人工智能产业发展情况调研和《浙江省 2018 年度人工智能产业发展报告》编写工作，协会与浙江省发展规划研究院联合召开浙江省智慧安防应用编写研讨会，邀请了部分骨干企业，围绕人工智能在安防领域的应用情况，从技术创新、行业应用、标准化工作、品牌建设、人才培养等方面进行了探讨交流。

（二）举办国家标准《安全防范工程技术标准》宣贯培训班

浙江安防协会联合全国安全防范报警系统标准化技术委员会、公安部安全与警用电子产品质量检测中心，先后举办了两期国家标准 GB50348-2018《安全防范工程技术标准》宣贯培训活动，邀请标准起草人对各个章节进行了详细解读，共有 700 余人参加了培训。

（三）组织专题培训活动

2019 年浙江安防协会分别举办了“2019 · 信心起航”的浙江安防企业家迎新年茶叙会、浙江安防协会举办浙江省安防工程高级管理人员培训班、浙江安防协会联合税务师事务所共同举办了税务风险管理培训班、5G+物联网应用高级研修班等多场专题培训活动，为浙江省安防行业高质量快速稳健发展发挥了积极作用。

五、深化国际合作与交流

浙江安防协会与浙江大学非传统安全与和平发展研究中心、海外安全与安保（OSS）国际协作中心签署了三方框架合作协议，加强产学研和国际合作，正式建立国际合作部。

（一）举办国际高峰论坛和主题会议

11月，浙江安防协会举办了非传统安全（杭州）国际论坛。来自国际安保组织（ICoCA）瑞士、意大利、以色列、马来西亚、塞尔维亚以及国内安防产业、安保服务行业、知名大学科研机构的专家学者共同探讨安防产业国际规制、数字安防与安全挑战、海外安保最佳实践，为国内产业发展和走出去建言献策，共计100余位国内外专家参会。

（二）积极推进国际交流与安防产业考察活动

5月，浙江安防协会组织部分会员企业赴以色列考察当地安防产业。同时，积极组织与国家发展和改革委员会国际合作中心、联合国信息化培训中心、上海合作组织培训基地、福建商务干部培训中心等的协作，开展“引进来”国际对接活动。协会承接了上海合作组织反恐高官研修班、拉美西语国家研修班、古巴高等学校校长研修班等活动，配合公安部、商务部、国家发展和改革委员会开展相关研修班参访部分优秀会员企业。全年，协会共开展国际考察对接活动共计5次，涉及拉美、非洲、东南亚、上合组织区域的55个国家，共计280余人次。

（三）积极推动智库建设与产业研究工作

浙江安防协会积极推进国际合作与产学研智库协同平台搭建工作，设立了浙江大学非传统安全与和平发展研究中心硕博士实践基地，并于10月正式揭牌。

浙江安防协会还积极开拓和探讨潜在课题咨询、培训授课、会议论坛、海外考察、风险评估、大数据库建设与安全情报建模分析等，为“平安中国”建设事业奉献智慧与力量。9月，积极配合协会总体发展规划，参与浙江省应急产业联盟筹备，并参与浙江省应急管理厅课题申报和调研工作，共同申报了相关理论建设课题。

六、创建智能安防协同创新中心

2019年，浙江安防协会与浙江大学创新创业研究院合作，在浙江大学校友总部经济园组建智能安防协同创新中心（科创园），围绕产业创新创业、企业转型升级健康发展，整合配套政府、行业、高校、科研、金融等相关资源，推进产业进步。在此基础上，浙江安防协会组织部分会员单位与政府资产云平台进行了初步接触；积极参与资产云协同创新中心的日常例会活动；针对资产云平台的体育场馆公共场所安全技术标准的需求正在对接中。长三角智能安防协同创新中心由浙江安防协会发起并于2019年10月10日成立。

七、持续改进资信评定与人员培训工作

浙江安防协会于2019年初启动了2018年度证书年审工作，对1182家持有资信等级证书的企业进行年审。截至6月底，有1102家企业提交了资料，年审申报率达93%。经专家审查，有1080家企业通过年审，通过率达98%。

针对《浙江省安全技术防范行业资信等级评定管理办法》实施过程中出现的问题，组织专家对部分条款进行了修订，降低了企业等级晋升年限、工程检测等方面的要求。

根据修订后的管理办法，协会对新申请等级证书和晋级的企业进行评审。截至目前，有54家企业新申报三级证书，25家企业申请晋级。经专家评审，48家企业获得三级资信，二级15家，设计甲级2家，一级12家。评审通过率与上一年持平。

截至目前，协会已举办12期专业技术人员培训班，培训学员3500人，较上一年分别增长70%和65%，基本满足了会员企业对技术人员培训的要求。

八、扎实推进团体标准制修订工作

（一）发布一项团体标准

团体标准《智慧社区综合信息服务平台技术规范》于2018年10月立项，共分为4个部分。标准对建

设科学、合理、规范的智慧社区综合信息服务平台，推动智慧社区信息的开放共享、智慧社区相关产品开发与工程建设具有积极意义。

（二）批准两项标准制修订项目立项

《安全技术防范工程质量体系规范》（征求意见稿）已编写完成，正公开征求意见，预计2020年年初发布实施。团体标准《安全技术防范产品分类与代码》主要内容正在编写过程中，预计2020年上半年完成起草工作。

（三）启动一项标准项目立项调研

浙江安防协会启动了团体标准《安防企业诚信评价规范》立项调研工作，一方面积极搜集参考资料，并与相关会员企业加强联系，调查了解企业信用等级评价情况，听取企业意见和建议；另一方面与相关行业组织和机构保持沟通，借鉴较为成熟的做法。调研工作预计在2020年年初完成。

（四）参与全国智能建筑及居住区数字化标准化技术委员会相关标准化工作

9月，协会正式申请担任全国智能建筑及居住区数字化标准化技术委员会城市综合管理标准工作组成员单位，并获得批准。11月，工作组召开会议，讨论启动《城市综合管理标准体系研究》工作，通过建立一套科学、实用、前瞻性强的城市综合管理标准体系，为全国城市综合管理平台建设提供指导。协会将积极参与此项课题研究工作，提出意见和建议。

（五）申报编写"浙江制造"标准框架指南

浙江安防协会与第三方技术机构合作，积极向品联会申报制定《浙江省数字安防/应急救援产业"浙江制造"标准框架指南》，切实发挥"浙江制造"标准的引领作用，服务"数字安防"产业集群建设，提升产品质量水平，优化区域品牌形象，促进产业转型升级，实现速度向质量、产品向品牌、制造向创造的三大转变。

九、指导各技术联盟工作

浙江安防协会积极参与浙江省无人机产业技术联盟工作，推动筹建全国智能安防职业教育联盟和浙江省应急产业技术联盟，并指导其开展工作。

（一）领导浙江省无人机产业技术联盟工作

浙江安防协会支持无人机联盟召开了司法系统无人机安防应用与反制研讨会，并开展司法系统无人机实战演练。

积极协调筹建浙江省无人机产业基地。与浙江省涡轮机械与推进系统研究院、浙江省无人机技术重点实验室（筹）、湖州莫干山高新技术开发区德清地理信息小镇协调筹建浙江省无人机产业基地。

（二）创建全国智能安防职业教育联盟

浙江安防协会联合全国各设有安防专业的高等职业院校、部分会员单位创建了全国智能安防职业教育联盟。

（三）筹建浙江省应急产业技术联盟

由浙江安防协会牵头，浙大创新创业研究院等12家单位成立筹备组，发起筹建浙江省应急产业技术联盟。

十、切实提升规范化管理水平

浙江安防协会高度重视秘书处的规范化建设，强化内部管理，提高工作效率，服务广大会员单位。

（一）发展壮大会员队伍

浙江安防协会会员数量总体稳定。截止到11月30日，会员总数1225家（缴费会员），其中，新入会员单位73家。5月，经第五届第二次理事会批准2家会员单位申请成为理事单位。

（二）不断提升管理智能化水平

浙江安防协会秘书处启用了钉钉系统，将文件审批、财务报销、员工考勤等日常工作在钉钉系统上完成审批流程，提高了工作效率。协会秘书处还对工作管理平台和网站进行了改版升级。一是优化了企业申请入会流程，在协会网站上实现了资料审查、会员缴费、账户开通等一站式服务；二是优化了网站栏目设置，为每个协会的核心业务版块开辟了专栏，方便会员单位在网上浏览或检索信息。

（三）优化专家管理

浙江安防协会吸收行业专家，充实专家智库。新增聘任专家14名。目前专家智库共有设计单位、产品制造、集成公司、科研院校、安防运营、检测评估监理、政府行业管理及特邀行业专家八大类别共计265名专家。

协会组织专家在完善规范制度建设、提供智库服务促进业内技术交流、推动安防工程职称社会化评价、推动标准化工作等方面起到了积极促进和智力支撑作用。

在取得优异成绩感到高兴的同时，协会也清醒地看到在内部规范化建设、工作人员业务水平、服务会员能力等方面仍然存在一定差距，还有很大的提高空间。协会将戒骄戒躁，再接再厉，总结经验，切实提升工作能力和专业化水平。

杭州市安全技术防范行业协会

2019年，杭州市安全技术防范行业协会（以下简称“杭州安防协会”）主要开展了以下工作：

一、成功举办中国（杭州）国际社会公共安全产品与技术博览会暨杭州智慧安防大会

4月11日，中国（杭州）国际社会公共安全产品与技术博览会暨杭州智慧安防大会在杭州市白马湖国际会展中心举行。本届安防大会由杭州市人民政府主办，杭州市经济和信息化局、杭州市公安局、滨江区人民政府三家单位共同承办，以“智汇安防，共赢未来”为主题，积极响应杭州市委、市政府打造“干好一一六，当好排头兵”总要求，以着力打造全国数字经济城为目标，聚焦“三化融合”，全面展示近年来杭州市在智慧警务、智慧安防领域所取得的成效。

二、配合浙江省安全技术防范行业协会做好资信等级初评工作

杭州安防协会与浙江省安全技术防范行业协会共同做好安全技术防范工程设计施工资信等级证书的新申证、升级、年审工作。2019年共分别完成上半年及下半年资信等级认定评审工作，2019年上半年晋升一级企业4家，晋升二级企业7家，新申证5家，晋升设计甲级1家，下半年晋升一级企业4家，晋升二级企业4家，新申证9家，晋升设计甲级1家。

三、完成第八届理事换届选举工作

杭州安防协会于2019年4月3日召开了协会第八届第一次会员大会、协会第八届第一次理事会议，协会会员代表421位、杭州市社会组织管理局、杭州市公安局科技信息化局、浙江省安全技术防范行业协会等领导参加了会议。大会审议通过选举办法及总监票、监票、唱票、计票人员名单，介绍了理事、监事候选人名单产生程序，无记名投票选出了84家理事单位、5名监事。同期召开第八届第一次理事会议、监事会议，理事会议由协会法定代表人刘伟主持，会议选出了第八届理事长单位中国移动通信集团浙江有限公司杭州分公司、理事长王文生、副理事长单位17家、常务理事单位25家。第八届第一次监事会上选出了第八届监事长和副监事长。

四、建立健全秘书处管理工作制度

杭州安防协会于6月11日召开第八届第二次全体理事会议。会议上审议通过聘请新一届秘书长、副

秘书长人选。

为全面深入贯彻国家发展规划纲要，认真执行国家和省有关社会组织标准化建设方面的方针、政策、法规和标准，杭州市安全技术防范行业将逐步开展标准化建设工作，全面提升协会秘书处的管理水平与工作效率，促进相关工作的顺利开展。

五、开展会员服务

（一）走访会员单位

为了更充分地了解企业现状，关心企业需求；更全面地学习先进知识，加强交流合作；更切实地完善协会服务，促进行业发展，杭州安防协会拜访企业进行交流学习，及时向各会员单位汇报协会情况、办会理念和重点工作，悉心听取各会员单位对协会工作的意见与建议，积极落实协会服务会员单位的工作。7 月以来，杭州安防协会秘书长陈劲豪先后走访协会会员单位 50 余家，走访过程中充分了解到会员单位对于协会服务工作的需求和建议，悉心听取完善协会工作的建议和指导，未来协会也将持续倾听会员单位的声音，充分征集会员单位的意见和想法，做好协会服务会员工作，为杭州安防产业发展发挥作用。

（二）组织会员交流活动

11 月，杭州安防协会为发挥协会连接企业与企业近距离资源共享、优势互补、互惠互利、促进企业协同发展，加强各企业间的交流合作，开展了走进企业系列活动，未来协会也将积极开展此项活动，为企业展示优秀产品，优秀解决方案提供平台，为协会会员间的交流合作提供机会。

六、与全国各地各行业协会开展交流工作

（一）积极参加全国各地相关交流活动

杭州安防协会成立这些年来，一直保持与各兄弟协会友好往来，积极响应中国安全防范产品行业协会的倡议，积极参加兄弟协会的各项活动，同时也引进优秀协会来杭州安防协会开展学习交流活动。

6 月 19 日，杭州安防协会应邀参加在深圳举办的 2019 中国安防产业赋能大会。8 月 9 日，杭州安防协会应邀参加在厦门举办的 2019AI+智慧安防技术创新与产业赋能暨 IVAA 高峰论坛。8 月 15 日，杭州安防协会组织参观了在乌鲁木齐召开的第六届中国—亚欧安防博览会。10 月 28 日，杭州安防协会组织参观了在深圳召开的第十七届中国国际社会公共安全博览会。

（二）与各行业协会开展交流工作

杭州安防协会积极探索如何在新时代安防产业背景下发挥作用，先后与杭州市智能制造产业协会、杭州市智能建筑行业协会、杭州市物联网协会、杭州市软件行业协会等多家行业协会开展交流和探讨，充分发挥各行业协会的纽带作用，提供各行业企业间的交流和合作机会。

宁波大榭开发区保险箱（柜）行业协会

2019 年，宁波大榭开发区保险箱（柜）行业协会（以下简称“宁波大榭保险箱协会”）在全体理事的共同努力下，始终围绕协会“服务会员发展，促进行业进步”的服务宗旨，严格遵循“服务、引导、自律、维权”的工作方针，与时俱进，扎实工作，促进行业健康有序发展。

一、加强职能服务，提升协会影响力

（一）指导做好认证服务

宁波大榭保险箱协会始终加强与公安部第三研究所认证中心、中国安防认证中心等的联系沟通，培

养专业技术人员，做好跟踪指导，全程协调沟通，有效提高了会员自愿性/GA产品认证的通过率。今年共分8个批次辅导了会员企业完成了18家次的自愿性/GA认证工厂审查工作，复审18家，涉及自愿性/GA证书40余张，涉及获证型号300余个。

（二）组织参加展会

宁波大榭保险箱协会全年组织会员参展4次，分别是2019年中国国际进口博览会、2019年中国上海国际锁具安防门业产品展、十六届东盟博览会宁波中展、2019宁波五金机电博览会，共有7家企业参展。协会为会员企业做好组织协调服务，及时提供各类展会信息，帮助会员企业展示企业形象，发布领先技术，寻找商机。

（三）开展培训讲座

宁波大榭保险箱协会通过走访调查摸底、精心策划，开展《电子商务法》知识产权条款的梳理及解读、“企业打造品牌的要点”、“广告发布中应注意几个疑难问题”、“专利维权与侵权认定”等培训，提升会员企业创牌、维权意识。根据会员需求，举办焊工培训班1次，共有25人参加，目前，协会共举办了15期焊工培训班，截至目前共有850余名员工获得执业操作上岗证书。

（四）组织考察学习活动

9月17日至21日，宁波大榭保险箱协会组织会员企业负责人共22人赴贵阳、荔波、西江等地考察学习，通过活动，进一步加深了会员间沟通，增进了友谊，放松了身心。截至目前，协会共组织会员企业15次考察活动，共有540余人次参加。

（五）关爱会员身体健康

2019年，宁波大榭保险箱协会继续与医院合作，为会员提供优质健康服务，开通体检绿色通道，体检活动从4月24日起，为期1个月，协会负责全程跟踪服务，共100余人赴体检医院进行了身体体检。协会已连续6年组织会员企业法人及负责人进行免费健康体检，共520余人次建立了健康档案，通过健康检查，让会员企业主及时了解自身健康状况，能以健康的体魄和良好的心态来经营企业，积极促进了会员企业的健康发展。

（六）开展走访会员活动

宁波大榭保险箱协会共对52家会员企业进行了走访，了解会员企业目前的经营状况、未来的发展目标以及在经营中所遇到的难题，宣传品牌惠企政策，及时掌握会员企业品牌创牌诉求，提供指导性服务。通过走访活动，进一步加强了与企业的联系，增进了彼此间理解和沟通，在促进企业经营平稳持续发展、增强企业社会责任感等重要问题上达成了共识。

（七）提供法律咨询服务

为企业经营保驾护航，宁波大榭保险箱协会聘请了常年法律顾问，2019年法律顾问共24次为10余家会员企业免费提供法律咨询服务。

二、加强自身建设，提高协会凝聚力

（一）做好品牌指导站工作

宁波大榭保险箱协会促成1家企业与相关保险机构签订了商标专用权保险书，向会员企业发放商标注册保护及品牌创建须知等资料200余份；短信推送商标预警164件、商标续展14件，并做好后续跟踪，帮助会员企业及时采取有效措施，维护商标权益；引导会员企业品牌创建意识；向会员企业有针对性地发送商标品牌“十书”指导资料32份；认真做好纸质台账和电子台账的整理、录入工作；协会品牌指导站获评2019年度二星级品牌指导站。

目前，会员企业共拥有注册商标214件，集体商标1件，驰名商标1个，浙江省出口名牌1个，浙江省诚信企业2家，浙江省消费者信得过单位1家，宁波市诚信企业6家，宁波市消费者信得过单位6家，宁波市消费者权益保护委员会推荐商品4个，宁波市知名商标6个，AA级守合同重信用单位3家，大榭开发区 A 级守合同重信用单位 10 家。

（二）积极推进网站建设

1. 保险箱行业网。累计总访问量达到了 201 万人次，较 2018 年年底增加了 5 万人次，同比增长 2.5%；协会网站发布的各种新闻资讯、文件共计 170 余篇，较 2018 年年底同比增长 1.7%。

2. 微信公众平台和微信群。目前有近 900 人关注了保险箱协会的微信公众平台和 110 余人申请加入了保险箱协会的微信群，协会利用微信公众平台和微信群为会员企业做好宣传工作，提升企业形象服务。

（三）加大投入研发力度

会员企业在新产品研发方面加大了投入力度，截至目前会员企业已获得各项专利 200 多项，其中，发明专利 10 项，实用新型专利 200 余项，研发投入资金大幅提升，创新研发氛围已逐渐形成。

三、扎实开展两新党建工作，提高党员队伍素质

宁波大榭保险箱协会在街道党工委指导下，于 10 月 29 日，增设协会第二联合党支部，目前，协会党总支下设有 6 个企业党支部、2 个联合党支部，共有正式党员 63 名，预备党员 2 名，入党积极分子 3 名，协会党组织的生机和活力不断增强。宁波大榭保险箱协会还组织相关学习活动，更好地提高人员的素质。

经过一年的努力，宁波大榭保险箱协会较好地完成了年度工作任务，也取得了一些成绩，协会品牌工作指导站获评宁波市 2019 年度二星级品牌指导站，被宁波市委组织部授予“三星级基层党组织”荣誉称号，但这离会员单位的期望还有一定的距离，协会将总结经验，努力创新，开拓协会工作的新局面。

安徽省安全技术防范行业协会

2019 年，安徽省安防技术防范行业协会（以下简称“安徽安防协会”）在安徽省公安厅的正确领导和安徽省民政厅民管局的监督指导下，在广大会员单位的共同努力、支持下，围绕第五届第一次理事会和第五次会员代表大会提出的工作任务，立足服务会员单位的宗旨，抓住重点，以点带面，确保全面工作稳定有序推进，并加强协会组织建设，着力在自律、维权、服务等方面不断开拓、创新发展，比较圆满地完成了各项既定任务。

一、积极开展党建工作，提高协会政治站位

安徽安防协会于 2019 年 8 月 19 日成立中共安徽省安全技术防范行业协会党支部，并召开党支部成立大会暨第一次党员大会。安徽安防协会党支部以协会每周“固定学习日”为载体，积极开展党建学习活动。安徽安防协会还结合主题党日活动、重要节日等，加强对党员的爱国主义教育，激发党员的爱国主义热情，促进党员率先垂范，担当作为。

二、全面加强基础建设，主动接受监督管理

（一）以上级管理部门指导为方向，接受监督管理

安徽安防协会主动接受行业管理部门领导和登记管理部门的监督管理，重大事项和重大活动及时向行业管理部门请示汇报，得到行业管理部门的指导和帮助，从而使协会在发展过程中，把稳正确的政治方向。

（二）以社团等级评估为抓手，完善内部制度

安徽安防协会主动向登记管理部门提出社会组织评估申请，经过社会组织专家组初审、复审和最终评审后，得到专家组的高度认可和一致好评，最终以“管理机制健全、开展活动规范、工作业绩突出且富有成效”为结论，安徽安防协会获评 2019 年度安徽省级社会组织评估 5A 等级。

（三）以年度检查为契机，加强基础建设

安徽安防协会顺利完成安徽省民政厅社会团体 2018 年度检查工作，严格按照年检工作的规定和要求，规范运作，经安徽省民政厅审核，2018 年度检查结果为“合格”。

（四）以聘请法律顾问为支持，规范自身管理

为提高协会依法治理能力，增强会员权益保障水平，有效防范法律风险，安徽安防协会聘请律师事务所承担协会的法律顾问工作，负责审核协会的各项规章制度、相关合同等涉及协会管理和运行事务的合法性，并提供有关行业法律服务。

三、规范开展会员、资质审核工作

2019 年，安徽安防协会新申请入会企业 202 家，其中团体会员 183 家、理事单位 13 家、常务理事单位 5 家、副理事长单位 1 家，同时安徽安防协会对会员实行精细化管理，根据《安徽省安全技术防范行业协会章程》的有关规定，对会员企业进行核查、了解，取消未履行会员义务的 330 家企业会员资格及相应资质，会员在质和量上都有了较大的提升；安徽安防协会严格执行《安徽省安全技术防范行业协会资质管理办法》，评定安防资质 916 家，办理资质申报 522 件，办理资质年审 394 件，办理安防企业备案（包括介绍省内安防企业到外省备案）16 件，办理信息变更 141 件，办理证书补办 36 件。在办理资质评定、年审和备案工作中，否定资质申请企业 10 家，要求整改企业 101 家。

四、加强协会机构建设，建立相关制度体系

（一）改善办公场所，提升服务效能

2019 年，安徽安防协会租赁新的办公场所，面积约 300 平方米，并采购一批固定资产，奠定了一定的生存和发展基础，极大地改善协会办公条件，着力打造软硬环境建设，提升服务效能，增强协会实力。

（二）加强组织建设，夯实工作基础

安徽安防协会组织召开 4 次理事长办公会议，为协会各项工作开展群策群力。2019 年协会还召开了第五届第一次、第二次理事会暨常务理事会以及监事会议，重大决策事项通过会议讨论，并经过监事会监督，广泛听取意见，取得认可和支持，提升了协会经营管理水平，开创了高质量发展新局面。

（三）健全内部制度，实现科学发展

安徽安防协会制定《安徽省安全技术防范行业协会制度汇编》、《安徽省安全技术防范行业协会选举制度》，修订完善《安徽省安全技术防范行业协会专家管理办法（修订稿）》，保障协会决策和各部门工作的科学性、规范性，提高工作效率，实现协会科学高效发展。

（四）完善机构设置，全面提升组织建设

10 月 18 日，安徽安防协会成立共青团协会支部委员会；12 月 9 日，成立协会工会。协会团支部和工会的成立，对于优化协会机构管理，增强组织凝聚力、学习力、执行力和创造力具有重要作用。

五、发挥职能作用，引导行业自律

（一）修订相关体系办法，引导行业自律

安徽安防协会修订完成《安徽省安全技术防范行业资质等级评价管理办法（修订稿）》，制定《安徽省安全技术防范行业技术人员能力考核评价体系》、《安徽省安全技术防范行业协会行业内争议处理规则》、《安徽省安全技术防范行业协会行业职业道德准则》、《安徽省安全技术防范行业协会行业质量检查制度》，引导行业自律，营造行业良性竞争氛围，促进行业健康可持续发展。

（二）发挥职能作用，搭建桥梁纽带

安徽安防协会配合行业管理部门就《安全防范系统维护保养规范（征求意见稿）》、《智慧社区公共安全建设规范（征求意见稿）》等行业或地方标准向广大会员单位征求意见，充分发挥协会的职能作用，

搭建起政府与企业之间沟通的桥梁纽带。

（三）开展2018年度安防行业统计工作

安徽安防协会完成中国安全防范产品行业协会开展的2018年度安防行业统计工作，全省共上报安防企业行业统计数据样本314份，其中有效数据310家，数据有效率98.7%，为进一步摸清行业发展现状，为政府决策、企业发展提供数据支撑。

六、建立“一网一号”宣传平台

安徽安防协会加强行业宣传，正式上线发布官方微信公众号“安徽省安防协会”，对官方网站进行升级改版，完善线上会员服务功能，建立“一网一号”宣传平台，发展壮大宣传队伍，在会员企业中发展通讯员，持续输送有价值的行业资讯。

七、以创新模式，开展多元化会员服务

2019年，安徽安防协会创新会员模式，多元化地开展对会员单位的服务工作，通过会员走访，规范安徽省安全技术防范行业技术人员能力培训考核评价工作；举办各类专题讲座、培训与座谈，包括安徽安防协会举办“《解读股权密码》向资本起航”专题讲座、安徽省安防工程企业高级管理人员培训班、合肥市“智慧平安社区”建设业务技术培训班、安防资质评定工作培训班，召开上海、安徽两地优秀安防企业座谈会，探讨“‘雪亮工程’、平安社区系统平台在公安、政府的应用”；开展标准宣贯；组织会员企业赴深圳观展考察、参加行业峰会及评奖活动等方式，更加有效地服务会员单位。

八、举办智慧安防技术创新论坛，提升安徽安防影响力

2019年5月22日，由安徽安防协会主办的“聚力创新　合作共赢”智慧安防技术创新论坛在合肥举行，全国城市安防协会合作互助联盟领导、专家、各省市安防协会负责人及部分省市公安代表共300余人参加了论坛。此次论坛是安徽安防企业与全国同仁学习交流互动的一次良好机会，充分展现了安徽安防行业、企业的竞争优势与发展潜力，也为本土企业的技术推广与产品宣传起到了推动作用。

九、加强行业交流，积极参加协会间行业活动

（一）承办全国安防协会合作互助联盟第一届第八次会议

2019年5月22日，由安徽安防协会承办的全国安防协会合作互助联盟第一届第八次会议在合肥顺利召开。联盟会议的组织承办，获得中国安全防范产品行业协会的高度肯定，并得到全国各省市安防协会的积极评价，促进了各省市安防协会间的沟通交流，提升了安徽安防协会在全国协会中的地位和影响力。

（二）积极参加行业间交流活动

安徽安防协会积极参加2019全国安防协会合作互助联盟第一届第七次会议、2019中国（武汉）公共安全产品暨警用装备博览会和助力“平安湖北”建设发展论坛、济南国际公共安全防范产品博览会、2019中国（杭州）国际社会公共安全产品与技术博览会暨杭州智慧安防大会等各类行业交流活动，学习了解行业最新研究成果和先进技术标准。

（三）加强与各地方协会的交流合作

安徽安防协会赴安徽省科学家企业家协会、浙江省安全技术防范行业协会参观交流，学习优秀协会办会经验；先后与深圳市智能交通行业协会、辽宁省社会公共安全产品行业协会、新疆安全技术防范行业协会、吉林省社会公共安全产品行业协会、南通安全防范协会开展座谈交流，研讨协会工作发展方向，总结推广经验和做法。

十、参与社会组织脱贫攻坚和公益活动

安徽安防协会积极参与社会组织脱贫攻坚和公益活动，充分发挥社会组织的正能量。

一是参与由安徽省民政厅社会组织管理局组织的扶贫“皖北行”活动。

二是积极参与社会公益。组织“情系宁国　爱心无限”抗击强台风“利奇马”救灾募捐活动，发布《“利奇马”台风赈灾募捐倡议书》，筹集善款40余万元。

经过一年的努力，在全省安防业内同仁的共同努力下，安徽安防协会2019年各项工作都取得了骄人成绩，得到行业管理部门、登记管理机关及广大会员企业的一致肯定。

福建省公共安全防范行业协会

2019年，福建省公共安全防范行业协会（以下简称“福建安防协会”）继续在福建省公安厅、民政厅的正确领导下，在全体会员单位的共同努力下，以习近平新时期中国特色社会主义思想为指导，以服务政府、服务社会、服务行业、服务会员为宗旨，较好地完成了各项工作。

一、贯彻十九大精神，大力推进党建工作

为响应党中央关于推进党建工作在基层全覆盖的号召，福建省安防协会把党建工作作为协会工作的重中之重。5月17日，组织34家会员单位党组织召开党建工作交流会，7家会员单位党组织代表分享工作方法和实践经验。6月3日，福建省安防协会组织会员单位开展“重温红色岁月重走红色道路，不忘初心征程再续”红色古田之行。

二、组织开展庆祝中华人民共和国成立70周年系列活动

为了庆祝中华人民共和国成立70周年，弘扬爱国主义精神，展现福建安防人奋发向上、追求幸福生活和光明未来的精神风貌，福建省安防协会发出系列庆祝活动倡议，得到了会员单位与友好单位的积极响应与支持。

三、协助行业主管部门，发挥桥梁纽带作用

积极协助福建省公安厅技防办贯彻执行《福建省公共安全技术防范管理办法》（省政府令第163号），帮助省内安防企业及时在公安服务网上进行安防工程备案，为公安机关掌握安防工程建设情况，规范公共安全技术防范监督管理程序、推动安防监控资源整合利用，促进安防行业健康发展，更好地保障社会安定稳定、人民安居乐业，发挥了行业组织的服务管理、桥梁纽带作用。

福建省公安厅技防办联合福建省安防协会共同开展福建省安防行业“评优选先”活动。经过企业自愿申报、专家评审、网上公示，于12月23日召开表彰大会，对34家获奖单位予以隆重表彰。

福建省安防协会联合省公安厅技防办组织技防干警与安防行业从业人员开展国家标准GB50348-2018《安全防范工程技术标准》宣贯活动。通过此次较全面的宣贯推广，对全面提升安防工程的管理建设水平与安防工程全生命周期的质量水平有着积极意义与重要作用。

四、发挥专家“智库”作用，推动标准制订实施工作

福建省安防协会于5月17日组织召开专家委员会大会，审议并通过《福建省公共安全防范行业协会专家委员会及专家管理办法》，向新一届获聘专家颁发聘任证书，并与三家企业签订了标准编制合作战略框架协议。

由福建省安防协会归口发布的团体标准《民宿安全管理服务规范》已于3月正式实施；《公共安全视频图像系统智能运维服务规范（暂名）》已经在全国团体标准信息平台上正式立项。

五、多种活动形式，提升安防行业整体素质水平

协助中国安全防范产品行业协会在中国人工智能峰会上举办“2019 人工智能+智慧安防技术创新与产业赋能暨 IVAA 高峰论坛”。此次论坛由公安部科技信息化局指导，论坛围绕“新融合新科技新赋能”主题，从技术创新、产业融合、行业发展、市场需求等方面，围绕“人工智能+智慧安防”，呈现了一场精彩的行业盛会。

受邀在第四届中国智能建筑节大会上举办“安防新时代聚集新动力”专题论坛，从人工智能、物联网、大数据等方面展望行业未来，分享新时期行业前沿信息和技术应用，推动行业创新与产业赋能，助力行业智能化、数字化发展。论坛的成功举办，得到了大会组委会的高度肯定与赞扬。

举办福建省安防工程企业高级管理人员培训班。通过讲解安防项目建设重要节点、招投标注意事项与安防新技术、新产品、解决方案的发展趋势与特点，搭建起了安防企业、行业专家、生产厂商和政府相关部门之间的交流平台，提供了一次难得的学习、交流机会，促进了福建省安防工程企业及时学习了解相关政策、法规、标准，满足了从业人员掌握行业发展趋势的需求，受到了学员的一致好评。

六、加强宣传文化建设，扩大交流沟通渠道

《福建安防》刊物、微信公众号、订阅号、网站，共同作为福建安防协会宣传文化“名片”，传递党和政府重要政策、指导方针、行业资讯等，展现福建省安防行业的热点重点事件、发展状况、企业和地域文化风貌，为会员单位开辟了更多的交流沟通渠道。刊物每期印发 1000 册，免费寄送省市公安技防管理部门、中安协、友好单位、会员单位、各省市自治区安防协会，反响热烈、评价良好。

七、扎实履行工作职责，深化服务职能

第一季度组织召开会长单位办公会议，规划布置全年工作。福建省公安厅技防办领导、协会领导班子、会长单位主要负责人齐聚一堂，商讨、规划本年度主要工作安排。

12 月 23 日组织召开第三届第二次理事会议，总结 2019 年工作情况、部署 2020 年主要工作。会上表决通过协会副会长；审议并通过 2019 年新增副会长单位、常务理事单位、理事单位名单；表决通过《关于成立福建省公共安全防范行业协会无人机分会的提议》，计划于 2020 年完成无人机分会成立工作；表决通过《关于开展福建省安防行业诚信评价体系建设的提议》，计划于 2020 年发布实施相关团体标准。

在日常工作中，协会秘书处全体工作人员端正服务态度、持续提高服务质量和效率，热情接待来访会员单位、认真听取意见和建议；为会员单位参与招投标、工程备案、企业推荐、能力证书等业务出具各类证明材料 500 多份，为会员单位及相关单位寄送各类材料 1200 多份。

为积极响应习近平总书记在民营企业座谈会上的重要讲话精神、贯彻执行《中共福建省委、福建省人民政府关于加快民营企业发展的若干意见》及一系列关于民营经济体发展的重要指示，福建安防协会与律师事务所联合开展公益法治体检活动，帮助会员单位完善治理结构、增强风险防范能力，促进诚信自律，推动行业健康长远发展。

随着大安防概念的发展，人工智能、物联网、大数据等新技术的融入，行业边界不断外延，涉及领域不断扩展，福建安防协会影响力日益提升，会员队伍不断发展壮大，本年度新增会员单位 71 家。

厦门市安全技术防范协会

厦门市安全技术防范协会（以下简称“厦门安防协会”），在行业主管部门及民政局的正确指导下，全体理事单位、会员单位围绕协会工作要点，在服务会员企业、推进行业自律、促进技术进步、开展课题研究和标准化建设以及协会自身建设等方面做了大量工作，取得了一定成效，并进一步加强了与政府职能部门、中国安全防范产品行业协会、福建省公共安全防范行业协会、各地市安防协会和兄弟协会的沟通与交流。2019 年主要做了以下工作：

一、组织召开相关会议

2019 年，厦门安防协会坚持学习贯彻党的十九大精神，不忘初心、牢记使命，组织理事单位召开会议，讨论如何开展党建工作、如何学习重要讲话精神和先进模范事迹、如何坚定理想信念及提高政治站位，与会代表纷纷提出了相应建议。厦门安防协会还在会员大会中，讨论并通过了修改后的协会章程，增加了党建章节，为下一步协会开展党建工作，提供了指引方向。

二、组织国庆 70 周年庆祝活动

为庆祝中华人民共和国成立 70 周年，厦门安防协会组织会员单位积极参加福建省公共安全防范行业协会举办的“海西安防杯”篮球比赛，部分会员单位在这次比赛中赛出了好成绩，也赛出了新风貌。

三、拓展及会员服务

2019 年，厦门安防协会继续发展新会员企业、组织专题针对会员单位的大讲堂、为会员单位提供当前新技术、新思维交流、配合会员单位组织有特色的行业活动、参加兄弟协会组织的活动、布展、参展等，包括深圳市安全防范行业协会组织的团拜会、三明市安全技术防范行业协会会员大会、厦门市信息系统集成行业协会专题会议、厦门市无人机行业协会工作会议，建立横向联系及互动。

厦门安防协会还举办了年度会员大会，会议审议并选举出了新的理事会组织成员，新的理事班子选举产生了新一届领导班子。

四、加强协会与主管单位的汇报沟通交流

厦门安防协会多次组织副会长单位、理事单位与行业主管单位沟通协会可以开展的工作，解决会员单位存在的困难，做好联络沟通职责。

厦门安防协会组织建立了厦门市安防行业专家库，为主管部门论证、验收、项目前期规划、评审提供技术支撑。

三明市安全技术防范行业协会

2019 年，在福建省公共安全防范行业协会的指导下，在三明市社团主管部门民政局和行业指导部门公安局的指导下，三明市公共安全防范行业协会（以下简称“三明安防协会”）以“自律、维权、承启、共进”为宗旨，以“服务会员、平安三明”为使命，秉承“生活全覆盖，无处不安防”的大安防理念，加强企业与政府、企业与社会、企业与企业间的联系与交流，围绕主题、全力推进“智慧城市”、“平安建设”、“雪亮工程”等重点项目的建设，发挥政府部门的桥梁和助手作用，促进“平安三明”、“和谐三

明”、“美丽三明”的建设取得了良好的成效。

一、用习近平新时代中国特色社会主义思想指导全市安防事业发展

（一）组织学习习近平新时代中国特色社会主义思想

三明安防协会在全市安防行业中开展习近平新时代中国特色社会主义思想“大学习”活动。通过学习活动，提高全市安防行业从业人员的政治素质，思想品质；引导全市安防行业从业人员牢固树立新时代中国特色社会主义的共同理想，达到思想有进步、素质有提高、发展有成果，为全面推进小康建设和构建和谐社会，特别是在平安三明建设中作出更大贡献。

（二）用习近平新时代中国特色社会主义思想指导安防事业建设

认真落实习近平总书记在党的十九大报告中提出的，“坚持总体国家安全观。统筹发展和安全，做到居安思危，是我们党治国理政的一个重大原则”和“安全是发展的基石”的思想，在全市安防事业建设中坚持做到“安全第一、质量第一、效益第一”。在事关人民群众生产、生活的安防项目，做到优先设计、优先施工、保证质量、保证运行，为全市人民的安全防范提供了技术支持和安全保障。

（三）提高安防行业从业人员的思想，真正成为“平安三明”的建设者和守护者

依托协会正式会员群、行业交流群有目标、有规律、有次第地传达国家的政治经济发展方向、行业动态风向标以及如何成为一个合格的安防人和过硬的管理者，做到每天学习互动，从未间断过，并以此来引领行风、行规、行标，共创共建共享三明安协的文化品牌。引领全市安防行业从业人员认真履行公民职责、遵守国家法律、遵守从业标准，真正成为一个守法的公民，合格的安防行业从业人员，过硬的带队人，“智慧城市”、“平安建设”、“雪亮工程”的建设者和守护者。

二、以“优选、优质、优惠”为抓手，严把行业品牌质量关，为全市安防项目的优质应用做好每一个关键环节

（一）优选入会厂商，为社会和广大用户提供设备先进、质量稳定、技术过硬、文化过硬的产品和技术

三明安防协会会员在所承接的项目中，坚持做到“优选”。优选安防设备供应厂商，做到对供应商负责、对用户负责，并认真做好每一个项目的立项、设计、招标、施工、验收、运维等各个关键环节的工作。

（二）优质服务客户，以用户满意为宗旨，把每一个安防项目都作为自己的事办好，把安全、稳定的设备和优质、高效的服务献给三明安防事业

三明市从事安防行业的企业约 300 多家，其中持证、规模以上规范经营加入协会的企业有 70 多家，行业交流互动企业有 140 多家。三明安防协会引导会员企业在服务上，坚持客户至上的经营理念，把优质的服务奉献给安防客户和安防事业。引导会员企业在参与项目竞争中，优先做好招投标前期的各项工作，把可能产生的风险降到最低，把各项有利、不利因素与用户说清楚、讲明白，在建设中坚持安全第一、质量第一、服务第一，做到早设计、多沟通、快施工、早运行。

三、严格遵守协会章程，规范工作，切实在做好企业与政府沟通的桥梁，并当好政府的参谋和助手

（一）加强沟通、及时汇报、多方联络、积极争取，协会当好政府部门参谋与助手的作用更加突出，各部门的支持也更加有力

三明安防协会在积极发挥桥梁作用，当好参谋与助手的同时，全力支持政府部门和机关企事业单位的安防项目建设。在建设安防项目过程中也得到了各级领导的重视、支持和关爱。福建省安防协会关心三明安防协会工作，把重要的安防培训、会议放在三明举办，使三明安防从业人员从培训中受益。

（二）上下联动，多方协作，协助三明公安局共同承办好福建省安防协会的培训工作，为实施行业新标准做好前期工作

三明安防协会理事会恪守福建省安全技术防范行业协会章程，认真履行协会的职责，上下联动，福建省公安厅技防办、福建省安全技术防范行业协会联合举办，三明市公安局技防办和三明安防协会联合承办的福建省公共安全技术防范监督管理普法培训班，重点辅导培训了《福建省公共安全技术防范管理办法》（省政府令第 163 号）宣贯、技防系统（工程）监督检查与备案、公共安全视频监控联网建设要求、技防系统（工程）方案论证与验收、福建公安技防管理系统（公安网、互联网、APP）操作使用等五个方面的内容。为做好新版 GB50348－2018 国家标准实施的前期工作，培训班同时对新版 GB50348－2018 国家标准进行宣传培训。

（三）注重宣传、努力提高三明安防协会和安防行业企业的知名度

一是重视三明安防协会网站宣传。通过网站把安防政策、法规、规章第一时间宣传到位；通过网站第一时间报道协会的活动情况；通过网站开展学习习近平新时代中国特色社会主义思想热潮；把网站平台作为协会的宣传平台与学习交流平台。二是重视协会微信公众号宣传。协会注意到了微信的普及与影响力，把协会微信公众号作为协会的宣传阵地与平台的补充，重点宣传安防行业的动态和安防行业的政策、标准，引导行业从业人员及时掌握行业的动向。三是重视艺术宣传片宣传。完成了从多个视角艺术宣传片的拍摄制作、发布，让会员企业和行业伙伴以及社会公众对安防行业加深了解，进一步扩大对协会功能的宣传，从而对安防行业有一个新的认识。

三明安防协会在全体会员的共同努力下，发挥了应有的作用，安防企业遍布全市 12 个县（市、区），在 12 个县市区建立了 12 个区县联络中心，丰富和补充了三明市安防协会的纵向沟通和信息及时传达，以确保行风、行规、行标第一时间得到落实并遵守。

江西省安全技术防范行业协会

2019 年以来，江西省安全技术防范行业协会（以下简称“江西安防协会”）在江西省民政厅、江西省市场监督管理局、江西省公安厅相关部门的管理指导下，在中国安全防范产品行业协会和兄弟省市协会的关心帮助下，在广大理事和会员单位的支持配合下，遵循“服务会员、服务行业、服务政府、服务社会”的宗旨，充分发挥行业协会的桥梁纽带作用，有效履行职责，强化行业自律，在服务企业发展，推动技术交流与合作，完善协会自身建设，提高服务能力等方面取得了良好成效。

一、举办安防展会和论坛，推动行业持续发展

4 月 18 日，江西安防协会在南昌绿地国际博览中心举办了“2019 中国（江西）社会公共安全产品暨警用装备展览会”，同期举办了“2019 江西公安信息化建设、雪亮工程发展论坛”。通过举办展会，打造了行业间广泛合作平台，让更多嘉宾和观众更好地了解了当前安防行业新技术、新产品、新方案，使参展商得到较好的经济效益和社会效益。展会期间还举办了安防论坛，大家对产业政策，前沿技术、市场开拓等问题进行了深入研讨，为促进行业进步、引领行业发展发挥了重要作用。

二、学习安防行业标准，共享安防生态成果

为了促进江西省安防工程企业及时学习了解相关政策法规、标准，进一步规范安防工程的从业行业，培育对行业新技术、新产品的升级应用，搭建协会与安防工程企业、行业专家、厂商和政府相关部门之间的交流平台，2019 年 5 月 15 日，江西安防协会会同某单位在九江举办了 2019 江西省安防行业标准宣讲暨江西省智慧安防生态圈交流会。会上邀请了安防行业标准规范专家授课，通过宣讲使从业人员对安防

行业标准规划有了更多的了解。在交流会上，多家公司带来了各自企业的新产品、新技术、新方案与大家分享智慧安防发展成果，促进了江西省安防产业的深化应用，对于共同推动安防企业创新发展有着重要意义。

三、组织工程技术人员业务培训，提高从业人员技能水平

2019 年，江西安防协会先后举办了两期全省安防工程技术人员培训班，有 100 多家企业 600 余人参加了培训，通过业务培训和考试取得了合格证书，从而提高了参训人员对安防技术的认知，提升了全省安防行业的整体技术水平和从业人员的质量意识，为安防企业的发展提供了技术和质量支撑。

四、走访会员单位，引导企业谋发展

2019 年，江西安防协会先后走访了多家会员单位，每到一处都同企业负责人及相关人员面对面座谈，一起进行互动交流，谈问题、谈效益、谈打算、谈措施，听取意见建议，勉励企业要准确定位、把握市场、积累经验、想办法解决制约发展的瓶颈问题，从而激发企业的发展动力与活力，使企业坚定了发展信心，赢得了企业信赖。

五、表彰先进树立典型，引领企业上台阶

2019 年 3 月，江西安防协会组织开展了 2018 年度全省优秀安防企业评选活动，评出了 32 家优秀安防工程企业，8 家优秀安防产品企业。

自 2019 年 11 月开始，江西安防协会在全省范围内开展了“江西安防行业领军人物”评选活动。通过评选活动，推动了行业自省、自律观念形成，为政府和社会提供优质服务夯实基础，为江西省安防企业上台阶发挥引领作用。

六、认真做好企业能力证书评审，提升行业服务公信力

江西安防协会参照中国安全防范产品行业协会《关于开展安防工程企业能力评价的有关要求》，针对全省安防工程企业的设计、施工、维护能力进行网上申报评价，按照程序，经过初审、报专家委员会评定。2019 年共年检《江西省安全技术防范工程设计、施工、维护能力证书》约 160 多家，初办和升级的企业 60 多家，这项工作也受到企业的广泛认可和好评，规范了企业管理，促进了企业从业能力建设，为社会及第三方提供了安防企业能力参考。

七、积极参与本省企业活动，增强协会凝聚力

江西安防协会积极参与会员企业活动，利用互动平台，宣传国家有关安防行业发展的政策法规、产业动向和市场走向，更好地服务企业发展。协会参与企业活动，激发了企业的发展动力与活力，增强了协会的凝聚力和向心力，也赢得了企业信赖。

八、密切省外协会间的联系，提升协会创新发展水平

为了解学习兄弟省市行业协会工作经验和安防企业发展新动向，江西安防协会加强了与各地协会之间的横向联系，增进了协会间的友谊。

九、积极参与兄弟省市间的交流学习，提高协会组织能力水平

江西安防协会积极参与一些全国性和地区性的行业协会和企业的交流学习，了解国内外安防行业发展动态，拓展和丰富了与中国安全防范产品行业协会和兄弟省市协会的联系与合作。2019 年先后参加了中国报警运营服务发展高峰论坛，“云智天山”第二届中国安防大数据发展高峰论坛暨 2018 年度安防行

业颁奖盛典，2019 中国（武汉）公共安全产品暨警用装备展览会，“智涌钱塘”2019AICIOUD 生态圈国际峰会等。通过上述学习交流，开阔了视野，更新了理念，促进了协会间的优势互补，资源共享，为提高协会组织服务能力和水平奠定了基础。

十、搭建共赢互利融资平台，增强企业竞争力

江西安防协会与招商银行南昌分行等签署了战略合作协议，分别给予协会会员单位 10 亿元以内及 5000 万元意向性综合授信额度，利用自身的资金实力，行业资源，实现优势互补，资源共享、共创共赢。11 月 12 日，江西安防协会与招商银行南昌分行高新支行联合举办了“聚智谋远，共赢未来”金融服务便利专题讲座，共同应对金融困局，服务会员企业，增强企业核心竞争力，为会员单位创造了一个良好的发展环境。

十一、协助提供高新技术认定指导服务，争取政府扶持

2019 年 6 月 19 日，江西安防协会发出通知，为企业提供高新技术认定指导服务，并与知识产权企业达成战略合作协议，为符合条件的单位提升企业品牌，提供相应的多项优惠政策，为企业申报国家高新企业技术认证，以及重点新产品、知识产权等相关服务，帮助企业创造条件达标获得国家高新技术企业称号。目前全省已有四家会员企业申请并签订了合同。

十二、巩固完善信息传递机制，强化行业资讯服务

江西安防协会利用江西安防网、微信交流群、微信公众号、电子邮箱、江西安防简讯等，作为对内对外宣传载体，拓展协会与会员单位之间的联系与沟通渠道，广泛及时宣传、发布行业发展动态，宣传江西省安防行业新技术、新政策法规等信息，提升了协会信息宣传的时效性和覆盖面，使大家信息沟通方便快捷，互动效果好，发挥了信息传递机制的辐射力和导向力的作用。

十三、积极配合中国安全防范产品行业协会行业统计工作，为行业发展培育动力

为配合中国安全防范产品行业协会 2018 年度安防行业统计工作，了解和掌握行业发展现状，协会按照统一的统计数据项，做好会员单位的相关数据的采集、汇总、上报，形成协会统计报表，使统计数据真实性、延续性和完整性，为中国安全防范产品行业协会提供了较准确的数据质量，为推动全国安防行业发展培育了持久动力。

十四、结合主题教育，树立崇高信念

为结合全党全国人民“不忘初心、牢记使命”的主题教育，8 月 6 日，江西安防协会秘书处组织相关人员前往南昌八一起义纪念馆，参观了“可爱中国——方志敏诞辰 120 周年纪念巡展”，共同缅怀革命先烈，感悟方志敏精神，坚定理想信念，增强使命感。

十五、建立慈善公益委员会，弘扬扶贫济困传统美德

为发扬人道主义精神，弘扬中华民族扶贫济困的传统美德，为建设和谐社会尽责尽力，2019 年 4 月 18 日，江西安防协会第五届第二次理事会上审议通过《江西省安全技术防范行业协会慈善公益委员会管理办法》。11 月，经单位或个人自愿报名，江西安防协会慈善公益委员会成立。

十六、加强协会自身建设，提高服务水平

2019 年，江西安防协会按照协会章程积极开展工作，规范和加强内部管理，不断提高服务能力和水平。一是坚持内部学习制度，不断提升自身综合素质，提高团队执行力，把服务理念融入自觉行动中。

二是定期组织召开了第五届第二次会员代表大会和新春年会，定期汇报前期工作情况，集思广益，群策群力共商行业发展事宜，提高了协会民主化、科学化管理水平，确保各项工作依规有序开展。三是发挥协会在政府与企业之间的桥梁纽带作用，主动与江西省民政厅、江西省市场监督管理局、江西省公安厅相关部门保持联系沟通，争取上级部门的支持与指导。

南昌市安全技术防范协会

2019年，南昌市安全技术防范协会（以下简称“南昌安防协会”）在南昌市公安局科信支队及技防办等部门的指导下，在各会员单位、兄弟协会、联盟及行业朋友的热情支持下，工作取得了一定的成绩，受到会员单位和行业的肯定和好评。主要工作如下：

一、配合南昌市公安局科信支队、技防办做好工作

南昌安防协会参与了起草制定《南昌市智慧平安社区建设地方标准（草案）》的工作。印发了《南昌市公安局关于全面推进智慧平安小区建设工作的意见》的通知，全市已经启动了263个智慧平安小区建设工作。

南昌安防协会配合南昌市公安局技防办、红谷滩公安分局、江西警察学院、江西省工业和信息产品监督检验院、安防行业专家和有关公司参观考察了南昌智慧平安小区建设示范区“红谷凯旋小区”和秋水广场视频监控中心。

二、抓紧南昌安防协会党支部建设

5月，南昌安防协会致函给南昌市东湖区彭家桥街道办党工委，要求成立《南昌市安全技术防范协会党支部》。经批准同意，于8月2日召开了南昌安防协会党支部成立大会，并召开了党支部的第一次会议，进行了选举分工。

南昌安防协会重视党组织的发展工作，目前有三位积极分子向党支部递交了入党申请书，两名外地党员要求将党组织关系转到协会。

三、成立南昌市安全技术防范协会法律工作委员会

为提高会员企业的法律意识，维护企业的正当权益，南昌安防协会联合相关单位成立了南昌安防协会法律工作委员会，于10月17日举行了南昌安防协会法律工作委员会授牌仪式。

四、积极组织会员参加2019南昌世界VR大会

经过南昌安防协会的努力，在南昌举办的第二届2019世界VR/AR大会期间，为安防行业争取到1000多平方米的展出面积作为安防展区，邀请了南昌市公安局技防办、江西省工信产品监督检验院、江西警察学院安全管理系、南昌电信和南昌市及外地的20多家安防公司参展。大会同期举办了安防分论坛，邀请中外专家做了演讲。会议取得了比较好的效果，为安防行业在世界VA大会上扩大了影响力，增添了光彩。

五、开展两化融合管理体系贯标活动

两化融合是国家实施“中国制造2025”的战略任务。两化是指工业化、信息化。现阶段为促进两化融合的进行，政府会给予补贴。南昌安防协会与南昌某策划公司合作，选择协会一家会员单位作为首个实施单位，于5月16日举行了两化融合贯标启动大会。这是全省安防行业第一家贯标的企业。

六、加强与本地和全国兄弟协（商）会等单位的沟通交流

江西省内，南昌安防协会加强与江西省计算机协会、江西省中小企业协会、江西商业联合会、江西省锁业协会、南昌台湾协会、江西公共安全产业联盟、江西安防联盟，以及江西省内的九江、上饶、鹰潭、景德镇、抚州等市的计算机和信息产业协会的联系沟通，互相支持、互相促进。

江西省外，南昌安防协会走出去，参加了中国安全防范产品行业协会、全国城市安防协会合作互助联盟、全国部分协会和有关网站传媒的会议和学习交流活动，还组织相关企业参加杭州、武汉、合肥的安防展，并接待了外省市兄弟协会的领导和同仁到访和交流。

七、走访公司，组织企业间的相互学习交流

南昌安防协会 2019 年以来走访了 50 余家企业，关心了解企业的运行发展状况，尽量帮助企业解决所提出的问题。许多外地的公司想来南昌发展，都先与南昌安防协会沟通，南昌安防协会尽力地为它们牵线搭桥，积极将外地的好公司、好产品推荐到江西省内。目前已有公司相互建立了合作伙伴关系。

八、积极参加和开展评优活动

在南昌安防协会 2019 年终总结会上，评出了“优质工程商”15 个、“优质产品供应商”14 个、“创新奖”8 个、“个人奖”7 个、“功勋奖”10 个。

九、组织企业参加（南昌）中国独角兽商机共享大会

9 月 29 日，南昌安防协会与相关单位联合举办了“（南昌）中国独角兽商机共享大会”。大会的宗旨是：为协会商会增效造血，为企业智慧转型提供抱团发展平台。参加大会人数达 1100 余人，南昌安防协会组织了 30 余家公司参加。

2019 年，南昌安防协会坚持“协会就是服务”的宗旨，全心全意为企业、为行业做好事、办实事，为安防行业和社会做了一点有益的事情，并得到了大家的肯定和好评。

济南市社会公共安全防范协会

2019 年，济南市社会公共安全防范协会（以下简称“济南安防协会”）在济南市公安局、济南市民政局的业务指导和监督管理下，在全体会员单位的共同努力下，加强会员企业之间的联系合作和技术交流，提升济南市安防企业整体技术水平，在广大群众中普及安防知识常识，为“平安济南”建设和社会治安稳定作出了贡献。

一、协会发展

2019 年，济南安防协会新发展会员 30 家，办理资质升级企业 16 家。截至 2019 年 12 月 31 日，共有会员单位 290 家，其中理事长 1 名，副理事长及单位 13 名（家），常务理事单位 25 家，理事单位 67 家。为了提高协会的学术和技术水平，更好地服务会员和社会，济南安防协会成立了专家讲师团，对协会的培训、咨询等技术工作给予支持与帮助。为帮助会员发展，济南安防协会成立了集中采购平台，为会员单位带来更多的新技术、新产品、新服务，为山东省的新旧动能转换及济南自贸区建设贡献力量，为安防事业的发展作出更大贡献。

二、对外交流及服务

（一）对外交流活动

开展与企业的合作，组织会员单位参加行业活动。5 月，济南安防协会与浪潮集团达成了战略合作，在协会与企业间的合作进程中迈出了重要一步。9 月，组织会员前往莱芜战役纪念馆、小三线纪念园，开展以“迎国庆，缅怀革命先烈丰功伟绩，传承革命精神”为主题的爱国主义教育活动开展红色教育活动。10 月，组织会员赴深圳参加“2019 第十七届中国国际社会公共安全博览会”，让会员企业更加了解国际先进技术、经营理念和市场动向，更加了解中国的市场状况，拉近了与国内安防企业间的距离，为济南乃至山东的安防事业发展铺平了道路。

举办行业年会，加强行业间的合作与交流。3 月，济南安防协会举办盛大的年会活动，来自全国 40 多个省市的行业协会、各地领导、专家及媒体单位受邀参加，极大促进了济南安防协会与全国各地市、各行业协会间的交流。4 月，济南安防协会应邀参加 2019 中国（江西）社会公共安全产品暨警用装备展览会，促进了安防产业的互联互通和健康发展。9 月，济南安防协会接待南昌市安全技术防范协会前来指导工作，加强了与兄弟协会间的交流与沟通。

此外，作为政府与企业的桥梁与纽带，济南安防协会根据平安济南建设的需要和安防企业的需求，及时与政府有关部门沟通，向会员单位通报和宣传相关的法规，极大规范和促进了济南市安防行业的有序发展。同时也依托安防专家及时为政府、企业的安防工程进行评审和验收。利用济南安防协会的网站为企业和建设单位提供行业动态、政策法规、产品展示、技术交流、应用案例、防范宣传服务，极大地拓展了协会在全省和全市的影响力。

（二）服务工作

为强化服务意识，济南安防协会积极搭建会员交流合作的平台，维护会员及行业的合法权益。组织全国知名安防专家举办“安防工程师”职业技能培训班，对济南市 750 余名技术人员进行了工程设计、施工、计算机网络技术、行业法规和标准等丰富内容的培训，参训人员通过考试后获得了“安防工程师”资格证书，为会员单位的技术人员的能力提升和提高行业从业人员的整体素质发挥了很大作用。组织聘请专家和全市 50 余家安防企业负责人到深圳参观中国国际社会公共安全产品博览会，为协会会员单位与参展的设备厂商牵线搭桥，为优质低价的安防产品进入山东市场助力，进一步提升了安防企业的社会责任感和实现中国梦的使命感，对于会员单位加强企业文化建设，提升凝聚力发挥了一定的作用。

依据《济南市安全技术防范工程设计施工等级确认管理办法》，经济南安防协会组织专家进行认真评审，为自愿申报济南市安全技术防范工程设计施工等级确认登记证书的会员单位免费换发证书 250 份。为了更好地服务于会员企业的发展，对《济南市安全技术防范工程设计施工等级确认管理办法》进行了修订，在保证等级确认的严肃性和高质量的前提下，进一步简化办事流程，缩减不必要的材料，减轻了企业负担。

2019 年济南安防协会的工作，虽然取得了一定的成效，但与行业发展的需求还有距离，距离企业的企盼还有差距，还需要进一步提升协会的服务能力，提高服务质量，拓展服务内容，全方位地为会员单位做好服务。希望在大家的共同努力下，实现协会与行业、协会与会员之间共同提高、共同发展，为服务地方经济发展和社会安定增砖添瓦、贡献力量。

青岛市社会公共安全防范协会

2019 年，青岛市社会公共安全防范协会（以下简称“青岛安防协会”）在上级指导部门和监管部门的正确指导下，协会各项工作和任务目标完成情况良好。协会始终坚持“服务行业”的宗旨，积极发挥行业协会与政府管理部门之间的桥梁纽带作用，结合青岛本地实际，稳步落实年度工作计划，围绕青岛安防行业规范化建设与管理，为青岛市的安防行业发展、产业升级和社会经济发展作出了应有的贡献。2019 年具体工作情况如下：

一、加强协会组织建设，不断扩大协会规模，提升协会凝聚力

（一）规范组织建设，增强协会凝聚力

依照协会《章程》规定，青岛安防协会第四届第一次会员代表大会暨年会如期召开，会上进一步优化调整了协会组织架构，汇报了上一年度的整体工作情况和财务收支情况，梳理和总结了上一年度工作成果，部署了下一年重点工作计划，会上新产生了协会监事长和一批优秀的会员单位；同期召开了协会副理事长单位座谈会，向协会重要成员单位沟通情况、了解诉求，掌握行业发展动向，为会员企业交流合作与业务开展提供服务和支持；协会每两个月组织召开一次理事长联席会、专家组工作交流会和资质评审会等，在协会领导的科学领导下，协会各项工作得以有效实施，确保了协会各项工作的科学决策和稳步落实。

（二）积极发展新会员，扩大协会规模

一年来，青岛安防协会对内不断加强管理，规范制度，对外主动与优秀协会和组织开展交流合作，协会的新会员发展速度明显加快，同时协会会员单位也不断向协会大力推荐新的企业入会，协会规模和辐射面进一步扩大。截止到 2019 年 12 月 31 日，本年度新增会员单位 72 家，协会会员单位数量已达 278 家。会员单位的稳步增加和会员企业来源的扩大，充分展现了青岛安防协会良好的发展势头，也为协会增添了发展的新的活力和动力。

（三）进一步完善协会规范化管理和运行

依照青岛市民政局社会组织管理部门的相关要求，青岛安防协会不断规范各项工作和运行制度，同时全面落实协会在民政部门的备案和登记，按时完成年度检查。青岛安防协会于 10 月顺利完成民政局社会组织评估工作，通过评估审查，协会进一步规范了各项规章制度文件，依照条目要求完善协会各项管理制度。青岛安防协会积极参加青岛市民政局举办的“全市性行业协会座谈会”、“全市脱贫攻坚座谈会”、“2019 年社会组织负责人座谈会”，深入学习社会组织最新的政策和法规，为协会规范化管理和科学运行提供了有效保障，并通过开展行业调查、组织行业培训、提供政策咨询等方式为会员企业提供实实在在的“落地式”服务。

二、进一步开展行业交流，搭建合作与服务平台，发挥协会的纽带作用

（一）接受中国安全防范产品行业协会引领

青岛安防协会认真履行作为中国安全防范产品行业协会常务理事单位的责任和义务，按时完成年鉴和行业信息统计等常规工作，积极参加中国安全防范产品行业协会组织的全国安防协会负责人工作会议及能力评价工作座谈会等会议和活动，与全国各地安防协会组织一道为安防行业发展献言献策。

（二）积极融入全国安协联盟

青岛安防协会认真履行作为全国安防协会合作互助联盟（以下简称“联盟”）常务理事单位的责任和义务，应邀出席“联盟”主办的改革开放 40 年安防卓越人物及企业颁奖大会暨联盟第一届第七次理事大会深圳会议、联盟第八次理事大会等大型展会及工作会议，并与全国各地安防协会代表交流安防行业发展趋势，寻求地区间协会与企业建立合作、协同发展的机会。

（三）高质量完成行业信息统计工作

青岛安防协会在积极参加全国安防企业信息统计工作负责人会议，向会员企业充分传达开展行业统计工作的重要性，同时针对本项工作给企业提出了明确的要求，要求企业责任到人，确保统计工作、统计数据的延续性和完整性，确保提供准确数据，最后督促企业加强对统计数据质量的审核和评估，对上报的数据质量负责，高质量完成青岛市企业信息统计工作。

（四）鼓励和支持行业技术交流活动

青岛安防协会大力支持济南安防展会、“筑慧宝安防技术宣讲会”、“安防工程商大会·青岛站”等活动，充分利用协会平台为会员企业提供支持，通过与其他各地安防协会的良好关系，为会员企业“走出去”发展牵线搭桥，为会员企业在外地业务开展过程中遇到“水土不服”等问题提供支援、帮助协调，实实在在地解决企业遇到的难题。

（五）打造协会组织间友好合作关系

青岛安防协会积极与各地安防协会建立互助合作的良好关系。应邀出席安防交流会南通会议，在青岛接待常州来访的技防支队和常州市安全技术防范行业协会领导，加强协会横向联系，在协会良好关系的支持下为企业业务交流铺平道路，为会员企业业务拓展和合作提供更多的机遇，创造更为广阔的行业交流和发展空间。

三、立足会员企业服务，扩大服务范围，提升服务能力和水平

（一）进一步做好安防设计施工等级确认登记证书的评审工作

青岛安防协会广泛接受参评单位咨询，进一步规范参评企业资料提报格式和程序，为各企业安防资质的资料准备、信息反馈和申报整改等提供便捷的引导，同时为企业提供详细的初审反馈表供企业参考并修改资料，优化审批流程，在坚持公平公正、多重审核的原则下，严格依照文件要求，为会员企业提供高效便捷的服务，促进了安防市场的有序发展。同时，在青岛安防协会官方网站新增安防证书查询系统，做到纸质证书与线上查询相结合，大大提高了证书使用的便利性和规范性。

（二）加强能力评价青岛分中心规范化运行和管理

为支持山东省安防企业走出去发展，在全国各地安防工程投标、项目竞争与合作等活动中拥有更完备的资质储备和能力认证，青岛安防协会秉承着为企业服务的理念，与中国安全防范产品行业协会展开合作，于2018年6月1日正式获批成立“安防工程企业设计施工维护能力评价青岛分中心”，中心作为中国安全防范产品行业协会企业能力评价中心在山东省内设定的唯一分支机构，承担山东省全部安防企业的安防能力评审、认证和发证工作。2019年，中心各项管理规定、办公流程和审核程序逐步完善，组织了6期山东省安防工程企业技术人员考试，通过考试人数达200余人；完成了12家企业的年度审核或评审发证工作，获得了中国安全防范产品行业协会和山东省各地安防工程企业的认可与支持，并吸引了山东省内越来越多的企业前来咨询和申报，影响力逐步提升。

（三）开展行业服务宣讲系列活动

青岛安防协会联合青岛市中小企业公共服务中心举办中小企业服务对接宣讲会，围绕“知识产权规划、政府补贴项目申报和政府采购合同信用融资”等中小企业普遍关注的热点问题举办系列讲座，为企业工作人员提供一个学习提升和交流分享的机会。

（四）打造会员服务和宣传推广平台

结合协会不断发展进步的现实需求，以及为会员企业提供中国安全防范产品行业协会能力评价官方渠道、资质查询和宣传推广等需要，青岛安防协会对官方网站进行了全面改版和升级，结合微信公众号的持续运行，协会将多渠道联合打造会员企业综合服务推广平台，为会员企业和安防行业提供发布通知、公示查询、宣传推广等多方面的服务，努力实现为会员企业服务的核心宗旨。

（五）开展体育运动活动，以运动促健康和交流

青岛安防协会举办青岛安防协会第三届“安防杯”乒乓球和第十届“安防杯”羽毛球比赛，通过活动促进了协会内部各会员单位间的和谐交流，丰富了广大会员单位员工业余生活，营造了青岛安防协会积极向上、锐意进取的文化氛围。

2019年青岛市安防协会稳步发展，协会承诺将继续发挥行业组织的协调、推广、服务、引领作用，完善协会功能，提升服务能力，发挥协会影响力，提升凝聚力，为促进安防行业稳定和发展作出新的更大的贡献！

郑州市公共安全防范行业协会

2019 年，郑州市公共安全防范行业防范协会（以下简称：郑州安防协会），在业务指导单位郑州市公安局和主管单位郑州市民政局的监督指导下，在全国各地安防协会及专业机构的协同下，在全体会员单位的支持配合下，深入学习贯彻党的十九届三中、四中全会精神，积极发挥协会的桥梁与纽带作用，开展了一系列服务会员、服务行业、服务政府的工作，协会的影响力、凝聚力不断增强，取得了显著成绩。

一、全面加强党建工作，充分发挥党支部战斗堡垒作用

郑州安防协会自 2018 年 10 月成立党支部以来，积极推进协会建设和党的建设“同规划、同落实”。坚持一边抓业务，一边抓学习，围绕服务行业核心工作，坚持问题导向、实施系统谋划、实现整体突破，支部组织建设呈现出新的活力，河南省安防行业发展有了新的动力，协会各项工作在新常态下实现了发展的大提速。

（一）加强党组织建设，落实党建工作责任制

积极发挥党组织在引领安防行业发展中的政治核心作用，以“从群众中来，回到群众中去”的工作思路，调动各机构人员立足本职和岗位建功立业，充分发挥支部的战斗堡垒作用。

（二）坚持改革创新、与时俱进、自我完善、自我发展

郑州安防协会党组织积极发挥党和政府联系工作者的桥梁纽带作用，真学实用，结合实际工作，扎实开展群众教育实践活动。通过组织开展全省行业继续再教育、邀请行业著名专家对基层一线安防从业者、负责人进行教育，组织专题培训教育，对国家最新政策进行讲解、答疑，使党组织和基层一线深度对接融合，积极发挥党组织在引领安防行业社会发展中的政治核心作用，对全省安防工程质量实现高质量发展的目标迈出更加坚持的步伐。

二、全面履行行业协会职能，积极发挥桥梁纽带作用

2019 年，郑州安防协会获得了中国社会组织评估“4A”等级。使协会制度建设得到了进一步加强，工作流程得到了进一步规范，为今后提升协会工作质量奠定了基础。

（一）畅通沟通渠道，提高服务水平

郑州安防协会在加强自身建设、规范协会管理的同时，进一步提升信息化服务建设，努力为会员单位提供方便快捷的信息服务，保持业务指导单位的密切联系，积极努力配合各项业务工作的开展，及时做好各项文件的处理，确保落实无误。运行好微信公众号，使用好各类功能的微信群，编印的行业期刊《郑州安防》内容质量进一步提升，为会员单位即时和定期提供信息服务。同时，协会理事长、秘书长不定期走访会员单位，主动听取企业对协会工作的意见和建议，及时改进工作中存在的问题，强化服务意识。认真贯彻理事会议事制度，定期召开理事会议。总结上一阶段工作情况，研究部署下一阶段工作。年末召开会员大会，由协会理事长在大会上作工作报告，向会员单位汇报协会 2019 年度主要工作及 2020 年工作计划。2019 年召开各类工作例会 20 余次。

（二）不断提高自身建设，激发协会活力

郑州安防协会在不断加强自身建设上取得了明显成效，并广泛吸纳行业优秀会员加入协会，充实会员队伍，会员数量和质量稳步提高。2018 年 7 月，郑州安防协会理事长参加了郑州市民政局民间组织管理办公室开展的行业协会商会工作培训会。

（三）开展人才培训，助力企业转型升级

郑州安防协会持续关注安防企业的转型升级工作，深入安防工程企业和产品生产企业开展考察与调

研，了解经营现状及转型升级情况，为企业的整体发展提供指导。根据不同企业的个性化需求，聘请相关专家，对从业企业有针对性地开展不同类别的差异化指导，助力安防企业转型升级。与此同时，在2019年加大了对安防工程企业技术人员基础知识培训的组织力度。2019年经业务指导单位批准，郑州安防协会共组织各类培训6期，受训人数达1000余人。

三、提升队伍水平，完善企业能力评价工作

按照业务指导单位关于“依照政策稳步推进”的指示要求，根据中国安全防范产品行业协会发布的《安防工程企业设计施工维护能力评价体系文件（2018版）》，郑州安防协会建立了有效的运行机制。确保评审过程“五统一”原则的真正落地见效。2019年共办结《证书》相关业务73家企业，其中新增一级获证企业19家，新增二级获证企业9家，新增三级获证企业12家；证书年审企业30家；复评升级企业1家；信息变更企业3家，正在进行评审流程的企业有126家。共组织技术人员综合能力验证考试4期，参考人数达592人，其中536人通过了考试，通过率为90.5%。

四、树立行业典范，开展创优评先活动

为推动中原安防产业高质量发展，促进安防行业健康发展，增强参与安防工程建设各单位质量意识，强化创新驱动发展能力，提高工程管理水平，确保工程建设质量，树立良好社会形象。经研究，2019年年底，郑州安防协会正式启动“十佳工程单位”、“中原安防行业知名品牌”评选工作，按照企业自愿申请，由协会严格秉承公开、公正、公平、公益的原则进行评价。活动的发起得到了河南省、郑州市两级公安部门的大力支持和全省安防企业的广泛关注。

五、充分发挥专家智库作用，引领行业高质量发展

自郑州安防协会专家委员会成立两年多以来，已建成集百名专家、千家企业于一体的智库平台。受业务指导单位委托，多次参与省内公安科技信息化项目、大数据中心建设、城市综合治理、智慧交通、智慧医疗、智慧教育等领域的方案论证和专家验收评审会；智库平台还通过调查，报告情况和请示等多种形式，就行业发展的需求和问题向各级政府建议，在政府决策过程中充当助手，提供资料建议，得到了社会及政府部门的高度认可。专家委员会充分发动智库成员中的各级人大、政协代表，以其特有身份向党和政府就行业发展进言献策，扩大了协会影响力，为推动河南安防行业创新发展迈出了坚实的步伐。

六、强化资源整合，促进地区间优势互补

搭建交流平台，大力提升企业整体实力。开展河南省内外交流学习，组织企业与安防工程建设单位、产品研发类高新技术企业对接。2019年，由郑州安防协会领导带队，组织会员企业共赴北京、深圳、新疆、成都、江苏等地参观安全防范产品博览会。积极响应中国安全防范产品行业协会、全国安协联盟的倡议，组织会员参加“百城会”、“中原安防工程商大会”等活动。引导会员企业了解新产品、学习新技术、交流行业经验，加深对安防行业的发展现状的认识。郑州安防协会将会不断夯实垒台，积厚成势，凝聚强大合力，推动郑州安防行业的发展跃升到更高水平。

七、参与行业调查，助推安防行业健康发展

为掌握我国安防行业的整体发展现状，配合全国安防行业的统计调查工作，郑州安防协会工作人员通过电话、三大媒体宣传平台和书面通知等多种形式动员河南省内安防企业参与“2019年度安防行业网上统计调查”工作，并对调查后台数据及时审核、维护，为《中国安防行业2019年度统计报告》提供了详细的样本数据。

八、倡导能人带动、助力精准扶贫战略

多年来，郑州安防协会在推动河南安防行业健康、高质量发展的同时，一直将扶贫公益活动放在重要位置。3 月，组织会员单位开展“保护母亲河”公益植树活动；多次参加党工委组织的党员志愿活动，到社区慰问困难群众；助力加快发展郑州慈善事业，协会积极响应郑州市民政局组织开展的“社会组织参与的精准扶贫”系列活动。郑州安防协会凝聚行业力量，发挥行业资源优势，创新多种扶贫措施和方法，开展了形式多样的公益活动，得到了社会各界的好评。

一年来，郑州安防协会在业务指导单位和全省安防企业的支持下，取得了一定的成绩，得到了各界的高度肯定。协会将本着为会员企业服务的宗旨，继续积极履行协会职责，推动河南安防事业的发展；加强行业自律管理，夯实协会工作基础。用心办会、依法办会，不改最初的使命，始终致力于安防行业的信息交流和持续发展，努力为安防行业提供最专业最优秀的服务。

湖北省安全技术防范行业协会

2019 年，湖北省安全技术防范行业协会（以下简称“湖北安防协会”）以习近平新时代中国特色社会主义思想和党的十九大精神为指引，在业务主管部门和登记管理机关湖北省民政厅的指导和支持下，经全体会员共同努力，秉承“服务、保护、协调、进步”的办会宗旨，积极探索适应安防管理新常态下的新需求，努力服务安防行业，着力推动湖北安防事业可持续发展，为建设“平安湖北”、“智慧城市”、服务军运会发挥了重要作用。

一、坚持党建引领，提高政治站位

（一）坚持党建引领，突出政治功能建设

2019 年，湖北安防协会党支部按照“党建引领、服务发展、融合共享”的思路，切实发挥把方向、管大局、促落实的领导作用，统筹推进党员队伍和人才建设，坚定不移地推动安防企业在湖北社会经济高质量发展中争先锋。加强理论武装，通过会长办公会、常务理事会、理事会、会员大会开展理论学习，参与人次达 1000 余人次；加强党建保障，落实专项工作经费；夯实党建基础，开展会员单位党组织统计；加强理想信念教育，组织党员开展“忆初心使命、迎军运当先锋”、“不忘初心，牢记使命”踏访红色印迹等系列革命传统教育活动；着力提升党组织凝聚力，积极开展“双进双服务”活动；组织参加武昌区“学习强国”知识竞赛荣获三等奖；参加党组织书记能力培训班，学习借鉴深圳先进党建经验；积极参加武昌区两新组织羽毛球赛荣获三等奖等各项活动，着力提升党组织的凝聚力、战斗力和创造力。

（二）聚焦精准扶贫，彰显责任担当

湖北安防协会党支部积极贯彻落实习近平总书记在打好精准脱贫攻坚战座谈会上的讲话精神，参加湖北省民政厅、湖北省社会组织管理局组织开展的“2019 年全省性社会组织助力巴东脱贫攻坚”活动，组织 10 余家会员企业，赴巴东县溪丘湾乡张家坡生态农业合作社援助资金 5.6 万元、生物有机肥料 10 吨，帮扶钱物合计 10 万余元，捐赠资金及物资全部用于当地生态农业项目发展，帮助带动张家坡村 80 余个贫困家庭。

二、提升会员服务品质，拓展服务内容

（一）着力提升会员服务品质

2019 年，湖北安防协会以提升服务品质为核心，以高质量、多样化的服务，满足会员多层次需求。做好普惠服务，通过接待来访、电话联络、线上咨询等多种方式与会员单位保持有效沟通；做好特色服

务，通过实地走访、交流座谈、会员沙龙等活动加强核心会员黏性；加强线上服务，持续推进“互联网+服务”，完善网上会员申请、能评申报、专家讲标、法务咨询、教育培训等内容；完善会员数据管理，参与中国安全防范产品行业协会2018年度安防行业统计工作，补充完善会员资料，确保会员企业信息有效性。

（二）成立无人机分会

为深入服务湖北省平安城市建设，服务社会，促进湖北省无人机行业规范有序发展，经湖北省民政厅审批，湖北安防协会于2019年6月5日成立了分支机构“湖北省安全技术防范行业协会无人机分会”（简称：无人机分会），专注于湖北省无人机领域服务工作。分会成立后，及时开展行业调研工作，加强与大专院校、行业专家面对面交流探讨。通过线上线下多渠道的方式，逐步提高了无人机分会的知名度和影响力。截至目前，有来自全国20余家专注无人机生产、研发的企业加入协会队伍，无人机分会不断发展壮大。

（三）推进能力评价工作，做好行业自律

2019年，湖北安防协会继续扩大全省安防工程能力评价工作服务范围，持续推进相关工作，帮助会员提升企业实力。截至2019年12月，全省共计644家企业参与安防工程企业能力评价，较上一年同期增加了143家，增长率为27%。其中，获得一级77家，二级106家，三级318家，评价、年审、复评企业143家。

（四）开展教育培训，提升会员企业能力水平

2019年，湖北安防协会不断加强统筹规划，分层次、分类别、有计划、有目的地推进湖北省安防行业人才队伍建设。全年共计开展各类培训20余场次，参与学习培训2000余人次。其中，针对企业管理人员，先后组织开展了“公益总裁班之商业模式创新专题研修班”、“公司治理与股权激励培训班”、“年青一代金种子实训营”、“政府采购与企业市场开拓专题研修班”等；针对技术人员，组织开展了“安防工程企业高级管理人员培训班”、“智能楼宇管理员高级工职业技能鉴定培训班”、“一级建造师培训交流大会”等；针对财务人员，开展了“所得税汇算清缴及增值税最新政策解析培训班”、“企业年终结账与税收风险自查财务培训班”等。

（五）加强宣传工作，提升行业知名度和影响力

2019年，湖北安防协会主动适应新媒体快速发展新形势，大力推进“一网一微一报多群”（即一个官方网站、一个微信公众号、一份《工作简报》及多个QQ、微信交流群）等宣传平台建设，加快信息发布和推送，增强信息透明度和阅读便利性。协会官方网站全年访问量达5万余人次，微信公众号全年共计5000余人关注；编辑发行《工作简报》3期，共计4万余字，分送有关部门和会员单位。

（六）加强法务服务，为会员保驾护航

2019年，湖北安防协会与某律师事务所签订战略合作协议，律师事务所顾问律师作为协会法务部成员，为协会和会员提供法律服务。一年来，先后为会员提供了涵盖医疗机构、建筑工程、公共安全等领域在内的五部行政法规及地方性法规政策宣传，为会员提供了合同签订、劳动用工、债权债务及遇到重大经营及管理决策时获得及时的法律咨询服务，防范化解法律风险，为会员企业合法经营、健康发展保驾护航。

三、加强对外交流，强化融合共享

2019年，湖北安防协会从构建全省安防行业开放互融格局入手，加大跨区域、跨行业学习交流，不断强化融合互助共享。先后应邀参加了中国安全防范产品行业协会、浙江省、安徽省、辽宁省等省市及地区安防协会组织的会议、展会、论坛等行业活动；组团参观2019年第十七届中国国际社会公共安全博览会，实地考察当地知名企业；参加清华大学AI高峰论坛，进行学术与产业的交流互动；积极参与社会组织总会组织的省内各行业间的交流活动等。通过以上各项工作的开展，协会着力链接省内外各方资源，加大关联行业交流，为会员企业“赋能”提供了有利条件。

四、办好品牌活动，提升行业凝聚力

（一）举办第 19 届中国（武汉）公共安全产品展览会

湖北安防协会成功举办第 19 届中国（武汉）公共安全产品展览会。2019 年 3 月 13 日至 15 日，协会在武汉国际会展中心成功举办 2019 中国（武汉）公共安全产品展览会（简称：湖北安博会）。参观观众达 30000 余人次，创历史新高。

（二）开展 2019 年智慧安防生态圈暨地市交流沙龙

为进一步打造湖北安防产业生态体系，2019 年 6 至 9 月，协会先后在恩施、荆门等 7 个地市开展了“2019 智慧安防生态圈暨地市交流沙龙”活动，共计 280 余家会员单位负责人参加。活动得到了各地市公安技防领导的高度重视和大力支持。20 余家优秀的武汉地区会员代表带着行业解决方案、最新技术及产品与各地会员进行分享交流。地市交流沙龙活动的成功举办，不仅加深了协会与各地市会员的交流和联系，也进一步促进全省各地会员之间互动交流，携手合作。同时，也广泛收集了会员对行业的呼声和意见，为协会后期工作的开展打下了坚实的基础。

（三）举办第二届湖北省安防行业技能大赛

2019 年 11 月—12 月，在湖北省职业技能鉴定指导中心的大力支持与指导下，湖北安防协会成功举办了 2019 年“湖北工匠杯”技能大赛——湖北省第二届安防职业技能竞赛。本届大赛以“弘扬工匠精神，展现安防人风采”为主旨，来自全省各地优秀安防企业选拔推荐的 106 名选手同台竞技，16 名选手进入决赛，最终决出了一等奖 1 名、二等奖 2 名、三等奖 3 名。本次竞赛是贯彻中共中央、国务院关于进一步加强高技能人才工作的一项重要举措，对于贯彻湖北技能强省战略工程，加强湖北省安防行业高技能人才培养，推动湖北省安防行业从业者队伍的发展壮大和整体素质的提高，选拔行业优秀技术能手，促进行业创新发展具有重要意义。

（四）举办安防行业嘉年华活动

2019 年 12 月 26 日，湖北安防协会成功举办“湖北省第三届安防行业嘉年华”活动，同期举办“中国（湖北）智慧城市平安建设高峰论坛”，来自省市行业主管部门、各地市安防协会及全省安防行业企业代表与行业专家、行业知名企业一起学习了解行业动态和发展趋势以及新技术、新产品和新应用。全省安防行业的 600 余人共聚一堂，共谋行业发展。湖北省安防行业“嘉年华”活动已经成为湖北省安防行业的年度盛会。

武汉市安全技术防范行业协会

2019 年以来，武汉市安全技术防范行业协会（以下简称“武汉安防协会”）在武汉市公安局、民政局的业务指导和监督管理下，在各界朋友和全体会员单位的关心支持下，依照协会章程，本着服务会员的宗旨，积极开展工作。

一、加强思想政治学习，规范组织建设，提升办会能力

武汉安防协会认真学习贯彻习近平新时代中国特色社会主义思想和党的十九大精神，用党建引领协会发展。2019 年以来，多次积极参加相关部门举办的培训班，学习社会组织党建知识，向优秀协会学习先进党建经验，并通过会长办公会和会员走访等形式向会员进行了分享学习。2019 年 6 月，武汉安防协会组织全体理事赴红安开展为期 2 天的“踏寻先烈足迹，践行中国复兴梦”红色教育学习实践活动，进行深刻的党史教育，进一步增强“不忘初心、牢记使命”的决心和信心。

在坚持思想政治学习的同时，协会严格遵守社会组织要求，加强各项制度的规范化管理。在日常工

作中，秘书处积极主动学习社会组织有关政策，加强业务学习，对协会进行规范化管理。

二、丰富服务内容，提升协会凝聚力

2019年，武汉安防协会在发展会员的同时通过各项服务和活动，积极与会员互动，提升协会凝聚力，通过线上线下多种方式，与会员保持顺畅沟通，为会员解答各类疑问，进行供需对接。每期走访邀请6—8家会员单位代表一同前往，3月—11月，共计80余人次代表各自单位进行了走访和交流。“带着合作”的走访形式加深了会员间的相互了解，为会员单位间的供需对接、深度合作创造了机会。

武汉安防协会通过线上线下方式了解会员需求，再以会员需求为导向，安排协会工作。会员企业有学习培训需求，协会就发挥资源优势，联系行业专家，举办各类讲座和培训，如“法律讲座”、“标准宣贯培训班”和“招投标注意事项实战讲座”等；会员企业有人才培养的需求，协会代表会员企业与专业培训机构协商争取最佳合作方案；会员企业有制定团体标准的需求，协会联合相关企业、高校、行业专家、行业管理部门，融合各方面资源，加快推进标准化工作。

“想会员之所想，急会员之所急”，武汉安防协会通过定制化服务将会员团结在一起，增强了协会的凝聚力，吸引70余家新会员加入协会。

三、积极参与脱贫攻坚，开展社会公益活动，主动承担社会责任

3月，为了以更优美、更整洁的城市生态环境迎接第七届世界军人运动会的到来，武汉安防协会组织近40家会员单位代表开展以“建设美丽武汉，共创美好生活”为主题的义务植树活动。为建设滨水生态绿城、创建国家生态园林城市出一份力。

6月，武汉安防协会积极参与由武汉市扶贫开发办公室、武汉市民政局等单位组织的“精准扶贫·慈善爱心超市”捐赠活动，号召组织13家会员单位，3天时间共筹集钱物合计3万余元，为江夏区八秀村贫困村民送去温暖，弘扬了中华民族“扶贫济困，乐善好施”的传统美德。各类公益活动会员单位都踊跃报名，积极参与，主动承担社会责任，向社会传达了安防人的正能量。

四、组织标准宣贯培训，提升行业技术水平

受武汉市公安局行管办委托和指导，武汉安防协会于2019年8月8日至9日成功举办国家标准GB50348-2018《安全防范工程技术标准》宣贯培训班，为200余位武汉安防从业单位相关技术人员进行了技术法规的培训。武汉安防协会邀请行业专家依次对标准各个章节进行了详细解读，并结合各自经验，从实际操作角度，给予学员指导，让培训学员受益匪浅。此次宣贯培训对推进新标准具体指导安防工程实践，使所建工程项目在整个建设过程中各个环节有法可依、有章可循，对提升行业技术水平有着重要的促进作用。

五、开启标准化工作，成功发布首项团体标准

为推进武汉安防行业的发展，逐步建立与国家标准、行业标准、地方标准相互协调、相互支撑的团体标准体系，武汉安防协会于2019年1月开始着手开展标准化工作。按照国家标准化管理委员会、民政部关于《团体标准管理规定》（国标委联〔2019〕1号）的相关要求，结合其他协会的经验，武汉安防协会起草并公布了《武汉市安全技术防范行业协会团体标准管理办法（试行）》，使协会开展团体标准工作有了参照依据。自此有意向开展团体标准的会员单位都可按照此办法要求对协会提出申请。

同期，由武汉安防协会组织湖北省电子信息产品质量监督检验院、湖北省标准化与质量研究院和3家公司共同起草、编制的（T/WHAF 001-2019）《公共安全防范视频监控系统运维服务规范》经过征求意见、技术审查等流程后，在6月6日进行公布，并在全国团体标准信息平台进行了备案，于2019年7月1日起在行业内推广实施。

六、夯实对外交流平台

2019 年武汉安防协会依次受邀赴昆明、济南、镇江等地，参加由中国安全防范产品行业协会、当地省市协会举办的安博会与各类论坛等活动，与其他省、市安防协会、兄弟单位进行了交流，加深了联系。随着协会影响力的扩大，其他省、市安防协会也多次来协会进行拜访交流。在与同行业协会交流的同时，也与其他行业协会进行了交流互通，依次与武汉市软件行业协会、武汉市大数据协会、武汉市建筑业协会、武汉装饰行业协会等单位互动，相互交流与学习。协会的多方交流也为会员单位的跨区域、跨行业发展提供有力支持和帮助。

七、组织会员观展，考察优秀企业

10 月底，武汉安防协会组织 30 多家会员单位参观 2019 第十七届中国国际社会公共安全博览会，走访会员展位，参加各类技术论坛，帮助会员企业了解行业动态和发展趋势，学习新技术、新产品和新应用。此外，武汉安防协会还发挥资源优势，组织会员赴优秀企业考察学习。

八、切实发挥专家作用

2019 年，武汉安防协会专家委员会发挥的作用日益突出。武汉安防协会组织多次项目评审会，专家委员会专家都积极配合，充分发挥专业优势，为相关单位提供合理性建议。武汉安防协会在制定首项团体标准过程中，专家委员专家积极参与，发挥自己的专业特长，参与标准的起草、审查等工作，成为协会推进标准化工作的重要力量。此外，对于“标准宣贯培训”、“招投标注意事项实战讲座”等培训工作，专家们也都发挥着重要作用。

为了让专家进一步充分发挥作用，为会员提供更高效、专业的服务，10 月，武汉安防协会召开 2019 年第一次专家委员会工作会议，会议上确立了专家委员会主任和副主任人选，修订了《专家库专家管理办法》，极大地推动了专家对行业发展的促进作用。

九、开展各类创优评先活动，积极推广、宣传会员

武汉安防协会开展各类创优评先活动，树立行业典范，对优秀企业进行表彰，让先进典型在行业中起到示范引领作用，为会员单位展示企业风采和实力提供机会。

2019 年，除了开展“2019 年内武汉安防典型示范工程评选”工作之外，同时开展了“军运会公共安全服务企业表彰”工作，以此来表彰协会会员企业在武汉经济发展中对公共安全作出的努力和贡献。

十、组织文娱活动，丰富协会文化建设，展示安防人风采

2019 年，武汉安防协会依次开展了“庆三八妇女节”插花联谊茶话会活动、2019 第二届“景网杯”武汉市安防协会春季马拉松、“相约金秋　缘聚落雁”首届会员企业单身青年联谊会等文娱交流活动，受到会员们的积极响应和欢迎。

这些活动让会员们放松身心，相互间积极交流，增进了友谊，也拉近了会员与协会的距离，展示了武汉安防人的热情与活力。

经过一年的努力，武汉安防协会加强了协会自身建设，紧抓思想政治学习，使协会各项制度更加规范化，会员队伍继续发展壮大，协会凝聚力得到提升。同时这一年，武汉安防协会积极承担社会责任，充分发挥专家智库作用，组织技术培训和交流，提升行业技术水平，为促进武汉安防行业整体实力的提升作出了贡献。

湖南省安全技术防范协会

2019年，湖南省安全技术防范行业协会（以下简称“湖南安防协会”）在湖南省民政厅的监督指导下，在广大会员单位的积极支持和共同努力下，按照“坚持走科学发展道路，促进安防行业全面、协调、可持续发展”的思路，进一步加强协会自身建设，规范行业管理，努力服务企业、服务政府、服务社会，较好地完成了既定的任务和目标。主要工作有：

湖南安防协会举办了2019第十九届湖南智慧安防产品与技术博览会，博览会的规模和影响均超过往年；

湖南安防协会继续开展安防从业人员技术培训工作，促进湖南省安防行业的规范化和专业化；

湖南安防协会协助深圳市安全防范行业协会举办2019年第七届智慧安防整体解决方案全国公益培训·长沙站的活动，该活动是针对安防行业的最新市场分析、热点技术及方案和产品展示的公益培训，是培训免费、考核免费、颁发证书免费的全程公益活动。

2019年，湖南安防协会积极参与由湖南省社会组织管理局组织的扶贫攻坚捐助活动。

2019年，湖南安防协会党支部组织协会会员单位开展了“不忘初心，牢记使命，坚定信念，迈向复兴”主题教育活动。协会党支部还先后组织部分协会会员单位到红色教育基地瞻仰学习。

广东省公共安全技术防范协会

2019年，广东省公共安全技术防范协会（以下简称“广东安防协会”）在广东省社会组织管理局的监督下，在广东省公安厅科技信息化总队的指导下，在广大会员的共同努力下，在各界朋友的大力支持下，结合当下国家公共安全事业和公安工作的需要，围绕服务行业和会员企业的中心任务，按计划开展一系列工作，并取得了一定的成绩。

一、确立党的核心领导地位，夯实党建基础

2019年，广东安防协会党支部坚持以党的十九大精神和习近平总书记系列重要讲话精神为指导，认真贯彻党委工作部署，狠抓落实。

一是健全党建工作机制。在章程中进一步明确党支部的政治核心作用，阐明党支部书记对协会重大事项的决策权和参与权。同时对《广东省公共安全技术防范协会会费补充党建工作补助经费使用管理规定》进行更新完善。二是狠抓党风廉政建设。将党务公开作为党风廉政建设的重要内容。三是加强组织活动和党员学习管理。在党支部的带领下，积极响应上级党委号召，多次参与由各级党组织举办的扶贫活动和各类慈善活动，并倡议会员单位共同参与，履行社会责任。同时，深化“两学一做”学习教育。

二、紧贴服务政府工作重心，做好政府帮手

（一）《广东省安全技术防范系统设计、施工、维修资格证》配套服务

在广东省公安厅科技信息化总队的指导下，针对《广东省安全技术防范系统设计、施工、维修资格证》业务，广东安防协会主要开展三方面工作：一是协会面向全国安防企业就资格证相关业务提供咨询、答疑，到期换证提醒，政策允许范围内的绿色通道，出省备案推荐，省外企业在广东省备案咨询等服务。全年累计通过网站平台、社交软件、电话、现场接待和会员走访等形式，面向约2600人提供咨询、答疑逾1.3万条。二是建立技防行政审批业务咨询社群，并进行日常管理维护，社群成员接近400人。三是开

展“广州市技防行政审批业务辅导班”，就技防管理行政审批业务进行讲解，200 余家企业派员参训。

（二）安全技术防范政策法规宣讲

为配合广东省公安厅技防管理和普法工作需要，进一步提升广大企业对政策法规的认知水平，广东安防协会结合广东省安防从业人员继续教育培训，在 2019 年面向来自 1000 多家单位的 9000 余名从业者开展安全技术防范政策法规宣讲。该项举措减轻了公安部门在安全技术防范政策法规落地过程中技防管理和普法工作的负担，有效协助政府部门完成普法任务；同时，指导企业深入了解技防管理相关政策法规，引导企业规范化运营。

（三）广东省公安科技协同创新中心

广东省公安科技协同创新中心是由广东省科技厅会同广东省公安厅联合共建，中心以公安科技问题为导向，聚焦行业重大需求，探索建立部门间横向联动新机制。中心通过搭建公安领域的技术创新、成果转化、产业规划、人才培养、科技服务的一体化综合创新平台，开展相关的科学技术研究活动，组织和参与公共安全领域的重点突破关键性和共性技术，培养和吸引一批优秀人才，从而推动公安科技成果转移转化，提升广东省公安科技创新的整体水平。

经过一年半时间，协同创新中心目前已搭建完成中心基本组织架构，完成领导班子和专家委员的聘任工作，配备日常工作人员，初步建立中心日常管理机制和运营机制。由 3 家企业、公安部第三研究所和广东省平台中心承担的 5 个公安科技关键技术项目已接近尾声，部分项目已建成试点。

（四）广东省“守合同重信用”企业公示活动初审推荐

2019 年，广东安防协会受广东省及各地市市场监督管理局的授权，开展广东省“守合同重信用”企业公示活动初审推荐工作。经初审，2019 年度一共推荐 201 家会员单位，较上一年度增长 40%。最终，有 193 家企业通过终审并获得称号。广东安防协会初审推荐通过率达 96%。

（五）安防行业知识产权工作

在省市两级市场监督管理局的指导下，广东安防协会知识产权工作主要从三个方面开展：一是鼓励创新与培养专利保护意识。广东安防协会编纂印发 2019 版《广东省安防自主知识产权产品企业名录》，其中收录 46 家企业的上百件专利产品，并向政府、安防工程商、系统集成商、运营商及甲方单位等过千家机构进行发放推荐。二是借助政府资源开展会展知识产权保护。广东安防协会成功申请广州市市场监督管理局“2019 广州市专利工作专项（会展知识产权保护项目）”，为 2020 年“广州安博会”期间知识产权保护工作争取到政府专项资金支持，为规范展会知识产权保护工作提供有利条件。三是知识产权人才培养。3 月 20 日，广东安防协会举办“知识产权质押融资专题培训会”，面向会员企业对知识产权质押融资相关政策进行解读，30 余家企业负责人参与其中。

三、围绕安防事业发展主题，服务行业大局

（一）行业智库建设——第四届广东智慧安防专家库换届

在广东省公安厅安全技术防范管理办公室的指导下，广东安防协会于 2019 年 4 月完成第四届广东智慧安防专家库的换届工作。同期成立专家委员会，目前专家库规模达到 467 人。作为行业发展智慧支撑，专家库的建设与充实为广东省安防行业的发展提供坚实的智力保障，同时也为协会的服务工作提供技术支持。

（二）成立专业化服务分支机构

经广东省公安厅科技信息化总队批准，广东安防协会成立广东省安防人工智能专业委员会，特聘高校和企业的 11 名专家任专家委员。协会通过该项举措积极推进 AI 技术在安全防范领域的落地、标准修订和人才储备等相关领域的专业化工作。

（三）行业评优

广东安防协会 2019 年上半年开展了“2018 年度广东省安防行业评优工作”，在 6 月召开“2018 年度

广东安防行业评优颁奖典礼”，对优秀企业和企业家进行表彰。评优经网络投票、专家投票和专家评审，最终评出奖项97个，其中包括46家企业获“广东省优秀安防企业”，20家企业获“广东省‘平安城市’建设突出贡献奖”，15个产品获“AIoT赋能安防创新应用奖”，16名企业家获“中国安防最具影响力广东企业家”称号。

（四）2019广东省智慧新监管技术交流会

6月，在广东省公安厅科技信息化总队、广东省公安厅监管总队的指导下，广东安防协会举办以监管行业应用场景需求为主题的2019广东省智慧新监管技术交流会。交流会吸引广东省各地市公安局监管支队、智慧新监管建设负责人，监管场所技术专家，监管场所解决方案及产品技术供应商负责人等200余人参加。

（五）2019广东省公共安全科技创新巡回技术交流会

在广东省公安厅科技信息化总队的指导和支持下，广东安防协会联合广东省公安科技协同创新中心，成功举办2019广东省公共安全科技创新巡回技术交流会。交流会设广州站、深圳站、汕头站、清远站、湛江站5个站点，覆盖全省21个地市。本次交流会主要针对目前公安科技应用的关键问题，围绕时下安防前沿技术和热点展开。交流会着重邀请各地市公安局、县（市、区）公安分局及派出所，分管技防、视频、治安、监所等技防业务相关部门人员，来自314家单位共计815人参加会议，其中，各地各警种参会人数344人，企业代表471人。

四、深化与开拓并举，响应会员需求

（一）会员走访

2019年，广东安防协会采取企业走访的形式，针对会员沟通机制、企业经营管理、知识产权管理、行业发展评估等方面与40余家会员单位负责人或代表进行交流。通过一系列基础工作的积累，广东安防协会对会员企业的经营现状以及对协会的期望有了深入的了解，对协会更好地发挥社会组织桥梁纽带作用，提高服务水平产生积极的影响。

（二）会员交流对接活动

广东安防协会于1月和6月举办两期题为“个税改革新政策税法宣传讲座”与“企业成本优化与税务风险防范”的安防企业家增值服务与跨界资源对接会。两次会议吸引近200家会员企业派代表参与，会议主题对解决企业在经营管理过程中遇到的相关问题起到重要指导作用，受到广大会员企业的欢迎和好评。

广东安防协会在6月和8月分别举办2期“智慧城市讲堂”。其中，“智慧城市讲堂走进南粤银行”专题围绕安全风险管理主题，针对银行、金融机构等重点行业领域在安全防范工程中设计施工、检验验收、系统维护等方面进行讲解，南粤银行近40名高管参会；“5G智慧视频发布会暨2019年智慧城市讲堂”专题联合5G+智慧视频应用联合创新实验基地开展，特邀广东智慧案安防专家库专家共计20余人出席，围绕5G视频话题，共同探讨前沿创新技术。

（三）人才服务

2019年，广东安防协会在广东省公安厅科技信息化总队的指导和支持下继续开展“广东省安防从业人员继续教育培训”业务，工作内容包括以下两个方面：一是教材及题库开发，二是举办继续教育培训班。2019年，协会共举办27期继续教育培训，其中在珠海、东莞、韶关、深圳、湛江等地市开展送教上门服务达16次，累计培训逾9500人次，共9431人顺利通过考试并取得合格证书。

广东安防协会承办广东省职业技能大赛——“平安城市—智慧守护”智能安防职业技能竞赛，有效促进行业人才服务工作创新发展，获得广东省公安厅、广东省人力资源和社会保障厅、广东省总工会的一致肯定，得到参赛选手和企业的认可。广东电视台、南方卫视、地市安防协会官方媒体等宣传平台对竞赛的过程和结果进行宣传报道，引起广泛的关注，极大扩展协会影响力。

2019 年，广东安防协会开展两期“视频监控技术应用专项职业能力”考试鉴定工作，共计 62 人成功通过考试鉴定并获得《视频监控技术应用专项职业能力证书》。视频专项作为目前安防行业唯一经人社部门认可的省一级行业技术人员水平评定体系，为企业解决技能人才评价问题提供解决方案，对规范企业岗位用人标准，提高安全防范系统的质量和效能，助力行业就业市场的良性发展，保障安防行业健康发展有重要意义。

五、坚持“严谨、扎实”作风，推动行业标准化建设

（一）地方标准修订

一是由广东省治安管理局委托广东安防协会牵头制定的广东省地方标准《金银珠宝营业场所安全防范工程规范》（DB44/T 2195-2019）经广东省市场监督管理局批准予以发布，并于 2020 年 1 月 31 日开始实施。二是由省厅科技信息化总队委托广东安防协会制定的广东省地方标准《互联网+视频门禁建设技术规范》，已顺利完成审定工作。《互联网+停车场（库）建设技术规范》已完成标准报批和送审工作。三是开展《高等院校安全防范工程技术规范》、《中小学和幼儿园安全防范工程技术规范》标准修订工作，目前已完成征集意见稿。

（二）推进团体标准制修订

10 月 17 日，广东安防协会组织召开 2019 年团体标准立项审定会，对《公安机关人脸视频图像库部署规范》、《审讯声纹识别系统通用技术规范》、《一体化智能设备箱在安防监控项目中的应用标准》立项申报材料进行论证审核。经专家评审，三项标准符合立项要求，批准立项。目前，项目正按计划开展编制工作。

（三）行业标准宣贯工作

2019 年，广东安防协会通过专项培训、媒体发布、交流活动等手段，共针对 GB 50348-2018《安全防范工程技术规范》等 16 项行业重要标准开展宣贯工作。其中 2019 年 5 月，协会举办国家标准 GB50348-2018《安全防范工程技术标准》宣贯培训班，行业专家、安防企业技术代表等 200 余人参加此次宣贯培训。此外，广东安防协会还积极协助 TC100 开展《住宅小区安全防范系统通用技术要求》等 2 个国家标准、《公安视频监控人像人脸识别应用技术要求》等 5 个行业标准的意见征集工作。

六、重视资源拓展与积累，积极开展横向交流合作

（一）举办总会第二十七期会长秘书长联谊会

2019 年 7 月 11 日，广东安防协会联合广东省社会组织总会，举办“第二十七期会长秘书长联谊会”，共邀请 30 多家行业社会组织负责人出席会议。

（二）召开全国安防行业协会负责人座谈会

2019 年 10 月 26 日，全国安防行业协会负责人座谈会在协会召开，公安部科技信息化局、公安部一所检验中心、广东省公安厅科技信息化总队等单位的领导在会上作出重要工作指示，全国各省、市 40 家安防行业协会负责人出席会议，并就加强行业协会间的交流，共同推动安防行业发展的主题展开交流。

七、完善内部建设，提升团队战斗力

（一）积极建设规范化协会

广东安防协会严格按照章程规定办会，于 2019 年 2 月 27—28 日召开第四届第二次理事大会，分别于 1 月、7 月和 12 月召开理事长办公会，并形成相关会议文件。

（二）2019 年度省级社会组织等级评估工作

自 2019 年 7 月起，广东安防协会组织专门力量，开展 2019 年度省级社会组织等级评估的相关准备工作，对协会的各项管理工作进行全面梳理，目前已完成等级评估小组专家实地考察环节，待评估委员会

作最终考评，结果将在2020年第一季度公布。

（三）重视媒体宣传

2019年，广东安防协会在媒体宣传方面提高重视程度，并有针对性地开展一系列工作。一是改版并重新上线协会官网“安防世界网”，充实网站功能与信息分类模块。二是重点推动“广东安防协会”公众号运营，发布文章总量超过600篇，文章阅读量超30万人，约60万次，较2018年增长14%。公众号关注量约1.5万人，较2018年增长70%。三是继续做好会刊的编撰出版工作，全年共编印4期《广东安防简讯》，每期面向1400余家单位发行。四是与《大社会》杂志联合策划联合报道，为安防行业开展专题报道。五是与超过20家各类媒体平台开展资源互换与联合宣传。

（四）加强秘书处队伍建设

目前，广东安防协会定期就完善管理制度开展工作讨论，每月组织员工开展内部培训，不断提高队伍整体素质。通过一系列内部建设工作，广东安防协会加强团队成员的能力素质培养，优化机构职能分工，提高协会工作的专业化、规范化水平，使团队战斗力得到有效提升，从而保障相关工作的输出质量。

深圳市安全防范行业协会

2019年，深圳市安全防范行业协会（以下简称“深圳安防协会”）在深圳市和福田区两级政府的正确领导下，在全体会员的大力支持下，秉承为会员单位着想，为会员企业服务的宗旨，时刻以发挥桥梁和纽带作用，围绕行业发展和会员企业的需求为己任，积极探索、努力拓展，圆满完成全年工作。

一、积极发展新会员，提升会员服务

深圳安防协会自成立以来，经过25年发展与经历，目前已拥有来自全国26个省市的会员2260家，其中2019年度新增会员75家。

为了更好地服务会员企业，了解会员的实际需求，深圳安防协会秘书处工作人员坚持每周走访5—6家企业，接待8—10家企业来访，通过面对面的交流与沟通，把协会为企业的服务落到实处。据不完全统计，2019年度走访企业300余家，接待会员企业来访500余次，接待各地政府、商协会来访30余次。

二、组织行业交流活动，推动行业发展

2019年，深圳安防协会大力开展国内外安防前沿技术交流活动，成功举办了多场国际化的高端交流会、研讨会、主题沙龙等，内容丰富，形式多样，获得了较高的企业参与度，也获得了企业的一致认可。具体有：1月举办了全国安防界迎春团拜会，汇聚了全国各地的公安机关领导、专家，安防企业CEO约1000人；4月组织深圳15家会员单位参加2019第二十一届东北国际公共安全防范产品博览会，并实地走访沈阳的安防企业，与各家企业代表座谈交流，举办安防行业沙龙第二期“3D视觉在安防领域的应用”；6月举办第二届中国安防产业赋能大会暨《中国安防人工智能发展产业指南》发布会；10月举办中国国际公共安全博览会。

三、多层面开展行业评比和表彰活动

为了推进安防产业的发展、彰显业界蓬勃向上的正能量，2019年，深圳安防协会先后组织开展了有特色的行业评选表彰活动，表彰了一批在2019年度全国经济下行的情况下，仍然脱颖而出、表现突出、创新发展、推动行业进步的企业。

四、发挥桥梁纽带作用开展多方合作

为充分发挥协会的桥梁纽带作用，2019年，深圳安防协会积极开展对外交流，组织行业企业走出去、

请进来，不断加强与全国各地政府部门、行业组织和行业企业的合作，推动行业发展。

深圳安防协会先后与河北、江苏、山东、广西、甘肃、陕西、内蒙古等地方政府，与建设银行、中国银行、民生银行、招商银行等金融机构，与泰国安防协会、亚洲保安协会、巴西安防协会、美国洛杉矶等国外组织机构建立友好合作关系，同时还与美国、俄罗斯、德国、法国、意大利、等国开展交流互访，分别建立了长期友好合作互利共赢关系。

五、加强自律建设推进企业能力评价工作

为了加强行业自律，规范企业行业，倡导公平公正，体现社会诚信，深圳安防协会参照中国安全防范产品行业协会关于开展安防工程企业能力评价的有关要求，从 2017 年 7 月起开展《安防工程设计施工维护能力网上申报评价工作》，完成了广东省内安防企业能力证书的审核、年检、升级与发放工作，由此加强和促进企业从业能力建设，为社会及第三方提供安防企业能力参考。2018—2019 年度，广东省内共有 100 余家企业申请并获得了安防能力证书。

同时，为方便企业进行安防产品检测，自 2017 年 8 月起，深圳安防协会又与公安部安全与警用电子产品质量检测中心签署“产品检测、法规宣贯、工程验收”合作协议，受理深圳市和华南地区企业办理技防产品在公安部第一研究所和公安部第三研究所的检测事项，开展技防工程验收等服务。

六、全面打造安防人才体系，开展行业培训

2019 年，深圳安防协会举办了第八届“智慧安防整体解决方案全国公益培训”（简称“百城会”）。第八届百城会途经 10 余个城市，辐射周边 100 余个城市，得到了全国 57 家行业协会和当地技防办的大力支持，对 5000 余人进行了公益培训，为 2500 余位安防从业人员颁发了培训证书。

同时，为了帮助安防工程企业培养技术人员，建立完善的人才体系，深圳安防协会 2019 年全年先后组织技术人员培训 8 次，为提升技术人员的基础知识，通过现场授课、实操培训等方式，培训人员 1000 余名，向企业输送了 1000 余名技术人员。

七、全国安防协会合作互助联盟工作遍地开花

为维护全国各地安防协会组织的合法权益，促进协会组织间充分合作、交流，经过协商，深圳、北京、杭州、广州、东莞、武汉、南京、厦门、新疆、成都等全国 20 多个安防行业协会组织于 2015 年共同发起成立了全国城市合作互助联盟。

联盟成立至今已有 4 年，其间先后有 30 余家新成员加入，现有联盟成员 61 家，全国绝大部分城市的安防行业协会都已加入联盟，成为联盟成员。

八、加强信息服务，完善信息传递渠道

为了让广大会员和安防行业同仁及时了解协会和安防行业的最新资讯，深圳安防协会每年出版六期《深圳安防》，及时传递协会和会员的相关资讯。

在不断完善协会网站功能的同时，深圳安防协会也利用微信公众号、微信工作交流群、视频直播等新媒体方式，及时向会员宣传安防行业政策法规，发布安防行业新技术、新产品、新活动等一系列动态信息，大大增加了协会的影响力和号召力。

九、进一步加强协会党组织建设

2019 年，协会进一步加强安防行业党组织建设工作，在上级党委领导下，深圳安防协会党委组织党员深入学习领会习近平新时代中国特色社会主义思想和党的十九大精神，通过举办培训班、研讨会、“走进名企”等方式，用好新媒体手段，推动习近平新时代中国特色社会主义党的十九大精神进企业、进

网站。

为了进一步加强党建工作，协会党委积极鼓励会员单位成立党支部，2019 年新增党支部 3 家，目前共有 2 个党总支，25 个党支部。

十、加强自身建设　提升服务能力

2019 年 1 月，深圳市工商业联合会按照“班子建设好、团结教育好、服务发展好、自律规范好”的标准评选“四好”商会，深圳安防协会在一批参评的社会组织中脱颖而出，荣获“四好”商会的殊荣。7 月，深圳安防协会党委被深圳市社会组织党委评为深圳市社会组织先进基层党组织。

深圳市智慧安防行业协会

2019 年度，深圳市智慧安防行业协会（以下简称“深圳智慧安防协会”）在深圳市社会组织管理局、深圳市公安局及相关职能部门的正确领导和大力支持下，通过全体理事和会员单位的共同努力，围绕协会的章程和宗旨，以服务会员单位、引导行业健康发展、加强会员单位联络、促进行业诚信自律为主线，求真务实，勇于承担，各项工作得以顺利开展。

一、推动安防行业标准化工作有序开展

深圳智慧安防协会以标准化服务为核心，主导标准制定促进安防行业健康发展。由深圳市安防产业标准联盟发起并推进的标准项目共有 30 余项，为整个行业标准化发展起到了技术支撑作用。

（一）建立健全标准化服务机制

为适应安防行业的发展需求，更好发挥市场作用，增加标准有效供给，以高标准引领安防行业高质量发展，提升安防行业整体竞争力，2019 年深圳智慧安防协会发布了行业标准 1 项、团体标准 1 项、深圳市地方标准 3 项，分别是《城市轨道交通公安通信网络建设规范》、《停车场（库）电子收费免密支付技术规范》、《视频门禁系统技术规范》、《城市轨道交通警用安全防范系统与通信系统技术规范》、《反恐怖防范管理规范　中小学、幼儿园》。

为加强协会团体标准的规范化管理，深圳智慧安防协会起草了《团体标准制修订经费管理办法》和《团体标准涉及专利的处置规则》。

团体标准未来将是我国标准化工作的重要组成部分并发挥积极作用，联盟将不遗余力推动安防行业标准化工作的发展。

（二）标准体系建设

为响应《深圳市停车设施建设专项规划（2018—2020 年）》和《深圳市人民政府打造深圳标准构建质量发展新优势行动计划（2015—2020 年）》的号召，适应深圳市智慧停车场发展的新形势，满足新形势下智慧停车场对标准化发展的新需求，建立和完善智慧停车标准体系，在行业主管单位的指导下，深圳智慧安防协会组织相关企业制定了深圳市地方标准《停车库（场）交通设施建设与管理规范》、《停车库（场）安全防范要求》，正在起草团体标准《停车场服务管理与质量评价标准》。

（三）国内外标准化工作交流

深圳智慧安防协会秘书处在 7 月参加了在日本举办的“第十八届东北亚标准合作论坛”，并在论坛上提出《智慧停车》的新项目提案，同时，与日本、韩国标准化协会签署了合作协议；10 月，深圳智慧安防协会秘书处参加德国停车行业商务考察，学习国外停车行业经验；走访国家标准化管理委员会，助推停车行业发展。标准决定质量，只有高标准才有高质量，联盟将以务实创新精神与各行业共同探索标准化可持续发展道路。

二、深入企业第一线，开展专题调研活动

（一）会员企业走访

2019 年，深圳智慧安防协会理事会批准加入新会员企业 84 家，协会会员队伍进一步壮大。走访企业近 600 家，深入企业第一线，为秘书处工作更好地开展指明方向，奠定发展基础。

（二）协会活动

2019 年，深圳智慧安防协会开展各类座谈会、交流会、沙龙活动、国内外考察活动、兄弟协会交流会等活动 50 余场。召开“第三届第二次副会长会议暨三八妇女节沙龙活动”、“龙岗智慧园区研讨会”，举办“新税法解读”、“福田区产业资金解读”、“信用福田　职场骨干信用知识宣讲普及”等相关政策宣讲会。与广东省内各地协会、中国安防企业家俱乐部、深圳市零售商业行业协会、深圳市内衣行业协会、深圳市饭店业协会、深圳市物流与供应链管理协会、深圳市工程师联合会等单位举办交流座谈会，组织会员单位召开技术交流分享会。在福田区非公有制经济组织党委和福田区企业发展服务中心的指导和支持下，承办“2019 年第二期福田辖区商协会沙龙活动”和“福田辖区企业人才羽毛球大赛”。

2019 年 5 月，作为主办方之一，深圳智慧安防协会在深圳会展中心举办了“2019 深圳国际智慧停车设备与技术博览会”，来自全国各地的近百家参展商和特邀买家团参展，超万名专业观众参与，众多停车行业巨头齐聚首，与国内外同行企业、专家和观众共同分享探讨新产品新技术和发展趋势，为业内人士带来了一场年度行业盛会。

深圳智慧安防协会秘书处通过人大代表、政协委员平台，提出《关于为深圳市住宅类停车场机动车停放泊位确权的建议》、《建设幼儿园安全监控系统，覆盖全市所有幼儿园，提高安全风险防控能力，防范各类安全隐患》、《关于取消福田保税区企业入园证的建议》等提案，紧紧围绕深圳市当前公共安全防范及智慧城市建设等领域建言献策，为行业搭建起沟通交流的桥梁。

三、搭乘“一带一路”东风，助力会员企业“走出去”

2019 年，深圳智慧安防协会的各展会组团工作得到了政府部门及企业的一致好评。

协会分别参加“第十届中国国际警用装备展”组织工作、“第 26 届南非国际安全科技大展”、“第 21 届法国巴黎军警设备展”、“第 13 届印度国际安全科技专业大展”、“广州军民融合展”、“第三届中国—蒙古国博览会”。展会的参团企业近 300 家，出团人数达 800 人次。收到了马来西亚、菲律宾、迪拜、越南、巴西等国家展会主办方的合作邀请。

在经贸交流方面，深圳智慧安防协会协办的“深圳福田（中国）—法兰克福（德国）经贸合作交流论坛暨深圳福田营商环境推介会”成功召开，为构建福田区良好的营商环境，助力产业健康发展作出贡献。

四、积极配合政府部门提供技术和项目管理服务

李克强总理说，“简政放权是‘牵一发而动全身’的改革”。2019 年，深圳智慧安防协会努力响应政府号召，推动政府购买服务项目，大力配合深圳市公安和应急管理局等政府部门，完成项目设计方案评审会、验收会、设备选型测试、项目监督管理服务近 90 项，积极为各级政府部门提供技术支撑服务，有力推动了社会安全指数的提高。

专家委员会主任安鹤男教授组织专家走进企业，举办近十场技术研讨会，针对前沿技术进行深入的交流和探讨，共同努力为行业发展创造更大的价值。

五、为政府、企业提供智力支持，研究院积极开展课题研究

本协会下属深圳市智联安防创新研究院为政府科学决策提供智力支持，为企业升级转型、规范化

管理提供智力保障。目前已开展智慧交通、智慧安防等十几项课题研究，助推行业智能化、创新化发展。

六、积极对接企业，灵活协作模式，推进产业人才建设

深圳智慧安防协会在帮助企业“人才选育用留”方面提供了大量的服务。与广东省内多家一本、二本优质院校进行人才培育沟通交流，为促进企业人才引进，组织近百家企业参与十余场高校人才对接招聘会。

由广东省公安厅科技信息化处指导，广东省安防技术防范协会等单位主办的“2019年广东省职业技能大赛‘平安城市—智慧守护’智能安防职业技能竞赛”成功举行，深圳智慧安防协会作为本次大赛的支持单位，与安防同仁全面促进安防行业业务技能水平的提升。除此之外，配合广东省安防技术防范协会定期开展“广东省安防从业人员继续教育培训”，共计近4000人参与培训。

七、构建大宣传格局，打造全媒体平台

深圳智慧安防协会设杂志、网站、微信公众号、头条、微博等媒体平台。2019年，《智慧安防》杂志做了40多家企业的专访，并为近百家企业进行专题报道。智慧安防网时刻关注社会、行业、政府部门、企业动态，2019年累计发表800多篇文章，平均每个月保持500+的粉丝增长速度。网站月更新稿件保持在40篇以上。此外，通过今日头条、新浪微博及近300个微信群发布最新资讯，提升社会各界对协会的关注，宣传协会的优秀成员单位，提高企业知名度。

八、加强组织建设，增强协会总体实力

（一）继续加强协会队伍建设

2019年深圳智慧安防协会党支部共组织近十场党支部会议及活动。包括：积极开展党建工作，以党建促会建，培养一支爱党敬业、具有高度责任感和使命感的队伍；组织“不忘初心　牢记使命”主题教育专题组织生活会等各项党建会议，开展了“深圳大鹏户外学习”、“走进黄埔军校、中山纪念堂”等党建活动，增强了党支部凝聚力，发挥了党员先进性作用，扎实推动支部建设向一流标杆挺进，为新时代中国特色社会主义贡献新的力量。

（二）推动协会健康持续发展

2019年，召开了深圳智慧安防协会第三届第五次理事会、第六次理事会、第七次理事会。同时，为加强内部团队学习，提升秘书处综合素质，组织“绿色健步走，携手快乐行”绿道行，“走进养老院”、“健康快车2019光明行”等团建、慈善活动近十场。其中，“健康快车2019光明行”组织会员企业及社会各界人士捐赠善款近100万元。

2019年，深圳智慧安防协会在工作中还存在许多不足之处，为会员企业的服务还需要进一步加强。新的一年，协会秘书处将一如既往，学习贯彻党的十九大精神，以更新的面貌、更完善的制度、更多样的活动，为会员单位的发展做好服务工作，推动深圳安防行业发展更上一层楼。

珠海市公共安全技术防范协会

2019年，珠海市公共安全技术防范协会（以下简称“珠海安防协会”）在珠海市社会组织管理局和珠海市公安局科信支队的正确领导和关心支持下，贯彻协会章程，秉承着“服务会员、服务政府、服务社会”的宗旨，认真履行协会职责，发挥协会平台作用。在全体会员单位的积极配合和共同努力下，各项工作进展良好，取得了一定的成绩。

一、大力加强党建工作，发扬党的优良作风

（一）开展党建帮扶活动

2019年1月，为积极响应党中央号召，珠海市公安局科信支队牵头，携手珠海安防协会来到茂名市电白岭门镇祖岱村，向该村捐赠扶贫资金及相关安防设备。

2019年9月，珠海安防协会积极参与脱贫攻坚工作，帮扶云南省怒江州福贡县马吉乡马吉村，为打赢脱贫攻坚战作出重要贡献。

（二）开展党建慰问活动

2019年11月，珠海安防协会党支部开展对桂山村贫困老人“慰问送温暖，关怀暖人心”走访慰问活动。

（三）开展义工活动

2019年11月，珠海安防协会党支部党员作为志愿者为道路美化工程的工人送水，并帮助工人们疏导交通。

珠海安防协会将继续坚持“服务会员、服务政府、服务社会”的宗旨，热心支持参与社会帮扶事业，在加强自身建设、发展的同时，不忘初心，牢记使命，服务社会，回报社会。

二、提升安防人员水平，组织行业培训

（一）组织广东省安防从业人员继续教育培训

2019年4月，广东省公共安全技术防范协会与珠海安防协会联合举办第五十二期“广东省安防从业人员继续教育培训（珠海站）”，此次培训有111家企业单位共300多人参加，培训主要包括安防法规细则、技防项目论证及验收要点、安防行业网络技术、工程施工安装要点、检测等方面内容。

（二）组织GB50348-2018《安全防范工程技术标准》宣贯培训

2019年6月，在珠海市公安局技防办的联系指导下，珠海安防协会举办了国家标准GB50348-2018《安全防范工程技术标准》宣贯培训，本次培训共有100多位专家参加。

促进珠海安防行业健康发展，进一步提升安防从业人员的技术能力，加强专家之间的沟通合作，是珠海安防协会义不容辞的使命，更是成立的根本。

三、增进交流学习，拓展会员行业视野

（一）组织参观2019年深圳国际智慧停车设备与技术博览会

2019年5月，珠海安防协会组织参观2019年深圳国际智慧停车设备与技术博览会，通过这次参观交流，珠海安防行业的同仁对智慧停车设备与技术有了更深入的了解与认识，在智慧停车产业发展热潮下，人工智能成为推进智慧停车升级的有力武器。

（二）组织会员单位外地考察学习

2019年10月，珠海安防协会组织54家会员单位共90多人，走进深圳企业总部，开展观摩学习、研讨交流活动。此次交流让会员单位了解到了同行业中的管理经验，拓宽发展思路，同时实地感受行业领域优秀企业的建设情况，了解停车系统龙头企业的智能化新成果，并进一步加强了业内信息资源共享和联动，为推动合作发展共赢奠定基础。

（三）组织参观2019年第十七届中国国际社会公共安全博览会

2019年11月，为全面了解安防领域的最前段技术及创新发展，为企业之间的合作创造更多商机，珠海安防协会组织了54家会员单位共90多人参观2019年第十七届中国国际社会公共安全博览会。此次博览会为安防从业单位、从业人员、行业用户提供了一次全新的技术考察机会，也为全面了解行业智能的动态发展，搭建了一个交流合作的平台。

多方面交流，全方位学习，增强会员单位之间的联系，是珠海安防协会的一项重要功能，其为提升全市安防行业整体技术水平起到积极的推动作用。

四、更新整合专家库，发挥专家职能作用

2019年，珠海安防协会严格按照《珠海公共安全技术防范协会章程》及《珠海市安全技术防范专家管理规定》的规定，结合实际工作，选聘了专家组成员，也为专家库输入了新的血液。目前第三届珠海安防专家库共有专家97名，累计组织专家超300人次参与技防设计方案评审项目93个。

五、提升协会服务水平，开展各项工作

2019年，珠海安防协会积极针对会员单位和同业公司在安防项目中遇到的问题进行答疑，且热情接待有意加入协会的公司，向他们介绍入会流程。协会不断完善用章、财务等各项管理制度，明确分工职责，努力提高专业化水平，进一步提升服务能力。

六、扩大对外交流，与兄弟协会共同发展

2019年，珠海安防协会先后与肇庆市公共安全技术防范协会、东莞市公共安全技术防范协会、深圳市安全防范行业协会、湛江市安全技术防范行业协会等多家兄弟协会沟通交流。通过走访，不仅加强了各地协会间的合作，增进协会间的感情，同时也相互学习交流工作中问题的解决方法，最重要的是起到了共同发展安防行业的积极作用。

经过一年的努力，在协会领导班子的带领下，珠海安防协会持续健康稳定发展，各项工作有条不紊开展，会员间的凝聚力得到加强，资源共享有了更好的平台，促进了会员单位之间的友好合作与共同发展。

东莞市公共安全技术防范协会

2019年，东莞市公共安全技术防范协会（以下简称“东莞安防协会”）认真学习党的十九大会议精神，认真贯彻和学习习近平总书记在广东考察的重要讲话中提及的“高举新时代改革开放旗帜，继续全面深化改革、全面扩大开放的重要举措”，在东莞市社会组织管理局和东莞市公安局技防办的正确指导监督下，在常务领导班子和全体会员单位的共同努力下，坚持抓好政企服务，紧密结合行业实际，围绕服务会员、沟通政企关系积极发挥行业协会的职能作用和组织优势，使协会工作不断取得新的进展，为推动东莞市安防行业的健康发展发挥一定的作用。

一、举办第二届第三次会员大会暨优秀安防企业颁奖典礼

在东莞安防协会第二届第三次会员大会上，全体会员及协会业务指导单位东莞市公安局技防办、全国安防协会合作互助联盟、深圳市智能交通行业协会、全省各地兄弟协会领导莅临大会现场，并表彰21家“优秀安防企业”和20家“协会突出贡献企业”。同时，在会上宣告由专家委主任、副主任和46名核心专家团队组成的东莞安防协会专家委员会正式成立，并举行了简单而隆重的揭牌仪式。

二、加强会员队伍建设，增强凝聚力，提升服务质量

为提升会员凝聚力和向心力，提供更多优质服务，东莞安防协会开展了形式多样的会员活动项目。包括组织会员参观2019深圳国际智慧停车设备与技术博览会、举办2019年东莞市智能楼宇管理员职业技能竞赛和2019年广东省职业技能大赛“平安城市—智慧守护”智能安防职业技能竞赛、开展企业社保及

财税专题讲座、组织会员庆中秋活动、开展东城街道“一镇一品”智能楼宇管理员培训、参观 2019 第十七届中国国际社会公共安全博览会、开展会员企业年度评优等活动，获得了众多会员的一致认可和高度关注。

为加强协会会员队伍建设，东莞安防协会开展了品牌项目——会员走访活动，深入了解会员的所需所求，收集会员的意见和建议，为会员排忧解难。会员走访活动是协会的年度重点工作之一，通过走访既增强各会员间的凝聚力又促进会员之间的交流合作。协会还积极扩大自身知名度，吸纳更多优质的安防企业加入。在广大会员的共同努力下，截至 11 月 30 日协会共吸纳了 46 家会员加入，其中包含理事及副会长单位，为发展注入了更多新能量。

三、开展广东省安防从业人员继续教育培训，输送人才

2019 年，东莞安防协会与广东省公共安全技术防范协会合作开办了三期广东省安防从业人员继续教育培训，得到东莞市公安局技防办的高度重视和大力支持，东莞市安防行业输送从业人员共计 1038 人次。

作为贯彻落实东莞市关于技能人才培训五年行动计划的重要举措，也是东城结合本地特点组织开展行业人才培养的具体行动，东莞安防协会举办了东城街道“一镇一品”智能楼宇管理员培训班，对进一步实施东莞市“技能人才之都”战略，打造大培训格局具有积极意义。培训不仅提升了学员自身在理论和技术方面的知识，更为会员、为行业及社会创造了更多价值。

四、加强与友协的交流，促进合作

为促进与相关行业协会商会的交流互动，学习吸收各地协会的工作经验，提升东莞市技防管理及协会会员服务效益，更好地协助东莞市技防办对行业的监督管理工作。东莞安防协会分别走访和接待了深圳市智慧安防行业协会、东莞世界莞商联合会，并举行了“兄弟连心　携手共进”省内安防协会交流活动，通过聚集各地兄弟协会力量，整合资源，形成定向交流目的和周期，促进协会之间友谊的同时，与多方交流，积极探讨行业发展趋势，挖掘行业发展合作项目，多渠道拓展行业协会合作模式，实现协会之间抱团取暖、合作共赢的新局面。

五、开展慈善捐助活动，承担社会责任

为积极发挥协会对公益事业的付出和贡献，关爱弱势群体，回馈社会，促进社会和谐发展。东莞安防协会走进黄江镇梅塘社区综合服务中心开展“东莞安防微心愿”慈善捐助活动。东莞安防协会开展的“东莞安防微心愿”慈善捐助活动共收到来自协会成员捐助的家电等物品共计 27 件，帮助 25 户残疾人家庭实现了心中的梦想。

今后东莞安防协会也将继续开展和参与各项公益慈善活动，发挥社会组织的团体力量，承担东莞安防人应有的社会责任，发扬中华民族见难相助、共襄善举的传统美德，为构建和谐社会贡献力量。

六、争取 2019 年度“守合同重信用”企业公示活动推荐资格

在 2018 年度“守合同重信用”企业公示活动中，东莞安防协会共推荐 27 家企业，其中 21 家企业荣获“守合同重信用”企业称号。根据东莞市市场监督管理局相关文件精神和要求，开展 2019 年度广东省“守合同重信用”企业公示活动宣传和推荐工作，帮助提升会员企业在行业中的公信力。目前，东莞安防协会已向有关部门提交“守合同重信用”推荐资格申请，为服务会员建立更多渠道，为会员企业的业务拓展提供便利。

七、获得殊荣，再接再厉提升协会知名度

10 月 29 日，粤港澳大湾区智能安防产业与技术创新联盟正式成立。该联盟由深圳、广州、珠海、东

莞四家协会作为发起单位，并担任理事长单位。

在团体标准《反恐怖防范管理规范 第 1 部分：通则》宣贯培训会中，东莞安防协会作为团体标准 T/DGAS 005. 1-2019《反恐怖防范管理规范 第 1 部分：通则》起草单位之一，被授予了牌匾。

八、初步完成党建前期工作

经调研，东莞安防协会已在内部确认多名党员，为筹备成立协会党支部做前期准备。

广西安全技术防范行业协会

2019 年，广西安全技术防范行业协会（以下简称“广西安防协会”）坚持“四个服务”为宗旨，有序开展各项工作，在继承往年工作成果的基础上既有所扬弃，又有所创新。

一、积极推进协会党组织建设

2019 年，广西安防协会党支部积极开展各项党建活动、加强党员的学习与培训，实时联合当地社区党组织，深入开展丰富多样的党建活动，有效夯实党在基层的组织基础和群众基础。

二、积极参加中国安全防范产品行业协会与各省市安防协会组织的活动与展会

2019 年，广西安防协会积极参加中国安全防范产品行业协会和各省、市安防协会组织的活动，组织会员参加全国各省市安防展会，开阔了视野、更新了观念，为协会今后更好地开展安防行业服务工作奠定了基础，同时也加强与各地兄弟协会的交流，开拓合作共赢的新局面。

三、发挥政府与企业、企业与企业间的桥梁与纽带作用

2019 年，广西安防协会共举办“智慧城市”主题沙龙活动共计 6 期，既促进了行业之间的交流，又增进了企业之间的凝聚力，充分发挥了协会的桥梁纽带作用，为会员之间的合作交流创造了条件和机会。

广西安防协会也十分注重与政府之间的交流，包括：出席广西国际博览会集团会展沙龙，理事长向东盟博览局领导和同仁介绍中国安防行业的情况，让更多东盟国家了解中国安防行业，了解“行业+安防”的发展趋势。

广西安防协会还多次组织会员企业前往公安局、应急管理局举行座谈会。

四、举办 2019 第十六届中国—东盟博览会之“第二届中国—东盟智慧城市会客厅”

2019 年 9 月，为引领安防行业走出广西，走向东盟，广西安防协会继续打造了 2019 东盟“智慧城市会客厅”。协会带领 20 家企业以行业整体姿态在广西最重要的国际性活动中“南博会”亮相，全面展现了中国安防行业的最新成果，并以高、新、精、炫的效果吸引了东盟各国政要和客商的关注。针对东盟博览会展会的特点，协会组织参展企业主动出击，到各分会场洽谈业务、推介自己。

五、倡议并促成广西协会联盟合作，构建跨行业合作新格局

2019 年 6 月 21 日，在广西安防协会的倡议下，广西商标协会、广西建筑装饰协会和广西文化产业协会在进行协会互认签约仪式。本次签约对继续探索社团组织抱团发展的机制与途径，整合社团资源跨行业借力发展，构建跨行业合作的新格局发挥重要推动作用。各协会将继续深入贯彻落实社会组织“服务国家、服务社会、服务群众、服务行业”的指导思想，充分发挥协会的纽带作用，促进广西异业协会之间的深入合作，为会员提供高品质、高效率的服务。

六、外事交流

2019年4月10日至4月11日，广西商标协会考察团一行赴越南北宁市交流访问，并得到北宁市代表团及阮风河副市长的热情接待。协会温金兰秘书长向北宁市政府与会代表就智慧城市的整体解决方案作了全面介绍，阮风河副市长及北宁市政府与会代表表示对协会关于智慧城市建设的介绍很感兴趣，并邀请广西安防协会组团到越南北宁市参加展会，加深交流、加强合作。

2019年5月5日，广西安防协会赴越南胡志明市与越南铁旅和相关公司洽谈安防业务。

2019年11月18日，广西安防协会与非洲法语国家能力建设代表团举行座谈交流会，共有7个非洲国家的近30位政府官员、社会组织和学者参加本次座谈会。各国非洲来宾纷纷称赞在此次活动受益匪浅，并表示之后要与协会取得进一步联系。

2019年11月27日，广西安防协会与孟加拉国公共管理研修班召开座谈会，孟加拉国共有20多名政府官员和学者参加本次座谈会。

七、推进能力评价工作

一是能力评价工作。截至2019年12月9日，通过评审新增获证企业共43家（其中一级3家，二级7家，三级33家）；通过2019年年审企业共95家（其中一级13家，二级19家，三级63家）；通过2019年第一次复评企业共28家（其中一级7家，二级7家，三级14家）。能力评价年审、复评工作的开展，有利于企业更好地完善制度建设，推动安防工程企业不断向前发展。

二是技术人员考核。安防工程企业技术人员综合能力验证考核是能力评价工作顺利开展的基础，2019年，广西安防协会共组织了五期技术人员考核，总计1005人参与考核。

八、星级诚信评定单位工作

为进一步加强广西安防企业诚信体系建设，以健全组织机构和规章制度，建立守信激励和失信惩戒机制，同时更好宣传协会会员的企业形象，营造诚实守信、公平有序、健康发展安防行业市场环境，广西安防协会严格按照民政厅要求开展2019年度广西安全技术防范行业协会星级诚信单位评定工作，于2019年5月11日在广西技术监督局召开2019年度广西安全技术防范行业协会星级诚信单位评定宣贯会。

经过一年的大量工作，广西安防协会较好地完成了各项工作任务，有效履行了职责，取得了不小的进步，然而这与安防企业的发展需求相比还有一定的差距，与新形势、新要求、新任务相比还有一定的差距，为跟上新形势、达成新要求、完成新任务，广西安防协会将不断总结经验，强化自身建设，提高服务能力，为推动广西安防行业发展作出最大的贡献。

海南省智慧城市安防技术行业协会

2019年海南省智慧城市安防技术行业协会（以下简称“海南智安协”）进一步促进了海南省中小安防企业的相互交流和学习，及时传达中国安全防范产品行业协会的各次会议精神，宣传优秀兄弟协会、优秀兄弟安防企业的先进运作思路和方法，努力提高海南省安防技术防范工作的整体水平，努力营造协会工作的良好氛围，更加紧密地开展理事会会议和会员工作大会，参会会员数量得到扩充，工作方向更加精准。

一、召开协会理事会议，讨论并通过协会后续工作计划

（一）召开协会第一届第二次理事会议

2019年6月14日，海南智安协在海口召开第一届第二次理事会议。各理事单位就协会的定位、发展

方向、今后的服务项目，协会在安防行业新形势下的资源整合与纵横联合等问题，发表了各自的意见和建议。张存智会长强调协会将以坚持“树立海南智慧安防行业品牌、塑造海南全域旅游智慧城市形象、提升海南智慧安防企业实力”的目标，不断扩大同行业间交流与合作，竭诚为会员单位及行业服务，发挥政府部门行业规范助手作用，为社会公共安全事业的发展贡献力量。

（二）召开第一届第三次理事会议并通过相关决议

2019 年 10 月 22 日，海南智安协第一届第三次理事会议在海口召开。会议通过了协会的工作汇报与发展规划。会上表决新增六名常委理事并增补 2 名；表决通过成立三亚分会，由李青林主持三亚智安协工作；表决通过成立专家库，为安防企业提供项目验收评审，为优秀安防项目评定，为安防企业优秀工程师评定，为优秀安防行业评定；表决通过成立项目联合担保贷款平台，为有项目没资金垫资的安防企业提供资金保障；表决通过成立安防行业技术人才培训机构，为安防企业提供优质专业人才；表决通过成立智安协党支部。目前，海南安防企业都面临严峻挑战，安防同行需要积极参与，为安防行业健康有序发展作出应有贡献。

二、启动协会专家库报名和审核工作

海南智安协积极运作协会专家库报名工作，截至 2019 年 12 月底，已收到全省各高校、各企业、各领域报名专家 31 人，复工后将展开专家评定工作并颁发本协会专家聘请证书。

三、参加中国安全防范产品行业协会及兄弟协会的工作交流会议

2019 年，海南智安协积极参加各项行业交流会议：参加 2019 全国城市安防协会合作互助联盟一届七次会议、出席中国安全防范产品行业协会第五届理事会第八次理事长工作会议暨常务理事会议、出席安徽合肥召开的智慧安防技术创新论坛暨全国城市安防协会合作互助联盟第一届第八次会议、2019AI+智慧安防技术创新与产业赋能暨 IVAA 高峰论坛、全国安防行业协会负责人座谈会等，经过一年的努力，2019 年海南智安协进一步增进了海南省中小安防企业间的相互交流和学习，及时传达中国安全防范产品行业协会的各次会议精神，积极宣传优秀兄弟协会、优秀兄弟安防企业的先进运作思路和方法，努力提高全省安防技术防范工作的整体水平，营造协会工作的良好氛围。

今后，海南智安协将坚持“树立海南智慧安防行业品牌、塑造海南全域旅游智慧城市形象、提升海南智慧安防企业实力”的目标，不断扩大同行间的交流与合作，竭诚为会员单位及全行业服务，促进全行业各领域经济、技术、管理水平和经济效益不断提高，发挥政府部门行业管理助手作用，为社会公共安全事业的发展贡献力量。

重庆市公共安全技术防范协会

2019 年以来，重庆市公共安全技术防范协会（以下简称“重庆安防协会”）在业务主管部门重庆市公安局的领导下，在登记管理机关重庆市民政局的监督下，在重庆市公安局科技信息化处的具体指导下，按照年初制订的工作计划有序推进、开拓思路，完成了各项工作，特别在党建工作、服务发展、发展会员、制度建设、提升形象等方面成绩突出、成效显著，积极地促进了重庆安防行业的健康发展。

一、夯实党建工作，发挥组织引领作用

重庆安防协会按照主管部门——重庆市公安局科技信息化处的要求和部署，认真贯彻党的十九大精神，坚持以习近平新时代中国特色社会主义思想为指导，将理论学习、党建工作、廉政教育、纪律作风放到重要议事日程，积极发挥政治引领作用。一是开展“不忘初心，牢记使命”主题学习活动；二是以

“迎国庆、抓党建、促发展”为主题，组织召开第三届第二次理事长办公会暨国庆70周年座谈会，回顾改革开放以来重庆安防行业发展的巨大变化和取得的成果；三是坚持组织生活和思想政治工作常态化；四是按照民政部门的要求，在社会团体组织中强化党的组织领导和组织建设工作，按时完成了对安防协会章程增加党建内容的修订。

二、加强组织领导，顺利完成换届选举

为加强协会组织领导，重庆市公安局科技信息化处主要领导先后多次到协会和会员单位调研指导工作。按照重庆市公安局政治部相关要求，重庆安防协会于2019年2月25日组织召开了二届四次常务理事会议，完成换届准备工作，并随即召开第二届第四次理事大会，审议批准了提交第三届会员代表大会（即换届选举大会）的全部文件。3月25日下午，主管部门和监督部门领导莅临会议，协会换届大会顺利举行，选举产生了第三届理事会和新的领导班子，至此换届工作按期完成。

自2019年以来，重庆市民政局对行业协会商会的监督管理陆续出台了多项管理文件，秘书处按照有关要求所报送的换届后续工作材料，经过了呈报、修改、再报送、最后批准的过程，至9月底，协会完成了换届选举备案、章程变更、法定代表人离任审计、法定代表人变更等换届全部工作事项。

三、扩大外联学习，增强办会发展能力

为增进交流学习，重庆安防协会负责人先后参加了中国安全防范产品行业协会以及济南、辽宁、安徽、陕西、成都、宁夏、浙江、广东、深圳等全国兄弟安防协会组织的活动，包括各层面的安防展会、技术论坛、产品评审、经验交流等，与中国安全防范产品行业协会、深圳安防协会以及各省市安防协会进行了深入广泛的交流，学习借鉴办会经验。

重庆安防协会通过外联活动，增强了协会发展力和影响力。一是在业界具有一定影响力的企业陆续加入协会；二是在成功主办2019中国（重庆）智慧城市、公共安全暨智能建筑、警用装备产品技术展览会基础上，继续筹备2020中国（重庆）智慧城市/社会公共安全产品技术展览会，为提档升级、扩大规模，并将展会场地改在南坪国际会展中心；三是吸引多个全国性安防行业平台积极与协会深入合作，开展会员亟须的行业标准与技术培训。

四、创新工作模式，拓展宣传服务途径

重庆安防协会以服务为中心，以宣传为抓手，以现代网络传媒为载体，创新工作模式，积极搭建服务宣传平台。

一是完成协会网站改版。重庆安防协会原网站自2009年协会成立以来已有10年没有优化升级过，版面陈旧、功能不完善，不能适应协会发展。为强化服务，协会对网站进行了全新打造，完成了网站改版，于2019年8月底成功试运行，受到普遍好评。目前，协会的信息发布更加及时、企业入会咨询更加便捷、行业技术服务更加通畅。

二是编辑出版首期《重庆安防通讯》。本着服务行业、阵地宣传、交流技术、塑造品牌、促进发展原则，借鉴其他协会会刊经验，重庆安防协会于2019年8月首次编辑出版了《重庆安防通讯》，内容包括工作动态、专题报道、行业动态、前沿技术、会员风采等，首期印制1000本，发送发会员单位和赠阅相关行业单位。

三是大力塑造重庆安防形象。重庆安防协会主动与全国安防行业媒体联系并争取支持，及时宣传报道协会的工作动态、协会建设与发展情况，提高了协会在全国安防行业中的知名度与影响力，同时，也进一步加强了协会与全国安防同仁的联系交流。

五、完善制度建设，管理步入规范轨道

为进一步规范管理，重庆安防协会秘书处对原有的各项规章管理制度以及管理办法进行了清理，在

此基础上进行了修订、完善和新制定，并报主管部门备案。目前，协会共建立健全了《办公室管理制度》、《工作人员守则》、《办公用品管理暂行办法》、《印章管理制度》、《文件管理制度》、《财务管理制度》、《经费管理暂行规定》、《薪酬福利制度》、《薪酬福利暂行办法》、《秘书长工作职责》、《秘书处部门设置及岗位职责》、《第三届组织机构选举办法》、《第三届会员代表产生办法》、《理事、监事产生办法》14 个管理办法或暂行规定。

按照相关要求和协会章程，协会切实按照各项规章制度与管理办法开展工作。协会紧紧围绕协会主题工作，全年累计召开理事长办公会 3 次、常务理事会议 2 次、理事大会 2 次，专家座谈会 1 次，会员代表大会 1 次，研究、审议协会有关重大事项。现在协会的组织工作及管理工作已步入制度化、规范化轨道。

六、开展交流培训，助推行业健康发展

重庆安防协会完成按期换届后，迅速把工作重心转移到日常管理与服务方面，始终把安防技术培训和技术标准宣贯作为服务行业和发展的紧迫工作。2019 年多次深入组织开展技术专场培训和交流学习活动，总计参会近 2000 人次，积极助推行业健康发展。

七、严格坚持标准，企业入会积极高涨

随着工作方式的转变，重庆安防协会陆续推出服务行业新举措，协会会员规模不断扩大，重庆市内外安防企业入会积极性高涨，会员数量创新高。目前，重庆安防协会共有会员单位 930 余家，现有副理事长单位 8 家、监事单位 1 家、常务理事单位 74 家、理事单位 132 家、会员单位 700 余家。

为顺应服务民营经济的形势和要求，重庆安防协会组织副理事长、副理事长单位以及有关专家研究，相继推出了降低会费标准、降低入会门槛、放宽三级从业资质条件等举措。2019 年以来，协会组织公安和行业专家进行了 12 次会员单位从业资质的年审、5 次新入会申办资质的评审。共有从业资质的单位 915 家，其中新增资质单位 203 家，一级资质 125 家、二级资质 149 家、三级资质 641 家。

八、搭建展示平台，促进智慧城市建设

2019 年 4 月 1—3 日，重庆安防协会联合重庆市信息安全协会、重庆市建筑业协会智能化工程分会在重庆展览中心举办了“2019 中国（重庆）智慧城市、公共安全暨智能建筑、警用装备产品技术展览会”。3 天展会期间，安防行业和社会各界参观人数近万人次，有力地促进了社会公众对安防行业的了解，促进了协会智慧城市建设。

经过一年的努力，2019 年重庆安防协会克服重重困难，坚持以习近平新时代中国特色社会主义思想为指导，新的领导班子紧密团结，克服困难，开拓进取，积极工作，取得了较好成绩，促进了重庆安防行业的发展。这些成绩是在业务主管单位的正确领导下、在各级领导的关心下、在广大会员的支持下取得的。今后，重庆安防协会将继续认真贯彻市公安局服务民营经济 30+10 条要求，特别在党建工作、队伍建设、企业入会、技术培训、宣传报道等方面继续努力，推动重庆安防行业再上一层楼。

成都安全防范协会

2019 年，成都安全防范协会（以下简称“成都安防协会”）在成都市公安局和成都市民政局的指导与关怀下，紧紧围绕“智慧城市”“平安城市”建设规划，积极适应行业企业需求，坚持协会的服务宗旨，努力服务于广大会员。在广大会员单位的共同努力和积极支持下，协会在自身建设、服务会员、行业自律、发挥桥梁纽带作用等方面完成了工作任务，为协会各项工作的开展奠定了基础，为推动行业健

康有序发展作出了积极的贡献。

一、进一步提升协会实力，壮大协会会员队伍

2019 年，在成都安防协会全体人员坚持不懈的努力下，在以安防企业能力评价工作为基础的条件下，加大推广力度，加强组织建设，有序地开展各项服务工作，使得协会规模进一步扩大，在成都安防行业中的影响力、凝聚力不断扩大，代表性进一步提升。

2019 年，成都安防协会新增会员 45 家，总会员数达到 176 家。其中，新增副理事长单位 4 家，新增理事单位 7 家，新增单位会员 34 家。

2019 年 12 月，成都安防协会召开了第三届第二次会员代表大会，会议表决通过了新的章程，汇聚多方力量，加强宣传，扩大影响，通过自身不断的努力，提高服务水平，更加广泛地吸引了会员加入。

二、以能力评价为抓手，大力推进能力评价工作

成都安防协会通过安防工程企业能力评价，推进行业自律工作，建立自律性管理制度，规范市场主体行为。

（一）开展培训工作，为企业能力评价申报奠定基础

为进一步提高从业会员单位技术人员的水平，成都安防协会积极组织开展专业知识和技能培训，逐步建立起会员单位互相学习、相互交流的机制。同时还组织副理事长单位“安防工程企业设计施工维护能力评价申报流程相关知识”培训，针对能力评价体系标准进行了详细辅导。

（二）与四川省内其他协会合作，积极推广能力评价工作

成都安防协会与泸州、遂宁、雅安、阆中等地方安防协会初步沟通，就能力评价工作在四川的开展达成合作协议，为下一步能力评价工作在四川省内的推广奠定基础。

2019 年，成都安防协会按照中国安全防范产品行业协会能评工作的相关要求和标准，共组织了 2 期安防工程企业设计施工维护能力验证考试，参加人数达到 400 余人。截至 12 月底四川省内已有 95 家企业获得了中国安全防范产品行业协会能力评价证书，其中一级 30 家，二级 13 家，三级 52 家。

三、为公安工作服务，为平安城市、智慧城市服务

成都安防协会通过相应的平台，汇集企业所需的各类政策信息、市场信息、城市建设信息、现代安防技术信息等。

（一）主办“2019 中国（成都）首届国际警用和消防装备博览会”

成都安防协会为此次博览会主办方之一，积极参与了各项相关工作。此次博览会展出面积 55000 平方米，共有 5 个展馆，展示了成都的科技、时尚、文化之美；高新科技、智能安防、反恐防暴、刑侦技术、无人机及反制系统、消防装备和应急救援设施；核心配件、氢能产业、充电桩、客车、智能网联等，吸引了 300 余家国际国内知名企业参展，超过 5 万人次的观众参观。据统计，博览会 3 天，达成实际展会成交额 1030 万元。

此次博览会通过展示、互动和采购洽谈相结合的方式，对推动国际国内城市安全防控技术交流与合作，以及中国警用和消防装备、成都特色产品走向世界具有十分重要的意义。

（二）为平安智慧城市服务

2019 年，成都安防协会积极参与四川省内重大安防建设项目，从专业发展的角度、以创新的精神和能力分别为政府和行业共性工作提供专业水准的服务。1 月到 10 月，成都安防协会专家代表协会参与了四川省内检察院、监狱、戒毒局、天网、档案馆、博物馆等 11 项政府高风险对象的安防验收工作，得到相关政府部门的肯定。

（三）发挥专家资源优势，提供技术支持

成都安防协会发挥专家资源优势，为四川公安和政府其他部门安防工程建设提供技术支持。2019 年，

成都安防协会专家参与了成都市公安局信息通信处、成都正诚医院、成都强制戒毒所、四川省监狱管理局、四川省戒毒管理局、成都市检察院、成都金堂天网工程、成都双流区档案馆、成都温江区文物库、成都陈家桅杆博物馆、金沙博物馆、绵阳市“雪亮工程”、绵阳市“天网工程”等安防工程的可行性评估、验收等建设项目的方案审核和工程验收。

四、创新工作思路，推进协会工作、助推会员单位的宣传推广活动

2019 年，成都安防协会作为支持单位，分别在 1 月的“中国报警运营服务新发展高峰论坛”、9 月的“筑慧宝 2019 智能建筑 & 智慧城市行业交流暨展览会（成都站）”的活动中，积极组织会员单位参与，扩大推广宣传，对协会的会员单位给予了大力支持。

2019 年，成都安防协会在习近平新时代中国特色社会主义思想指引下，在成都市公安局的领导下，在成都市民政局的监督指导下，适应国家社会经济发展形势及行业企业需求，齐心协力，努力服务于广大会员。

在广大会员单位的共同努力和积极支持下，成都安防协会在自身建设、服务会员、行业自律、发挥桥梁纽带作用等方面圆满地完成了工作任务，为协会各项工作的开展奠定了基础，为推动行业健康有序地发展作出了积极的贡献。

贵州省安全技术防范行业协会

2019 年是落实党的十九大精神的深化之年，贵州安防行业在坚持创新驱动发展，积极推动互联网、大数据、人工智能与安防的深度融合等方面，不断探索、勇于创新，在广大会员企业及专家老师的共同努力和支持下，贵州省安全技术防范行业协会（以下简称“贵州安防协会”）以提升服务能力作为各项工作的出发点和落脚点，以加强协会组织建设为基础，着重在服务、自律、对外交流等方面不断开拓、创新发展，取得了显著成效，也得到了稳步发展。

一、加强自身建设，探索协会工作新模式

（一）全面规范和加强协会内部管理

对外贵州安防协会积极配合主管部门各项检查，进一步规范协会管理；积极参与兄弟协会各种交流会，学习新政策、交流新经验、掌握行业新动态。对内贵州安防协会积极落实副会长和轮值秘书长办公制度，2019 年内共召开副会长会议 6 次，充分调动副会长主观能动性，切实做到提前汇报、共同商议、审议执行。同时加强建设协会监事会监督机制，明确监事会的组织构成和职权范围。

（二）加强自身建设

根据工作情况和发展需求，一是规范工作流程，二是优化服务流程。贵州安防协会会费收据按省财政厅要求，于 7 月正式实行电子收据，由贵州安防协会开好后直接发送电子版给会员，减少了会员的办事环节。贵州安防协会获批成为政府购买服务的单位，将承接政府职能转移服务。

（三）积极引导会员发展，壮大行业队伍

贵州安防协会严格按照《章程》规定，2019 年内召开两次理事会议，汇报协会工作，研究协会的发展方向，逐步完成工作计划，并适时增补协会会员。2019 年，贵州安防协会新入会单位 51 家，其中副会长 1 家，常务理事 3 家，理事 8 家，会员 39 家，目前共有团体会员 229 家。

二、强化规范化管理，持续推进行业自律机制

（一）推进安防工程企业设计施工维护能力评价工作

贵州安防协会始终将安防工程企业能力评价工作列为协会主要抓手，致力于营造公平、有序、诚信

的安防市场环境，引导安防工程企业规范经营；积极参加中国安全防范产品行业协会召开的各项工作会议，与全国各安防协会交流经验；作为中国安全防范产品行业协会授权的能力评价分中心，经常组织评审员学习新发布的能力评价体系文件，不断提高业务水平，要求评审员对企业申报能力评价工作时出现的问题，要做到耐心讲解、有问必答。截至 2019 年 12 月 31 日，贵州省共有 142 家企业通过能力评价获得证书，其中一级 24 家，二级 49 家，三级 69 家。

（二）加强行业从业者各项技术培训，促进行业人才建设有序发展

贵州省第 174 国家职业技能鉴定所是贵州安防协会内设机构，协会始终将推进职业资格鉴定工作列为工作重心。在专家老师和企业朋友的大力支持下，按照贵州省人力资源和社会保障厅职业指导中心要求成功建成鉴定实操室，保障了职业鉴定工作的顺利完成。2019 年开展了两期智能楼宇管理员（四级）鉴定工作，鉴定考核了 281 人，保障贵州省安防企业能力评价工作顺利开展。

贵州安防协会积极落实人力资源和社会保障部《关于失业保险支持参保职工提升职业技能有关问题的通知》，据不完全统计，已有 11 家企业 50 余人，凭智能楼宇管理员证书在人力资源和社会保障局领取了 1000—1500 元（按职业资格等级不同）不等的劳动补贴。

为持续加强行业高级人才继续教育，贵州安防协会积极联合优秀资源，举办了多场高级人才技术培训。7 月，由贵州安防协会参与联合举办的“2019 贵州省安防工程企业高级管理人员培训班”在贵阳举行；10 月，由贵州安防协会举办的“安防认证管理培训”在重庆开班。培训内容涵盖企业管理、工程管理、新安防技术与理论、安防工程总体设计与规范类施工、安防工程项目风险评估与管理等知识，培训在帮助企业掌握安防技术理论与实践的同时，提升承接安防工程项目的总体把控能力。

（三）推进行业团体标准建设工作，促进行业规范化发展

贵州安防协会鼓励企业以团体标准《安全防范工程技术资料要求》为基准，逐步提高自身的管理和应用水平，特别是在 2019 年度评优工作中，将团体标准《安全防范工程技术资料要求》放到样板工程的评审条件中，而企业应用团体标准申报的资料，完整有序，得到评审专家的好评。

（四）加强专家队伍建设，做好协会的智库与参谋

贵州安防协会始终坚持依托专家队伍，帮助建设单位以及企业把控工程建设质量。2019 年，贵州安防协会应各相关建设单位邀请推荐专家参与项目方案论证、评估、验收等工作，累计 6 项，推荐专家 19 人次，为贵州省安防工程建设保驾护航。

（五）通过评优工作，促进行业健康发展

贵州安防协会每年开展评优工作，旨在对行业内优秀人才、优秀工程商、优秀供应商进行表彰。特别是组织专家对优质样板工程进行现场评审，在评审过程中发现问题进行现场纠正，得到甲方单位的高度评价和认可，此项工作为促进企业规范施工管理和提高技术水平起到了积极的推动作用。评优活动还新增了优秀论文、优秀通联站和优秀通讯员的评选，旨在鼓励行业从业者分享技术研究及应用经验，激发行业创新精神，促进培养行业优秀人才。

三、振兴行业精神，弘扬行业文化，促进行业交流，增强行业凝聚力

（一）从年会到各项公益活动，协会不仅是交流平台，更是团结友爱的大家庭

贵州安防协会 2019 年第二届第二次理事会暨 2018 年度安防行业表彰大会围绕“凝心聚力点赞安防”主题，将贵州安防行业团结奋进、努力拼搏、积极向上的精神充分展现，同时，对在 2018 年度评优活动中获得优秀的企业及个人颁发了奖杯及证书，对行业个人及企业一年的奋斗及努力，给予了肯定和表彰。

2019 年协会开展了四次公益活动：“我为大地添新绿”公益植树活动、“无私奉献，大爱安防”无偿献血活动和两次“助力脱贫攻坚，共展行业担当”公益扶贫活动。特别是积极响应贵州省民政厅、贵州省公安厅号召，以社会力量的参与助力扶贫攻坚工作，向全行业提出倡议，开展“助力脱贫攻坚，共展行业担当”公益扶贫活动。活动通过教育扶贫、对口帮扶、物资捐赠等方式，对贞丰县龙场镇三河村贫

困户和黔西县中建乡中建中学的贫困优生进行帮扶，聚行业之力，献行业温暖，展行业担当。

年内贵州安防协会与浙江大华共同举办“大华杯”徒步竞走活动，旨在加强协会会员单位之间的沟通和交流，彰显行业“精气神”，弘扬奋力向前、永不言弃的团队精神。

（二）从“引进来”到“走出去”，不断创新行业交流模式，促进企业快速成长

2019年，贵州安防协会开展了丰富多彩的交流活动，例如：参加在新疆举行的“第二届中国安防大数据发展高峰论坛暨2018年度安防行业颁奖盛典”、9家作为数字应用企业和高成长性创新创业大数据示范企业亮相2019中国国际大数据产业博览会的安防企业、2019中国创新创业成果交易会、2019中国贵州综合应急救援装备、消防安全智能产品暨智能交通设备、社会公共安全产品展览会、第十七届中国国际社会公共安全博览会等。同时，贵州安防协会还组织走进安防生产企业深入考察，了解最新安防产品及应用解决方案；组织了一次年度样板工程参观活动；参观了获得2018年度优质样板工程的兴仁县公安局执法办案中心执法办案系统项目。

贵州安防协会以学习优秀行业经验，实现共同进步为目的，组织企业负责人、企业技术骨干30余人实地参观学习。从学习了解新技术新产品到强化企业管理，开展了主题鲜明、意义非凡的各种交流活动，促进企业自身积极进步的同时，增强了整个行业的凝聚力。

（三）完善“一网一刊一号”建设，以优质行业宣传平台展企业风采，树立积极向上的行业文化

2019年“贵州安防网”继续保持日均1000余次的访问量，截至12月底，网站访问量突破240万人次。《贵州安防》2019年共出刊3期，向全省30多个市县级公安局、40多个公共资源交易中心、100多家省政府采购代理机构及全国各省市安防协会等单位累计赠阅2000余册。其中，为“2019贵州社会公共安全高峰论坛”特别策划的论文集，被中国科学技术信息研究所收录到《中国学术会议论文数据库》，并颁发收录证书。贵州安防协会微信公众号在2019年共发文31篇，收获累计阅读量9000余次，粉丝量较2018年上涨了44.3%。

为保证“一网一刊一号”宣传平台的正常运行，2019年，在自身建设方面，贵州安防协会建立了8个《贵州安防》通联站，组建了一支10余人的通讯员队伍，在采访编辑、稿件征集、栏目策划等方面，不断改进及完善，丰富刊物可读性。在技术保障方面，贵州安防协会不断加强网站网络安全问题，严格遵循协会《网络信息安全制度》，及时对发现的安全漏洞、潜在危险进行处理及防控，同时为更好地完善门户网站的功能和内容，对现运行版本从系统改版集成、数据清洗迁移、栏目整合、页面设计等多方面进行全面升级。

云南省安全技术防范协会

2019年，云南省安全技术防范协会（以下简称“云南安防协会”）在云南省公安厅的正确领导下，在云南省公安厅科技信息化处的大力支持、帮助及正确指导下，遵循党的十九届四中、五中全会精神，按照求真务实的精神，继续从规范和强化日常工作入手，紧紧抓住《资信证》年检、资信等级晋升和网站调度两个工作抓手，同时加强信息通报、加强产品宣传等辅助措施，做了一些工作，也收到较好的成效。

一、开展资信及会员年检工作

《资信证》年检既是云南安防协会的日常工作，又是凝聚会员巩固协会组织的重要工作。协会秘书处及时发出《关于办理年审和缴纳会费的通知》，要求会员单位在指定时间前携带《会员证》和《资信证》到云南安防协会办理资信证年审和缴纳会费手续。同时，将云南省民政厅核准的会费缴纳标准告知会员单位。为了抓好这一工作，针对一些会员单位没有按时前来缴纳会费和办理年检手续、长期不办理年审

手续等情况的会员单位，不予纳入资信等级升级的范围。同时，还对单位的名称、地址、联系电话、传真、法人代表、联系人等内容发生变化，没有按期缴纳会费、办理年检手续等问题，都一一作了核对。针对少数会员单位长期不缴纳会费和办理资信证年检手续，以及一些会员单位缺乏在会意识，对资信证年检和缴纳会费缺乏主动性等情况，秘书处还适时发出情况通报，对未按时办理资信证年检、缴纳会费的单位进行通报。

二、做好网站调度和运行工作

网站是协会工作正常运转的重要枢纽，也是协会工作和业务健康发展的重要抓手。2019 年，云南安防协会继续运用网站做好日常工作的调度和运行，让会员单位及时得知协会工作部署。

根据中国安全防范产品行业协会发出的《关于开展 2019 年度安防行业统计工作的通知》，云南安防协会正式启动 2019 年度安防行业统计工作，在网站发出通知，对“统计范围、统计内容、统计时间、统计要求”等作了明确，使统计工作顺利开展。

与此同时，还在网站发布一些新的产品信息、安防展会等信息，让会员单位及时了解和掌握，有利于做好自身的发展和运作。

三、做好资信等级升级工作

资信等级升级既关系到云南安防企业发展的切身利益，也与云南安防事业发展密切相关，又是协会做好服务，团结安防企业的一项重要工作。对此，云南安防协会在坚持标准、坚持质量、坚持有利于企业发展的同时，始终把资信等级升级工作作为主要工作抓好抓实。根据云南安防协会常务理事会议精神，云南省始终本着既要严格标准、严格质量，又要有利于安防行业健康发展的原则，对持有二级、三级资信等级的安防企业进行了资信等级有序晋升。专门发出“通知”，明确申报时间、资信等级晋升的条件、资信等级晋升需报送的材料、专家评审、不得申报资信等级晋升的条件等。

在办理资信等级晋升工作中，云南安防协会秘书处本着“公开、公平、公正”原则，对申报的单位都随机在会员单位中抽取 6 个会员单位参与评审工作。评审组本着公开审议，公平对待，民主表决的方式，对申报单位做到了高度负责的评审，能够通过评审的单位就通过评审，需补报材料的单位暂缓通过，暂不具备条件的单位不予通过。实践证明，采取民主化方法审核资信等级资格，有利于加强协会在会员中的威信。

四、完成协会自身年检工作

协会自身的年检是协会自觉服从行业行政管理的体现，也是协会得以合法存在、发展的重要途径。云南安防协会秘书处按照云南省民政厅民间组织管理局的相关要求，在对协会年度财务情况进行认真审计并出具审计报告的基础上，按时报送云南省民政厅，依法完成了协会自身年检工作。

五、做好外省安防企业备案和协会会员单位服务工作

做好外省市安防行业企业的备案工作，不仅可以有效地掌握安防行业在云南省发展的动向，也能体现出协会的服务职能，有利于协会及时掌握云南省安防市场信息，也有益于做好云南省安防市场的导向。为了做好这一工作，云南安防协会专门明确了备案的条件和应提交的材料。2019 年，先后为 34 家外省安防企业办理了备案。与此同时，协会本着服务第一的精神，为会员单位做好服务。本省的一些会员单位到外省施工或经营以及需要申请加入中国安全防范产品行业协会、申办资信证等，协会都帮助开具证明，帮助企业做好协调和沟通。

2019 年，云南省安全技术防范协会坚决贯彻党的十九届四中、五中全会精神，以服务会员单位为己任。在广大会员的支持、关心、帮助下，工作不断得到完善，不断得到发展，但是需要做的工作还很多。

因此，云南安防协会将继续遵循“协会是广大会员的协会，离开广大会员的支持、关心、帮助，协会也就不是协会”的工作思路，致力于把协会建成“会员之家”，为广大会员提供更多、更好的服务。

陕西省安全防范产品行业协会

2019 年，陕西省安全防范产品行业协会（以下简称“陕西安防协会”）在上级监管部门的指导下，在会员单位的大力支持下，在协会专职工作人员的辛勤努力下，始终坚持以习近平新时代中国特色社会主义思想为指导，全面学习贯彻落实党的十九届四中全会精神，充分发挥行业协会的桥梁纽带作用。按照“简政放权，放管服政策”的要求，深化改革协会各项工作，秉承为国家服务、社会服务、行业服务、群众服务的宗旨，以科技创新为引领，以企业自愿为原则，真正为企业服务、为企业减负，厉行节约开展工作，回归协会为安防行业服务的本质。

一、筹备建立协会党支部，健全党建工作

为深入贯彻落实党的十九届四中全会精神和习近平总书记关于社会组织党建工作的重要指示精神，根据上级监管部门党委关于加强社会党组织的建设工作部署要求，陕西安防协会积极筹备协会党建工作。

二、履行社会责任，积极参与扶贫工作

按照陕西省民政厅和陕西省扶贫办助力深度贫困地区脱贫攻坚工作部署，2019 年 10 月 17 日–18 日，陕西安防协会组织副理事长、会员单位代表一行 20 余人深入安康市岚皋县长滩村、岚皋县中心敬老院、滔河区域敬老院开展精准帮扶活动。协会将一如既往响应党的号召，发挥行业的引领作用，持续为精准脱贫贡献力量，为陕西省社会稳定和长治久安打下坚实基础。

三、成功举办 2019 年陕西安防博览会

2019 年 5 月 27—29 日，中国（西安）国际社会公共安全产品、智慧交通、应急消防、反恐防爆技术暨“雪亮工程”应用博览会在西安曲江国际会展中心盛大开幕，本届安博会由陕西省委政法委、陕西省公安厅批准，由陕西安防协会主办，四星展览公司承办，西安市安全技术防范行业协会、陕西省道路交通协会等几家相关协会协办，以“新时代、新发展，智慧共创、服务社会”为主题，展出面积约 3 万平方米。同期还举办了多项论坛活动，真正成为开阔视野、实际体验、科技普及、融合发展的平台，是平安陕西、智慧陕西建设的名片。

四、积极参与陕西省公共安全视频监控联网系统工程技术规范复审工作

2019 年 6 月 12 日，陕西省市场监督管理局、陕西省公安厅技防办、陕西安防协会及协会专家委员会专家共同参加关于陕西省公共安全视频监控联网系统工程技术规范复审工作会议，会议上通过对地方标准进行集中复审，严格限定强制性地方标准的制修订范围，切实提高地方标准技术要求和水平，优化地方标准体系，形成重点突出、科学合理、定位准确，适应陕西省实际和行业需求的地方标准体系。

五、获得陕西省 2019 年第一批非营利组织免税资格

根据非营利组织免税有关文件要求，陕西安防协会积极向税务机关递交了非营利组织免税资格申请材料，2019 年 10 月 12 日经陕西省财政厅、国家税务总局陕西省税务局《关于 2019 年第一批省级非营利组织免税收入有关事项的通知》（陕财税【2019】19 号）联合审核确认通过，获得陕西省 2019 年第一批非营利组织免税资格，有效期为 2019 年 1 月 1 日至 2023 年 12 月 31 日。

六、深入学习社会组织最新政策和法规

在上级登记管理部门的严格监管下，陕西安防协会按照有关政策和方针开展各项工作，积极参加学习全省性社会组织负责人培训班、全省社团会费电子票据改革培训班、第三届社会组织发展论坛等，进一步加强自身能力建设和规范，从而在充分发挥协会职能等方面获取有益的指导和帮助。

七、积极开展培训工作，提高行业技术水平

为进一步规范陕西省“雪亮工程”建设，陕西安防协会上半年针对“安全防范工程技术规范”、“陕西省五个地方标准”、陕西省安全防范技术条例、工程案例解析等方面进行两期 500 余人的技术培训。下半年联合全国安全防范报警系统标准化技术委员会、公安部安全与警用电子产品质量检测中心举办了两期 600 余人的学习国家标准 GB50348-2018《安全防范工程技术标准》宣贯培训班，为从业技术人员提高设计水平创造了有利条件。

八、完善协会专家体系，进一步发挥专家委员会的作用

2019 年，陕西安防协会重点完成了对入库专家的考核登记，制定入库专家考核登记方案，发布协会“关于对入库专家进行登记考核的通知”，组织对现有专家的考核登记，颁发新的聘用证书和专家证，完善新的专家库，并拟制（修）订协会专家委员会管理办法，严格规范管理入库专家，截至 2019 年 12 月 7 日，共有 148 位专家通过考核登记。

九、加强合作交流，积极拓展影响

2019 年，陕西安防协会积极参加“中国报警运营服务新发展高峰论坛”、全国安防行业协会负责人座谈会、《警务大数据实战应用》及《雪亮工程数据安全》技术交流研讨会等各项行业论坛会议，在加强行业间合作的同时，更好地拓展了行业协会的影响力。

十、深入行业调研，走访安防企业，提升服务质量

为深入开展行业调研，陕西安防协会将会员走访作为一项长期工作，通过走访会员，给会员企业送去服务、政策、资讯及帮助企业做好宣传，了解会员企业的发展状况及其发展需求，协会积极开展会员走访活动，倾听会员企业心声，提升协会服务工作水平，充分发挥协会作为政府和企业之间桥梁纽带的作用。

十一、提升协会的宣传工作，增强协会凝聚力

为更好、更快捷地服务于会员单位，陕西安防协会在 2019 年进一步完善协会网站、公众号建设，加强内容审核，保证内容的真实准确，弘扬社会正能量，提高网站、公众号更新速度；把协会微信公众号作为协会的宣传阵地与平台的补充，重点宣传安防行业的动态和安防行业的政策、标准，引导行业从业人员及时掌握行业动向。

经过一年的努力，陕西安防协会较好地完成了各项工作任务，取得了显著的成绩，受到了相关指导单位的认可和表扬。希望在广大会员单位的支持和参与下，进一步加强协会自身组织建设，激发活力，发挥作用，实现协会与行业、协会与会员之间共同提高、共同发展，为服务社会、服务行业、服务会员作出更大的贡献。

甘肃省安全技术防范协会

2019年，甘肃省安全技术防范协会（以下简称“甘肃安防协会”）本着“自律、规范、服务”的宗旨，主动向业务主管单位请示汇报工作，接受管理和监督，在全体会员单位的共同努力下，通过开展技术培训、工程方案的评审、考察交流、举办博览会等一系列的活动，规范安全技术防范工作，找准定位，积极发挥政府管理部门与会员单位之间的桥梁和纽带作用，为创建平安甘肃作出积极贡献。

一、加强会员管理，提高服务会员能力

2019年，甘肃安防协会采取积极措施，本着自愿入会的原则把发展新会员作为一项重要工作来落实，把广大从事安防业务、认同协会章程的安防企业都吸收到协会中来，协会组织得到加强并取得可喜成果。截至年底，甘肃安防协会共办理新入会及年审合格会员单位1231家，会员单位不仅向协会反映情况、提供有关资料和提出发展本行业的建议，而且积极参加协会组织的各项活动，努力完成协会委托的工作。这充分表明甘肃省安防行业近年的快速发展以及协会为会员单位服务工作得到了从业企业的充分肯定。会员队伍的壮大也为甘肃安防行业发展起到了推动作用。

随着行业快速发展，甘肃安防协会会员队伍不断发展壮大，会员单位的利益诉求日趋多样化、个性化，协会以优化会员结构为抓手，进一步强化会员管理工作。

一是认真做好入会登记、换证登记、发票登记、变更登记及会员档案资料收集建档工作，在甘肃安防协会网站上提供资质等级和有效期限、类型、地址等信息，以便查询。

二是办好甘肃安防网站、微信公众号及相关信息交流平台，及时收集和发布各类安防信息，使会员单位方便快捷地获取行业内最新信息。

三是根据会员单位的要求，提供个性化服务，为会员单位提供市场信息、技术咨询、员工培训、法律援助等服务；向会员单位提供或发布行业发展研究、行业统计分析和行业政策规范等方面的资料，组织或举办会展招商、商务考察、产品推介等活动；开展国内外经济技术交流和合作，从产供销各个环节为行业开拓市场服务，助力会员单位扩大影响，增强竞争能力。

四是畅通沟通渠道，了解会员诉求。甘肃安防协会关注企业发展中存在的问题，密切注视行业动态，分析市场形势，深入会员单位，有针对性地开展调研活动，听取会员单位的意见，及时制定应对措施。甘肃安防协会经常召开相关会议，并与地州市建立了交流平台，通过会议座谈、接待来访、网上交流等多种形式，倾听会员单位意见，加强协会与会员单位相互之间的沟通交流。

二、强化行业监督，促进行业自律

为营造公平竞争的营商环境，确保行业成员之间的正当、有序竞争，甘肃安防协会积极有效地进行监督，依据协会章程和行规行约，制定本行业质量规范和服务标准，监督会员单位依法经营，对违反协会章程和行业法律法规、达不到行业质量规范和服务标准、损害消费者合法权益、参与不正当竞争、影响行业形象的会员，采取警告、业内批评、通告、开除会员资格等惩戒措施，并及时向行业主管部门报告；对会员单位的产品和服务质量、竞争手段、经营作风进行行业评定，维护行业信誉，维护公平竞争秩序。维护会员的正当权益，代表会员单位向政府特别是行业主管部门反映会员单位和行业的要求。引导会员单位贯彻执行政府的有关行业政策；协调会员与会员，会员与行业内非会员，会员与其他行业经营者、消费者及其他社会组织的关系。

三、组织行业培训，提高人员素质

科技的飞速发展，对安防工程技术人员提出了新的更高要求。经会员单位要求，2019年度开展了以

下重点培训工作：提高会员单位的GB50348-2018《安全防范工程技术标准》新标准意识，进一步提升安防行业人员的技能，推进智能安防技术与方案在细分市场的应用，加强安防厂商和代理商、工程商以及系统集成商之间的合作交流；GB50348-2018《安全防范工程技术标准》安防工程实施与检验规范的宣贯；企业法律风险防控培训。

甘肃安防协会结合会员单位实际和行业发展的需求，分别在兰州、酒泉、张掖、庆阳、天水、临夏等地举办7期安防标准培训班，对全省960家企业进行培训，来自全省安防行业的安防工程企业、技术人员5200余人参加了培训，通过现场考核，分期分批地在协会领取了培训合格证书。聘请教授、专家、专业技术人员分别对安全技术防范不同专题作了教学。精心制作了PPT，向大家讲解行业技术规范与新标准，对章、节、条、款顺序编制的条文、依据以及执行中需要注意的有关事项进行说明，对强制性条文的强制性理由做了解释。对会员单位在工程检测过程中出现的问题进行讲解。大大提高了从业人员的标准意识和质量意识，为省内安防行业的发展提供了技术支撑。

四、参加行业活动，立足安防奉献社会

2019年12月5日，甘肃安防协会联合甘肃省退役军人事务厅在碌曲县开展“寒冬送温暖，真情洒藏区”活动，为碌曲县149户困难群众送去7.45万元的爱心物资，为困难群众送去爱心和温暖。

甘肃安防协会为发挥安全技术产品在构建和谐社会与平安城市建设中的重要作用，联合相关单位成功主办了2019第八届西部甘肃安防暨智慧城市警用反恐与消防应急救援装备博览会。三天展会期间，来自全国各地的100多家安防产品现场展示包括视频监控设备、出入口控制系统、入侵报警系统及智能家居系统等产品。

甘肃安防协会会长带领协会一班人，紧紧围绕协会服务会员、服务政府、服务行业的宗旨，认真履行协会职能，团结和带领甘肃安防协会“不忘初心，牢记使命”，奋力前行，努力开创甘肃安防工作新局面。

总之，通过参加行业会议和活动，增强了协会与行业内的交流，开拓了工作视野，为促进甘肃安防协会工作和提高协会工作能力提供了借鉴的新理念和新思路。

青海省公共安全技术防范协会

2019年，青海省公共安全技术防范协会（以下简称“青海安防协会”）在各级党委、政府和主管、监管部门的正确领导下，坚持以党的十九大精神和习近平新时代中国特色社会主义思想为指导，紧紧抓住青海安防行业转型升级、创新发展的良好机遇，认真践行和落实“提供服务、反映诉求、规范行为”的协会宗旨，不忘初心，创新理念，勇于担当，务实工作，有效地推动了协会建设和安防行业的同步发展，为“平安青海”、“智慧城市”、“雪亮工程”、“和谐社区”建设作出了新的贡献。

一、深化高位推进，协会行业同步发展

青海安防协会自觉坚持协会建设与安防行业同步发展的目标导向，注重以政策引领营造良好的协会和行业发展环境，组织协会理事和会员单位深入学习贯彻党的十九大精神和习近平新时代中国特色社会主义思想，增强“四个意识”，坚定“四个自信”，做到“两个维护”，确保党的主张贯彻到协会和行业建设全过程、各方面。

青海安防协会先后六次召开理事会、业内企业负责人座谈会和时事政策宣讲会，认真学习领会习总书记在民营企业座谈会上的重要讲话和党的十九届四中全会精神，引导广大非公经济人士坚决听党话、跟党走。进一步修改完善协会《章程》，增添了“党的建设、设立监事会”等章节内容，依法建立协会监

事会并积极有效开展工作。认真落实“脱钩不脱管”要求，三次梳理和自查收费情况，完善了财务内部控制制度，申请加入全国安防协会互助合作联盟并成为理事单位，完成了民兵整组及应急集结演练，确保了协会和行业依法自主运营、稳步协调发展。

二、坚持双向发力，服务管理扎实到位

青海安防协会始终把为会员服务置于协会全部工作的中心位置，积极适应和认真把握协会经常性工作的新常态，在发展会员队伍、优化组织结构的基础上，进一步调整充实了理事会、常务理事会、副理事长和无人机分会人选，增设了“专家管理、文化体育、团标建设、社会公益”四个工作委员会。在反复沟通协商的基础上，与某保险公司达成了保险经纪服务委托意向；分批实施 GB50348—2018《安全防范工程技术标准》等职业技能培训，规范了服务管理工作程序。扎实做好青海省内安防工程企业设计、资质管理和各项服务工作，全面调查统计 2018 年青海省内安防行业情况，认真走访和听取会员诉求，积极为会员企业排忧解难，完成了安防资质的申办、年审、变更、注销及升级备案工作，满足了青海安防行业新的发展需求。截至 2019 年年底，青海安防协会共有会员单位 365 家，青海省内安防从业人员超过 12000 人，全年安防工程竣工量实现 9 亿多元。

三、注重精准施策，质量水平不断提升

着眼进一步提升安防行业整体发展水平，青海安防协会制定了青海安防协会和安防行业高质量发展行动方案，积极构建和创新协会行业同步发展机制。与青海省公安厅技术侦察总队等四家单位签订了“无人机应用项目共建协议”，积极参与 2019“幸福中国零点行动”备勤值班，举办了 2019 年青海省公安科技活动周暨青海安防协会十周年庆典和第三届 2019 中国（青海）人工智能、大数据与“雪亮工程”应用创新发展论坛，完成了城西区小学、幼儿园“应急方案”，同仁县多哇镇监控项目，循化县 5 个清真寺监控工程，海晏、门源县“公路卡口监控工程”评审验收。积极开展安防行业百强工程商和诚信企业创建活动，表彰了“第三届中国安防百强工程（集成）商”、“青海安防行业诚信企业”、青海精准扶贫“爱心企业”和“青海安防辉煌十年特别贡献奖”企业。

四、加强信息交流，行业宣传成效显著

青海安防协会注意把信息交流和行业宣传纳入协会重要议事日程，搭建宣传交流平台和开展信息咨询，采取多种形式宣贯行业政策法规和会员企业品牌技术，不断扩大协会和行业的影响力、凝聚力和知名度。先后参加了“全国安防行业协会负责人座谈会”、西宁市“两新”组织党组织书记能力提升培训、“2019 年人大代表政治素质能力提升培训”以及“致敬改革开放 40 年 · 谁在影响中国安防”、2019（北京）第一届中国安防工程商、集成商、报警运营商年度峰会、2019 智能安防工程师暨全国省际安防协会工作分享会等系列活动，组织协会领导和专家赴浙江、新疆、黑龙江等省（区市）安防行业学习考察。认真回顾和总结协会从无到有、从小到大、从弱到强十年发展历程及经验，按期出版《青海安防》杂志，全年共编发《青海安防协会简讯》32 期，青海电视台、《青海法制报》、《西海都市报》等新闻媒体多次宣传报道协会建设和工作情况。

五、实施强基固本，党建引领作用突出

青海安防协会主动接受西宁市城西区古城台街道党工委及昆东社区党委的领导协调，积极创新和落实“党建+”的工作思路，认真抓好党员管理教育和“三会一课”落实。参加古城台街道“双新”党建现场观摩座谈会，开展“不忘初心、牢记使命”主题教育和“党员干部党性体验主题实践”，“纪念中国共产党成立 98 周年、中华人民共和国成立 70 周年、青海解放 70 周年”，“重温革命历史、缅怀革命先烈”等主题党日活动，使党建与协会工作有机结合，很好地发挥了引领作用。注重加强与青海省内外安

防行业协会的联系合作，着力打造共建、共享、共赢的行业发展新格局，完善自媒体平台（网站和微信公众号）委托建设和运营服务合作协议，落实同省际安防协会等的合作方案，积极配合青海警官职业学院做好新生扩招工作，协会和行业发展空间有了进一步拓展。

六、做实社会公益，扶贫帮困影响深远

青海安防协会积极响应青海省委、青海省政府号召，自觉把参与扶贫帮困和其他社会公益事业作为重大责任，努力为协会工作和安防业务拓展提供机遇和支持。依据“雪亮工程”建设总体部署，联合保安、开锁、流浪动物保护行业协会，持续组织“治安防控走进社区、建设智慧平安家园”，“警民牵手110、共创平安迎大庆”等系列便民活动。注意把协会工作与社会公益事业有效对接，继续在化隆县沙连堡乡其后昂村开展定点帮扶，并进一步扩展到该乡科才昂村，通过建立养殖专业合作社和开展“5+1”党建共建扶贫，为各族群众办了一系列实事、好事。积极参与西宁市“慈善呵护、关爱童行”活动，设立了环卫工人爱心饮水站，先后捐赠价值 2 万多元的交通学习书包，还为西宁市救助站、城西区昆东社区、化隆县大石仓乡支哈堂村等地区的贫困群众，捐献价值近 3 万元的物资及慰问品。有 12 家会员企业被表彰为精准扶贫“爱心企业”。

2019 年青海安防协会行业同步发展取得显著成绩，得到了上级党委、政府和主管、监管部门的充分肯定和表彰。面对成绩和荣誉，协会必须保持清醒头脑，正视问题差距，协会的工作特别是在行业创新发展、企业资质年审、市场规范运营、会员联系沟通以及充分发挥专家队伍作用等方面，还存在很多薄弱环节，需要进一步加大力度，继续在规范化、标准化、系统化、制度化上下功夫。

新疆维吾尔自治区安全技术防范行业协会

2019 年，新疆维吾尔自治区安全技术防范行业协会（以下简称“新疆安防协会”）认真贯彻党中央决策部署，聚焦平安中国建设，助力脱贫攻坚，开展红色教育，坚持顶层设计与实践探索相结合，注重系统推进与重点突破相协调，推动公共安全工作发展取得了明显成效。按照“科学规划、突出重点、分步实施、整体推进”的原则，为履行好新时代职责使命、确保新疆安防事业健康发展提供有力支撑，以优异成绩庆祝新中国成立 70 周年。

一、党建工作引领，努力开拓协会工作新思路

新疆安防协会党建工作立足实际，深入学习贯彻党的十九大精神，以习近平新时代中国特色社会主义思想为指导，以党的基层组织建设为统领，增强“四个意识”，坚定“四个自信”，做到“两个维护”，着力加强协会工作人员的思想、组织、作风和制度建设，认真落实上级党委的决策部署，坚持稳中求进的工作总基调，发挥党建工作在推动行业中的引领及战斗堡垒作用，使党建工作与业务工作齐头并进，以此推动协会工作更好地发展。

一是强化政治理论学习，筑牢对党忠诚根基。二是开展形式多样的党建活动。2019 年，新疆安防协会全体工作人员通过祭扫公安英烈、赴井冈山参加红色教育活动、开展“不忘初心、牢记使命”主题教育活动，以及在第六届中国—亚欧安防博览会特设新疆安防行业“不忘初心牢记使命”党建专题活动区等形式开展丰富多彩的党建活动。

新疆安防协会发挥行业的引领作用，确保党组织建设全覆盖、无死角，企业党支部工作以党建为抓手，形成了“党建+经营+业绩提升”一体化的发展理念，将党建工作与企业文化有机结合，使党建工作和党员的先锋模范作用真正成为企业聚人心、促发展的助推剂，部分会员单位受到中组部非公党建工作组好评，获得了“互联网领域党建示范点”等称号。

二、提升服务水平，加强行业交流

（一）加强资质工作管理，推动安防企业健康发展

为顺应体制变化，完善资质等级评定的评审流程，确保自治区安防事业健康持续稳步发展，新疆安防协会审议修订了《资质评定管理办法》。评审工作根据《资质评定管理办法》，始终遵循公平、公正、公开原则开展，在评审过程中，不断优化自身，尽量缩短和简化流程，对不符合条件的企业予以降级，旨在以更加公正优质的工作模式为行业服务。

（二）强化会员服务管理，提升协会凝聚力

新疆安防协会的主要职能是为行业、会员、政府服务，为了扩大会员队伍，会员都与全疆各地州安防企业保持联系，积极鼓励、动员各安防企业加入协会，协会也向这些企业认真宣贯协会宗旨，宣传国家、地方政府、行业等各项规范、标准、文件要求，不断扩大协会的社会影响力，得到了行业和业界的认可，安防企业积极踊跃加入协会，截至 2019 年年底，会员单位已达 1233 家，其中，副理事长单位 57 家、常务理事单位 27 家、理事单位 37 家。

（三）加强技术培训，提升安防企业技术水平

按照协会工作计划，为提高安防工程一线在岗人员专业技术水平，新疆安防协会利用学习平台，采取网上学习、集中考试等模式，2019 年共组织技术员集中考试 5 期，考试合格人数达 2121 人；组织继续教育考试 6 期，考试合格人数达 1561 人。

（四）加强专家委员会队伍建设，积极发挥专家作用

为了行业健康可持续发展，新疆安防协会从行业及相关单位中遴选出 76 名优秀技术人才组成专家委员会，聘任专家委员会主任委员 1 名，副主任委员 4 名。专家多次参与资质评审、专业技术人员培训、安防设备资源相关设备采购项目招标会、安防系统集成项目验收、安全技术防范工程的技术评标、方案论证和工程验收等工作，同时组织专家开展行业技术交流，了解学习行业新技术、新产品，掌握行业技术发展方向，在行业内发挥了重要作用。

（五）成功举办第六届中国—亚欧安防博览会

由新疆安防协会主办的第六届中国—亚欧安防博览会于 2019 年 8 月 15 日—17 日在新疆国际会展中心召开，展会以“科技创新安防、服务平安新疆”为主题，集中展示了最新产品及前沿技术。为了更好地开展自治区智能交通建设工作，为企业和市场搭建了沟通平台，推动智能交通科技发展与技术进步，论坛同期还举办了新疆安全技术防范行业协会智能交通分会成立揭牌仪式。展会期间还举办了“2019 中国立体化社会治安防控体系建设与应用高峰论坛”、“《创新安防·智慧共享》2019-ICT 高峰论坛”等。为表彰在行业内作出贡献的企业，特举办“新疆安防百强工程商颁奖典礼”。同期，为表彰全区公安干警在维护新疆安定团结、和谐稳定的局面中作出的贡献，组委会特为 50 名代表颁发“新疆安防行业杰出贡献奖”，和平年代，英雄辈出，他们是新疆警察舍小家、为国家的代表，这既是敬佩也是肯定。

（六）走访企业，倾听企业心声

为增进协会和会员之间的沟通联系，切实提高协会的服务能力和工作水平，按照协会工作计划，新疆安防协会先后走访调研了多家会员单位，了解企业在发展过程中遇到的困难、存在的问题及对协会提出的建议，协会认真总结，把带有共性的可行性建议纳入到协会今后的工作计划中，希望通过不断提升服务水平，为新疆安防事业的健康发展做出努力。

（七）开展丰富多彩的会员活动

为增加行业的凝聚力和核心力，新疆安防协会积极组织内容丰富、健康向上、形式多样的会员活动，为企业营造交流机会与平台。2019 年 3 月，为激励广大女性职工以饱满的热情投入到工作和生活中，开展庆“三八”活动，使女同胞在节日来临之时，充分感受协会的关心和温暖。为庆祝建国 70 周年，举办第二届“安防杯”篮球赛，通过比赛活跃了会员单位文化体育生活，增强了团队的凝聚力，在比赛中大

家发扬拼搏进取、团结一致的比赛作风，并把这种精神带到今后的工作中去。

（八）强化协会自身建设，规范内部管理

为强化协会内部规范化建设，根据工作需要，新疆安防协会规范工作机制，增设党建文化主题墙，优化办公环境，提高工作效率；为加强协会内部制度建设，根据国家有关政策，结合协会工作实际，及时修订完善了《财务实施细则》、《人事管理制度》、《档案管理规定》等。

（九）加强行业资讯服务，扩大协会社会影响

为扩大行业影响力，新疆安防协会非常注重宣传工作，已经成功出版发行六期的《新疆公共安全》成为展示安防行业资讯的窗口，充分利用网站、微信公众号、QQ 群等平台宣传安防行业资讯、国家政策法规和标准等，扩大协会社会影响。

（十）召开相关会议

2019 年，新疆安防协会分别召开第二届理事长工作会议暨专家委员会会议、“云智天山”第二届中国安防大数据发展高峰论坛暨 2018 年度安防行业颁奖典礼、新疆安防协会第二届理事会第四次会议、新疆安防协会第二届理事会第二次常务理事会以及六次理事长办公会议，每一次会议的成功举办，都为协会下一步工作奠定了基础。

（十一）加强行业交流推广

新疆安防协会注重行业交流，只有携手共进，合作共赢，资源共享，才能发挥和扩大协会在行业中的影响力。协会多次派员参加国际、国内展会及行业交流会。特别是 2019 年 10 月底组织 70 家常务理事单位、专家代表赴深圳参观 2019 年第十七届中国国际社会公共安全博览会并实地走访企业。

在加强行业对外交流的同时，苏州、安徽、福建、辽宁、内蒙古、吉林等安防协会领导先后到访新疆安防协会，就如何完善协会自身建设，更好服务社会、服务会员，加强党建工作，增强精准扶贫工作力度等事宜进行深入友好交流，并与部分协会签订共建友好协会协议。

三、扶贫帮困，勇于承担社会责任

为响应党中央精准扶贫的号召，新疆安防协会广泛动员行业力量，组织爱心企业赴全疆各地开展献爱心、扶贫帮困等社会公益活动，使受捐群众铭记党恩、党情，促进了民族团结走上更高台阶，同时，为鼓励更多安防企业投入到公益事业中去，协会为爱心企业颁发牌匾、奖状，得到了社会各界的一致认可，在行业中树立了榜样。

守初心、担使命，找差距、抓落实，新疆的安防发展是一个长期持续和不断发展的过程，虽然现在遇到了一些问题，今后还将遇到新的挑战，但在困难面前，机遇与挑战并存，新疆安防协会始终坚信，只要能够凝心聚力、坚定信心、共享共谋、克服困难，在创新中发展，在合作中发展，在平台中发展，新疆的安防事业就能不断进步，全体同人将携起手来，以崭新的工作状态、严谨的工作作风，为新疆反恐维稳和长治久安的共同目标不断作出新的贡献。

全国各地安防协会名录

机构名称	地址	电话	网址
中国安全防范产品行业协会	北京市海淀区西三环北路 87 号国际财经中心 C 座 1401	010-68732036	www. 21csp. com. cn
北京安全防范行业协会	北京市西城区德胜门外东滨河路 3 号白孔雀艺术世界 A 座四层	010-65516675-8008	www. bspia. com
天津市安全防范服务行业协会	天津市南开区进步道 56 号 209 室	13516291533	tjafxh@ 163. com
石家庄市安全技术防范协会	石家庄市桥西区站前街 12 号银泉酒家 512 室	13833108105	www. sjzafw. com

续表

机构名称	地址	电话	网址
阳泉市保安和安防行业协会	阳泉市城区南大街 452 号（体育场西看台二层）	13393536744	
内蒙古自治区公共安全技术防范行业协会	内蒙古呼和浩特市赛罕区大学东路 95 号金固大厦 A 座 3 层	0471-4915331	www. nmgafxh. com
辽宁省社会公共安全产品行业协会	辽宁省沈阳市沈河区文艺路 18 号 17-1-502 室	024-24205566	www. lnafxh. cn
吉林省社会公共安全产品行业协会	吉林省长春市人民大街 7457 号金士百大厦四层	0431-85829531	www. jlafw. com
黑龙江省安全防范产品行业协会	黑龙江省哈尔滨市南岗区文庙街 8 号 A2 栋 2 单元 7 层	0451-82820110	www. hljps. com
上海安全防范报警协会	上海市闵行区古北路 1799 号 B 栋 103 室	021-54732803	www. sh-anfang. org
南京安全技术防范行业协会	南京市秦淮区白下路 175 号辅楼 6 楼 611	13951787902	www. njafxh. com
常州市安全技术防范行业协会	江苏省常州市新北区府翰苑 7 幢 408 室	13809070936	www. czspia. com
苏州市安全技术防范行业协会	苏州相城区御窑社区花南花园社区办公楼 5-304	0512-65211111	www. szafxh. cn
南通安全防范协会	江苏省南通市崇川区青年中路 105 号江苏工程技术学院强毅楼 106 室	0513-81183539	www. jsntspa. com
昆山市安全防范行业协会	昆山市城北路 707 号保安大楼 5 楼	0512-55116002	www. kssec. com
浙江省安全技术防范行业协会	杭州市西湖区西溪路小龙驹坞 79 号	13656696719	www. zjafxh. net
杭州市安全技术防范行业协会	浙江省杭州市江干区凯旋路 170 号 H 楼 121 室	13867455190	www. hzaf. net
宁波大榭开发区保险箱（柜）行业协会	浙江省宁波市北仑区大榭街道滨海南路 101 号	0574-86748028	www. safes. org. cn
安徽省安全技术防范行业协会	合肥市潜山路与皖河支路交口新华国际广场 A 座 805、806 室	0551-62818875	www. aspia. cn
福建省公共安全防范行业协会	福建省福州市鼓楼区西二环北路 56 号	0591-87881123	www. hxaf. org
厦门市安全技术防范协会	厦门市软件园二期观日路 30 号之二 302	18965181690	
三明市安全技术防范行业协会	福建省三明市梅列区乾隆新村 201 栋 8 楼	18950988533	www. smafxh. com
江西省安全技术防范行业协会	地江西省南昌市红谷滩新区丰和南大道 2111 号世茂水城 3-3 栋 201 室（红谷南大道与横三路路口）	0791-86809351	www. jxafw. org
南昌市安全技术防范协会	江西省南昌市红谷滩新区飞虹路博泰江滨 3 号楼 A 单元 2807	18607912236	www. ncafw. cn
济南市社会公共安全防范协会	济南市高新区龙奥北路 909 号海信龙奥九号 4-410 室	13156105678	www. jnafxh. cn
青岛市社会公共安全防范协会	青岛市崂山区银川东路 3 号国信体育中心“公共安全+智慧城市”创新空间青岛安防协会办公室	18954272826	www. qdcps. com
郑州市公共安全防范行业协会	郑州市金水区南阳路 13 号汇商大厦 608 室	18538188662	www. zzaf. com. cn
湖北省安全技术防范行业协会	湖北省武汉市武昌区积玉桥前进路四清村 51 号	13886711155	www. hbafxh. org
武汉市安全技术防范行业协会	武汉市武昌区积玉桥前进路四清村 51 号	13808633190	www. whafxh. org

续表

机构名称	地址	电话	网址
湖南省安全技术防范协会	长沙市芙蓉区五一大道 158 号人瑞潇湘国际 14 楼 1427	0731-84597470	www. hnafxh. com
广东省公共安全技术防范协会	广州市天河区天河软件园智慧城核心区软件路 11 号孵化二期 D 栋四楼	020-87322101-216	www. gdafxh. org. cn
深圳市安全防范行业协会	深圳市福田区深南大道 6025 号英龙大厦 4 楼	0755-88309116	www. szspia. org
深圳市智慧安防行业协会	广东省深圳市福田保税区桃花路 32 号鑫瑞科科技大厦	13556845650	www. vasia. org. cn
珠海市公共安全技术防范协会	珠海市香洲区洲山路 4 号中侨兴商业大厦 1 号楼 603	0756-2663718	www. zhafxh. cn
东莞市公共安全技术防范协会	东莞市东城街道莞樟路东城段 236 号 4 栋 201-205 室（东糖集团大院内）	13316637707	www. dgafxh. com
广西安全技术防范行业协会	南宁市青秀区东葛路 7 号（广西军区住宅小区）2 栋 11 层 2110 号	13627881434	
海南省智慧城市安防技术行业协会	海口市海秀路 111 号海纳商务大厦 605 号	18907667911	hnzhaf. com
重庆市公共安全技术防范协会	重庆市渝北区紫园路 116 号鼎泰公寓 4 单元 5-2	023-67081572	www. cqafxh. com
成都安全防范协会	成都市顺城街 379 号	15902884676	www. 21cdaf. com
贵州省安全技术防范行业协会	贵阳市蟠桃大厦 20 楼 1 号	13765132831	www. gzsaf. com
云南省安全技术防范协会	云南省昆明市五华区五一路 151 号（原省公安厅）五号楼三单元三楼	0871-63052793	www. ynaf. net. cn
陕西省安全防范产品行业协会	西安市莲湖区未央路 1-3 号（北关）宫园美寓 11617 室	029-68811561	www. sxafwz. com
甘肃省安全技术防范协会	甘肃省兰州市城关区静宁路 308 号（信托大厦 13 楼）	13919166191	www. gssafxh. com
青海省公共安全技术防范协会	青海省西宁市城西区香格里拉路 2 号	18897059961	www. qhsafxh. com
新疆维吾尔自治区安全技术防范行业协会	乌鲁木齐市黄河路 396 号七一酱园高层 B 座 1303 室	0991-5821076-8003	www. xjafxh. org

第三节　技术服务

本节主要收录了 15 家安防技术服务机构的机构介绍、联系方式以及 2019 年的工作情况，索引目录如下：

全国安全防范报警系统标准化技术委员会

全国安全防范报警系统标准化技术委员会（简称全国安防标委会，代号为SAC/TC100）成立于1987年，归口工作范围为安全防范报警系统和产品，涉及入侵和紧急报警、视频监控、出入口控制、防爆安检、安防工程、实体防护和人体生物特征识别应用等多个专业技术领域。

SAC/TC100的主要工作任务是向国家标准化管理委员会和公安部科技信息化局提出安全防范报警系统技术领域标准化工作的方针、政策和技术措施的建议；按照国家标准化工作的方针、政策，制定安全防范报警系统技术领域的标准体系和标准制修订规划、计划草案；按照国家和行业下达的标准制、修订年度计划组织制定和审查国家标准草案和行业标准草案；对经批准、发布的国家标准、行业标准，组织宣贯、培训和定期复审；为企业标准化工作提供咨询和服务；对口国际电工委员会/报警与电子安防系统技术委员会（IEC/TC79）的工作，参加IEC/TC79国际标准草案的制定、审查和投票表决。

地　　址：北京市海淀区首体南路1号公安部第一研究所新科研楼19层1916B
负 责 人：施巨岭
联 系 人：王　新
电　　话：010-68773908、68773938
邮　　箱：13311576327@189.cn

2019年，全国安全防范报警系统标准化技术委员会（以下简称：全国安防标委会）在国家标准化管理委员会和公安部科技信息化局的领导下，在秘书处承担单位公安部第一研究所的大力支持下，在全体委员、专家和标准编制人员的共同努力下，委员会工作的各个方面都取得了比较突出的成绩，为满足公安业务应用和促进安防产业发展作出了应有的贡献。

一、积极开展重要领域标准项目研究及制定

（一）积极推进公共安全视频图像信息联网共享应用标准编制工作

为贯彻落实原中央社会治安综合治理委员会、国家发展改革委员会、公安部等九部委联合印发的《关于加强公共安全视频监控建设联网应用工作的若干意见》（发改高技〔2015〕996号文），全国安防标委会积极推进《公共安全视频图像信息联网共享应用标准体系》中20项国家标准的制修订工作，取得阶段性成果。

1. 完成GB/T28181-2016《公共安全视频监控联网系统信息传输交换控制技术要求》（修改补充文件）的编制工作。

2. 完成GB/T《公共安全视频监控联网技术测试规范》和GB/T《公共安全视频监控数字视音频编解码技术测试规范》2项国家标准报批稿。

3. 完成下列8项国家标准征求意见稿：

1）GB/T《公共安全视频图像信息联网共享应用总体要求》；

2）GB/T《公共安全视频图像信息数据项》；

3）GB/T《公共安全视频图像信息综合应用系统技术要求》；

4）GB/T《公共安全视频图像分析系统第1部分：通用技术要求》；

5）GB/T《公共安全视频图像分析系统第2部分：视频图像内容分析及描述技术要求》；

6）GB/T《公共安全视频图像分析系统第3部分：视频图像增强技术要求》；

7）GB/T《公共安全视频图像分析系统第4部分：视频图像检索技术要求》；

8）GB/T《公共安全视频图像信息联网应用运维管理平台技术要求》。

4. 完成了下列9项国家标准的立项申报工作：

1）GB/T28181-2016《公共安全视频监控联网系统信息传输交换控制技术要求》（修订）；

2）GB/T《公共安全视频图像共享交换平台技术要求》；

3）GB/T《公共安全视频图像信息共享交换网络技术要求》；

4）GB/T《公共安全视频图像分析系统第4部分：视频图像检索技术要求》；

5）GB/T《公共安全视频图像信息联网应用运维管理平台技术要求》；

6）GB/T《公共安全视频图像信息综合应用系统软件测试规范》；

7）GB/T《公共安全视频图像信息综合应用服务接口测试规范》；

8）GB/T《公共安全视频图像分析系统：第5部分检验规范》；

9）GB/T《公共安全视频图像信息联网应用运维管理平台软件测试规范》。

（二）紧密配合社会治安防控和反恐怖工作，积极开展治安反恐防范标准制定

1. 为贯彻落实《中华人民共和国反恐怖主义法》，做好防范恐怖袭击重点目标的安全防范工作，全国安防标委会积极推进国家有关重点专项的研究工作，课题研究成果通过了项目组的中期检查。

2. 为加强治安保卫重点单位和防范恐怖袭击重点目标的治安反恐防范工作，全国安防标委会积极会同公安部科技信息化局、治安局、反恐怖局和有关部门，组织制定有关行业、系统的治安反恐防范标准。2019年，制定完成并经公安部批准发布了5项公共安全行业标准GA1551-2019《石油石化系统治安反恐防范要求》（第1—5部分）。

2019年11月22日，全国安防标委会会同公安部科技信息化局、公安部治安管理局、公安部反恐怖局、国家能源局科技司、国家国防科技工业局在北京召开了电力系统治安反恐防范系列标准启动会议。启动了6项公共安全行业标准《电力系统治安反恐防范要求》（第1—6部分）的编制工作。

（三）积极推进《建筑安全防范通用规范》的编制工作

为进一步加强安全防范工程全生命周期的规范化管理，2019年，全国安防标委会申报的全文强制性国家标准《建筑安全防范通用规范》，经住房城乡建设部标准定额司批准立项，这是公安部在住建部立项的唯一一项全文强制性国家标准。全国安防标委会组织行业专家召开了多次编制工作会议，并经过广泛征求意见，目前该标准已经完成送审稿。

二、较好地完成了标准制修订工作任务

（一）完成并经批准发布的标准共 13 项，其中，国家标准 5 项，行业标准 8 项，具体如下：

1. GB/T 37845-2019 居家安防智能管理系统技术要求；
2. GB 10409-2019 防盗保险柜（箱）；
3. GB 12663-2019 入侵和紧急报警系统 控制指示设备；
4. GB 37481-2019 金库门通用技术要求；
5. GB/T 38122-2019 公共安全指纹识别应用 验证算法性能评测方法；
6. GA 1551. 1-2019 石油石化系统治安反恐防范要求 第 1 部分：油气田企业；
7. GA 1551. 2-2019 石油石化系统治安反恐防范要求 第 2 部分：炼油与化工企业；
8. GA 1551. 3-2019 石油石化系统治安反恐防范要求 第 3 部分：成品油和天然气销售企业；
9. GA 1551. 4-2019 石油石化系统治安反恐防范要求 第 4 部分：工程技术服务企业；
10. GA 1551. 5-2019 石油石化系统治安反恐防范要求 第 5 部分：运输企业；
11. GA/T 1563-2019 鞋内安全检查仪技术要求；
12. GA 374-2019 电子防盗锁；
13. GA/T1589-2019 展示物品防盗装置通用技术要求。

（二）完成标准报批稿共 28 项，其中国家标准 2 项，行业标准 26 项，具体如下：

1. GB16796《安全防范报警设备安全要求和试验方法》（修订）；
2. GB/T 31070. 3《楼寓对讲系统第 3 部分：特定应用技术要求》；
3. GA/T《公共安全合格评定标志》；
4. GA/T《公安视频图像信息联网应用运维管理规范》；
5. GA/T《公安视频图像信息联网应用运维管理平台技术要求》；
6. GA/T《安全防范视频监控红外热成像仪》；
7. GA/Z《基于目标位置映射的主从摄像机系统技术要求》；
8. GA/Z《公安视频监控前端摄像机部署导则》；
9. GA/T《入侵和紧急报警系统紧急报警装置》；
10. GA/T《安防拾音器通用技术要求》；
11. GA/T《出入口控制系统控制器》；
12. GA/T《出入口控制系统编码识读设备》；
13. GA/T《安全防范系统电磁环境控制限值和测量方法》；
14. GA/T《乘用车 X 射线安全检查系统技术要求》；
15. GA《广播电视重点单位重要部位安全防范要求》；
16. GA《公共交通汽电车及场站安全防范要求》；
17. GA《南水北调工程治安风险等级与安全防范要求》；
18. GA/T《封闭式停车场安全技术防范通用要求》；
19. GA/T501《银行保管箱》（修订）；
20. GA 667《防爆炸透明材料》（修订）；
21. GA《实体防护产品防弹性能技术要求及测试方法》；
22. GA/T《防爆安全门》；
23. GA/T《安防人脸识别应用视频人脸图像提取技术要求》；
24. GA/T《安全防范 人脸识别应用 算法性能评测方法》；
25. GA/T《安防指纹识别应用识别设备通用技术要求》；

26. GA/T《安防虹膜识别应用采集设备通用技术要求》；
27. GA/T《安防掌静脉识别应用图像技术要求》；
28. GA/T《安全防范手部静脉识别应用　图像数据交换格式》。
另外，其他 20 余项国家标准和行业标准正在制定中（具体标准略）。

（三）完成 12 项公安视频专项标准的立项申报工作，具体标准为：

1. GA/T《公安视频监控人像/人脸识别应用技术要求》；
2. GA/T《国家标准 GB 35114-2017 符合性测试规范》；
3. GA/T《公安视频监控视频存储技术要求》；
4. GA/T《公安视频监控视频存储测试规范》；
5. GA/T《公安视频图像分析系统第 4 部分：视频图像检索技术要求》；
6. GA/T《公安视频图像信息数据库测试规范》；
7. GA/T《公安视频图像信息应用系统接口协议测试规范》；
8. GA/T《公安视频监控系统安全要求第 1 部分：通用要求》；
9. GA/T《公安视频监控系统安全要求第 2 部分：前端设备安全技术要求》；
10. GA/T《公安视频监控系统安全要求第 3 部分：边界安全交互技术要求》；
11. GA/T《公安视频监控系统安全要求第 4 部分：安全管理技术要求》；
12. 公安数据元（视频图像）。

（四）完成 2019 年标准复审及项目再评估工作

根据公安部科技信息化局《关于开展 2019 年度公共安全行业标准复审工作的通知》（公科信标准〔2019〕40 号）的要求，全国安防标委会组织完成了 23 项行业标准的复审工作，确认继续有效的标准 12 项，修订 4 项，废止 7 项。

根据公安部科技信息化局《关于开展标准计划项目再评估工作的通知》（公科信传发〔2019〕325 号）的要求，全国安防标委会组织完成了 10 项行业标准制修订计划项目的再评估工作，确认 10 个标准项目继续执行。

三、国际标准化工作继续取得新突破

（一）牵头制定 2 项视频监控国际标准

2019 年，全国安防标委会会同视频智能分析与共享应用技术国家工程实验室共同组织有关单位向国际电信联盟（ITU）申报了下列两项视频监控国际标准：

1. ITU-T H. 626：Architectural requirements for video surveillance system（视频监控系统的架构要求）；
2. ITU-T H. 627：Signalling and protocols for video surveillance system（视频监控系统的信令和协议）。

该两项国际标准是基于我国国家标准 GB/T 28181-2016《公共安全视频监控联网系统信息传输交换控制技术要求》的内容提出的，目前已获得国际电信联盟的立项。

（二）积极开展国家标准外文版翻译工作，推动中国标准走出去

为积极支持和配合国家“一带一路”战略，推动“中国标准走出去”，从而带动我国企业和我国产品走出去，2019 年全国安防标委会组织视频智能分析与共享应用技术国家工程实验室、公安部安全与警用电子产品质量检测中心等单位向国家标准委申报了 11 项国家标准的英文版翻译计划，并于 2019 年 12 月获得国家标准委批准立项，这些标准具体为：

1. GB 15208. 1-2018《微剂量 X 射线安全检查设备　第 1 部分：通用技术要求》；
2. GB 15208. 2-2018《微剂量 X 射线安全检查设备　第 2 部分：透射式行包安全检查设备》；
3. GB 15208. 3-2018《微剂量 X 射线安全检查设备　第 3 部分：透射式货物安全检查设备》；
4. GB 15208. 4-2018《微剂量 X 射线安全检查设备　第 4 部分：人体安全检查设备》；

5. GB 15208. 5-2018《微剂量 X 射线安全检查设备　第 5 部分：背散射物品安全检查设备》；

6. GB 12899-2018《手持式金属探测器通用技术规范》；

7. GB 15210-2018《通过式金属探测门通用技术规范》；

8. GB 10409-2019《防盗保险柜（箱）》；

9. GB 37481-2019《金库门通用技术要求》；

10. GB/T 28181-2016《公共安全视频监控联网系统信息传输、交换、控制技术要求》；

11. GB/T 30147-2013《安防监控视频实时智能分析设备技术要求》。

（三）积极参与国际标准的制定工作

除牵头制定 2 项国际标准外，2019 年全国安防标委会选派国家安全防范报警系统产品质量监督检验中心（北京）等单位技术专家积极参与国际标准 IEC 62676-6 安防应用中的视频监控系统——第 6 部分：视频内容分析——性能测试和分级的制定工作。

（四）完成 IEC/TC79 各项投票工作

2019 年，IEC/TC79 共下发新工作项目提案 1 项，最终国际标准草案 2 项，委员会草案文件 2 项，委员会供投票用草案文件 2 项。针对各项文件的下发，全国安防标委会秘书处及时组织中国国内专家进行研究讨论，形成正式的中英文意见，通过国家市场监管总局反馈至 IEC/TC79 秘书处。截至 2019 年 12 月 31 日，全国安防标委会已完成全部 7 项 IEC/TC79 流通文件的投票工作，投票率为 100%。

四、加强标准的宣贯培训，加大标准的实施力度

（一）紧密配合公安部科技信息化局开展重要标准宣贯培训

为进一步规范全国公安机关安全技术防范及视频监控建设联网应用工作，不断加强全国公安机关贯彻落实相关标准要求和应用新技术能力，2019 年，全国安防标委会配合公安部科技信息化局举办了“全国公安科信部门安全技术防范标准及新技术培训班”和“全国重点贫困地区公安技防和视频监控技术培训班”，培训各省、自治区、直辖市公安厅（局），新疆生产建设兵团公安局以及重点贫困地区科信/技防管理干部 230 余人。全国安防标委会选派专家对 GB50348-2018《安全防范工程技术标准》、GB35114-2017《公共安全视频监控联网信息安全技术要求》、GB37300-2018《公共安全重点区域视频图像信息采集规范》等国家标准和有关行业标准进行了宣贯。培训班的举办，对于全国公安机关开展安全技术防范和视频监控建设联应用工作具有重要的指导作用。

（二）与地方行业协会等机构开展合作，推动重要标准贯彻实施

2019 年，全国安防标委会与公安部安全与警用电子产品质量检测中心组成标准培训团队，积极开展重要技术标准的宣贯培训工作，推动标准的贯彻实施。与北京、上海、黑龙江、陕西、安徽、浙江、广东等地安防行业协会开展合作，共举办 10 期强制性国家标准 GB50348-2018《安全防范工程技术标准》宣贯培训班，培训公安技防管理干部和安防工程设计施工技术人员 3100 余人。共举办 5 期 GB10409-2019《防盗保险柜（箱）》、GA 374-2019《电子防盗锁》等强制性国家标准和行业标准培训班，培训相关企业技术人员 600 余人。

五、楼寓对讲标准荣获公安部科学技术奖一等奖

自 20 世纪 90 年代至今，我国的楼寓对讲产业从最简单的声音对讲、黑白可视对讲，发展到彩色可视对讲、联网型可视对讲，再到全数字高清可视对讲，经历了一个不断发展壮大的过程，我国的楼寓对讲企业也逐渐发展成为国际上最有影响力和竞争力的领军企业。

这个过程中，标准的作用功不可没。1994 年全国安防标委会制定了第一个楼寓对讲行业标准 GA/T72-94《楼寓对讲电控防盗门通用技术条件》，2001 年制定了 GA/T269-2001《黑白可视对讲系统》，之后又陆续制定了 GA/T678-2007《联网型可视对讲系统技术要求》、GB/T 31070. 1-2014《楼寓对讲系统　第 1

部分：通用技术要求》、GB/T 31070.2-2018《楼寓对讲系统　第 2 部分：全数字系统技术要求》、GB/T 31070.4-2018《楼寓对讲系统　第 4 部分：应用指南》等行业标准和国家标准。这些标准的制定和发布实施，促进了我国楼寓对讲产业快速有序和高质量地发展。

自 2012 年至 2018 年，全国安防标委会组织我国专家历时 6 年牵头制定了下列 5 项楼寓对讲国际标准：

1. IEC62820-1-1：楼寓对讲系统　第 1-1 部分：通用要求；
2. IEC62820-1-2：楼寓对讲系统　第 1-2 部分：数字型系统要求；
3. IEC62820-2：楼寓对讲系统　第 2 部分：先进型系统要求；
4. IEC62820-3-1：楼寓对讲系统　第 3-1 部分：通用系统应用指南；
5. IEC62820-3-2：楼寓对讲系统　第 3-2 部分：先进型系统应用指南。

这些国际标准的制定和发布实施，使我国牢牢掌握了楼寓对讲国际标准的话语权，极大地增强了我国企业在国际贸易中的竞争力，是实践“中国标准走出去”，从而带动我国企业和产品走出去的重要成果。

以上楼寓对讲系统国际、国家和行业标准，在 2019 年公安部科学技术奖评选中荣获一等奖。

六、与行业协会合作，积极推动团体标准的制定

2019 年，按照公安部科技信息化局的相关要求，全国安防标委会与中国安全防范产品行业协会合作，积极推动和开展团体标准的制定工作，共制定 4 项团体标准，具体为：

1. 手机音视频紧急求助与报警系统技术要求；
2. 安全防范人脸抓拍设备技术要求；
3. 安防摄像机智能化指标要求和评估方法；
4. 安防电源管理设备技术要求和试验方法。

目前，以上 4 项标准均已完成征求意见稿。这些团体标准的制定，将成为安全防范国家标准和行业标准的重要补充。

全国安全防范报警系统标准化技术委员会实体防护设备分技术委员会

全国安全防范报警系统标准化技术委员会实体防护设备分技术委员会（简称实体防护分会，代号为 SAC/TC100/SC1）是经国家标准化管理委员会批准成立的全国性专业标准化技术工作组织，是我国安全防范技术领域中实体防护设备技术专业内从事全国性标准化工作的技术工作组织，负责本专业技术领域的标准化技术归口工作和本专业国家标准、行业标准的制、修订工作，秘书处设在公安部第三研究所。

地　　址：上海市徐汇区岳阳路 76 号
负 责 人：周左鹰
联 系 人：李　剑
电　　话：021-64336810-1735
邮　　箱：Tc100sc1@163.com

全国安全防范报警系统标准化技术委员会实体防护设备分技术委员会（SAC/TC100/SC1）第三届委员会于 2014 年经批准成立，2019 年度先后组织召开 10 次标准评审或讨论会，完成 2 个国家标准的发布，完成 4 个行业标准的报批，完成对分技术委员会所归口的标准和标准体系进行了进一步梳理，为今后的工作奠定了良好的基础。

一、标准制修订情况

（一）GB10409-2019《防盗保险柜（箱）》（发布）

目前该标准已经完成发布工作，本标准由中华人民共和国公安部提出并归口，全国安全防范报警系统标准化技术委员会实体防护设备分技术委员会（SAC/TC100/SC1）为执行单位，上海迪堡安防设备有限公司、国家安全防范报警系统产品质量监督检验中心（上海）、公安部第三研究所、国家安全防范报警系统产品质量监督检验中心（北京）、宁波永发智能安防科技有限公司、南京东屋电气有限公司、上海杰宝大王企业发展有限公司、宁波市镇海神舟锁业有限公司、上海堡垒实业有限公司、宁波双九箱柜有限公司、宁波艾谱实业有限公司、广州广电运通金融电子股份有限公司、深圳怡化电脑股份有限公司、浙江广纳工贸有限公司等单位起草，2019年4月4日发布，2020年5月1日实施，历次版本号为GB10409-1989、GB10409-2001。本标准规定了防盗保险柜（箱）的术语和定义、产品分类分级和标记、技术要求、试验方法、检验规则及标志、包装、运输和贮存，适用于防盗保险柜和防盗保险箱的设计、制造、检验。

（二）GB37481-2019《金库门通用技术要求》（发布）

目前该标准已经完成发布工作，本标准由中华人民共和国公安部提出并归口，全国安全防范报警系统标准化技术委员会实体防护设备分技术委员会（SAC/TC100/SC1）为执行单位，国家安全防范报警系统产品质量监督检验中心（北京）、银监会安全保卫局、国家安全防范报警系统产品质量监督检验中心（上海）、台山平安五金制品有限公司、安徽省安银金融机具设备有限公司、太原市警鹰保险柜制造有限公司、北京富高经贸有限责任公司、湖南金正科技有限公司、中国银行、中国工商银行、中国建设银行、中国农业银行、上海迪堡安防设备有限公司等单位起草，2019年4月4日发布，2020年5月1日实施。本标准规定了金库门的术语和定义、产品分类和标记、技术要求、试验方法、检验规则及标志、包装、运输和贮存，适用于金融业、保安业、工商业及相关行业的有关金库门产品的制造、安装、检验和验收，其他文物库房及重要物品存放场所使用的门可参照执行，不适用于中国人民银行的发行库。

（三）GA防爆炸透明材料（报批稿）

目前该标准于2019年1月完成报批工作。

（四）GA/T实体防护产品防弹性能分类及测试方法（报批稿）

目前该标准于2019年1月完成报批工作。

（五）GA防爆安全门（报批稿）

目前该标准于2019年1月完成报批工作。

（六）GA/T银行保管箱（报批稿）

目前该标准于2019年1月完成报批工作。

（七）GB防盗安全门通用技术条件（征求意见稿）

本标准分别于2019年1月、3月、6月、9月召开标准编制工作会议。重点解决防盗安全门上锁具的通用性和互换性、锁具的安全性，以及在确保安全的情况下，以及防盗安全门与防火安全门相协调发展等问题。

（八）GA/T钢丝焊接安全围栏通用技术要求（征求意见稿）

本标准分别于2019年3月、6月召开标准讨论会、8月召开标准征求意见稿评审会。

（九）GA/T提款箱（征求意见稿）

本标准分别于2019年3月召开标准讨论会、4月初至5月底公开征求意见、7月召开标准征求意见稿评审会。

（十）GA/T实体防护产品抗破坏性能通用评价方法（草案稿）

本标准于2019年6月召开标准启动和编制工作会议。

二、标准化技术服务情况

2019 年 1 月 17 日全国安全防范报警系统标准化技术委员会实体防护设备分技术委员会（SAC/TC100/SC1）向有关单位发布关于对 GB17565-2007《防盗安全门通用技术条件》第 5. 10. 1 条款的释义。

全国安全防范报警系统标准化技术委员会人体生物特征识别应用分技术委员会

全国安全防范报警系统标准化技术委员会人体生物特征识别应用分技术委员会（简称 SAC/TC100/SC2），是经国家标准化管理委员会批准成立的全国性专业化技术工作组织。SAC/TC100/SC2 的主要工作任务是结合国家法定证件、安全防范、出入境管理和人口信息管理等需求，陆续开展基于指纹、人脸、指静脉、虹膜、声纹识别等人体生物特征识别技术的标准制定，以形成全面、科学、先进、实用且与工程密切相关的、公共安全领域人体生物特征识别应用标准体系。

地　　址：北京海淀区首体南路一号
负 责 人：侯鸿川
电　　话：010-68773422
邮　　箱：tc100-sc2@ 163. com
网　　址：www. tc100-sc2. com

2019 年 SAC/TC100/SC2 秘书处主要工作是制定有关人脸识别相关标准，包括技术基础标准、工程应用标准和安全管理标准。

随着近年生物特征技术应用的蓬勃发展，特别是人脸识别人证核验技术的普遍应用，对人脸识别标准的需求日益迫切，尤其是安全管理更为突出。在公安部科技信息化局和其它相关业务局的支持指导下，SAC/TC100/SC2 秘书处开展了多项标准的制定工作，包括：

一、报批了《公共安全　生物特征识别　术语》、《生物特征识别标准体系表》、《安全防范　人脸识别应用　识别算法性能评测方法》、《安全防范　人脸识别应用　人证核验设备技术要求》、《安防虹膜识别应用　采集设备通用技术要求》、《安全防范　指纹识别应用　识别设备通用技术要求》、《安全防范　指纹识别应用　出入口控制指纹识别模块通用技术要求备》、《安全防范　声纹识别应用　网络语音样本技术要求》、《安全防范　声纹识别应用　程序接口规范》、《网络语音留存管理技术规范》、《安全防范　掌静脉识别应用　采集设备》、《安全防范　掌静脉识别应用　算法性能评测方法》等 12 项重要国家和行业标准。

二、组织编制了国家标准《公共安全　人脸识别应用　分类》草案、《公共安全　虹膜识别应用　算法评测方法》草案、《公共安全　虹膜识别应用　图像技术要求》草案和行业标准《安全防范　人脸识别应用　安全管理规范》草案、《安全防范人脸识别应用视频人脸图像质量评测方法》草案、《安全防范　指纹识别应用　小尺寸指纹识别模块性能测试方法》草案等。

三、申报了国家标准《公共安全　人脸识别应用个人身份认证》系列标准第 1、第 4、第 5、第 11 部分和国家标准《公共安全　声纹识别应用　远程身份认证框架》。

全国警用装备标准化技术委员会

全国警用装备标准化技术委员会（SAC/TC561）是经国家标准化管理委员会批准成立的全国警用装备专业标准化技术工作组织，主要负责警用装备领域国家标准和行业标准的制修订工作，负责武器警械、警用车辆、警用防护装备、警服和警用装具专业技术领域的警用装备标准化归口工作和本专业国家标准、行业标准的制修订工作。

地　　址：北京市海淀区首都体育馆南路1号65分箱
负 责 人：孙　非
联 系 人：尤会龙
电　　话：010-68773422　68773412
邮　　箱：gbjbwtc561@163.com
网　　址：www.gbjbw.org.cn

2019年，在“科技强警”总体战略思想带动下，在维稳、反恐、防控需求日益旺盛的背景下，我国警用装备行业获得了较快速的发展。全国警用装备标准化技术委员会（以下简称“警标委”）在国家标准化管理委员会、公安部科技信息化局、公安公安部装备财务局、最高人民检察院计划财务装备局、最高人民法院司法行政装备管理局、司法部计财装备司以及秘书处承担单位公安部第一研究所等单位的关心、支持和指导下，在全体委员和专家的共同努力下，围绕中心、服务大局，着力推进警用装备技术标准体系进一步健全完善，较好地完成了标准制修订和上级下达的各项任务。当截止到2019年12月31日，全国警用装备标准化技术委员会完成的现行有效的行业标准共213项，其中强制性标准187项，推荐性标准26项。

一、围绕实战，扎实完成重点标准制修订任务和技术保障工作

一年来，警标委以完善装备技术标准体系、“公安单警装备改进”、“99式警服改进系列标准制定”、“公安辅警服装系列标准制定”等为重点，围绕实战急需，有力推进工作，较好地完成警用武器警械、警用防护、警用被装、警用车辆和警用装具等警用装备技术标准制修订工作，已发布实施标准项目5项；完成审查拟上报审批的标准项目12项；完成送稿审拟提交审查的标准项目19项；完成征求意见稿的标准项目100余项。已发布实施的5项标准具体为：

（一）GA 68-2019《警用防刺服》

本标准由警标委提出并归口。2019年2月02日发布，2019年4月1日实施。本标准所代替标准的历次版本发布情况为：GA 68-1994；GA 68-2003；GA 68-2008。本标准规定了警用防刺服产品的术语和定义、分类和代号、技术要求、试验方法、检验规则及包装、运输和贮存。标准的修订对于规范产品生产、销售、使用和管理，从而提高执法效力维护国家长治久安具有十分重要的意义，其技术水平属国内先进水平。

（二）GA 422-2019《警用防暴盾牌》

本标准由公安部装备财务局提出并归口。2019年2月22日发布，2019年4月1日实施。本标准所代替标准的历次版本发布情况为：GA 422-2003；

GA 422-2008。本标准规定了警用防暴盾牌产品的术语和定义、分类和代号、技术要求、试验方法、检验规则、质量保证规定、包装、运输和贮存。标准的修订对于规范产品生产、销售、使用和管理，从

而提高执法效力维护国家长治久安具有十分重要的意义，其技术水平属国内先进水平。

（三）GA/T 86-2019《警用阻截网》

本标准由警标委提出并归口。2019 年 9 月 10 日发布，2019 年 11 月 01 日实施。本标准所代替标准的历次版本发布情况为：GA 816-2009。本标准规定了警用阻截网的术语和定义、代号、技术要求、试验方法、检验规则、运输和贮存。标准的修订对于规范产品生产、销售、使用和管理，从而提高执法效力维护国家长治久安具有十分重要的意义，其技术水平属国内先进水平。

（四）GA/T 950-2019《防弹材料及产品 V50 试验方法》

本标准由警标委提出并归口。2019 年 9 月 10 日发布，2019 年 11 月 01 日实施。本标准所代替标准的历次版本发布情况为：GA 950-2011。本标准规定了对防弹材料及产品的弹道极限 V50 进行评价的技术要求、试验方法、V50 值计算与修正、试验报告的编写要求等。标准的修订对于规范产品生产、销售、使用和管理，从而提高执法效力维护国家长治久安具有十分重要的意义，其技术水平属国内先进水平。

（五）GA/T 975-2019《警用装备名词术语》

本标准由公安部装备财务局提出，由警标委归口及起草。2019 年 7 月 08 日发布，2019 年 9 月 01 日实施。本标准于所代替标准的历次版本发布情况为：GA 975-2012。标准的修订对于在警用装备行业内科研、生产、检验、管理、使用、维护和教学等工作中使用起到了规范和统一的作用。

二、紧密配合，着力推进公安单警装备改进所需标准制修订专项工作

目前《公安单警装备　伸缩警棍》《公安单警装备　金属手铐》《公安单警装备　强光手电》《公安单警装备　催泪喷射器》《公安单警装备　多功能腰带》5 项技术标准已经公安部批准发布实施。

三、“99”式警服改进和公安辅警服装系列技术标准制修订及相关技术工作

2019 年 6 月完成了成服及面料 5 项技术标准送审稿的编写工作，并在下半年公安部装备财务局全国发文正式启用 2019 款夏执勤和衬衣产品实施技术监督工作中发挥了重要的技术支撑作用。在近一年的时间里，警标委完成了公安辅警服装类、服饰类、鞋类、帽类、材料类全部产品 80 项技术标准的起草。

四、完成了 2019 年度国家标准、公共安全行业标准申报工作

按照国家标准化管理委员会和公安部科技信息化局 2019 年度国家标准、公共安全行业标准申报立项工作要求，警标委精心组织本委员会归口范围内国家标准、行业标准制修订的申报工作。

（一）向国家标准化管理委员会完成了《特种警用装备术语》《警用车辆产品分类及型号编制规则》《防弹材料及产品 V50 试验方法》3 项国家标准的申报工作。

（二）按照公安部科技信息化局标准立项要求，警标委组织相关主管领导、业内专家对业内 2019 年申报项目进行了预评审。经过评审，筛选出了 12 项公安装备被装业务急需、行业应用需求大的标准申报项目上报部科技信息化局评审，并已经批准立项。

五、积极推进无人机反制装备科研项目及标准制定工作

公安机关等相关部门对无人机反制装备的需求日益明确和增多，为了应对形势需要，《警用“低慢小”飞行器拦截指挥控制系统关键技术研究》科研项目在部第一研究所获批立项，由警标委秘书长任项目组组长。2019 年 10 月，项目顺利通过结题验收，科研成果也已进入推广阶段。

警标委向公安部科技信息化局申报了《无人机反制装备》技术标准制定任务，已获批准立项。目前，已完成标准资料调研、收集，并召开了标准启动会，部分标准已完成征求意见稿。

六、紧密围绕标准的制定和实施，配合主管业务部门做好技术服务工作

2019 年，根据公安单警装备改进工作进展，同时为了检验标准实施后的可执行性，可操作性及制定

的科学性，警标委秘书处参与单警装备入围评定、交货验收，并派员对各级公安机关装备管理人员进行技术标准培训。

警标委秘书处派员参加警用防弹装备产品性能比测的有关技术工作。

警标委参加行业内主管部门组织的警用装备的立项、验收等评审会议。

警标委参与警用被装产品的改进研发、产品样品的设计、试用和评审工作，为下一进制修订标准作好技术储备。

公安部社会公共安全应用基础标准化技术委员会

经公安部领导批准，公安部社会公共安全应用基础标准化技术委员会（以下简称“基础标委会”）于2008年1月23日在北京正式成立。基础标委会由公安部机关业务局、部属研究所、院校、标准化技术委员会、质量检验机构、质量认证机构、行业协会以及生产、使用、经销等方面的企业代表组成。基础标委会接受公安部科技信息化局领导，秘书处挂靠单位为公安部第一研究所。

地　　址：北京市海淀区首体南路1号
负 责 人：于　锐
联 系 人：杨童权
电　　话：010-68773878

2019年，基础标委会主要完成了以下几项工作：

一、完成《居民身份网络认证整体技术框架》等12项重要行业标准的制定

基础标委会秘书处组织相关单位起草了《居民身份网络论证整体技术框架》等12项行业标准，目前完成报批稿。在此系列标准编制过程中，基础标委会秘书处全程参与了标准的预研、调研、论证和起草，并为标准整体技术框架和标准格式总体把关。标准名称如下：

1.《居民身份网络认证通用术语》；
2.《居民身份网络认证整体技术框架》；
3.《居民身份网络认证网络可信凭证和网络标识格式要求》；
4.《居民身份网络认证认证服务第1部分：认证分级》；
5.《居民身份网络认证认证服务第2部分：服务接口要求》；
6.《居民身份网络认证认证服务第3部分：信息获取控件接口要求》；
7.《居民身份网络认证认证服务第4部分：人脸图像采集控件技术要求》；
8.《居民身份网络认证认证服务第5部分：人脸比对引擎接口要求》；
9.《居民身份网络认证信息采集设备第1部分：居民身份证开通网证读卡器》；
10.《居民身份网络认证信息采集设备第2部分：自助开通网证设备》；
11.《居民身份网络认证信息采集设备第3部分：批量开通网证设备》；
12.《居民身份网络认证信息采集设备第4部分：移动终端安全技术要求》。

二、完成《重点场所防爆炸安全检查》等5项国家标准的制定

基础标委会秘书处组织并参与起草了《重点场所防爆炸安全检查》等5项国家标准的制定，标准名称如下：

1.《重点场所防爆炸安全检查第 1 部分：基础条件》；
2.《重点场所防爆炸安全检查第 2 部分：能力评估》；
3.《重点场所防爆炸安全检查第 3 部分：规程》；
4.《爆炸物安全检查与处置通用术语》；
5.《爆炸物现场处置规范》。

三、完成《焰火燃放安全技术规范》国家标准的修订

按照国家标准化管理委员会标准制修订计划，基础标委会完成《焰火燃放安全技术规范》国家标准的修订。

四、《保安服务装备配备规范》国家标准的立项

基础标委会组织起草的国家标准《保安服务装备配备规范》被国家标准化管理委员会列入 2019 年度推荐性国家标准制订计划。

五、9 项行业标准的制修订

基础标委会组织 9 项行业标准制修订：
1.《“互联网+公安政务服务”标准体系》（已发布）；
2.《全国公安监所网上检查督导系统维护规范》（已发布）；
3.《居民身份证自助取证机》（已报批）；
4.《大型活动用拼接显示系统通用规范》（已报批）；
5.《便携式警用装备锂离子电池和电池组通用技术要求》（已报批）；
6.《光幕靶测速仪校准规范》（已报批）；
7.《保安防卫棍》（已报批）；
8.《人员基础信息采集设备通用技术规范》（起草中）；
9.《执法办案区规范管理信息应用技术要求》（起草中）。

国家安全防范报警系统产品质量监督检验中心（北京）

公安部安全与警用电子产品质量检测中心成立于 1986 年，在此基础上先后成立了公安部特种警用装备质量监督检验中心、国家安全防范报警系统产品质量监督检验中心（北京）及神盾计量校准中心（以下简称检测中心）。

公安部安全与警用电子产品质量检测中心是经公安部政治部批准，通过中国国家认证认可监督管理委员会授权、资质认定合格、中国合格评定国家认可委员会认可的多学科、多专业具有第三方公正地位的技术服务机构，是集检验、检测、校准于一身的综合型国家级实验室。

地　　址：北京市海淀区首都体育馆南路一号
负 责 人：胡志昂
联 系 人：李　笃
电　　话：010-68773780　68773781
邮　　箱：mpstc_ 2016@ 163. com
网　　址：www. tcspbj. com

2019年，国家安全防范报警系统该产品质量监督检验中心（北京）（以下简称“北京检测中心”）坚持以习近平新时代中国特色社会主义思想为指导，结合“不忘初心、牢记使命”主题教育，紧密围绕中心工作，攻坚克难、勇毅笃行，在拓展检测业务、完善资质能力、增强科研实力、推进机构改革、加强队伍建设等方面取得了显著成绩。

一、检测业务开展基本情况

（一）产品类别情况

检验涉及产品大类主要包括服装服饰类、安防电子类、实体防护/警用装备类、安防工程类、道路交通类、软件类、信息安全类、计量校准类、防化类、测速仪型式评价类，出具报告23239份，涉及企业数量3845家。

（二）检验类别情况

检验类别包括委托检验、型式检验、认证检验、交收检验、计量校准、行业监督抽查和型式评价七类，其中委托检验企业数量和报告数量均最多，分别为2912家和19723份，所占比重分别为76%和85%。

（三）重点产品生产企业地域分布情况

从具体产品上来看，出入口控制、门类、服装、摄像机、无人机类、面料、安检类、鞋和腰带九类重点产品，涉及生产企业共1519家，出入口控制产品生产企业最多，为368家；门类产品，生产企业284家；服装产品219家。

二、聚焦服务大局，为相关单位提供有力技术支撑

作为公安行业国家级权威检测机构，北京检测中心坚持“实战导向”，积极服务各大部委，多次承担重大活动、重要场所安保任务。

（一）配合公安部科技信息化局完成各类工作

1. 2019年度社会公共安全产品质量行业监督抽查工作

行业监督抽查及产品质量评定工作对提升企业形象、提高产品质量、维护市场秩序具有重要的影响。按照公安部科信局的要求，北京检测中心承担并完成了2019年度行业监督抽查工作。通过抽查宣贯标准，了解行业动态，为进一步规范及提高装备质量、修订装备标准提供技术参考。

2.《年鉴》材料编制工作

北京检测中心配合公安部科技信息化局完成了《公安标准化及社会公共安全行业产品质量监督年鉴》（2018）、《中国标准化年鉴2019》的编制工作。

3. 视频监控相关技术培训工作

北京检测中心派员在公安部科技信息化局举办的全国重点贫困地区公安技防及视频监控技术培训班上授课，参训对象为部分重点贫困县公安局负责技防工作的业务骨干。

（二）配合中国安全技术防范认证中心开展工作

2019年，北京检测中心有序开展强制性认证及自愿性认证产品检测等工作，并派员参加了由中国安全技术防范认证中心牵头承担的国家认监委“短平快”项目“一体化汽车安全电子产品认证技术要求研究”工作会、新版身份证阅读机具认证实施规则宣贯会等会议，承担了国家认监委认证监管司组织的CCC目录鉴定指南中安防大类产品的防盗报警控制器产品的相关内容编制工作。

三、聚焦强筋固本，加强实验室能力建设

北京检测中心积极承担国家级、公安部级实验室建设任务，通过不断完善基础设施，大力开展实验室能力建设，全力保障公安质检服务水平，为促进公安大数据智能化建设添砖加瓦。

（一）通过检验/检测/校准的扩项及复评审

2019年，北京检测中心顺利通过国家认监委和国家认可委实施的CNAS、CMA、CAL“三合一”扩项

及复评审。截至 2019 年 12 月底，检验检测能力范围覆盖安防电子、软件、实体防护、警用装备、服装服饰、信息安全、防化等领域 615 项，计量校准能力 39 项。

（二）国家及公安部实验室建设工作进展顺利

1. 高机动防暴车辆技术国家工程实验室

“高机动防暴车辆技术国家工程实验室”由兵器工业 201 所与公安部第一研究所联合申报。2019 年，实验室组织召开 2019 年度实验室理事会。理事会总结了实验室自建设以来所取得的丰硕成果，确立了研发面向武警、公安、维和部队等客户需求，具有国际领先性能的新型防暴车的总体目标。实验室于年内完成了 2019 年度开放课题 6 个技术指南的编制、评审工作，将在军民融合深度发展战略的指引下，积极发挥警用车辆领域首家国家级工程实验室的行业引领作用。

2. 国家测速仪型式评价实验室（公安）

国家测速仪型式评价实验室（公安）是国家市场监督管理局授权的首家测速仪型式评价实验室，填补了国内测速仪型式评价实验室的空白。2019 年，实验室积极向雷达测速仪生产企业宣传型式评价工作，受理并完成多个型号的雷达测速仪型式评价任务，为机动车测速仪生产质量的有效监管提供了重要技术支撑。

3. 警用装备技术公安部重点实验室

北京检测中心“警用装备产品质量监督与检测专业实验室”是“警用装备技术公安部重点实验室”旗下的分实验室，涉及警用特种车辆、无人机、机器人、软件评测、警服服饰等众多领域，可开展检测的产品性能包括防弹性能、抗爆性能、防爆性能、耐久性、电性能、电磁兼容等。自实验室建成以来，大胆创新，不断拓展业务能力，为新产品的发展与定型、公安装备的质量管理政策做了大量工作，同时在科研及标准化方面积极开展了卓有成效的工作，为警用装备的健康发展提供技术保障。

4. 证件防伪公安部重点实验室

北京检测中心自 2010 年启动防伪产品检测能力建设以来，协同证件防伪公安部重点实验室不断进行技术交流与探讨，目前已形成以防伪标识为主导，以防伪材料为补充的较全面的检测能力。2019 年，北京检测中心积极开展公安部科技强警基础工作专项项目“基于自学习的中小尺寸指纹模块检验方法研究”，按照中小尺寸指纹性能测试的特性更新指纹测试库，完成测试库数据加工，逐步完善指纹性能测试工具的功能，形成《安全防范　指纹识别应用　小尺寸指纹识别模块测试方法》标准草案。

5. 中心各专业实验室

北京检测中心建有电性能、安全性能、防护性能、电磁兼容（EMC）5 米法电波暗室、微波暗室、防弹性能、锁具测试、环境试验、警用通信、警用装备、警用车辆、警用无人机、警用机器人、警用服装服饰、信息安全、软件测评、视频智能分析、消音室、声学、光学、长度、力学、无线电、视频图像（暗室）、屏蔽室、电池检测、步行、防伪、技侦、UL 目击测试、CE 认证检测、校准检定等 40 余个专业实验室，并在北京秦城设有大型综合试验基地，建有专业靶场和环境实验室。2019 年，GB 35114 标准符合性测试实验室积极推进强制性国家标准 GB 35114-2017《公共安全视频监控联网信息安全技术要求》的贯彻实施，开发的国内首个 GB 35114-2017 检测工具“公共安全视频监控联网信息安全调测软件 V1.0”通过专家评审，使中心成为国内首家具备 C 级 FDWSF 的 GB 35114-2017 标准符合性检测能力的检测机构。信息系统安全检测实验室按照公安部网络安全保卫局要求，完成“公共显示屏的内容安全智能管理”类产品销售许可证检测任务，增扩一类网络安全专用产品销售许可检测业务。防化实验室完成了人防工程过滤吸收器生产现场检测、产品质量验收及其重要原材料、关键元器件实验室检测等工作，并积极搭建实验室基础设施，力求进一步提升实验室检测能力。警用无人机实验室为多家单位提供了无人机反制设备遴选等技术服务，并不断加大检测业务推广力度，着力开展无人机反制设备检测技术研究，倾力打造具有无人机及其反制系统检测资质的国家级权威检测中心。

四、聚焦创新引领，推动前沿科技赋能转化

树立科研意识、提高科研能力是北京检测中心科技发展的指导方针。2019 年，北京检测中心紧跟前沿技术、探索新兴领域，坚持创新引领、夯实科研基础，取得了较为丰硕的科研成果。中心不断探索成果转化新思路，使科研工作在推动检验检测业务发展中发挥了重要作用。

（一）科研项目

2019 年，北京检测中心承担立项国家级、省部级等各类科研项目 7 项。

（二）标准化工作

2019 年，北京检测中心牵头及参与的 9 项国家标准经国家标准化管理委员会批准发布。

北京检测中心积极参与国际标准化工作，作为工作组专家参与 IEC/TC79WG12 工作组《Alarm systems-CCTV surveillance systems for use in security applications-Video content analytics-Testing and grading》和《Alarm systems-Video surveillance systems for use in security applications-Environmental test methods for image quality performance》标准制定工作。

（三）论文发布和专利申请

2019 年，北京检测中心在《中国安全防范技术与应用》《警察技术》等全国专业期刊发表科技论文 20 余篇，申请专利 10 余项，申请计算机软件著作权 6 项。

五、聚焦持续发展，开拓创新服务市场

北京检测中心立足行业发展，与国内外知名机构长期保持良好合作关系，不断开拓关联业务领域，寻求业务增长点，勇攀公安质检事业新峰峦。

（一）拓展国内服务市场

1. 推进全国战略布局

北京检测中心坚持“一体多翼式”发展，继广州、深圳、永康三地工作站后，在四川成都筹建了四川工作站，积极拓展西南地区检测业务，布局全国服务网络。2019 年，应杭州市滨江区政府的邀请，北京检测中心在安防高新技术产业密集、高新企业较为集中的滨江地区筹建视频检测实验室。经过紧张筹备，筹建组于年底前公开发布实验室平台建设招标公告，标志着实验室筹建工作已经取得阶段性成果。

2. 开拓电商平台业务

近年来，北京检测中心积极进军电子商务品质服务领域，为京东、天猫等电商平台提供质量评价服务。2019 年，中心在原有电子防盗锁等品类的质检业务基础上，进一步拓宽合作范围，为五金制品、服装、安全帽等品类的质检、抽检以及内容安全等提供评价服务，满足电商平台的多方面品控和提升需求。

3. 开展技术培训服务

2019 年，北京检测中心积极探索并搭建培训服务平台。通过独立培训、公益培训、协作培训、在线培训等形式，实行“统一领导、统一教材、统一培训、统一考试”的运行模式，面向全国公检法司单位以及社会公共安全行业各界提供标准化技术服务。年内，与全国安全防范报警系统标准化技术委员会共同支持的《安全防范工程技术标准》（GB 50348-2018）系列宣贯培训活动覆盖浙江、广东、安徽、黑龙江、陕西、北京、上海等多地，全年累计培训学员近 3000 人。举办行业标准《电子防盗锁》（GA 374-2019）系列标准宣贯培训班、《金库门通用技术条件》（GB 37481-2019）等标准宣贯培训班、安检设备检测要求培训班等，对帮助各从业单位理解和掌握标准条款起到重要的促进作用。

4. 开展国际文化领域安防标准化工作

2019 年，北京检测中心、上海自贸区国际文化投资发展有限公司、美国 UL 公司、上海通邑能源科技有限公司、国家计算机网络应急技术处理协调中心在北京香山饭店召开“艺术品及贵重物品存储安全防范技术规范”研讨会议，总结编制工作已经取得的阶段性成果，全力支持文化贸易发展。

5. 参加重庆市主城区智能交通系统升级改造工程国产芯片服务器技术论证会

北京检测中心派员参加由重庆市公安局组织的“重庆市主城区智能交通系统升级改造工程国产芯片服务器技术论证会”。会议主要研讨了国产自主研发及安全可控服务器在重庆市主城区智能交通系统建设中应用的可行性，中心派员在会上介绍了中心在自主可控服务器芯片算力测试上的已有成果和典型案例，受到与会专家的一致认可，扩大了中心在该技术方向上的影响力。

6. 参展第十届永康门博会

北京检测中心、中国安全技术防范认证中心联合参展了 2019 第十届中国（永康）国际门业博览会。展会期间，中心与中国安全技术防范认证中心等单位联合举办了安防实体防护产品标准宣贯会及产品认证检测推进会，200 余名行业企业代表参加了宣贯活动。

7. 参加第十七届中国国际公共安全博览会

北京检测中心、中国安全技术防范认证中心和公安部第一研究所标准中心联合参展了 2019 第十七届中国国际社会公共安全博览会，集中展示检测、认证、标准、综合技术服务板块业务能力，并开展现场受理、业务答疑等技术服务。展会期间，由全国安全防范报警系统标准化技术委员会、北京检测中心、中国安全技术防范认证中心联合主办的“视频标准助力公共安全论坛”顺利举办，来自检测认证标准化机构、高校和领军企业的专家、代表围绕公共安全视频标准及质量技术监督工作、视频技术发展新动向等进行分享与交流。

8. 运用新媒体搭建一站式综合技术服务平台

北京检测中心积极搭建集成培训、推广展示、公安科技查新、公安科技成果评价等技术服务为一体的一站式综合技术服务平台。并通过开发、上线公安质量基础服务小程序，开展信息查询、在线培训、网上展厅、电子杂志等多项宣传性与功能性服务。

（二）国际业务市场

北京检测中心继续加强与国外检测认证机构、行业协会等组织的密切联系，以促进技术交流合作和行业发展为己任，探索开创可持续发展的良性运作机制，不懈推动我国检测认证与标准化成果闪耀国际舞台。

1. 与美国 UL 实验室开展技术交流合作

在前期产品检测合作的基础上，北京检测中心通过合作机制为企业完成了 UL608 金库门、UL1037 保险柜的代理协作及检测服务。2019 年，UL 代表团一行到北京检测中心参观访问，双方就行业应用系统信息安全测试、评价、认证进行业务交流，为推动相关业务务实落地奠定了基础。

2. 与多国安防协会建立联系

2019 年，北京检测中心联合中国安全技术防范认证中心、深圳市安全防范行业协会、马来西亚安防行业协会、新加坡安防行业协会、菲律宾安防协会、印尼安防协会、越南安防协会等自愿联合发起“一带一路区域合作倡议”，为推动项目的海外示范应用搭建有效途径，并不断推进与更多国家进行认证、检测、标准化全方位的合作。2019 年，新加坡安防协会代表团到访北京检测中心，与 30 余家新加坡企业就视频监控和安全检查产品的技术趋势、行业应用、质量评价等内容与中心相关部门负责人进行充分交流。年底，北京检测中心派员赴马来西亚、印度尼西亚、泰国等多国进行交流，与当地行业协会就标准检测认证国际互认等合作事宜展开洽谈。

国家安全防范报警系统产品质量监督检验中心（上海）

国家安全防范报警系统产品质量监督检验中心（上海）成立于 2005 年 3 月，是依托公安部第三研究所建立的第三方检验检测机构，业务上受国家质量监督检疫总局和公安部科技信息化局的领导，是经过国家认证认可监督管理委员会授权的、资质认定合格的、通过中国合格评定国家认可委员会认可的、具有第三方公证地位的、面向社会的开放性机构。

地　　址：上海市岳阳路76号
负 责 人：鲍逸明
联 系 人：陆曙蓉
电　　话：021-64336810-1707
邮　　箱：mstl@ mctc. org. cn
网　　址：www. mstl. org. cn

2019年，国家安全防范报警系统产品质量监督检验中心（上海）（以下简称“上海检测中心”）在公安部第三研究所党委的坚强领导下，积极应对国家行政审批制度改革和检验市场放开的不利形势，勇于面对销售许可证检测业务转为政府采购这一前所未有的极大困难，凝心聚力、奋力拼搏、求真务实、开拓创新，立足服务公安实战，拓展业务领域，创新服务模式，扩大检验范围，建设实验室资质，开展科研标准研究，提升检测能力和技术水平，圆满完成了全年各项工作任务。

一、立足公安，加强技术服务支持

1. 推进GB 35114的落地实施

上海检测中心深入研究GB35114-2017《公共安全视频监控联网信息安全技术要求》标准中信息安全技术要点，开展了枪机、球机、NVR、编解码器、加固升级盒子等不同类型的产品的35114检测工作，厂商覆盖主流厂商；为视频监控联网产品的安全运行把好质量关。

2. 配合国家市场监督管理总局工作

上海检测中心承担防盗保险箱（柜）产品质量国家监督抽查任务，根据国家市场监督管理总局要求，依据产品标准GB10409-2001《防盗保险柜》、GA166-2006《防盗保险箱》、GA1051-2013《枪支弹药专用保险柜》和QB/T4719-2014《家用保险箱》，共计抽查了60家受检企业（59家生产企业）的60批次产品。经过检测，有52家生产企业的53批次产品合格，7家企业的7批次产品不合格；其中防盗保险柜38批次，合格32批次，合格率84. 21%；防盗保险箱22批次，合格21批次，合格率95. 45%。两个产品总的受检企业合格率为88. 33%，产品合格率为88. 33%。

上海检测中心承担防盗安全门产品质量监督抽查。根据上海市质量技术监督局的要求，中心依据GB17565-2007《防盗安全门通用技术条件》和SHCCJSGF 315. 1-2018《上海市防盗安全门产品质量监督抽查技术规范》的标准对2019年第3季度防盗安全门产品进行了监督抽查工作。涉及企业15家，合格15组，不合格0组，抽样合格率为100%。

二、夯实实验室建设，提升综合实力

为不断扩大检测中心的业务领域，更好地发挥国家级检验机构的实力和水平，上海检测中心不断夯实实验室建设，努力拓展业务资质能力，切实提升综合实力。

（一）顺利完成实验室、检验机构、资质认定“三合一”CNAS复评审及扩项评审

2019年，上海检测中心共开展了2次实验室、检验机构和资质认定CNAS扩项评审工作。于2020年1月22日经CNAS批准认可公布检验检测能力达到630余项，涉及安防电子、安防工程、实体防护、特种警用装备、信息安全类产品、系统测评类等领域。

（二）推进实验室基础能力建设

经过5年的筹划建设，2019年8月，上海检测中心位于张江的10米法电磁兼容试验室全面验收竣

工。包括 10m 法半电波暗室、3m 法全电波暗室和电磁抗扰度实验室、全消音试验室、半消音试验室建设。该试验室经过 6 年建设，于 2019 年 8 月完成竣工验收。并已通过国家 CNAS 评审取得试验能力。该电波暗室已通过国际权威检测机构的质量检测，中心电磁兼容试验能力达到国际先进水平，语音传输质量检测能力具备国际领先水平。试验场地共 1900 平方米。

（三）参加各类能力验证比对活动

上海检测中心参加能力验证 6 项：

2019 年 6 月参加由中国家用电气研究院组织的 CHEARI-PT090 电气产品的电气强度试验能力验证

2019 年 7 月参加由上海电气设备检测所有限公司组织的 JLXH-2019-06 电子电器产品高温试验能力验证

2019 年 7 月参加由中国网络安全审查技术与认证中心组织的 CCRC/PT-2019-00 移动互联网应用程序（APP）安全测试能力验证

2019 年 8 月参加由上海电气设备检测所有限公司组织的 STIEE-PT07 端子骚扰电压测试能力验证

2019 年 9 月参加由中国网络安全审查技术与认证中心组织的 CNCA-19-B20 防火墙安全功能和性能测试能力验证

2019 年 11 月参加由信息产业信息安全测评中心组织的 ITSTEC-PTP-0062019 网络安全等级保护测评能力验证

参加测量审核 1 项：

2019 年 10 月参加上海电气设备检测所有限公司组织的 STIEE-MA10 电压暂降抗扰度测试测量审核

三、科研与检测业务相互促进，技术竞争力不断提高

为贯彻公安部领导、公安部第三研究所党委打造研究型检验机构的要求，上海检测中心狠抓科研标准化工作，以业务为导向，以科研为基础，形成了一批能够提高检测技术、提升检测能力、扩大业务范围的科研成果，将科学研究、标准制定等工作充分与中心业务紧密结合，以长远的眼光发展检测技术和业务。

（一）科研项目

2019 年，上海检测中心有 4 项已结题，1 项课题准备结题，在研项目 24 项；此外，成功立项国家级项目 7 项，省部级项目 7 项。

2019 年，上海检测中心因在检测技术上的突破性研究工作、检测标准编制及创新性应用工作的突出成绩，主导的“楼寓对讲全程语音质量评价关键技术创新、测试仪器研制、国际与国家标准制定”获得公安部科学技术一等奖，“云平台关键信息基础设施基础软件安全标准及应用”获得公安部科学技术奖三等奖；同时中心人员参与的“互联网软件的安全分析与防护”获得上海市科学技术奖一等奖、“痕量炸药现场荧光探测技术与装备”获得公安部科学技术二等奖。

（二）标准化工作

上海检测中心主导发布标准 25 项，其中国家标准 10 项，行业标准 15；参与发布国家标准 13 项，行业标准 5 项；已报批 39 项，其中国家标准 4 项；新立项 7 项，其中国家标准 6 项。

（三）论文、专利

上海检测中心共发表论文 47 篇，其中 SCI、EI 检索 11 篇，核心 15 篇；共 6 项发明专利、2 项 PCT 欧洲专利获得授权，3 项实用新型、5 项软件获得授权；新申请 4 项国家发明专利、7 项实用新型专利；3 项 PCT 公开。

中国安全技术防范认证中心

中国安全技术防范认证中心（英文简称 CSP）是依据《中华人民共和国认证认可条例》等相关法律、法规，由国家认证认可监督管理委员会和中华人民共和国公安部于 2001 年 7 月批准成立，实施合格评定的认证机构，隶属公安部第一研究所。中国安全技术防范认证中心在公安部领导和国家认监委的指导下，依据国际通行导则和产品认证机构规范要求建立了完整的认证质量管理体系，紧紧围绕服务社会公共安全和公安工作宗旨，规范运营，开展安全技术防范、道路交通安全、刑事技术等产品的社会公共安全产品认证工作。

地　　址：北京市海淀首体南路 1 号
负 责 人：胡志昂
联 系 人：郭　立
电　　话：010-68773769、68773782
邮　　箱：cspa@ vip. 163. com
网　　址：www. cspga. . com

2019 年，在公安部科技信息化局支持和国家认证认可监督管理委员会的指导下，在公安部第一研究所的领导下，中国安全技术防范认证中心（以下简称“安防认证中心”）齐心合力，砥砺奋进，保持了机构运行规范，为社会公共安全事业作出了贡献。

一、基本情况

（一）确保合法、合规运行

1. 遵章守法。2019 年，安防认证中心从事的任何活动，都在法律的框架内，遵章守纪，守法经营。一是严格遵守国家基本法律、行政法规。二是以《中国认证认可条例》、《认证机构管理法》、《强制性产品认证管理规定》等法律法规为依据，从产品认证工作制度建立到实施和监管等各个环节采取有力措施，建立健全规章制度。三是建立有效的法规和要求识别机制，指定专人定期收集国家相关认证法规和要求、认证技术规范、产品标准等文件，并及时落实到管理制度和业务规范中。

2. 合规运营。一是着力规范并优化认证流程规范，严控认证风险。继续健全认证全过程监管和可追溯体系建设工作，完善获证产品和企业分类制度，继续落实公安部第一研究所检测认证整合的相关工作，进一步加强了分包实验室合作，把认证工作融入到研究所检测认证整体工作平台中。二是聚焦能力提升，持续开展人员培训，加强检查员管理。按照国家对认证工厂检查人员职业继续教育要求；对内部人员，通过多种形式，进行了政策和专业知识培训。

2019 年，安防认证中心完成了修订和实施 D/1 版本程序文件工作，组织完成了体系运行的内部审核和管理评审，接受了国家认证认可监督管理委员会年度 CCC 专项监督检查，顺利完成国家认证认可监督管理委员会专家组的认可复评，获得新颁发的认证机构认可证书。

一年来，安防认证中心在受理、评价、评定岗位上及全年派出的近 400 个工厂检查组，均无受到申投诉和违规投诉，未发生一例因触犯国家法律法规的事，也未发生一例违反商业和社会公德等行为。

（二）认证业务基本平稳

截至 2019 年 12 月底，安防认证中心颁发有效证书共计 1283 张。

1. 强制性产品认证企业和证书数量

截至 2019 年年底，安防认证中心保持有效 CCC 证书 640 张，涉及境内外企业 228 家。

2. 自愿性产品认证（GA）企业和证书数量

截至2019年年底，安防认证中心保持有效GA证书354张，获证境内外企业134家。

3. CSP自愿性产品认证企业和证书数量

2019年，安防认证中心将汽车防盗报警系统、安防实体防护（柜箱）产品由强制性产品认证转为CSP自愿性认证。另外，新增加了安检设备产品认证。截至年底，累计颁发CSP自愿性认证证书289张，获证境内外企业105家。

二、积极创建认证评价业务新平台，认证拓展工作实现新发展

（一）推进微模块型身份证阅读机具认证工作

2019年，安防认证中心组织编制了基于微模块（芯片）的身份证阅读机具的认证技术规范和评测方法，修订并发布了新版身份证阅读机具认证实施规则，启动新版身份证阅读机具认证实施规则GA认证，并对200余家阅读机具产品生产企业进行了实施规则的宣贯活动。实施规则扩展了身份证阅读机具认证范畴，涉及标准、小型、微型全系列身份证验证安全模块，实现了对居民身份证、外国人永久居留身份证、港澳台居民居住证的全兼容识读，为党和国家重大政策的落地实施提供了技术支撑。

（二）推动了安检设备认证工作

在国家安全防范报警系统产品质量监督检验中心（北京）和公安部第一研究所安检事业部的支持下，安防认证中心经多次调研和论证，与中国安全防范产品行业协会专家委员会安检工作组制订了国内首份安检设备CSP认证实施规则，启动了我国安检设备高端品牌认证。

（三）推进了DNA试剂认证检测实验室建设

为落实DNA检测试剂新国标实施，推动DNA检测试剂（Y试剂）技术规范制订工作，增强DNA检测试剂GA认证产品检测技术能力，安防认证中心和国家安全防范报警系统产品质量监督检验中心（北京）及公安部第一研究所安检事业部共同推动并建立了公安部安全与警用电子产品DNA检测试剂实验室。

（四）制订了“雪亮工程”验收评估方案

2019年，安防认证中心围绕“服务公安工作，服务社会公共安全”宗旨，加强公共安全系统认证评测平台能力建设。在公安部科技信息化局指导下，由安防认证中心牵头，国家安全防范报警系统产品质量监督检验中心（北京）及视频图像国家工程实验室等单位参与，研究并编制了“雪亮工程”验收评估方案，为推进试点城市“雪亮工程”验收评估提供技术支撑。

（五）启动了安防实体防护产品高端认证项目

针对市场对安防实体防护产品高端产品认证的需求，安防认证中心启动了安防实体防护产品高端认证工作。

（六）推进新标准在认证工作中的实施

在公共安全重点区域视频图像信息采集设备国家标准发布后，根据市场需求，安防认证中心与国家安全防范报警系统产品质量监督检验中心（北京）共同完成了《安全技术防范产品自愿性认证实施规则 公共安全重点区域视频图像信息采集设备产品》制订工作。

三、为企业减负增效，提供优良服务

（一）继续落实国家“放管服”政策

2019年，安防认证中心进一步贯彻国务院以及国家市场监管总局、公安部等部门有关“放、管、服”政策，采取了一系列措施，让企业切实感受到改革带来的红利。

1. 提效增速。一年来，安防认证中心在简化认证模式，开通快速通道，改进“安防认证一体化综合网上服务平台”，便捷企业认证申请等方面做了务实工作。2019年，安防认证中心解决了认证企业、认证

机构、指定实验室、工厂检查人员之间的信息传递阻塞和过程复杂等问题，缩短了认证周期。据统计，企业新增认证单元的认证、扩展单元覆盖型号的认证周期缩短了45%，变更申请的认证周期缩短了52%。

2. 降低企业负担。积极响应国家切实减轻企业负担的号召，在保证工作质量和认证有效性的前提下，安防认证中心继续实施降低强制性产品认证收费的措施，并采取多种技术手段，降低企业强制性产品认证成本。严格按照国家发展和改革委员会有关放开部分检验检测经营服务收费的文件要求和国家认证认可监督管理委员会关于做好强制性产品认证收费管理工作的指示，对初始认证及扩展单元认证申请、认证批准与注册、认证产品检测、工厂审查等项目减少相应的费用，并在认证受理窗口和安防认证中心网站上公开公示认证收费项目和价格，接受社会监督。经统计，相应产品认证检测费用降低了37.7%。

3. 整合工厂监督检查，减轻企业负担。安防认证中心在对工厂监督检查安排时，缜密研究，精心组织，对获证企业集中地区尽力安排数家企业合并进行。对同一生产厂家涉及多个合同或多个获证单元的，尽可能合并为一次，减少了企业承担的工厂检查费用。

（二）提升服务水平

安防认证中心重视服务企业及其发展工作，积极改进服务水平，加强专业力量，主动与委托人沟通，释疑解惑。

（三）为企业提供增值服务

一年来，安防认证中心努力提升认证人员能力，为企业提供专业的认证服务。结合工厂检查，帮助企业加强对标准要求的理解，提供增值服务，为企业质量管理提出建设性建议和意见，改善产品质控能力。

（四）为企业开展标准和认证实施规则的培训

一是在2019年第十届中国国际门业博览会（永康）期间召开实体防护产品防盗保险柜（箱）等实体防护产品新标准宣讲活动，宣讲实体防护产品国家和行业新标准，帮助企业理解标准内容，把握研发、生产及销售中的相关要求，百余家企业参加了会议。二是召开身份证阅读机具认证实施规则宣贯会，介绍当前身份证阅读机具产品认证工作情况和认证技术要求、检测要求、申请流程等内容，对企业提出的问题进行现场答疑。三是在第十七届中国国际公共安全博览会上为参观的企业宣讲视频监控产品自愿性认证产品等认证业务。

（五）深入企业一线，提供快捷服务

与企业聚集地质检技术机构签订合作协议，建立浙江永康认证服务工作站，为永康地区的防盗门（锁）企业提供便捷的认证检测服务。

四、有效推进国家科研项目实施

（一）“智慧城市信息应用和体验感知评价关键技术研究”项目取得新进展

安防认证中心具体承担了公安部第一研究所牵头的国家重点研发计划“智慧城市信息应用和体验感知评价关键技术研究”项目的组织实施工作。

一是完成了项目课题立项程序，任务书正式获批。二是为加强项目管理，举办了智慧城市信息应用和体验感知与评价关键技术业务推进和培训会议，邀请相关专家讲解了国家项目执行过程和财务管理中的注意事项等内容。三是积极推进“社区安防系统评价方法研究”的落地实施工作，在深圳市公安局南山分局派出所建立了项目课题研究实验基地，与北京市公交一卡通公司进行了城市大数据便民服务应用联合研究工作制机。

（二）积极参与公安人工智能应用工作

安防认证中心和工业和信息化部国家工业信息安全发展研究中心在第十七届中国国际公共安全博览会期间共同主办了首届“新一代人工智能公安应用论坛”，公安部科技信息化局及国家互联网信息办公室信息化发展局、工业和信息化部科技司有关领导出席并致辞，全国各地公安机关及相关科研院所及学校、企业近 400 人参加了论坛。论坛受到各方充分肯定，为推进人工智能公安应用工作作出了贡献。

（三）完成国家认证认可监督管理委员会“一体化汽车安全电子产品认证技术要求”项目科研工作

安防认证中心作为国家认证认可监督管理委员会短平快项目“一体化汽车安全电子产品认证技术要求研究”具体牵头实施单位，在 2019 年组织了多次调研和研讨活动，形成了《一体化汽车安全电子产品认证技术规范》，项目于 2019 年 12 月完成专家评审验收。该项目研究适应了汽车安全电子产品一体化发展趋势，围绕汽车行驶记录、车辆防盗、胎压检测、车道偏离控制等汽车安全产品技术发展，特别是考虑了联网和信息安全等问题，制订了一体化融合发展的技术规范。研究填补了国内空白，研究成果受到专家组高度评价。

公安部第三研究所认证中心

公安部第三研究所认证中心成立于 2015 年 5 月，是依据《中华人民共和国产品质量法》、《中华人民共和国认证认可条例》等相关法律、法规，由中国国家认证认可监督管理委员会（简称 CNCA）和中华人民共和国公安部批准成立，由公安部科技信息化局直接领导，开展防盗报警产品、智能联网产品、公共安全视频监控产品、实体防护产品、道路交通安全产品等社会公共安全产品认证的专业机构，是依法成立并独立承担法律责任实施合格评定的认证运作实体。

公安部第三研究所认证中心主要依托于公安部第三研究所下属有七个国家和省部级检测中心，拥有自有实验室——国家安全防范报警系统产品质量监督检验中心（上海）、国家网络与信息系统安全产品质量监督检验中心，为客户提供高效、优质、全面的“检测认证一站式”服务。

地　　址：上海市岳阳路 76 号
负 责 人：陆曙蓉
联 系 人：宗　筠
电　　话：021-64318599
邮　　箱：glbsl@ cspsh. org. cn
网　　址：www. cspsh. org. cn

2019 年，公安部第三研究所认证中心（以下简称“认证中心”）在公安部第三研究所党委的坚强领导下，在全体同志的努力拼搏下，积极应对国家 CCC 制度改革和强制性认证业务的不利形势，未雨绸缪，求真务实，勇于创新，立足服务企业，拓展业务领域，创新服务模式，扩大认证范围，积极开展自愿性产品认证推广，注重科研项目的研发，不断提升认证管理水平和业务创新能力，圆满地完成了全年各项工作任务。

一、认证业务完成情况

2019 年度，认证中心获证的境内外企业共 198 家，其中强制性认证企业 104 家，自愿性认证企业 94 家，其中包含境外获证企业 12 家。目前保持有效的强制性认证证书 540 张，由于 CCC 目录的调整比去年同期下降了 235 张，有效自愿认证证书合计 263 张，比去年同期增加了 101 张（其中部分为强制性认证转为自愿性认证证书）。

2019 年安排对境内、外企业工厂检查 185 次。比去年同期下降 33%，其中境内初始工厂检查 25 家企业，监督工厂检查 174 家企业。本年度由于外事政策变化，仅完成了 1 个团组的境外工厂检查，该团组已按期返回，未发生任何违纪行为。目前为止尚有 11 家境外企业未完成 2019 年度监督检查工作，给 CCC

认证管理工作带来一定的影响，并一定程度上增加了认证风险。

二、主要工作

（一）精益求精，防盗报警产品实施细则完成换版工作

2016 版的防盗报警产品实施细则，是认证中心成立之初编制的，经过三年多的机构运行，发现该版细则存在一些与实际业务不相符的内容，并在 2019 年 9 月完成换版工作，同时完成认监委的备案工作。为了不增加企业负担，中心采用自然过渡的方式实施企业细则换版工作，预计用一年的时间，在 2020 年 8 月 30 号之前完成全部换版工作。

（二）立足市场，大力拓展、推进各项自愿性认证业务

中国国家认证认可监督管理委员会发布的《国家认监委关于加快发展自愿性产品认证工作的指导意见》（国认证〔2015〕76 号），明确了加快发展自愿性产品认证工作，是促进认证认可高技术服务产业跨越式发展的战略选择，是提升认证认可工作整体服务能力的要求，是促进产品创新、产业升级、推动结构调整、绿色发展、引导消费、进而助力“中国制造 2025”的必要举措。

社会公共安全领域智能联网产品网络安全自愿性认证工作在 2017 年开始筹备并完成了认证实施规则的编制及备案工作，在公安部科信局及国家市场监管总局的共同关注下有序开展。

为加强公共安全视频监控联网建设的标准化、规范化、专业化水平，保证产品的质量，依据公安部科技信息化局《关于同意开展“社会公共安全产品自愿性认证公共安全视频监控产品”认证工作的批复》（公科信标准〔2018〕75 号）的要求，认证中心全面开启了公共安全视频监控产品 GA 认证推进工作，目前已有 4 家认证企业完成了该类认证，颁发 GA 认证证书 7 张。

（三）重视规范化管理，继续提升认证管理平台的各项功能

认证业务管理软件平台于 2017 年底上线，2018 年度开始试运行，本年度在管理流程是持续改进，根据实际业务需要对流程、各节点功能、操作使用的便利性、节省工作强度等多方面提出了改进、调整的建议，并收集整理了相关数据资料加入平台。

（四）练好内功，2019 年度内审和管理评审圆满成功

认证中心于 2019 年 1 月完成 2018 年度管理评审召开工作，跟进会上提出需要落实的工作，3 项输出工作于 2019 年 11 月全部完成。

认证中心于 2019 年 6 月 3 日至 10 日开展了内部评审活动，本次评审共组成 4 个审核组，对认证活动的全流程进行评审。

（五）加强队伍建设，合理安排内部培训，积极拓展企业培训市场

1. 积极开展内部培训

为了提高认证中心全员业务能力、综合素质，以保障认证中心业务的准确、高效开展，根据本年度培训计划，2019 年度认证中心共计组织 4 次内部培训和 1 次中国认证认可协会（CCAA）网络继续教育培训。

2. 把外部培训作为认证业务的拓展点

认证中心在注重内部培训的同时也积极利用自身培训资源，大力推动企业自主培训的市场，并进行了尝试，为后续认证中心全面推进培训市场，奠定了理论基础。

（六）科研与认证业务相互促进，技术竞争力不断提高

2018 年认证中心参与了 NQI 重点专项课题，子课题名称：智能联网产品互认评价关键技术研究与示范，课题编号：2018YFF0215601-3，课题于 2018 年 7 月 1 日立项，课题执行时间 2018 年 7 至 1 日至 2021 年 6 月 30 日。课题中的行业标准编制工作当前已完成征求意见稿；一项新型授权专利已完成申报工作，正在收尾；子课题组还指派考察团出访了两个“一带一路”沿线国家中工业相对比较发达的国家，对这两个国家的认证制度、检测标准、安防产品的贸易现状、认证检测在两个区域互认的可能性等多方

面进行了调查和交流，取得了一定的研究成果。2019 年课题实现了时间过半、任务过半、经费过半的目标，并于 2019 年 11 月 11 日派员参加了课题牵头单位组织的课题中期汇报会，对于课题开展一年半以来获得的研究成果，课题组给予极大的肯定。

（七）夯实机构建设，积极配合外部监督和管理工作

认证中心自成立以来，一直不断梳理完善各项管理制度，积极迎接各项外部监督管理审核工作，并不断取得新进步。

1. 完成 2019 年度 CCC 年度专项评审

由于 2018 年度认证中心在全国强制性产品认证授权机构评比中排名第二，且抽取的认证档案没有发现重大问题，本年度获得免除现场监督检查的资格。

2. 完成 2019 年度 CNAS 年度监督审核

组织完成 2019 年度 CNAS 对认证机构的监督评审工作，评审组通过现场提问、查阅认证档案等方式，对我机构的 CNAS 认可全部业务范围进行了审核，对认证中心的工作给予了肯定的评价。

3. 配合国家市场监管总局及上海市市场监督管理局编制《鉴定指南》

2019 年 7 月至 8 月，国家市场监管总局和上海市市场监督管理局开展《强制性产品认证目录-鉴定指南》编制工作，认证中心负责入侵探测器、防盗报警控制器、车身发光标识、汽车行驶记录仪产品的产品鉴定编制工作，该《指南》共编制 205 页，收录了目前正在认证范围内的 19 大类 132 种产品，并于 2019 年 8 月出版发行。

4. 配合国家认监委 CCC 专项监督工作，委派专家参与 2019 年度认证机构评审

认证中心在做好自己机构的迎接审核工作之余，还积极参与认监委的专项监督工作，2019 年 6 月，认证中心委派专家参与了 2019 年度认证机构评审活动，为国家认证监管提供了技术力量。

5. 积极参加工厂检查技术专家组工作

认证中心委派技术专家作为认证机构代参加深圳召开的 TC02 工厂检查组技术研讨会，获取最新的认证管理资讯、管理思路及工厂检查技术方法。

认证中心委派技术专家参加杭州召开《总局认证监管司强制性产品认证企业自我声明调研座谈会》，获取由我机构承担的 CCC 认证产品转为自我声明产品后最新的管理资讯、管理思路及最新政策等。

视频图像信息智能分析与共享应用技术国家工程实验室

视频图像信息智能分析与共享应用技术国家工程实验室法人单位为北京中盾安全技术开发公司，共建单位包括公安部第一研究所，视频图像智能分析与应用技术公安部重点实验室、中国科学院自动化研究所、北京中星微电子有限公司、华为技术有限公司、杭州海康威视数字技术股份有限公司和中山大学。实验室针对视频分析处理能力与爆炸式增长的视频数据量不匹配、视频图像信息综合应用效能不足等问题，围绕提升海量视频数据智能快速分析与深度应用能力的迫切需求，开展前端分布式智能分析编码、复杂网络联网共享、实时视频目标检测识别及内容理解、视频大数据分析存储检索、视频业务融合应用、视频安全感知防护等技术装备的研发和工程化应用，和业界一起共同推动我国视频图像信息智能分析与共享应用领域的技术进步和产业发展。

地　　址：北京市海淀区首体南路一号
负 责 人：高　磊
联 系 人：孟　博
电　　话：010-68773860-6526

邮 箱：neliva@ zhongdun. com. cn
网 址：www. neliva. com. cn

研究方向：融合智能与安全的视频编解码技术、跨源跨域视频联网共享技术、视频智能解析与大数据挖掘分析研发技术、视频安全感知/防护/管控技术、视频评测技术。

建设任务：针对我国视频分析处理能力与爆炸式增长的视频数据量不匹配、视频图像信息综合应用效能不足等问题，围绕提升海量视频数据智能快速分析与深度应用能力的迫切需求，建设视频图像信息智能分析与共享技术应用研究平台，支撑开展前端分布式智能分析编码、复杂网络联网共享、实时视频目标检测识别及内容理解、视频大数据存储检索、业务融合视频综合应用、视频安全感知防护等技术、装备的研发和工程化应用。

中国人民公安大学安全防范技术与风险评估实验室

中国人民公安大学安全防范技术与风险评估实验室是依托中国人民公安大学建立的综合性、开放性研究平台。实验室以安全防范系统工程、智能视频分析与侦查技术、社会安全风险评估与预测预警技术三个研究方向为核心，重点研究各种社会安全风险的形成规律，创新虚实空间风险监测、研判、预警和防范机制与能力，提升风险综合预测预警预防能力，并以此为总体目标，建设多种核心技术的研发环境，建立面向实战应用的软硬件系统及成果转化平台，参与相关国家与行业标准的制定，建立对外联络与服务平台，推进技术输出、咨询服务与国内外学术交流合作，大力培养公共安全学术精英、安全防范与风险评估技术骨干、安全防范、公安视听和网络安全专业人才，从学科发展和服务公安实战的角度进一步明确实验室科技研究、实战支撑及人才培养的综合定位。

实验室下设七个研究中心：

(1) 安全防范技术与应用研究中心
(2) 风险评估与预测预警研究中心
(3) 警务大数据智能分析研究中心
(4) 视频警务信息综合应用研究中心
(5) 网络空间安全技术研究中心
(6) 视频网络安全监测预警技术研究中心
(7) 低空安全防范研究中心

地 址：中国人民公安大学信息技术与网络安全学院
负 责 人：曹诗权
联 系 人：李 欣
电 话：010-83905971
邮 箱：securitylab@ 163. com
网 址：http：//210. 31. 48. 104

视频图像智能分析与应用技术公安部重点实验室

视频图像智能分析与应用技术公安部重点实验室于2012年12月20日揭牌，是全国第一个视频监控技术专业的部级重点实验室，也是第一个采用公安机关与公安系统外高校联建模式的部级重点实验室。建设实验室可为高速发展的视频监控技术提供科研、应用、培训、推广、交流的综合性平台，视频图像智能分析与应用技术公安部重点实验室以公安业务需求为导向，紧密结合基层实战，努力建设成为全国公安机关的视频图像智能分析与应用技术实验基地，视频监控技术应用课题研发与成果转化基地，以及视频监控技术高级人才培养基地。

地　　址：广东省广州市越秀区北较场横路5号10楼1014室
联 系 人：朱理臻
电　　话：13922263079

智能语音技术公安部重点实验室

智能语音技术公安部重点实验室于2012年5月经公安部批准，是由安徽省公安厅、公安部物证鉴定中心及科大讯飞股份有限公司三方联合建立的第一个"警企联建"的部级实验室。实验室以"围绕实战、服务实战、实战检验、实战引领"为导向，坚持"实用、管用、好用、爱用"的标准，积极开展公共安全领域智能语音与人工智能等技术应用的探索性、创新性和实用性研究，打造促进科技成果应用转化的重要平台和基地。

地　　址：安徽省合肥市安庆路282号
负 责 人：于振恩
联 系 人：谢雨声
电　　话：0551-62801097
邮　　箱：ysxie@ iflytek. com

2019年，智能语音技术公安部重点实验室深入贯彻落实习主席在庆祝中华人民共和国成立70周年大会上的重要讲话精神，在公安部、安徽省两级领导的关怀下，在依托单位安徽省公安厅的指导下，积极发挥职能作用，根据《公安部重点实验室建设与管理暂行办法》要求，持续开展智能语音与人工智能核心技术研究，完善科研管理和课题研究，加强标准制定与推广，推动公安实战成果转化和应用推广等工作。

北京安防视音频编解码技术产业联盟

2011年8月25日，北京安防视音频编解码技术产业联盟在北京宣布成立（简称SVAC联盟），SVAC联盟在北京市民政局登记注册。SVAC联盟是具有独立法人地位的非营利性社会团体，是联系、协调政府相关主管部门与安全防范视音频监控行业的桥梁，是政府及社会各界明确获知SVAC技术应用、获取SVAC产品及服务的渠道，是在宪法及法律的范围内推进社会公益事业发展的社会力量。

地　　址：北京市海淀区首体南路 1 号院 33 门
负 责 人：陈朝武
联 系 人：黄麒麟
电　　话：010-88513287
邮　　箱：svac@ svac. com. cn
网　　址：www. svac. com. cn

2019 年，北京安防视音频编解码技术产业联盟（以下简称“SVAC 联盟”）继续围绕 SVAC 标准宣贯，推进 SVAC 产业化发展的关键技术和解决核心瓶颈问题开展工作。在公安部等相关部门的指导下，在全体成员单位、各副理事长单位的积极参与下，结合联盟理事会的部署和要求，SVAC 产业化程度稳步提升。同时，联盟不断完善和促进了各项工作规范和建设，各项工作开展良好，基本实现了年初的制定目标，有力地推进了 SVAC 产业整体持续健康快速发展。

一、宣传推广

SVAC 联盟协同会员单位积极向安防行业主流刊物投稿 10 余次；参加安防行业具有影响力的展会 2 次；协助公安部科技信息化局、浙江省诸暨市政府开展有针对性的培训会 2 次。

SVAC 联盟通过投稿形式在 2019 年《中国安防年鉴》中进行宣传，塑造 SVAC 品牌，增加 SVAC 品牌价值，使 SVAC 产业链各个环节的单位企业更加容易获取 SVAC 的最近发展动态。

SVAC 联盟及联盟部分成员参加了第九届中国国际警用装备博览会，展示了视频综合应用平台系统、视音频编解码器等，扩大了 SVAC 的宣传领域，提升 SVAC 在安防领域的影响力。

SVAC 联盟参加公安部科技信息化局在河南郑州铁道警察学院举办安全技术防范管理培训班，通过在会场发放 SVAC 宣传资料和会议讲座等形式开展 SVAC 宣贯工作。

SVAC 联盟作为会议的协办单位参加了浙江省诸暨市举办的“视频监控安全应用标准宣贯及技术论坛”。

SVAC 联盟参加了 2019 年中国国际社会公共安全产品博览会。

二、技术保障

在 SVAC 标准批准发布后，SVAC 联盟工作组继续加强 SVAC 相关技术的研究，多次召开讨论会，从安全、智能、生物特征技术等多个方面开展技术探讨。首先，工作组在公安部第一研究所和相关企业的帮助下，开展了 SVAC2. 0 参考代码的编写工作，经验证达到了发布的要求，于 2019 年初由联盟秘书处通过 SVAC 服务器向所有会员单位进行了公布。同时征集的解码 SDK 正进行实验验证工作，并形成发布版解码 SDK，向会员单位公布，为有效的解决前端与平台互联互通的问题做好技术积累。

另一方面，为进一步推动 SVAC 产品落地、加速产业化进程，SVAC 联盟工作组协助国家重点实验室开展国家标准《公共安全视频监控数字视音频编解码技术测试规范》的编制任务，该标准的实施与 SVAC 产品、产业化密切相关。在标准编制工作组从使用角度入手，以技术研发为主，充分发挥各单位的技术特点，在各位的共同努力下，经过 10 余次技术研讨会，2019 年该标准已完成“三稿两审”工作。

三、产品、产业化

截至 2019 年 12 月底，SVAC 联盟共收到 165 款产品检测申请并开具检测委托书。已通过 SVAC 符合性测试产品总计达 300 余款。据统计，目前有近 30 家成员单位拥有了基于 SVAC 标准的产品，包括：SVAC 前端产品、视频服务器、解码器，NVR 和支持多种 SVAC 应用功能的平台系统。基于 SVAC 标准已可构建大、中、小型视频监控系统，且实现了 ROI、SVC、监控扩展信息、加密和认证等 SVAC 特色功能的应用。

四、日常工作

（一）会员单位情况

根据 SVAC 联盟的发展和需要，吸收 SVAC 产业链中各个环节的企业加入联盟。在上次全体成员大会后，经理事会审议批准，新增了 6 家副理事长单位。

SVAC 联盟现有 39 家会员单位，其中包括 13 家副理事长单位，26 家会员单位，涵盖了技术研究、设备制造、系统集成等各个环节。

（二）配合政府部门开展工作

SVAC 联盟按北京市民政局要求完成 2019 年年检工作，并多次参加北京市民政局社团办、中关村标准创新服务中心、中关村产业联盟促进会举办的会议，加强同各联盟的交流，扩大本联盟影响力，产业联盟标准化工作培训研讨会，标准必要专利培训会等多种会议 20 余次。

（三）规范制度

SVAC 联盟现有各种规章制定 15 项，针对联盟日常工作的需要，完成《SDK 管理办法》和《商标管理办法》等制度修订编制工作。在坚持内控制度要全面性、重要性、制衡性、适应性、成本效益性等原则的基础上进一步完善了联盟的内部控制制度，使之成为符合实际、行之有效的一套内控制度，大大提高了联盟管理服务水平及风险防范能力。

（四）SVAC 产品检测

SVAC 联盟积极探索推进 SVAC 产品检测工作，多次与检测机构洽谈合作，从 SVAC 产品受理检测流程、产品授权等多个方面进行深度改进，结合 SVAC 产品标签、证书等多种措施，从可靠、安全等多个方面进行整体考虑。经理事会讨论，授权国家安全防范报警系统产品质量监督检验中心（北京）开展 SVAC 产品检测工作。在检测技术层面有了较大的改进，一是检测环境和检测工具的更新。采用了国标 28181 进行信息传输，通过行标 GA1356 进行规范，提高了检测的精密度；二是减弱了人为因素的干扰，从码流端进行加密，使检测流程严谨性更高。

同时，仍有多家检测机构在于联盟进行沟通合作事宜，本着合格一个，发展一个的原则，为会员单位在开展 SVAC 产品检测工作中提供更加方便快捷的服务。

（五）接待会员及电话咨询等服务工作

2019 年，SVAC 联盟秘书处共计接待会员及相关人员到访 100 余人次，主要沟通 SVAC 的发展情况以及各类项目讨论等；接受电话咨询若干，主要内容包括：SVAC2. 0 进展情况、产品产业化情况、新会员加入咨询、产品检测事宜咨询等。

中关村安防工程检测技术联盟

中关村安防工程检测技术联盟是经北京市民政局批准成立的社会团体，是由公安部检测中心和来自河北、湖南、广西、内蒙古、陕西、新疆等地的工程检测机构共同发起，以检测机构为主体，以市场为导向，将检测与研究充分融合的行业组织。业务范围主要开展安防工程检测技术的学术研究、学术交流、技术研发、咨询培训、会议会展、承办委托、国际交流等；中关村安防工程检测技术联盟现有成员单位 32 家，涵盖了全国 24 个省市，其中理事长单位 1 家，副理事长单位 2 家，理事单位 6 家，监事单位 3 家，会员单位 20 家。

地　　址：北京市海淀区首体南路 1 号院 12 号楼

负 责 人：胡志昂
联 系 人：张凡忠
电　　话：010-68775143
邮　　箱：1283612165@ qq. com

中关村安防工程检测技术联盟（以下简称“安防工程检测技术联盟”）一直致力于“合作、共赢、发展”的工作宗旨，在“务实、进步、共享”的指导方针下充分发挥了安防工程检测技术联盟成员的沟通桥梁作用，加强行业自律和自制，促进行业资源共享与整合，共同推动我国安防工程检测产业的规范有序发展。在安防工程检测技术联盟成员的共同努力下，安防工程检测技术联盟的发展迈向了更高的台阶。针对安防工程检测技术联盟的运行管理，以及市场需求和创新，回顾过去一年来，安防工程检测技术联盟主要做了如下七个方面工作：

一、“不忘初心、牢记使命”，以党建促业务发展

安防工程检测技术联盟始终以党建作为工作之重，“守初心、担使命、找差距、抓落实”，牢固树立“四个意识”、不断增强“四个自信”，把党建和业务一起抓，以党建促进业务的协同发展。安防工程检测技术联盟流动党支部积极参与北京市民政局等单位的各项活动。

二、做规范联盟、务实联盟

安防工程检测技术联盟始终以合理、合法、合规为原则，成立之时便完成所有注册工作，并按照管理要求，委托审计部门对安防工程检测技术联盟财务进行审计，于 2019 年 7 月 26 日一次性顺利通过年检，符合《社会团体登记管理条例》和《北京市社会团体年检办法》的相关规定。

三、加强组织建设，共商共建同发展

为推动安防工程检测技术联盟稳步发展，细化内部建设与管理，安防工程检测技术联盟组织理事会成员对安防工程检测技术联盟发展与建设进行深入探讨。

2019 年 3 月 20 日，安防工程检测技术联盟在杭州组织召开理事会议，会议明确全体理事单位、监事单位的权利和义务，肯定了其在安防工程检测技术联盟中的作用。提出要共谋安防工程检测技术联盟的发展大计，特别是把业务拓展开来，群策群力相互交流共同提高，并对安防工程检测技术联盟工作进行了总结和计划，对 4 家申请入会单位进行审查，对安防工程检测技术联盟专家库进行了扩充。

2019 年 8 月 19 日，安防工程检测技术联盟在北京组织召开部分理事会成员会议，会议围绕联盟前期工作小结、联盟章程修改、联盟党建工作、联盟未来发展考虑等四个议题开展讨论交流，既总结了问题，又展望了未来。同时，按照《中共北京市行业协会商会综合委员会》关于加强党建工作的通知要求，安防工程检测技术联盟对章程进行修改，在章程中明确载入坚持党的全面领导相关表述，旗帜鲜明。另外，各参会单位关于安防工程检测技术联盟章程中入会的规则进行了深入讨论，落实了入会流程及机制建设。

四、制定团体标准，积极开展对外交流与合作活动

在标准化改革的大背景下，团体标准的作用将日益凸显，开展制定团体标准的制修订是提升安防工程检测技术联盟整体技术合力的关键。作为合法注册的社会团体，安防工程检测技术联盟已实现中国标准化信息网的合法注册单位，具备团体标准的制修订资质。为此，安防工程检测技术联盟先后确立了《安防线缆连接测试规范》、《信息安全技术-基于非涉密数据中心安全防范措施评测方法》、《网络信息安全保险产品风险评估准则》等团体标准制修订计划，并分别成立了编制组。

2018 年 9 月和 2019 年 4 月，安防工程检测技术联盟组织多名编制组成员相继对广东南沙、江苏昆

山、苏州等地的多家线缆生产厂家进行了实地考察调研，对生产线、研发设计场地以及配套于生产过程的质量检测设备进行了解，与各家企业的技术研发部门就连接线与接插件领域发展现状和技术特点等方面进行了细致的交流与探讨，并重点交流了处于世界领先水平的 4G 传输线缆和线缆插件芯片技术。通过对应用于安防监控系统数据存储与传输、大型数据中心的企业级服务器数据与传输的连接线与接插件生产过程及质量控制流程的了解，对相关标准的制定方法和要点形成了基本思路，为安防工程检测技术联盟实现积极推动制定团体标准的职责目标起到了促进作用。

基于中国人民保险公司推出的《网络信息安全保险》险种并提出与安防工程检测技术联盟合作为保险公司提供技术支持的需求，安防工程检测技术联盟与中国人民保险公司进行了多次沟通与协调，并于 2018 年 9 月组织可行性研讨会议，10 月组织安防工程检测技术联盟成员召开《网络信息安全保险产品风险评估准则》的研讨会议，会议明确了范围与分工。2019 年 4 月，安防工程检测技术联盟在北京与中国人民保险公司对草案进行研讨，草案得到中国人民保险公司的充分肯定，为后续的评估提供了依据。

五、加强培训，提升联盟整体竞争力

伴随着大数据、移动云联网、云计算、物联网、人工智能技术的不断进步，安防行业将向规模化、自动化、智能化转型升级，检测技术也迎来了新的机遇与挑战。伴随着《GB50348-2018》的发布实施，安防工程检测技术联盟积极与全国安全防范技术标准化委员会进行协调，并于 2019 年 3 月在杭州组织该标准培训会，培训会的所有内容均由标准主要起草人授课，共有 56 位安防工程检测技术联盟学员代表通过考试取得证书。

以“公安部 86 号令”对全国金融机构营业场所及金库的第三方检验为契机，以提升安防工程检验机构的规范化和科学化水平为目的，着力实现各安防工程检测技术联盟成员的能力完整化和合理化，促进各机构质量管理能力提升，建立健全规范运行体制。2019 年 7 月，安防工程检测技术联盟在北京组织召开检验机构体系能力培训会。会议以 CNAS-C101：2012《检验机构能力认可准则》为培训内容，邀请 CNAS 评审专家担任主讲老师。安防工程检测技术联盟各成员单位代表及秘书处人员 50 余人参加了本次培训。

六、牵头工具研发，共力互惠

伴随着国内“智慧城市”、“雪亮工程”的建设高潮，公共安全视频联网应用将是工程检验的重点，GB/T28181、GB35114、GB/T25724、GB37300、GA1399 系列、GA1400 系列标准也将得到应用。为推动相关检验工作，安防工程检测技术联盟着力公共安全视频联网应用测试工具集的开发研制，基于 GB/T28181 的测试工具已经过各成员单位试用，现已形成正式工具，并于 2019 年 8 月通过专家论证，可进行正式发布使用。

七、加强宣传、交流，提升品牌影响力

安防工程检测技术联盟一年来充分利用《中国安全防范技术与应用》、《中国安防》、《警察技术》等官方出版媒体，合理利用宣传栏、流动展板等载体进行宣传，与官方媒体签署合作，设置专版为安防工程检测技术联盟成员宣传，定期向各成员单位约稿和专访。

随着 5G 时代的到来，5G 的产品应用与检测技术将是未来的发展机遇。2019 年 8 月，安防工程检测技术联盟组织部分成员与中国移动轨道交通智联网联盟进行交流，双方就 5G 网络发展现状及在轨道交通行业的应用进展、目前轨道交通安全现状和质量控制模式、5G 在轨道交通安全防范领域的智能应用场景和安全需要、5G 智能产品的质量控制与相关标准研究等方面进行了深入探讨。

安防工程检测技术联盟将一直秉承建立联盟的初衷，通过技术互补、信息共享、项目合作等方式定位市场，着力打造诚信联盟，立足长远、着眼未来，做到资源共享、优势互补，成为诚信合作的表率；努力做到务实联盟，在项目合作和人才培养方面坚持务求实效；积极争创品牌联盟，树立品牌战略意识，共同推动我国安防工程检验检测产业的规范有序发展。

第四章　新技术、新产品

第一节　新技术

本节内容主要介绍2019年安防新技术在相关领域的应用情况，包括10篇从《中国安防》杂志技术栏目筛选出来的技术应用文章以及1篇安防企业提供的技术应用文章。其中包括智能分析技术、人工智能技术、人脸识别技术、云存储技术、AR技术、毫米波成像技术、物联网技术、热红外技术以及智能安检技术等，应用领域涉及公安领域、公共交通领域等。索引目录如下：

智能分析技术在安防各细分领域的具体应用

文/万森林　大华股份大交通解决方案部

一、智能分析技术在安防行业的发展现状及具体应用

2018年9月，李开复博士发布新书《AI·未来》，预测15年内，人工智能将具备取代40%~50%重复性劳动岗位的技术能力。近年来，算力和算法的突飞猛进，使得智能技术正在以我们难以想象的速度飞快发展。智能技术在安防行业的落地应用越来越广泛，智能设备在具体项目建设中的比重也越来越大。智能应用将经历运算智能、感知智能和认知智能三个阶段，而现在智能在安防行业的应用大多属于感知智能。目前全国摄像机数量可以以亿为单位，而且数量还会持续增长。海量的摄像机构成了视联网，产生了海量视频数据，给智能视频监控技术的系统应用带来了跨场景、跨媒体、跨空间等巨大挑战。

一是监控数据海量混杂：监控数据的类型已从单一性扩展到多样性，已经不仅仅局限为视频，图片、位置、文本等信息都夹杂其中。

二是监控对象种类繁多：监控范围的扩大使得监控的对象从传统的像素级发展到目标级、事件级。

监控态势动态演变：作为管理部门来说，发生突发事件之后，需要一套完整系统能够对态势进行准确预判，能够自动预测监控目标即将选择的行进路径，从而帮助管理部门做出快速有效的响应。

目前，智能分析技术深度结合使用场景、客户需求，在安防各个细分行业的应用已经非常广泛。大华股份根据业务的对象和场景不同，将智能分析技术分为人像、解析、周界三大类。

1. 智能人像方面

大华股份按照不同的客户、不同的场景、不同的需求并充分考虑了投资规模，将其分为标准版、企业级和城市级三大方案族群。

（1）标准版人像方案。面向小规模的，如小区出入口、商铺等场景；满足基础的人像智能应用，如在商铺应用中可实现人像抓拍、人像属性分析等基础应用，帮助商铺进行顾客画像的精准分析，提升管理运营水平。

（2）企业级人像方案。面向写字楼、企业园区等业务需求相对多元、应用较为复杂的场景，大华股份为客户提供大规模、综合化的人像智能应用，目前已经可以为客户实现基于人像的人员管控、人脸考勤、人脸轨迹分析、人脸布控等。

（3）城市级人像防范。该方案主要是面向警务、交管、“雪亮工程”等大型城市级专业应用场景，做城市级的联网人脸布控。目前，方案已实现对重点管控对象、逃犯等进行实时监测和预警，综合考虑城市的网络与技术现状、投资规模、业务需求等诸多因素，打造从单点、局部到全局的网络化的部署方案，真正能够有助于客户的实战应用。

除此之外，大华还将人像、MAC、RFID 等技术进行集成，研发了能够采集人像、MAC 地址、RFID 信息的边缘计算节点，通过对采集到的人像特征、MAC 地址等多维数据进行综合分析，极大地提升了结果的准确性。

2. 智能解析方面

针对很多业务实时性要求不高，但是注重信息采集广度的业务场景，实现对人、车、非机动车、物体等对象的信息进行采集和分析。如：大华全结构化前端和智能服务器，可同时对场景内的人像、机动车、非机动车以及特征属性进行全面解析和提取，从而帮助客户挖掘视频数据的价值。

3. 智能周界方面

在校园、机场、企业园区等项目建设中，周界是非常重要的一环。传统的周界设备都是在以红外补光的条件下，采用拌线入侵检测的方式来做周界防护，效果差强人意。现在通过深度学习算法的自学习能力，对这些特定的对象进行专门的训练，对报警的动物、树枝摇动等误报进行了有效甄别，准确率显著提高。

二、智能分析技术在大交通领域中的应用

国内安防厂商对大交通的定义大同小异，其领域涵盖非常广，包括机场、地铁、高速公路、运输、港航等细分行业。智能分析技术在这些领域的应用也都是围绕具体的场景和需求来进行的。

智能技术在机场中的应用主要涵盖了飞行区、航站区、周界区等关键区域。最新的民航标准 MH7003 中也已经做了明确规定，如在航站楼，通过智能分析技术感知值机柜台和安检口的排队长度，以便管理方动态调节值机柜台的开放数量。在安检口，利用人脸识别技术对进出航站楼的 VIP 客户进行轨迹跟踪，提高航站楼旅客服务水平。而对逃犯进行黑名单布控已经成为机场建设的标配。在飞行区，对于飞机的起降监控非常重要，因为飞行事故多发于起飞和降落阶段。传统的飞机起降连续跟踪是用多台摄像机的视频接力来实现，现在大华能够通过内置智能跟踪算法的云台一体机对飞机进行自动跟踪，让管理者能够全程观察到飞机起降的细节。

运输方面，如今“两客一危”事故频发，引起全社会的高度关注，国家也已经出台了全国推广智能车载视频报警装置的相关政策，以确保运输行业的生产安全。

针对车辆的安全行驶，ADAS（高级驾驶辅助）系统已经可以对前向碰撞、车道偏离、超速等情况进行检测和预警。DSM（司机状态监测）系统能对司机的眨眼频率和表情进行分析，对疲劳驾驶、开车打电话、左顾右盼、抽烟等危险驾驶行为进行自动识别和报警，既有助于车辆的安全行驶，同时也便于运营单位对司机进行管理。

高速公路是大交通领域智能分析技术应用比较广泛的一个子行业，其中智能事件检测应用最为广泛。比如，需要对隧道、桥梁、重要枢纽乃至全路段进行烟火、抛洒物、停车、行人等事件进行快速精准的检测。目前，大华边缘计算节点和中心计算节点不仅能够对这些高速公路事件进行检测，还能对车流量、排队长度、车头时距等进行检测与识别，为高速公路管理单位带来管理价值，也能通过情报板和互联网为市民提供实时路况信息。

在地铁领域，安检一直都是管理部门重点关注的一个环节，最新的地铁建设规范中也重点提到了安检系统的联网管理。以往的地铁安检采用传统安检机进行检测，工作人员通过肉眼来识别违禁物品，违禁品检出率较低。而2018年，以大华股份为代表的厂商陆续推出智能安检系统，该系统不仅能快速准确地自动识别出包裹内的违禁品，还能自动识别人员面部表情进行人包关联，协助管理人员及时进行现场处理，推进地铁安检迈入智能安检时代。

三、智能分析技术在门禁领域的应用

众所周知，视频监控、门禁对讲、防盗报警是安防市场的三大支柱。目前智能技术应用最多的就是人脸闸机产品，许多火车、汽车车站都能见到它们的身影。在大华总部园区内也部署了大华自研的人脸门禁、人脸考勤系统，用于日常管理。这个市场已经兴起，可以预见，今后会呈现出高速增长。另外，以大华股份为代表的厂家也推出内嵌式人脸识别摄像头的智能锁，已应用到越来越多的家庭，成为智能家居的重要入口。

四、智能分析技术未来的发展前景

随着算法和算力技术不断迭代，智能分析的准确率必将持续提高。比如，大家普遍关注的人脸图片的抓拍率和比对准确率，高速公路上对烟火、烟雾等难度较大的事件的检测准确率等。其次是功能上的丰富，紧紧围绕用户场景化的需求，推出更多功能完善、操作简便的应用系统。智能分析技术的应用需要进行顶层规划和深化设计。现在，很多智能类项目“头疼医头，脚痛医脚”，智能技术应用都是在现有项目中进行改造。随着大型项目和超大型项目越来越多，尤其是在新建项目中，需要从全局考虑，在智能前端的点位部署、功能、性能的选择，不同智能功能之间的配合，中心智能计算节点的规格、数量甚至耗电量和高度等方面进行深入设计，规划最优方案，将客户价值最大化。随着5G、物联网、人工智能、大数据等技术的不断成熟，面对日益变化的市场需求，大华股份将以“让社会更安全，让生活更智能”为企业使命，发挥创新优势，打破技术限制，给未来生活赋予无限想象空间。

AI摄像机的落地应用现状与发展趋势

文/吴迪 天地伟业技术有限公司

AI（Artificial Intelligence 人工智能）是未来，是几乎所有行业的未来。然而，在不同的行业都会遇到AI的场景化、算法准确度、解决方案等诸多瓶颈，而唯一能打破瓶颈的就是需求的迫切程度。AI与安防的结合并非偶然，这是趋势使然，因为安防对音视频需求的天生特点，促使了AI落地，必然安防先行。因此，AI+安防越来越受到公众的关注，尤其是在智慧城市应用中，如公安、交通、民用等领域，第一批建设已经在如火如荼地展开，再加上华为、阿里巴巴、百度互联网巨头企业的参与，让行业竞争更为白

热化。安防是“眼睛”，越雪亮、越安全，AI 是“跳动的心脏”，是“思考的智慧核心”，越智能、越有活力。因此，AI+安防的落地应用已成为各家必争之地。

一、AI 摄像机落地应用现状

纵观安防历史，我们经历了 2006 年以前的模拟时代，2006—2016 年的数字时代，2016 年之后的智能时代，AI 为安防开启了新的纪元。

我们通过一组数据来证实 AI 是如何为安防赋能的。据不完全统计，目前全国约有 2 亿只摄像头，总计存储容量超过 400000PB，约 1 亿块硬盘。传统安防架构在这样的情况下会捉襟见肘，首先存储成本非常高，未经过结构化的原始视频数据占据了大量的硬盘空间；其次数据可读性差，原始视频查找大多需要人工参与；第三取证难度大，在海量的素材中找到敏感录像几乎是灾难性的。大家熟知的周克华案，调用了 1500 名民警，在 18 万小时的录像中查找线索，破案耗时 45 天，这是传统安防架构的弊端，也给我们带来很多思考，安防光靠震慑和取证是不够的，需要在信息采集的同时进行分析，通过“主动布防+主动告警+业务联动”来完善处理链条，提高视频监控的效率。同样的一个实例，在云南某公安局，采用 AI+安防架构的视频监控系统，布控了嫌疑人照片，第二日即通过天地伟业的人脸识别卡口发现嫌疑人，及时通知民警，顺利实现抓捕。

AI 摄像机重点的分析对象无非就是人和车，涉及身份识别和行为识别，这是要解决问题的主线，要通过视频主动分析明确“是谁在做什么事儿”，将违规的行为进行第一时间准确判断，并联动预警。

现阶段，AI 技术落地于视频监控领域，在厂家的积极推进中已进入产业化，感知智能时代已来临。车辆识别技术突破后，视频领域又迎来了人脸识别技术的突破，通过应用于实际场景，引领视频监控建设与发展的新趋势。以智慧城市为例，2015 年，九部委提出“全域覆盖、全网共享、全时可用、全程可控”16 字建设联网应用目标，指导平安城市向有序、高效的方向发展。从平安城市视频监控体系来看，国标联网互联互通的视频专网建设阶段已进入了智能视频网的建设阶段，基于新技术、新规划、新标准，平安城市正式开启 4.0 时代，即智能应用阶段。主要应用包括：

（1）人体分析：人脸识别、体态识别、人体特征提取等；

（2）图像分析：视频质量诊断、视频摘要分析等；

（3）车辆分析：车牌识别、车辆识别、车辆特征提取等；

（4）行为分析：目标跟踪监测、异常行为分析等。

人是城市的主体，基于“人”的 AI 应用必是主角。目前人脸识别、人流量统计、人体属性分析等技术已经开始落地应用，其中以人脸识别的需求更为旺盛。基于低成本、低功耗、标准化的产品策略延伸出更多的应用。

现在正在刮起的 AI 风对智能网络摄像机到底是噱头还是未来，需要从用户的角度出发，真正做到实用化、体系化、多业务融合，才能让这股风吹得更久，劲儿更大。实用化方面，主要针对各厂家对 AI 智能的数据宣传，“单画面抓取 100 个人脸、每帧识别 30 个人脸，每天 1 亿人脸建模，支持人脸角度侧脸 45°、千亿数据秒级检索、50 米外人脸识别、人脸抓取率 99.5%、十亿库一秒比对、百亿人/秒人脸识别比对、800 路实时视频结构化”，让人充满了对边缘 AI 的无限遐想，但实际上能否适应更多的场景及所宣传的指标，大家心里还是打鼓的。体系化方面，除了个别民用领域之外，前端设备从来没有单独使用的，一定会配合平台实现更为细分的业务，所以智能要成体系，从软件到硬件，从前端到后端，同时配合公安、智慧、政法等业务平台实现大数据的处理。多业务融合方面，好的系统一定是将优势模块进行有效的整合，如将智能 AI 与超星光、热成像技术融合，实现低照或无光下的高精度识别；与声光警戒技术融合，实现主动预警，将危险消灭在萌芽状态；与深度学习算法融合，模拟人的神经网络，通过不断学习，提高传统算法的准确性，并且解决传统算法识别种类少、场景受限的问题。

随着安防近几年产业结构的调整，安防厂家硬件技术的进步和快速推广为 AI 向安防行业渗透提供了先天的有利条件。通过近一两年的探索，一批优秀的安防生产厂家将人工智能技术应用于安防行业，并开发出交通卡口、人脸布控、警戒系统、案情分析等多种垂直应用功能。随着各大安防厂家对人工智能持续的产业化应用，以人工智能算法为主要形式的安防智能化已呈现爆发式增长。从2016年下半年开始，政府类安防监控项目中人工智能功能从无到有，占比悬殊扩大。此外从项目形式上讲，PPP订单有条不紊地持续推进，全国范围内的智能化平安城市建设将成为安防行业的重要发力点，AI将成为安防企业下一阶段的核心竞争力。

二、AI摄像机应用案例解析

1. AI应用：行人闯红灯

提起“中国式”过马路，就会让人们想到，“凑一堆”就往前走、对机动车“视而不见”、影响城市形象、困扰城市交通的顽疾等。近日，天津市和平区南京路营口道交叉口上线的“电子警察”抓拍行人闯红灯系统将这些问题一并解决。这套系统为天津市试运行第一套，该交叉口地处商业区，周边交通流量大，行人无视红灯造成的交通事故时有发生。系统上线运行后，行人闯红灯会被抓拍，并被识别出身份，实时上传至行人闯红灯曝光屏进行公告。交警部门还将在“行人闯红灯曝光台”显示屏进行公布，其内容为违法者的违法地点、抓拍时间和违法行为的照片，提示当事人尽快接受调查处理。所属地交警大队将根据比对出的当事人信息进行告知，当事人现场或前往交警部门接受调查处理，相关信息将会从曝光台撤下。对于不接受调查处理的当事人及多次闯红灯的违法当事人纳入诚信记录。

通过人脸识别摄像机快速提取人脸特征，生成特征值，同时与数据库中二代身份证的照片进行动态比对，当识别准确率超过90%时，即比对成功，确定闯红灯人员身份，同时联动大屏报警显示，一整套流程无缝连接，以场景为依托，对行人闯红灯行为进行有力震慑和警示。

2. 实景智慧+AI

AI不仅是一个独立的概念，更多的是带动整个视频产品链条的发展，如天地伟业技术有限公司推出的实景指挥系统与AI的融合应用（如图1所示）。

图1 天地实景智慧系统界面

（1）视频即地图。系统通过全景拼接摄像机采集360°全景画面，可以覆盖周围几公里的区域，但它不仅仅是看看视频，而是用它当作地图，通过AR增强现实技术，对视频画面中的建筑物、道路、重点目标、移动终端、方位方向进行信息标注和动态显示，融合视频/图片/文字等信息，提供静态标签和动态标签，可快速检索和实时定位。实时推送数据到对应的标签，直接查询区域内的商场、酒店、学校、医院等详细信息（楼层分布、从业人员等），便于应急指挥决策。

（2）可以高低联动。高点做整体态势分析，联动低点的治安监控、人脸抓拍、车辆识别等，直观、便捷。还可以动定结合，显示单兵的视频和警力的分布，简单易操作的界面更利于应急指挥。此外，还具有地名、单位名乃至楼层的综合查询功能；可对接移动单兵设备，通过映射GPS坐标，实时显示低点移动终端的当前位置，掌握警员具体信息和现场实况情况，进行警力快速精准调度。

（3）多维感知。结合人脸布控、车辆卡口等智能分析系统，将重点人员、目标车辆等警情信息在实景指挥系统中直观展示辅助决策，便于领导掌握宏观态势，提高指挥决策效率。与人脸布控、车辆卡口系统的报警比对信息实时联动，可回放警情位置的录像，可快速调看周边低点摄像机，实现准确围堵。

三、AI 摄像机的应用前景与趋势

1. 协同分析，云边融合

面向各个城市级复杂应用系统中，相互难以共享的垂直系统依然存在，但在数据融合走向应用协同的趋势下，视频因其非结构化数据、不间断传输、海量存储、实时响应、动态监控跟踪等特性，需要云计算、结构化智能、大数据存储、物联网等不同技术综合使用，这就是所谓的云边融合。

随着前端设备清晰度提高、可拍摄距离增大，回传的数据量也越来越大，将全部数据回传云端分析会遇到网络传输压力、实时性要求达不到、准确性降低等问题。“云+边缘”的边缘计算解决方案，把 AI 算力注入边缘，提升 AI 服务器的响应速度。也大幅降低了网络运营成本。云边结合的趋势下，前端智能芯片迎来更大机会，通过在网络摄像头上添加人工智能芯片，前端摄像头可以实时对视频数据进行结构化处理。

2. 智能下沉，AI 普及

随着 AI 成熟度的进一步加强，很多安防产品已经开始逐步下沉到更多细分的民用场景，如社区、学校、工业园区、智能家居等，这也是智慧应用的一部分。受益于安防领域深度学习算法的快速发展，智能安防已经得到了越来越广泛的应用。面对安防视频产品下游的需求，运营服务将有较大的市场空间。

四、结语

安防系统的建设趋势是全覆盖、多融合、大共享、深应用。尤其在近两年的安博会上，大家都在热议，但是看下来又觉得想法有些支离破碎，主要是因为技术特点比较明显，其余还有许多欠缺，技术上我们概括为“ABC”，也就是 AI、大数据、云，缺一不可。虽然 AI 摄像机目前在局部上小有成就，但是要做到“全域覆盖、全网共享、全时可用、全程可控”还有一定差距，AI+安防——未来向好，未来不可估量！

人脸识别技术在出入口系统中的应用及发展前景

文/汪辉　浙江宇视科技有限公司

一、人脸识别概述

在传统出入口系统中，通常采用刷卡的方式对人员权限进行核验。基于射频 IC 的一卡通系统已经非常成熟和完备。刷卡核验有很多使用上的限制，比如无法准确确定刷卡人的实际身份、需要随身携带 IC 卡、IC 卡容易被复制等。随着生物识别技术、AI 智能算法、智能芯片技术的发展，基于生物特征的人员核验越来越广泛地应用在出入口系统中。相比刷卡核验，生物特征识别核验有着许多技术和应用上的优势，比如核验特征随身携带、能准确确认核验人员的身份等。

较早应用到实际中的生物特征识别技术是指纹识别。指纹识别在技术成熟度、算法性能指标、软硬件配套方案上都已经非常成熟，是最早落地的生物特征识别技术，也是当前最为成熟的生物特征识别技术，在出入口系统中，指纹识别的应用也非常广泛。

人脸识别作为生物特征识别的另一个热门技术，最近几年才开始逐步成熟，并在实际应用中广泛落地和实施。相比指纹识别，人脸识别最大的特点就是非接触式采集和识别，使用体验会更好。早期有很多技术难点制约了人脸识别的应用和普及，比如在各种光照下的人脸图像采集、高精度的人脸检测和识别算法、高性能的芯片计算平台等。随着 ISP 图像处理技术的进步、基于深度学习的人脸检测和识别算法的成熟以及高性能 AI 芯片的普及，人脸识别技术在视频监控、出入口控制系统等领域应用越来越广泛。

二、人脸识别的关键技术

1. 人脸图像采集技术

在出入口控制、视频监控等安防领域中，人脸识别的环境是复杂多样的，各种光照条件会直接影响人脸图像的采集效果。因此有效的 ISP 图像采集技术是保证后续人脸识别效果的必要前提。以海思为代表的安防芯片厂家，在视频监控领域积累了多年的 ISP 图像处理经验，在各种逆光、低照、动态范围较大的场景下，都能较好地获取清晰的人脸画面。以索尼为代表的图像传感器厂家，以宇瞳为代表的镜头厂家，也提供了高质量的图像传感器和镜头方案，配合芯片 ISP 算法，保证了人脸图像的有效采集。此外，针对人脸等特殊目标，设计专门的人脸曝光算法，也是一个重要的技术发展趋势，一些有相关技术积累的安防厂家都采用了这种技术来增强人脸采集的图像处理效果。

2. 基于深度学习的人脸识别算法

传统的人脸识别技术，由于场景适应性较差，无法满足实际应用的要求，因此当时的人脸识别大都是在特定场合下使用，无法普及开来。随着深度学习的成熟和普及，将深度学习应用到人脸识别成为一个主流的技术趋势。基于深度学习强大的泛化能力和鲁棒性，人脸识别终于可以在更加广泛的应用领域中施展身手。基于深度学习的人脸检测算法，当前使用较多的有基于候选框的 Faster RCNN、RFCN 等算法，也有基于回归的 YOLO、SSD 等算法。经过近几年算法的优化迭代，这些算法在检测速度和检测精度上已经能够满足实时业务的需求。

基于深度学习的人脸识别算法，主要有以 VGG、DeepID、GooleNet、ResNet 等为代表的深度学习算法模型，这些算法模型能够有效提取人脸的深度特征，在一定的误识率下确保人脸识别的准确性。

3. 基于深度学习的芯片技术

深度学习相比传统算法优势明显，但是计算量也是非常大的。早期，深度学习只能在工作站或服务器平台上依赖强大的 CPU 来运行。随着英伟达强势介入深度学习领域，在 GPU 上运行深度学习成为一个主流趋势。而以英伟达 TK1、TX1 为代表的 GPU 模块的推出，在嵌入式设备上运行深度学习成为了可能。随后各种专用的深度学习加速模块开始普及，从而推进了深度学习在各种嵌入式终端设备的普及。

当前，主流的嵌入式设备上的深度学习方案有以下几种：

（1）以 TK1、TX1 为代表的专用芯片 GPU 方案，是基于 GPU 芯片强大的并行计算性能，能够实现高效的深度学习计算，但是芯片功耗较大，对终端设备的散热要求较高。

（2）以瑞芯微、联发科芯片为代表的通用芯片 CPU 方案，主要是基于通用 ARM 芯片实现深度学习计算，运算能力相对有限，无法实时运行较复杂的网络，或者采用更高规格的 ARM 芯片才能满足模型实时运行的需求，芯片的性价比不高。

（3）以 Movidus 芯片、海思智能芯片为代表的专用芯片方案，自带深度学习专用的加速模块，芯片计算能力强大，功耗和体积都非常小，比较适合在嵌入式终端上部署深度学习方案，是未来深度学习在嵌入式终端部署实施的主要方案。

4. 活体检测技术

提到人脸识别就避不开活体检测这个话题，为了保证人脸识别的有效性，防止各种恶意攻击，在人脸识别产品中实现有效的活体检测技术是一个重要的前提条件。当前，业界的活体检测技术方案很多，主流技术方案有配合式的活体检测、非配合式的红外活体检测、基于深度信息的活体检测等，每种方法都有其优劣势。在实际应用中一般是根据活体检测严格程度，选择一种或多种技术方案组合起来，实现有效的活体检测功能。

配合式的活体检测由于简单易用的原因，在早期使用的较多，但是由于配合式的方式易用性较差，除了一些特殊场景外，后续应该会被非配合式的方案所替代。

红外光人脸识别在活体检测方面具有一定的技术优势，因此这也是当前主流的活体检测方案之一。

基于深度信息的活体检测，有基于双目立体视觉的方案、基于结构光的方案、基于 TOF 的方案。其中基于结构光的方案目前是最为成熟的一个方案，相关上下游产业链也比较成熟，比如苹果手机已经实现类似的功能。基于 TOF 的方案由于其检测距离的优势，应该是未来的一个发展趋势。

三、人脸识别在出入口系统中的应用前景

1. 主要人脸识别门禁厂家

当前市面上涉及人脸识别门禁设备的主流门禁厂家如下：

（1）以中控智慧、汉王、科密等厂家为代表的传统门禁厂家，一般会集成双目人脸检测和指纹识别技术，人脸识别算法采用的是传统算法，场景适应性一般，门禁考勤业务整体方案齐全。

（2）以阿里钉钉为代表的互联网厂家，采用云+端结合的门禁考勤方案，基于深度学习算法实现人脸识别，场景适应性较好，配合钉钉等互联网方案，主打人脸识别门禁考勤的整体方案和高性价比终端设备。

（3）以海康、大华、宇视为代表的安防厂家，基于多年积累的视频监控图像处理技术、软硬件一体化的终端设计能力、AI 智能算法的积累经验，也相继推出了各自的人脸识别门禁设备。人脸识别算法基于深度学习，加上良好的图像处理技术和硬件设计能力，在中高端人脸门禁设备上具有一定的优势。

其他还有众多的新兴智能门禁厂家，借助深度学习的人脸识别算法的成熟，快速推出了满足实际场景需求的人脸门禁设备，支持人脸识别门禁管理或人脸考勤功能。人脸识别算法采用的是深度学习算法，相比传统算法的人脸门禁设备，场景适应性更好，同时具备完善的软硬件配套方案。

2. 人脸识别技术在出入口系统中的应用

（1）在门禁一体机中，可以对人员身份进行精确识别，从而实现准确的人员权限管控，防止没有权限的人员进出相关区域。

（2）在门禁考勤集中，可以实现准确的人员考勤打卡，避免他人代刷卡等违规行为。

（3）在酒店、机场、车站等场合的人证核验设备中，可以快速准确地确认人员身份信息。

（4）在访客机中，可以实现访客人脸录入，在进入相关区域后实现刷脸进出各个区域。

（5）在速通门闸机中，可以实现快速高效的人员核验和人员通行。

（6）在智慧社区方案、智慧园区方案、智慧商业方案中，基于各个点位的人脸识别设备（人脸门禁、人脸闸机、人脸相机等），可以实现人员权限的有效管理、人员身份的准确判定、人员轨迹的精准定位。

3. 人脸识别技术未来发展前景

随着算法和芯片的进一步成熟，各厂家集成能力的提升，人脸识别技术必将在以出入口系统为代表的各个领域中得到更加广泛的应用。结合人脸技术的研究进展，以及出入口系统的应用特点，将会呈现出以下发展趋势：

（1）随着芯片价格的下探，人脸识别类门禁产品的价格将会进一步下探，人脸门禁设备在整个出入口系统终端设备中的占比将会越来越高。

（2）当前人脸门禁中，还是需要人员有一定的配合度才能完成人脸识别，完全非配合的人脸识别必然会导致识别准确率的下降。未来随着关键算法和技术方案的进一步成熟，非配合、无感知的人脸识别门禁产品将会出现，这将会极大提升人脸门禁的使用体验。

（3）当前的人脸识别主要还是二维空间下的人脸识别，红外+可见光的双目人脸识别设备也仅仅是简单的融合识别方案，还远没有达到三维立体识别的程度。未来随着结构光、TOF 等深度传感技术的进一步成熟，三维人脸识别算法和技术将会出现，这将会极大地提升人脸识别的准确性。

端 AI 芯片在穿戴式安防产品中的应用

文/姚寒星 北京亮亮视野科技有限公司

一、端 AI 芯片发展概况

当前主流的 AI 技术是 Hiton、Lecun、Bengio 等学者带来的深度学习，深度学习自诞生以来正在改变着很多行业，如安防、金融和物联网等。深度学习的兴起有海量数据和大算力两个支撑点。早期算力支撑主要由 GPU 提供，GPU 具有支持高并行计算、访存速度快和浮点运算能力强等优点，比较符合深度学习的计算要求。但 GPU 设计的初衷是加速 3D 图形处理的通用芯片，并不是针对深度学习设计的，其计算功耗比（每瓦功耗的算力）这一指标并不突出。

如果把目光聚焦到端 AI，GPU 计算功耗比低的弱点就更明显了。端 AI 应用的特点就是只做神经网络前向计算，不做反向传播，对运行时存储的要求不高，GPU 显存大的优势体现不出来。穿戴式设备因为体积小等原因，对功耗非常敏感，同时由于要与人互动，穿戴式设备一般要求能实时运行神经网络模型。尽管网络模型可以裁剪，但为了保证模型的性能下降在可接受的范围，裁剪后的模型计算量仍然会比较大，这就要求端 AI 芯片有较强的算力。为了提高运行神经网络模型的计算功耗比，专用的端 AI 芯片就应运而生了。由于专用的 AI 芯片在一开始设计时就针对神经网络计算加速做优化，其性能提升往往能够突破摩尔定律，每隔 18~24 个月性能可提升 5 倍甚至更多。

当前主流端 AI 芯片有 DSP 形态和 NPU 形态两种。Intel movidius myraid2、高通 Hexagon DSP 都属于 DSP 形态的 AI 芯片。DSP 的优势是工艺成熟，成本较低，每瓦功耗的算力可达 100G flops。华为麒麟 970/980 芯片、苹果 A12 芯片等则集成了 NPU 支持端 AI 计算，每瓦功耗算力可达 500G~1T flops。NPU 的计算功耗比相对 DSP 有较大的优势，是端 AI 芯片发展的趋势。Intel Movidius myraidX 已经集成了 NPU，相比 myraid2 每瓦功耗的算力提升了 5 倍以上。高通预计也将在 2019 年推出集成 NPU 的 AI 芯片。

当前，AI 芯片算力提升的一个瓶颈是存储墙问题。在传统的冯诺伊曼架构下，计算单元和存储单元是分离的，深度学习模型运行时需要把数据从 DDR 内存搬移到计算单元内部存储里。数据搬移需要的功耗在整个计算中占非常大的比重，而且数据搬移的效率不会因为摩尔定律的发展而提高，这被称为“存储墙”。当前解决“存储墙”问题的一个主要方案是 3D 堆叠技术，即在处理器周围堆叠更多的存储器件。

对用户来说，拥有一款端 AI 芯片还只是第一步，怎样在 AI 芯片上做应用开发才是关键。AI 芯片公司通过提供专门的工具使得芯片对端 AI 应用开发透明。Intel 提供 OpenVINO 工具包，高通提供 NPE 引擎，华为提供 HiAI 移动计算平台，都是为了支持用户无感地部署、运行神经网络模型，将 AI 芯片算力转化为生产力。业界领先的 AR 眼镜公司亮亮视野也推出了自己的 Laffe 框架，帮助用户用 Movidius VPU 的 AI 算力实现自己的价值。

二、穿戴式安防产品形态及应用场景

当前穿戴式安防产品主要有 AR 眼镜、执法记录仪等。执法记录仪可对执法过程进行动态或静态的数字化记录，同时维护执法人员和执法对象合法权益，目前已经比较成熟，形成了 GA/T947-2015 单警执法视音频记录仪行业标准。AR 眼镜是近年出现的新型穿戴式安防产品，与普通的执法记录仪不同，AR 眼镜带有端 AI 芯片和显示设备，可依托 AI 与执法者进行交互。

除了执法记录，穿戴式安防产品的应用场景主要是人脸抓拍，在这方面 AR 眼镜具备独特优势。执法记录仪配备端 AI 芯片后也具有人脸抓拍能力，但执法记录仪难以支持人机交互，对抓拍效果执法人员几乎无法干涉，抓拍效果较差。AR 眼镜抓拍人脸时天然处于第一视角，符合人的使用习惯，抓拍人脸效果最佳。虽然固定摄像头抓拍人脸技术比较成熟，但显然不具备 AR 眼镜的移动性优势。

AR 眼镜在安防方面的应用场景还有人脸识别、车牌识别等。执法人员佩戴 AR 眼镜进行人脸识别一个优势是可以要求执法对象配合，这点是固定摄像头无法做到的。人脸识别算法经过数十年的演化已经取得超越人类识别能力的成果，但非配合式人脸识别仍是有待解决的难题。AR 眼镜人脸识别主要对接公安常口库和在逃库，在治安卡口、巡街、大型活动安保方面应用前景广泛。AR 眼镜识别车牌具有灵活性，执法人员随时可以检查车牌所属车辆状况，反馈信息显示在屏幕上，这也是不具备交互能力的固定摄像头和执法记录仪难以企及的。

2018 年春运期间，郑州铁路警方在全国铁路率先使用人像比对警务眼镜，通过人像识别，高效地筛查出旅客中的网上在逃和冒用他人身份证件的违法行为人。

图 1　亮亮视野推出的 AR 眼镜

三、人脸抓拍、人脸识别技术在端 AI 芯片上的应用

人脸抓拍涉及的是人脸检测、人脸选优技术。在深度学习流行之前，人脸检测的巅峰是 Viola-Jones 算法，实时性非常好，准确性尚可，目前已经被收录到 OpenCV。这一算法的三要素是：Haar-like 特征、Adaboost 分类器和 Cascade 级联分类器。深度学习时代人脸检测算法层出不穷，代表性的有 MTCNN、SSH、S3FD、PyramidBox 和 DSFD 等。MTCNN 将人脸检测任务和人脸关键点检测任务联合，具有速度快、准确性较高的特点，同时附带输出 5 个人脸关键点，已经是端 AI 芯片上人脸检测算法的标配。除了 MTCNN，主流的人脸检测算法都是从目标检测算法演化过来的，其中基于 SSD（Single Shot Multibox Detector）的最多。尽管 SSD 在计算量和性能之间 trade-off 做得不错，直接在端 AI 芯片上应用基于 SSD 的人脸检测算法仍是困难的任务，还要辅以神经网络压缩或者直接使用轻量级骨干网络。知名的轻量级骨干网络有 shufflenet、mobilenet 等，都是人工设计的。随着 AutoML 技术的发展，通过自动化的方法设计轻量网络也逐渐走上舞台。神经网络压缩技术主要有剪枝和知识蒸馏。目前的剪枝压缩技术已经可以做到计算量减半准确率不受影响。知识蒸馏是教师网络将部分知识迁移到轻量的学生网络，从而达到压缩神经网络计算量的目的。此外，进行模型权重量化也是将人脸检测算法在端 AI 芯片上落地应用的捷径，当前端 AI 芯片一般都支持 16-bit、8-bit 量化。

人脸选优的目的是选择符合人脸识别要求的人脸图像。当前的人脸识别技术条件下识别侧脸和模糊人脸仍是很困难的，因此要求把侧脸和模糊人脸能够过滤掉。侧脸过滤有两种策略，一种是训练人脸检测模型时将侧脸作为副样本，另一种是估计人脸的姿态。为了在端 AI 芯片上落地，估计人脸的姿态的算法模型计算量也不能太大。穿戴式设备产生的模糊一般有两种：对焦模糊和运动模糊。在端 AI 芯片上判断人脸图像是否模糊是一个挑战，从实时性上考虑可以采用传统的非深度学习算法。

人脸识别算法一般运行在云端，但随着端 AI 芯片算力的提升以及 1：10 万级以下的人脸识别场景的挖掘，人脸算法开始下移到 AI 芯片。这种方案的好处有以下两点：

1. 人脸识别的速度大幅提升。云端进行人脸识别的方案一般要耗时 1—2 秒，但在终端进行人脸识别只需几百毫秒。

2. 人脸识别的方案成本降低。云端进行人脸识别需要配置较高的服务器，占用更大的网络带宽，成本较高，而在终端进行人脸识别效率高。

适合人脸安防应用的独立 AI 芯片主要有以下几种：

1. Intel movidius myraid 系列芯片，在算力和功耗之间平衡得最好，最新的 MyraidX 芯片算力已达 1Tflops。老款 Myraid2 芯片采用 VPU 进行加速，最新的 MyraidX 芯片则同时集成了 VPU 和 NPU，其中 NPU 支持通过专门的硬件单元对卷积、pooling 等算子进行加速。借助 OpenVINO 的支持，movidius 芯片可敏捷地部署 caffe、tensorflow、pytorch 等主流深度学习框架训，支持 SSD、YOLO 等目标检测算法。亮亮视野 AR 眼镜采用 movidius 芯片提供 AI 算力。

2. 华为海思 Hi3559A，支持 caffe 模型部署运行。借助海思在安防行业的沉淀，Hi3559A 芯片在视频编码方面极具竞争力，支持 int8 量化，算力高达 0. 6Tflops，在功耗方面与 movidius 芯片相当。

3. Inuitive NU4000，功耗较低，SLAM 支持得较好，支持独特的 12-bit 量化，在深度学习方面能力也与 movidius 相近，支持 SSD、YOLO 等检测算法。

4. 深鉴科技 AI 芯片，特色是自主研发的深度压缩技术与深度学习处理器 DPU （Deep Learning Processing Unit)，拥有从算法到软硬件的完整解决方案，但功耗较高。

四、端 AI 在穿戴式安防产品中应用展望

未来随着端 AI 芯片和安防相关算法的不断进步，会有更多的安防场景用到端 AI 芯片。随着技术发展，在端 AI 芯片方面，打破存储墙方向可能会有大的进展，一个候选的技术方案是存算一体化，即通过相变、阻变等新型存储器件的模拟计算功能来实现神经网络的计算，整个计算过程都是在存储里面实现，比起现在的冯诺伊曼架构功耗更低、算力更强。存算一体化是受人脑工作方式启发的，人脑的计算和存储是不分的，不需要数据搬移。此外，用光学辅助做卷积计算也是提升端 AI 芯片计算功耗比的候选技术方案。

穿戴式安防产品会有更多的安防应用场景落地：

1. 人脸识别技术不断提升，非配合式、无感的人脸识别日益成熟，依托端 AI 芯片的算力，最终穿戴式安防产品可以像科幻电影里描述的一样实时、不受限地识别人。

2. 穿戴式安防产品的移动摄像头与固定的监控摄像头联动，结合城市安防大数据，更精细地规划出城市中人出现的轨迹。

3. 依靠端 AI 的算力，穿戴式安防产品可根据所感知到的对象自动切换到不同的安防应用场景，如身份证、驾驶证、人脸、车辆信息、步态识别等，成为移动安防的入口。

安防行业云存储技术的新发展与应用前景

文/粟杰　苏州科达科技股份有限公司

伴随着安防大数据时代的来临，安防行业原有的存储技术已经无法满足行业发展新需求，尤其是公共安全视频监控建设联网应用工作对数据联网共享提出了更高的要求，同时在以“实战”为根本的公安业务中，大数据深度挖掘极度依赖数据存储系统对非结构化数据分析再处理。云存储技术的出现，在安

防行业大数据发展时代无异于革命性的应用，不断地解决了安防存储难题，同时也为视频监控的深度应用与发展提供强大的驱动力。

一、大数据时代来临，对存储提出更高要求

当今世界，每个人的一言一行都在产生着数据，并且被记录着。各行各业爆炸式增长的数据，正推动人类进入大数据时代。根据相关统计，2017年全球的数据总量为21.6ZB，目前全球数据的增长速度在每年40%左右，预计到2020年全球的数据总量将达到40ZB。数据增长在安防行业表现得尤为明显，在近两年“平安城市”、“智能交通”、“雪亮工程”等不断开展和深入的过程中，以视频监控为核心代表的行业发展正朝着超高清、智能化和融合应用的方向迈进，系统性工程中现有视频监控系统数据采集量正在呈线性增长。海量数据的出现对高效、及时的存储和处理的要求不断提升。

从目前行业来看，大数据时代的到来，系统性工程中视频监控系统对存储主要有以下几方面的需求：

一是海量数据及时高效存储，根据现行的技防法规及标准，一般应用领域视频监控系统数据采集是7×24小时不间断的，系统采集的音视频信息资料留存时限不得少于30日，针对案（事）件信息以及一些特殊应用领域视音频资料存放时间更长，甚至长期保留，数据量随时间增加呈线性增长。

二是监控数据存储系统需要具备可扩展性，不但满足海量数据持续增加，还需要满足采集更高分辨率或更多采集点的数据需要。

三是对存储系统的性能要求高。与其他领域不同，视频监控主要是视频码流的存储，在多路并发存储的情况下，对带宽、数据能力、缓存等都有很高的要求，需要有专门针对视频性能的优化处理。

四是大数据应用需要数据存储的集中管理分析。但现实情况却恰恰相反，一方面是系统性工程在分期建设的过程中，采购的设备并不能保证为同一品牌，实际项目中多种品牌、多种型号比比皆是，给视频监控的存储集中管理带来很大难度。同时，在一些大型的项目中，例如特大城市“天网工程”，高速公路中道路监控所跨区域较大，集中存储较为困难。另外，受网络带宽及老旧设备影响，系统难以形成统一存储、统一监控的中心体系架构，导致数据在应用中调取不及时。

总体来看，随着系统性安防项目的深入开展以及物联网建设初露峥嵘，大规模联网监控的建设和高清监控的逐步普及，海量视频数据已经呈现井喷式地增长，并冲击着传统的存储系统，遗憾的是原有的存储系统无法满足大数据时代提出的新要求，亟须新的存储技术支撑现有业务模式，同时为人工智能技术在安防领域施展拳脚拓展新的空间。

二、传统存储技术无法满足大数据存储新要求

在云存储技术应用于安防之前，安防视频监控存储由硬盘录像机DVR到数字化网络录像机NVR，再到集中化存储DAS、SAN、NAS等技术，目前这些技术依然是视频监控存储应用中重要组成部分。其中DVR存储以及实现网络化的NVR存储，主要是以存储分散部署的方式，适用于前端点位分散且点位数不多的场景。针对大型视频监控系统中，存储要求以数据集中存储方式，基于存储网络架构的IPSAN是视频监控系统集中存储主要选择。但IPSAN是设备级存储，由单个设备完成各自写入业务，系统性能主要由单台设备性能体现，性能无法得到提升，存在性能瓶颈。另外采用IPSAN存储，涉及存储设备众多，系统配置和管理会十分繁杂，海量数据的管理、设备维护等对用户来说是一个十分棘手的难题。

随着人工智能技术的成熟，公共安全视频监控建设最终目的是行业化场景应用。2015年，国家九部委提出《加强公共安全视频监控建设联网应用工作的若干意见》，要求到2020年，基本实现公共安全视频监控“全域覆盖、全网共享、全时可用、全程可控”，实现重要视频图像信息不失控，敏感视频图像信息不泄露，重点行业、领域实现视频图像信息的全天候应用。

在2016年召开的全国社会治安防控体系建设工作会议上，提出要创造性地运用现代科技最新成果破解公共安全难题，提升维护公共安全智能化水平，促进社会治理现代化。充分依托大数据、云计算中心，

善于从多源的、分散的、碎片化的大数据中找到规律，为维护公共安全提供创造性服务。而在公安部下发的《公安机关信息共享规定》中，要求加快部省两级信息平台，整合分散的外部数据，形成全国公安云数据，实现对公安专业数据、政府各部门管理数据、公共服务机构业务数据、互联网数据四大类数据的集成应用。

在新形势下，不仅需要对海量数据进行安全、高效、可靠的存储，同时系统性工程需要实现对大量存储设备统一集中管理以及后期的扩容管理。另外，随着大数据、云计算技术以及深度学习技术的成熟与应用，存储系统还需要满足对海量数据进行深入分析，结合行业场景实现深度应用，支撑行业实战化业务的新需求。而传统存储技术无法很好地填补这一安防需求，基于此，云存储技术在安防领域的应用凭借其先天优势应运而生。

三、安防云存储带来的性能优势

从云存储的概念来看，其实质是云计算（cloud computing）系统对外提供数据存储和业务访问功能的一种模式。在 IT 领域，云存储经过多年的发展，肩负的不再是单一存储功能，在扩展性、稳定性、可靠性、管理性上也有了更好的表现。目前，在安防行业针对大规模和跨地域的系统性视频监控海量数据的存储中，选用云存储已经成为整个行业的共识，同时云存储与安防行业应用的融合，促使其呈现更多的优势与特点。

1. 简化存储及管理模式

从云存储的基本功能来看，安防云存储通过集群化、虚拟化技术，将网络存储中大量不同类型、不同规格存储进行集群统一虚拟化整合管理，对外只需提供一个虚拟资源池与接口，极大地简化了存储系统对外服务接口和云系统自身的维护管理。同时，安防云存储能够完好地支持非结构化数据存储，通过智能化的处理方式，非结构化数据存储效率得到了大幅度的提升。

2. 提供高效可靠的存储服务

安防云存储以全集群化方式协同运行。通过负载均衡技术，可自动解决节点性能瓶颈与不均衡问题，同时可实现容量和性能动态扩容及增强，还可实现单、多台节点故障。云存储服务不中断，全面保障系统性能稳定可靠。另外，在数据读取性能方面，云存储以分布式存储技术实现数据分散存储，提高数据保存安全和系统业务负载均衡的高稳定性。提高系统数据读写效率，可实现数据的高速下载。

3. 融合多种技术提供更多应用

云存储的核心是应用软件与存储设备相结合，通过应用软件来实现存储设备向存储服务的转变。在安防云存储中通过融合大数据深度分析、人工智能等技术，并结合实际应用，实现单台存储设备即可覆盖存储、平台、流媒体、应用服务器等功能。借助虚拟技术，对系统中的所有硬件资源、软件资源、计算能力进行虚拟化整合，对视频资源进行虚拟化分配，对不同的视频资源根据场景附属不同的存储属性，将视频数据以更高效、更切合的方式进行有效存储，使数据存储效率更高、链路更短、检索更快。进而使得存储系统不仅只是提供空间，而是一种专用的应用服务，并大量减少云存储中服务器的数量，降低系统建设成本。

四、云存储在安防细分领域的应用表现

当前，视频安防监控技术结合大数据深度分析，使其与细分行业下用户需求相结合愈加紧密，尤其随着 AI 时代的到来，基于深度学习的人工智能算法结合安防场景化的落地，已经成为安防企业创新发展的试金石。在这个过程中，云存储技术正在不断适应 AI+安防的应用特点，从用户需求角度出发，实现云存储技术迭代更新与应用延伸。

目前安防行业中出现的“视频云”概念既是视频安防监控行业的发展趋势，也是云存储结合行业应用，推进 AI+安防实现落地的最佳体现。在全国各地不断兴起的“平安城市”和“雪亮工程”项目中，

政府期望通过系统性项目的建设实现重点对城市安防系统、道路交通系统、城市管理系统和环境监测系统等公共服务系统进行统一综合调度管理，为城市综合发展、人民安居乐业提供安全、便捷的生活环境。在整个过程中，海量数据的存储管理以及深度分析应用是必须要面对的。基于云存储技术的视频云系统，能够实现公共安全、交通行业、民用行业、社区安防等各方面的数据联动，可实现跨地区和跨机构之间的视频数据共享，以统一的平台服务于不同的机构，不但减少重复的设施建设，同时可实现资源更有效地管理，并根据行业场景的不同要求实现灵活分配。

当前 AI 智能分析依然表现为局部智能，缺乏跨域分析及综合联动的能力。现如今，城市交通发达、人口流动性大、犯罪分子跨区或跨市作案是常态，因而需要更大范围的智能联动。云存储技术则能够有效整合全局视频数据和其他数据资源，实现统一在一个数据池内，配合 AI 大数据应用平台实现对综合信息的深入挖掘与碰撞分析，实现系统性工程中各子系统智能关联，让大数据平台系统更加智能、更加高效。

除了在类似“平安城市”、“雪亮工程”系统性工程项目，实现数据共享与智能联动，在一些具体行业应用中，云存储也表现出非常理想的性能优势。例如，在金融、军队、博物馆以及司法领域中，云存储可以满足这类行业对数据信息高度安全的要求。云存储系统可实现系统级集群容灾部署。多样性的数据层硬盘容错保护和硬件级冗余部件设计，为银行等金融机构应用场景提供了安全、可靠的存储服务。

随着云计算技术的不断成熟，在安防领域，云存储所具有的性能优势逐渐展现出来，在安防视频存储方面发挥作用也越来越突出。安防企业推出的基于细分领域的云存储解决方案日臻成熟，云存储在各行业应用也越来越多，从公安行业、交通领域，到金融、能源行业，再到家庭以及小商业领域，安防云存储应用正深入人心。

五、安防云存储的挑战与前景

安防云存储的出现，其实与目前 AI 在安防领域的应用有异曲同工之处，不但突破了传统存储方式面临的瓶颈，让海量视频信息存储成为了可能，同时也给安防场景化应用带来新的突破，另外在业务模式上带来革命性业务创新与新的发展机遇。但是需要指出的是，就目前而言，云存储还是一项新兴的技术，随着 4K 超高清、AI 智能化的广泛应用，安防领域视频监控系统在数据中心化、大数据深入支撑等方面还需要持续优化。云存储技术在安防监控领域的深度应用还要面临着更多挑战。

2018 年 8 月，腾讯云出现的数据丢失事件就给云存储敲响了警钟，应该说绝对安全的云并不存在，在云上成为既定趋势下，云存储系统需要提供更为可靠、安全的数据保护能力和访问控制机制，特别是对于互联网应用的情况，必须能够保证用户的数据安全性，提供多层面的数据服务保证。除了安全性问题，安防云存储在数据冗余、异地容灾技术以及针对安防特定用户的专业化数据存储服务还有待改进。

六、结语

挑战的存在才是行业创新发展的不竭动力，随着深化平安中国建设，完善立体化社会治安防控体系成为时代的要求，以大数据、云计算、人工智能等新兴技术为支撑的“雪亮工程”、智慧城市建设成为全国各地“十三五”发力的重点，基于前沿科技的云存储技术将在安防业务拓展中得到大力应用和发展。

与之相伴的是，越多地关注具体的行业应用，对于安防行业的理解愈发全面，云存储在安防行业中的专业化程度也会不断加强。安防领域的云存储也将向着应用技术更先进、服务更高效、环境更开放的方向大步迈进，未来云存储将成为安防存储的主流应用，其每一步的发展与创新更值得我们期待。

AR 实景指挥在安防行业的应用及发展

文/刘雁　高新兴科技集团股份有限公司

一、AR 实景指挥功能

AR 技术的全称是增强现实技术，是一种实时地计算摄像机的位置及角度并加上相应图像、视频、3D 模型的技术，也就是在显示端能把虚拟世界套在现实世界并进行场景的互动。与 VR 技术最大的区别就是 VR 中用的是虚拟的 3D 地图，而 AR 则是用的实景地图。目前在安防行业中运用 AR 技术的知名企业，如海康、大华、高新兴等安防公司，不光是生产前端的 AR 摄像机，还在后端平台上运用了实景指挥系统。AR 实景指挥应用是将虚实结合、实时交互、三维定向，以及智能分析技术应用在整个安防控制平台当中。

1. 虚实结合

虚实结合技术主要是运用虚拟技术结合实景地图做的展示界面。以往我们的摄像机所拍摄的就是一段视频图像，而没有任何对视频图像中的某些特定位置、特定建筑物以及相应区域中重点地段做描述的内容，而采用虚实结合就可以在视频图像中做上相应的背景标签，以及对相应的位置、建筑物、地段做相应的标签标识（如图 1 所示）。

图 1　虚实结合示意图

2. 实时交互

实时交互是将原有的视频监控平台的功能叠加使用在 AR 实景指挥中，可以进行相应的视频调阅、缩放视频、控制前端球机云台等功能，而且是实时进行控制的，当需要进行确认视频当中的一个细节问题时，就可以采用实时交互技术将视频中的相应位置放大来使用，不影响 AR 标签标识内容（如图 2 所示）。

移动

缩放

图 2　实时交互示意图

3. 三维定向

三维定向是将经纬度、水平仪等相应的技术结合到实景指挥平台当中，将一个方位感知定向的输出到后台系统就能知道这个摄像机所拍摄的视频当中某辆车、某个人的所处位置及经纬度，目前还增加了一个新的技术就是在一段视频当中能通过三维定向测出视频当中某人的身高及相应两辆车之间相隔的距离（如图 3 所示）。

图 3　三维定向示意图

4. 智能分析

智能分析技术是结合公安实战平台做的运用，目前公安行业实际运用中就有人脸分析、车辆分析、视频结构化分析，运用分析后得到的人员、车辆的特征值来协助公安民警破案侦查，常用的对人的分析就是提取年龄、性别、身高、人脸等特征，对车的分析就是车牌号码、车身颜色、车辆类型、车标、驾驶人员人脸、安全带等特征。通过后台大数据平台分析之后在实景地图上展示出相应的数据信息，同时可将警情报警信息在实景指挥平台上显示出来（如图 4 所示）。

图 4　智能分析示意图

二、AR 实景指挥在安防行业的具体应用

目前 AR 实景指挥系统的应用都深入到了各个行业，尤其在公安领域最为广泛，如日常治安巡逻、应急处突指挥、重大活动安保、特勤警卫保障、智慧社区、交通管控指挥等。

1. 日常治安巡逻

如图 5 所示，在日常治安巡逻中用的最多的 AR 技术就是高高联动、高低联动。高高联动是指高点视频监控与高点视频监控之间的联动切换。高低联动是指在高点视频监控画面中能调取其范围内的低点视频监控图像呈现在展示画面当中。在治安中还需要结合单兵巡逻、武装巡逻、无人机巡逻和人车预警等功能。

（1）单兵巡逻是为了在实景地图中可以看到执勤民警所处的位置，民警在执法过程当中也能实时地传回现场的视频，在实景指挥平台上呈现出来。

（2）武装巡逻是将高点视频监控所监视的范围内的民警以及所携带的枪支弹药都记录在系统当中，显示出这个区域中有哪个民警以及携带的枪和子弹的数量。

（3）无人机巡逻主要是结合动态实景指挥将无人机所拍的现场视频实时传回到平台中进行展示。

（4）人车预警是指挥平台的一个提前布控告警功能，同时需要结合大数据分析功能。

图 5　综合应用示意图

2. 应急处突指挥

应急处突指挥是针对于应急处理突发事件而做的实景指挥应用功能，主要有以下几方面：

（1）警情接收。结合应急所用的三台合一、人、车、报警终端同时使用，将警情信息展示在实景指挥平台中，从而利用已标识的位置，在平台上搜索出相应的位置，调取突发事件的地理位置并展示在显示端。

（2）警情定位。一旦定位了事发地点就需要联动周边的视频，确认现场目前所发生的情况，选择启动应急预案类型，分别有车祸现场、火灾现场、聚众闹事现场等等内容。

（3）警情下发。启动预案后就得下发警情给到所在附近的民警，同时安排附近相关警员支援现场。在实景指挥平台上也结合了通知功能，相关的上下级人员也会知晓事情的动态信息，根据突发事件的大小级别来安排不同人员处理。同时还要支持多警种协同处理的功能，涉及民警、交警、医护人员等等。

（4）警情处置。主要是实时显示出警状态，及时调整指令，处理完之后针对效果进行评估总结，自动生成评估报告。

3. 人脸大数据应用

在实景指挥应用中智能分析起到重要作用，人脸识别就是通过低点人脸抓拍摄像机捕获所在区域的人脸，并能与后台黑名单库进行比对与布控，当出现黑名单人员时能实时报警，并在 AR 实景指挥系统里进行画面的展示，方便监控人员进行行动指挥。

人脸大数据应用当中就包括了人脸布控、人脸检索、人脸技战法等实际应用，简单来说人脸技战法当中的轨迹分析、区域碰撞、落脚点分析、昼伏夜出、同行分析、频次分析等都能应用在 AR 实景指挥系统中，当然也需要结合后台的人脸算法引擎，通过高性能运算服务器的算力，将数据分析出来并在前台显示界面上展示出来，这样有利于公安民警的实际指挥应用（如图 6 所示）。

图 6　人脸识别示意图

三、AR 实景指挥未来的发展趋势

AR 实景指挥结合智慧新警务的应用，辅助公安民警去实时掌控现场信息，提高公安民警的指挥调度效率。

AR 实景指挥系统未来发展的趋势会朝着两大方向发展：

一是 AR 实景指挥会结合公安大数据、人工智能、物联网等相关技术做出相应的升级改动，体现在自动识别、语音播报、提前预警等。在深度学习过后，实景指挥系统还会自动搜索区域内相关布控人员名单系列，在往后的几年，AR 实景指挥可以将黑名单人员定位在很精确的某个位置上，包括车辆也能定位在某个路段的位置上。

当人工智能正迅猛发展的同时，AR 实景指挥也会变得更加智能化，为公安民警破案提供了相应的解决预案，提高了破案效率。举一个实际突破的技术案例：当某个案件发生时，AR 实景指挥系统能提供当时所发生的案件发生地点并提示民警，同时调用出案件发生地点的视频监控实时图像，在后台运算出当时案件所发生的原因和相关人员等内容。民警在操作时，只需通过语音就可以指挥整个 AR 实景指挥系统进行相应的操作，调取附近执勤民警的相关信息、案件所发生的嫌疑人员都将在 AR 实景指挥系统的大屏上展示出来。后台在通过人像大数据、车辆大数据的运算之后就可以分析出嫌疑人及车辆信息，并通知案件发生地的执勤民警将嫌疑人员捉拿归案。这是一个破案的实际应用，也是未来需要突破的，系统的自动化运用会随着时间的长久而积累更多的相关信息数据，会更有利于提高破案效率。

二是 AR 实景指挥将用在全国级联系统当中，在未来几年跨区域破案以及跨区域协同作战将是公安部门重点要突破的。劈开条条框框来实现这种孤立局面，省与省之间、市与市之间、区县与区县之间都会打通这一层级壁垒，从而实现数据互通、视频互通，达到指挥同步协作。

此发展趋势，也是随着全国的“放管服”改革政府职能不断深化，针对全国上下的各个垂直的、横向的部门而做的相应的信息整合，政务信息资源整合也在不断地加速进行，而公安部门这种垂直线条下的各省、各市的信息互通，最近几年也在做相应的级联及对接工作，视频+数据在跨区域使用中也在加快步伐。比如广东省通过智慧新警务将广州市、深圳市、珠海市、佛山市、茂名市、惠州市、东莞市、中山市等各地及市之间的信息数据做了对接并在省厅级汇总，在跨区域破案方面就提高了速度。当然还有其他省市也在逐步推进加快省与省之间的系统对接，这也就是未来几年在数据互通、协同作战方面的发展方向。

四、结语

AR 实景指挥在实际应用中也取得了预期效果，不光体现在全局视频联动化、技术应用创新化，还体现在实战应用高效化、实景指挥智能化、重大安保立体化、数据资源一体化等效果。同时，在新科技带动下，为公安民警解决实际问题，通过一张实景地图、警力上图、多维联动、助力决策分析等综合运用，最终提高破案和处理应急突发事件的效率。

毫米波成像技术在人体安检领域的应用探讨

文/金颖康　王璞　同方威视技术股份有限公司

毫米波技术近三十年来获得越来越多的关注，国内外的研究队伍不断壮大，也涌现出一大批科研成果。然而，在商业应用方面这项技术的进展却一直十分缓慢。目前，毫米波成像技术最为成功的商业应用方向之一是面向人体安检应用的安检门，究其原因，主要有以下两个方面的优势：第一，这类技术的波长刚好可以穿透衣物，获取人体表面信息，并且当前的探测器芯片工艺水平也足以支撑该波段反射信号的解析和图像重建；第二，这类技术不至于对人体造成类似 X 射线穿透技术的电磁辐射，虽然该技术的图像解析效果不如 X 射线类成像技术清晰，在物品行包的检查中应用不广，但在对人体进行安全检测时，其无电离辐射的特点成为最大的技术选型优势。

应用于人体安检的毫米波全息成像系统最早可以追溯到 1995 年 Collins 等人申请的发明专利（Real-time Holographic Surveillance System），该专利提出了一种单频阵列式的毫米波全息成像设备。该设备利用天线阵列的电子开关切换来完成一维扫描，通过控制天线阵列的机械移动来完成另一个方向的扫描，进而实现了基于平面扫描的 35GHz 单频毫米波全息成像。1996 年，美国太平洋西北国家实验室（Pacific Northwest National Laboratory，PNNL）的 Sheen 对上述系统进行了改进（Real-time Wideband Holographic Surveillance System），通过将单频扩展到宽带，使成像系统具有距离分辨能力，进而减弱了单频全息图像中的散斑效应，大大提高了图像质量。2001 年，PNNL 实验室发表了其在毫米波全息成像领域的进一步研究成果，包括其研发的 27~33GHz 基于平面扫描的宽带全息成像系统以及提出的基于球面波展开的毫米波全息重建算法，该论文为毫米波人体安检领域的开创性文章，随后 PNNL 提出了应用于人体安检成像的圆柱扫描全息成像系统，该系统利用高约 2m 的线阵围绕人体作圆柱扫描。2008 年后，PNNL 实验室将毫米波圆柱扫描成像系统的专利转让给 L3 公司进行商业化，于是就有了 L3 公司的 ProVision 系列产品。在我国，毫米波全息技术应用于人体安检行业还处于起步阶段。2013 年在科技部国家重大科学仪器设备开发专项的资助下，清华大学和同方威视技术股份有限公司共同研制出我国第一代自主知识产权的毫米波全息成像人体扫描仪，相比于国外同类产品，该产品在技术指标上处于同等或略优水平，巧妙地规避了竞争对手的专利壁垒，凸显了中国先进制造企业的科技实力。

从市场反馈看，美国 L3 公司的 Provision 系列主动式毫米波人体安检仪，从 2011 年起已经在美国机场批量替换了金属安检门及 X 射线（背散射）安检门，截至目前，已在全球售卖上千台，实现销售规模达上亿美元。德国 R&S 公司以及国内的一些毫米波人体安检产品也已经日趋成熟，并形成了销售。

本文将重点讨论应用于人体安检领域的毫米波成像技术特点、该技术如何与基于 AI 技术的嫌疑物自动识别技术融合、毫米波与太赫兹技术的对比以及毫米波技术展望，相信随着毫米波核心器件的不断进步升级和 AI 技术的进一步发展，毫米波技术在人体安全检查应用领域将大有可为。

一、毫米波全息成像技术

毫米波是指频率在 30~300GHz 之间的电磁波，波长为毫米量级，其在电磁波波谱中的位置如图 1 所示。从图 1 中可以看出，毫米波的频率要比微波高一个量级，同时与太赫兹频段有一定的重合（一般来讲，微波频段的范围为 3~30GHz，而太赫兹的频段范围为 0.1~10THz）。由于毫米波能够穿透常见的衣物、纸张以及塑料等遮挡材料，同时不具有电离辐射，对公众安全，因而特别适合应用于人体安全检查。

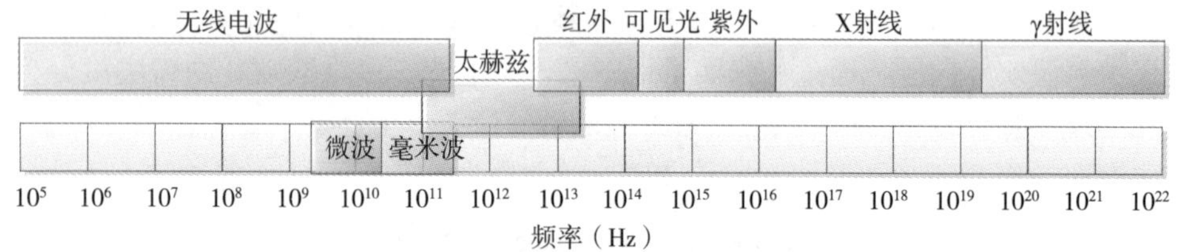

图 1　毫米波在电磁波谱中的位置

毫米波全息成像技术手段的实现，依赖于外差混频技术，其测量的不再是毫米波强度，而是包含幅度与相位信息的复信号。在实际成像系统中，毫米波天线发射毫米波信号照射到成像目标上，目标反射的毫米波信号由接收天线接收，然后由外差混频技术获得反射信号的幅度和相位，通过线阵扫描结合机械移动的方法可以获得二维孔径上的复反射信号，从而形成全息图，然后通过图像重建算法反演得到目标的三维复反射率图像。常见的孔径扫描方式有平面扫描和圆柱扫描两种（如图 2 所示）。

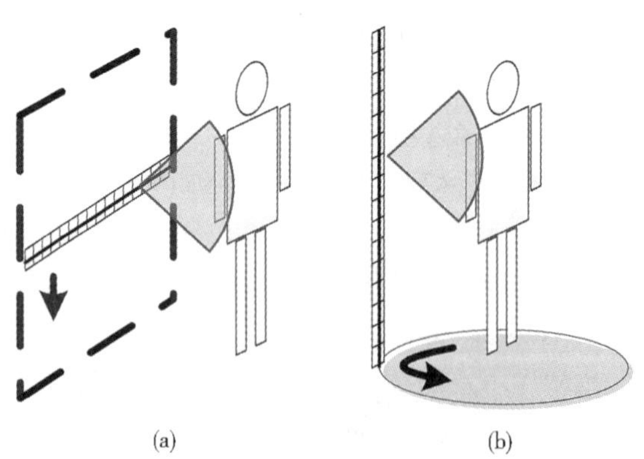

图 2　平面扫描（a）以及圆柱扫描（b）

二、毫米波人体安检仪

随着科技的进步，全球目前面临的恐怖威胁也在逐渐升级，新型违禁品层出不穷，随着各个国家均被迫进入反恐常态化的深水区以及全新安检技术的研发和部署窗口期，人体安检技术的替换需求日渐强烈。现在市场上仍然普遍采用金属探测门结合触摸式人工搜身的方法进行人员检查，这种方法虽操作简便，但可探测的违禁品种类少（仅限金属），且无法对隐私位置全面检查。而如何借助先进的技术手段进而高效、文明地发现人身隐匿的危爆物品，成为公共安全领域的重大需求。例如，当一名犯罪嫌疑人除去身上所有的金属物品，并在外套下捆绑了爆炸背心，装配了一把超过 20 厘米长的陶瓷刀，亦或携带一瓶易于隐藏的腐蚀性化学液体或毒气，当这名嫌疑人员通过金属探测门时，是无法进行报警的。而在大部分安检场合下，如果金属门不进行报警，安检人员是不会对嫌疑人进行搜身的。换句话说，只要略懂金属探测门的工作原理，在大部分配备了该类技术结合手检搜查的安检场所，任何非金属的违禁物品都可以随心所欲地带进带出。

此外，人工搜身的方法过多地靠安检搜查人员的业务水平和责任心，且让安检员直接接触被检人，使得安检人员时刻暴露在潜在的暴恐突发风险之下。以全球安防投入成本最高的民航安检为例，2018 年客流量排名全球前三十的机场，几乎全部都在针对旅客安检技术进行更新换代，如美国机场已全线批量部署了新型人体安检仪；中国、欧洲各国、土耳其、印度、马来西亚等大型国际机场也将在未来 3~5 年内全部完成新产品的替换，仅排名前三十的机场的毫米波人体安检仪需求量估计就在上亿美元量级。

2018 年 6 月，我国民航局颁布了《民用航空毫米波人体成像安全检查设备鉴定内控标准》及《民用航空毫米波人体成像安全检查设备违禁物品探测能力测试程序》，正式将毫米波人体成像设备纳入中国民航安检设备清单。中国也由此成为亚洲第一个、全球第三个独立颁布毫米波成像技术标准的国家。未来毫米波人体成像设备将逐步取代民用机场沿用 26 年之久的金属探测门。

综上所述，因为毫米波成像设备能够依靠其无需接触被检人员，即可快速高效地形成清晰的安检图像这一优势，成为了近年来人体安检领域的重要技术手段和发展趋势，是国际上学术探索和科学研究的前沿热点之一，各国也均在安检领域大力开展相关技术和设备的研发和应用，拥有广阔的市场前景。这种新型安检方式将改变传统“只查金属+全面的人工搜身”的人体安检模式，一步跨越到“全面查验+自动报警辅助搜身”的人体安检 2.0 时代。

三、基于神经网络深度学习的嫌疑物报警

通过以上可以看出毫米波安检仪是通过获得一张被检人员的扫描图像而完成检查的扫描成像类技术。但因其过高的扫描图像清晰度，往往导致被检查人员的身体隐私暴露在安检过程中。因此毫米波人体安检仪往往会融合基于人工智能技术（以下简称“AI”）的嫌疑物报警（以下简称“ATR”）功能以达到自动报警、保护隐私、节省判图人力成本的目的。

近年来，AI 技术的一个重要进展就是深度学习算法，与传统的机器学习算法相比，深度学习使用深层的神经网络取代了人工提取图像特征的过程，在图像识别相关的多个领域都取得了很好的应用效果，市场上几乎所有毫米波人体安检仪均采用了深度学习技术来实现嫌疑物自动报警。当然，为了使用更大更深的神经网络进行嫌疑物报警训练，需要大量的数据，所以要使用先进的 ATR 算法，首先要解决的就是如何获得大量嫌疑物图像样本的问题。当前的普遍做法是采集很多种类违禁品嫌疑物的图像信息，针对不同人在各种不同部位携带各种不同的物品获得大量的数据，并通过一些手段进行数据生成和增广，然后把这些数据应用在很深的神经网络上进行训练。随着数据量的增大和网络模型的优化就可以持续提高毫米波成像仪的嫌疑物报警准确率。

这里说的“准确率”有两个含义：即“检出率”高的同时，“误报率”还要低。也就是说 ATR 算法的提升应该是提升检出率的同时降低误报率，这才是更好的算法。所以，ATR 算法确定以后，需要平衡

检出率与误报率的关系，也就是检查效果与检查效率之间的关系。如果对每个人都检查得非常细致非常严的话，检查效果更好，但检查效率会降低。这个平衡往往不仅需要依靠 ATR 技术手段的突破来实现，当 ATR 技术已经发展到一定程度的时候也需要通过对毫米波图像质量的优化，来平衡检查效果和检查效率。

为平衡检查效果与检查效率的关系，ATR 算法需要进行分档，如果需要进行非常细致的检查的时候，可以选择一种检出率很高的算法，如果不用细致检查的时候，可以选择一个误报比较低的算法。通过这种动态调整的方式来实现检查效果与检查效率的平衡。当然，这需要融合多元化的信息，如被检员身份信息、历史记录、行李信息、同行人信息等，对待检人需要进行检查的严格程度进行分档，随后就可以动态地调整设备进行图像识别时的灵敏度，从而达到平衡检查效果和检查效率的目的。

四、毫米波及太赫兹技术介绍及对比

在当前的新型人体安检仪市场上，除了毫米波人体仪获得了普遍关注外，还有一种新兴的技术手段同样受到广泛关注，即太赫兹成像仪。实际上，太赫兹成像仪和毫米波成像仪在波段上存在重合情况，区别两者技术手段的主要方法是看其采用的是主动式成像，还是被动式成像。主动式成像采用全息成像体制，通过毫米波源照射人体，基于合成孔径技术能够实现亚波长级的成像分辨率；被动式成像则采用传统的光学聚焦成像方法，通过反射镜、透镜和高灵敏探测器组成的光路实现对人体自身发射太赫兹波的快速探测。

实际上毫米波与太赫兹波这两个定义是分别从波长和频率的角度来描述电磁波的，并非两种完全不同的技术。如图 3 所示，毫米波的波长在 1mm～10mm 之间，太赫兹波的频率是 0. 1THz（100GHz）～10THz 之间，即波长在 0. 003mm～3mm（重合区域为波长 1mm 到 3mm 即频率 100GHz 到 300GHz 范围内的电磁波），大体上看，太赫兹波比毫米波波长更短，频率更高，如果是相同的成像机制，太赫兹能够获得更清晰的成像。然而，在较高频率的太赫兹波段，由于电子学器件受到截止频率的限制，缺乏成熟的固态电路收发模块，基于全息体制的主动式成像相对被动式成像实现起来将会更加困难。目前市面上常见的主动式人体安检仪一般都采用小于 100GHz 的毫米波频段，而被动式的太赫兹成像为了提升分辨率，借助高灵敏探测器能够实现大于 100GHz 太赫兹波的探测。

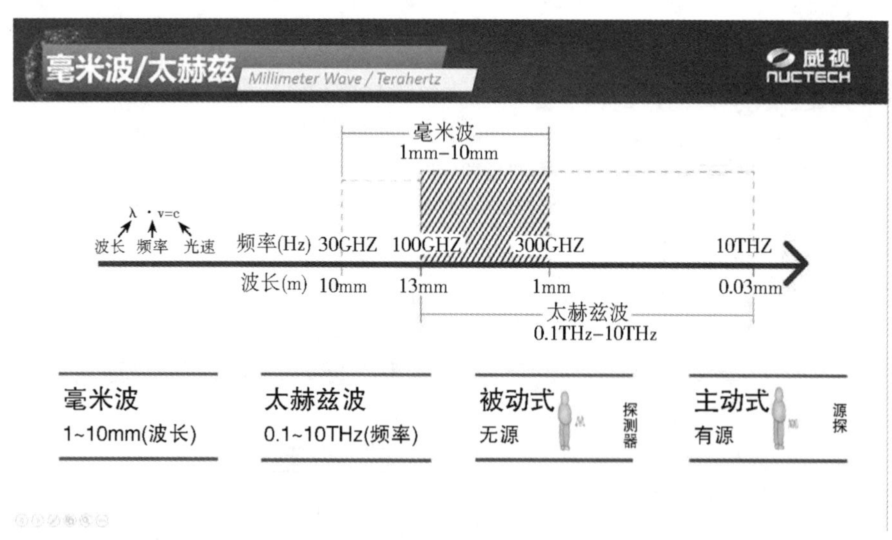

图 3　毫米波与太赫兹波对比

总之，由于电离辐射的问题，X 射线类的成像技术可以应用于一些特殊的场合，但对旅检通道可能不太适合，而对于毫米波和太赫兹，被动式的成像虽然能够呈现快速的成像，但图像分辨率通常在厘米量级，所以不太适合在旅检通道进行精检，而普遍采用主动式的毫米波产品进行检查（如表 1 所示）。

表 1 技术手段和技术特点及应用场景对比

技术手段	技术特点	成熟度	应用场景	备注
X 射线 透视	可查体内	成熟	特检 需检查体内	电离辐射
X 射线 背散射	图像非常清晰	成熟	特检 不需查体内	电离辐射
被动式 毫米波/太赫兹	图像较粗糙	一般	快速 远距离粗略检查	无辐射
主动式 毫米波	图像清晰	较成熟	普检 较细致的检查	电磁辐射
主动式 太赫兹	图像很清晰	不成熟	普检 安检通道	实验室技术

未来主动式的太赫兹技术将成为更先进的成像方式，不过目前它还处于实验室阶段，市面上还没有基于这个技术的产品出来。

五、毫米波技术的发展方向展望

未来我们希望做出既能够实现主动式技术的成像效果（高分辨率、高对比度的图像），又能实现被动式技术的高效通过率（取代人停留的检查方式），对旅客的检查从特检变成普检，从停留式检查变成通过式检查的旅客检查设备（如图 4 所示）。

图 4 未来毫米波技术发展方向

而实现这样的检查技术，首先要解决更高频率、更大带宽的主动式毫米波成像机制研制工作，并通过电子扫描、硬件计算等方式实现高清晰度图像的实时呈现，最终获得实时、高清的图像。随后，在新的成像技术取得突破的同时，还需要结合其他技术领域的发展成果，把实时高清的安检图像与被检人员其他安检信息，如身份信息、历史记录、行李信息、步态、情绪等多种数据信息进行深度融合，实现既细致又快速的检查。结合大数据、深度学习、云计算、虚拟现实（VR/AR）等智能化、多元化的信息融合技术，最终实现“全面化”、“人性化”、“智能化”、“集成化”的无感知、通过式毫米波安检仪，无论对被检人员还是对安检工作人员都是一种更好的体验。

物联网安全技术分析

文/谭喆　深圳力维智联技术有限公司

随着 5G 技术的发展和 IPv6 的普及，物联网产业也迎来了高速发展期，各行各业的物联网应用已呈井喷之势，特别是工业和电力领域，依托物联网技术和设备对传统工业和电力设施进行智能化、信息化改造已被写入了政府决议，工业物联网、泛在电力物联网、AIOT 等新兴词汇已成为投资市场耳熟能详的新宠。可以说，物联网技术已成为中国产业升级的重要手段。

然而，任何信息技术都有其固有的安全问题。自从信息技术诞生以来，安全问题就像悬在头顶上的达摩克利斯之剑无时无刻不在威胁着信息产业方方面面的利益。物联网领域亦不能免俗，且由于自身固有的设备数量、种类、体系结构、操作系统、接入组网、互联协议等短板因素，物联网领域已成为安全问题泛滥的重灾区。本文旨在分析物联网的各种安全问题以及其防御技术。

一、物联网技术及其安全问题

1. 设备数量众多

由于物联设备大多是传感采集类设备，因此其部署数量相当庞大。特别是在城市级组网环境下其测点数量都是千万级别的。这么大的设备数量自然会成为恶意程序寄生的温床。且由于大多数物联网设备本身不存在防护体系，系统简单划一，一旦其组网的防御被突破，千千万万的设备会瞬间被挟持成为“肉鸡”，不但“失身”而且被“诱骗”发动 DDOS 攻击，其攻击力和破坏力令人不寒而栗。

2. 设备种类繁杂

物联网领域的另一个突出特点就是设备种类异常繁杂，制造厂商众多。在各行各业各个领域都有物联网的身影存在，通信、安防、工业、电力、能源、动力环境、应急、医疗等各个领域已然成为物联网产业和技术发展的根据地，且呈星火燎原之势不可阻挡。而物联网定义的门槛又特别低，一个小小的烟感也可以被看成物联网设备。设备种类的繁杂为安全防护带来了巨大困难，几乎每一种设备都有其固有的安全漏洞，因此针对每一种设备进行安全防护的定制量相当巨大。

3. 体系结构宽泛

物联网设备几乎涵盖了所有的处理器体系架构，从 ARM、MIPS、PowerPC、Alpha、UltraSPRA 到 X86/X64，乃至种类数量更为庞大的单片机系统。每种体系架构都有其适配的操作系统和启动特点，也就是说每种体系架构都有恶意程序的寄生环境。一般来说，物联网设备设计简单功能单一，其处理器架构以 RISC（精简指令集）体系为主，已足以支撑上层操作系统机器指令执行效率的要求。但随着近年来“软件定义”概念的提出和落地，软件定义物联网逐渐成为业内共识，其宗旨就是在通用计算环境（基于 X86/X64 体系结构和通用操作系统）下运行由软件定义的物联网业务，因此 CISC（复杂指令集）的处理器在物联网领域占据越来越大的份额，由体系结构带来的安全问题更加严重。

某些恶意程序并不谋求全系列体系架构的兼容，而仅仅是针对特定体系架构的设备进行攻击，其手段巧妙，攻击精准，设备被首次攻击后基本没有免疫能力。更为严重的是，这些体系架构的处理器也频频爆出自身的漏洞。例如，2017 年爆发的“永恒之蓝（EternalBlue）”系列漏洞，就是利用了基于 X86 的 Windows 系统的 SMB 漏洞获取系统的最高权限。黑客利用这种漏洞开发了 Wannacry 勒索病毒。而 2018 年的“熔断（Meltdown）”和“幽灵（Spectre）”则剑指更底层的 X86 CPU 的分支预测执行机制，利用这种机制进行侧信道攻击以获取内存中的数据，这种方法的前两种变体被称为“Meltdown”，第三种变体被称为“Spectre”。作为物联网厂商在遭遇底层攻击时基本没有防御手段，只能成为被挟持和索取的对象，也只能成为 DDOS 攻击的帮凶。

4. 操作系统各异

与体系结构对应，物联网设备的操作系统种类也异常繁杂，大一点的设备厂商基本上都会提供经过自己定制修改的操作系统。不过这些操作系统大多以 Linux 为蓝本，并在此基础上修修补补，而其修补的内容页不外乎系统瘦身，例如删减通信协议栈驱动、删减文件系统和磁盘驱动、精简一些非必要的内核组件和服务等，但是对于包括系统调用、线程调度、内存分配、IO 管理等内核核心机制则并没有本质上的改变。这种不变一方面为恶意程序提供了宽广的寄生空间，另一方面也为抵御恶意程序提供了通用化的运行机制。

5. 接入方式多样

物联网设备的接入组网方式也是多样的，大致可分为有线通信方式和无线通信方式两类，其中无线通信又可分为近距离通信、远距离蜂窝通信和远距离非蜂窝通信三种接入方式，其具体的通信协议如表 1 所示。

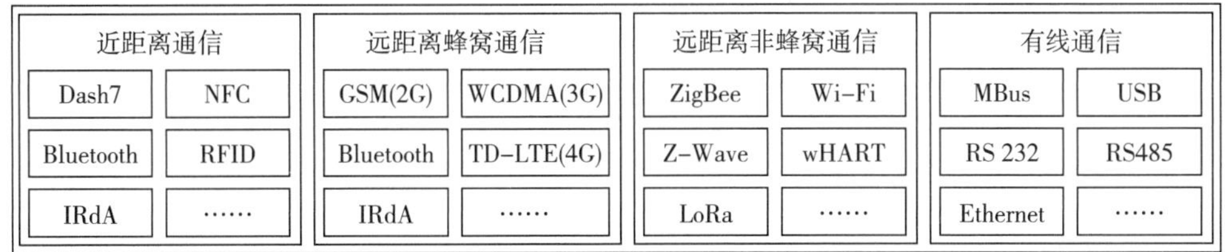

近距离通信		远距离蜂窝通信		远距离非蜂窝通信		有线通信	
Dash7	NFC	GSM(2G)	WCDMA(3G)	ZigBee	Wi-Fi	MBus	USB
Bluetooth	RFID	Bluetooth	TD-LTE(4G)	Z-Wave	wHART	RS 232	RS485
IRdA	……	IRdA	……	LoRa	……	Ethernet	……

表 1 物联网设备接入方式

无论采用何种方式，其最终会通过 Ethernet 进行汇聚，这是因为 Ethernet 是通信组网体系结构中规模最庞大、质量最稳定、应用场景最多的物联网组网方式。在大多数环境下的物联网一般为园区局域网，其出入口会部署安全网关或防火墙设备。在运营商环境下，由于物联设备更多地承担测点数据上报的任务，因此在现行 IPv4 体系下多采用私网穿透的手段，而在 IPv6 的环境中则每一个设备都会具有唯一 IP 地址。对于不支持 TCPIP 的物联设备一般会通过边缘网关做代理，再通过 TCPIP 接入 Ethernet。

由于 Ethernet 广泛的使用场景，其必然成为网络攻击的普适性载体（这并不意味着其他组网接入方式不发生网络攻击），绝大多数的 DDOS 攻击都是发生在 Ethernet 环境下的。目前攻击手段层出不穷，但抵御手段却相形见绌后知后觉，且一般以流量引流和封闭入口为主，多少有些被动挨打的意味，溯源攻击的反击手段少之又少。

6. 互联协议林立

物联网设备成规模体系的比较少，多见于通信、视频监控等行业。视频监控企业集中，行业协会权威，引领的 GB28181、Onvif、H. 323、H. 245 等互联互通协议已成为行业内默认标准，并依赖于 SIP/RTSP/RTP/RTCP 等存在多年的 RFC 标准，但更多的物联网设备功能简单，南北向协议的定义各自为政。且由于物联设备接入方式多样，同时要考虑功耗、自持力、自维护等问题，其应用层协议更加简单和轻量化，交互过程亦更加简洁，这就为那些瞄准数据安全、协议安全的恶意程序提供了可乘之机。

	DDS	MQTT	AMQP	XMPP	JMS	REST/HTTP	CoAP
抽象	Pub/Sub	Pub/Sub	Pub/Sub	NA	Pub/Sub	Request/Reply	Request/Reply
架构风格	全局数据空间	代理	P2P 或代理	NA	代理	P2P	P2P
QoS	22 种	3 种	3 种	NA	3 种	通过 TCP 保证	确认或非确认消息
互操作性	是	部分	是	NA	否	是	是

续表

	DDS	MQTT	AMQP	XMPP	JMS	REST/HTTP	CoAP
性能	100000msg/s/sub	1000msg/sub	1000msg/s/sub	NA	1000msg/s/sub	100req/s	100req/s
硬实时	是	否	否	否	否	否	否
传输层	缺省为 EDP，TCP 也支持	TCP	TCP	TCP	不指定，一般为 TCP	TCP	UDP
订阅控制	消息过滤的主题订阅	层级匹配的主题订阅	队列和消息过滤	NA	消息过滤的主题和队列订阅	N/A	支持多播地址
编码	二进制	二进制	二进制	XML 文本	二进制	普通文本	二进制
动态发现	是	否	否	NA	否	否	是
安全性	提供方支持，一般基于 SSL 和 TLS	简单用户名/密码认证，SSL 数据加密	SASL 认证，TLS 数据加密	TLS 数据加密	提供方支持，一般基于 SSL 和 TLS，JAAS API 支持	一般基于 SSL 和 TLS	

表 2　物联网应用层协议比较

2015 年 12 月 23 日，乌克兰 Kyivoblenergo 电厂所辖的三个供电区停电，所有报修和求助电话均无法接听。事后查明，这是由恶意代码黑色能量（BlackEnergy）引发的攻击，事先通过邮件传播到电厂内网。BlackEnergy 代码疑似由俄罗斯黑客组织研发，专门用于攻击数据采集与监视控制（SCADA，Supervisory Control And Data Acquisition）系统。同时，在这次攻击中攻击者对报修系统发动了 DDOS 攻击，成功阻塞了电厂的应急响应能力。这是一次典型的针对电力物联网的攻击事件，攻击者采用了代码植入和 DDOS 联合攻击的方式造成了可怕的后果。以史为鉴，警钟在耳，我们更应该加倍重视物联网的安全问题。

二、物联网安全技术

物联网安全是个全栈的行为，是"服、用、云、管、边、端"全生态统一协作联合布防才能生效的课题，仅仅从物联网设备端采取严防死守的策略并不能阻抗已经渗透到各个角落的 APT 攻击。因此我们可以从物联设备启动、Rootkit 注入保护、DDOS 攻击防御、设备安全准入、数据和协议安全等几个方面综合考查物联网安全的应对之策。除此之外，还要保证物联网管控平台、云平台、互联互通接口、物联网业务系统等基础设施的安全。

1. 基于可信计算的安全启动技术

可信计算是由 TCG（Trusted Computing Group，可信计算组织）推动和开发的安全计算技术，在计算和通信领域中广泛应用基于硬件安全模块的可信计算平台以提高整个系统和应用软件的安全性与完整性。作为一门新兴技术，其主要目标包括计算平台的完整性、平台的远程证明、数据存储的安全性、数字知识产权保护。

作为高级可持续威胁（APT），如果不是潜伏在系统的最深层，如果不是先于操作系统加载，如果不能在启动过程中制衡保护软件实现对自己"免杀"，那实在不好意思称自己是"合格的 APT"。对于这样心高气傲神通广大的威胁代码，唯一的办法就是先于它掌控系统的运行权。可信计算技术就是这场"运行权战争"中的"定海神针"，采用层层度量的方式校验每一个启动步骤的完整性和正确性，通过信任链的可传导性来保证计算平台的完整性。

度量是一级级从底层向上逐级度量的，通常是以先启动的软硬件代码（例如安全芯片）作为信任根，并以此为标准对后一级启动的软硬件进行度量，如此实现信任链的向后传递，以保证系统计算环境可信。

整个过程遵循“先度量再执行”的策略，例如在 Windows 系统启动时，可以以 BIOS 中的某段代码为核心信任根模块（可信根），对启动链上的 BIOS/UEFI、WinLoader、操作系统镜像文件等进行逐级静态度量（如图 1 所示）。

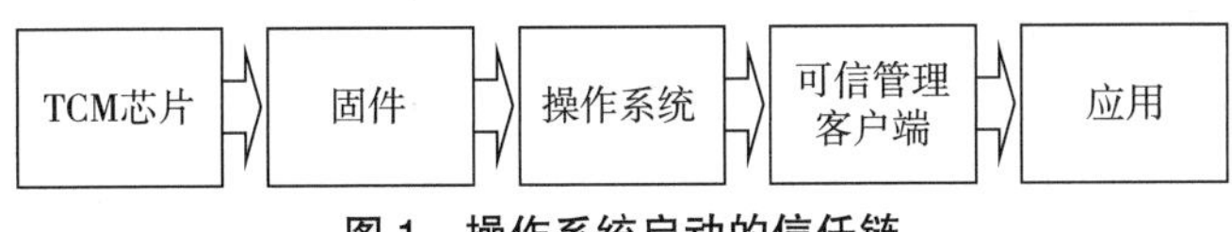

图 1　操作系统启动的信任链

可信根作为整个系统信任链的最底端必须绝对可信，因此可信根一般是通过厂家在安全芯片中直接植入算法和密钥实现的，具有不可覆盖性，因此这部分代码也被称为可信软件基（TSB，Trusted Software Base）。

ARM 作为老牌的处理平台厂商亦针对消费类物联设备的安全保密与可信计算提出了 TrustZone 技术。该技术本质上是一种硬件平台结构和安全框架，将片上系统的软硬件资源分为安全世界与非安全世界（类似 X86 系统下的 0 环和 3 环），通过访问权限的差异性来保证资源的安全性，非安全世界和安全世界通信需要通过中间的 Monitor Mode 进行转换（如图 2 所示）。

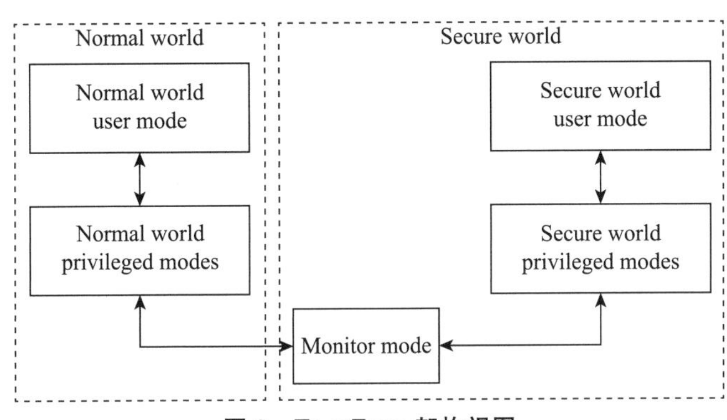

图 2　TrustZone 架构视图

2. Rootkit 防御技术

Rootkit 是系统安全领域老生常谈的一个话题，无论采用哪种处理器架构，也无论在什么操作系统中，Rootkit 都鬼影相随。所谓 Rootkit，就是系统中以隐藏自身、控制设备和获取隐私信息为目的的恶意代码。物联网设备“中的招”十有八九就是以获取信息和控制设备为特征的 Rootkit 恶意进程/代码模块，因此对于 Rootkit 的防御就显得尤为重要。

Rootkit 的执行特征如下：

（1）将恶意代码放置在内存的数据区，通过堆栈溢出等手段在数据区执行这些代码。

（2）通过远程线程、默认加载等方式将恶意代码模块加载到应用进程中，即“模块注入”。

（3）通过挂钩操作系统的重要方法（例如系统调用或中断响应例程等）来获取自己渴求的数据。

（4）通过过滤型驱动挂钩网络协议栈，以获取重要网络流量并对数据包进行篡改。

（5）通过挂钩重要可执行模块的 EAT/IAT（导出/导入地址表）的方式改变进程执行流程。

从上述 Rootkit 的运行特征可以反向推导出防范抵御 Rootkit 攻击的手段。Windows 系统在抵御 Rootkit 方面走在了前面，由于 Windows 系统的运行环境和计算资源都比较宽松，因此拥有更多的机制和手段保障安全性。而对于物联网的系统，由于其功耗、计算资源等方面的限制，操作系统一般比较精简，因此有针对性地制定 Rootkit 防御机制就更显必要。

（1）物联网设备通信模块短小精悍，一般不存在协议栈的说法，因此通过过滤型驱动截取网络数据包的方式在物联网设备中不会存在。

（2）物联网系统不存在远程线程、默认加载等复杂的应用机制，因此无需考虑模块注入问题。

（3）堆栈溢出在物联网系统中是比较常见的，因此可以采用类似 Win7 的数据执行保护（DEP）机制阻止恶意代码在内存数据区被执行。

（4）物联网系统同样也存在中断响应例程、系统调用服务例程等重要的方法，依然需要防止这些重要部位被挂钩。可以采用类似 Windows 的 PatchGuard 机制防止这些重要部位被改写。

（5）可采用内核进程签名校验的机制阻断不明进程的安装和运行。

3. 抗 DDOS 攻击技术

DDOS 攻击也是网络安全领域亘古不变的话题，无论物联网还是视联网，只要还支持 TCPIP 协议就面临被 DDOS 攻击的危险。DDOS 是一种攻击大类，核心思想是通过车轮战使目标系统疲于应付而无法正常运行其他进程，它包括细分的多种攻击手段，常见的有以下几种：

（1）SYN Flood。通过伪造大量不存在的 IP 地址，在极短时间内向服务器不间断发送 SYN 包，服务器回复确认包 SYN/ACK，并等待客户端永远都不会响应的确认回复。如此服务器需要不断重发 SYN/ACK 直至超时，这些伪造的 SYN 包将长时间占用未连接队列，正常的 SYN 请求被丢弃，导致目标系统运行缓慢甚至瘫痪。这是利用 TCP 传输特性制造的“车轮战”。

（2）ICMP Flood。极短时间内向目标主机不断请求 ICMP 回应，导致目标系统负担过重而不能处理正常的 IO 业务。这是利用 ICMP 协议制造的“车轮战”。

（3）UDP Flood。极短时间内向目标主机发送大量 UDP 报文，致使目标系统负担过重而不能处理正常的 IO 业务。这是利用 UDP 协议制造的“车轮战”。

（4）ARP Flood。攻击者可以在极短时间内发送大量 ARP 请求包以阻塞正常网络宽带，使局域网中有限的网络资源被无用的广播信息所占用而造成网络拥堵。这是利用 ARP 包制造的“车流战”，瘫痪的是承载网络。

除了上述几种利用二三四层协议营造的 DDOS 攻击外，应用层、会话层协议亦可以制造 DDOS 攻击的效果，例如通过短时间超大量的 HTTP 请求使 WEB 服务器崩溃、在短时间内通过超大量的流媒体会话协议使视频服务器崩溃等，这些攻击手段都迎合了 DDOS 攻击的本意，即极限施压使之疲于应付而崩溃。

一般情况下 DDOS 攻击的抵御是通过引流的办法，即首先需要防护系统判断发生了 DDOS 攻击，再启动流量引流机制，将 DDOS 攻击包引导到攻击缓冲区域进行消化。由于物联网领域设备数量庞大，尤其要注意防 DDOS 攻击的问题。

（1）在 IPv4 环境下多采用私网穿透的方式与外部系统进行通信。由于私网穿透通信的单向性，外部系统主动发起 DDOS 攻击的可能性较低，特别是在部署了对称性 NAT 服务的时候，从外向内通信的限制非常严格，也能在一定程度上阻断 DDOS 攻击流。

（2）物联网与互联网之间也会存在网络隔离设备，例如安全接入平台或网闸，其安全级别可以自主设置。虽然其通信效率较低，但能够对网络包进行深度检测（DPI），也能在一定程度上阻抗 DDOS 攻击流。

4. 物联网设备指纹技术

设备指纹是近年来新兴的物联网设备接入准入技术。其核心原理是通过设备的操作系统、厂商 ID、MAC 地址、端口号、IP 地址、协议报文种类等属性生成一系列固定的且与每个设备相关的私有信息，以达到识别设备的唯一性。物联网平台通过设备指纹库识别设备，对于非指纹库内的设备可进行阻断和报警。传统识别设备唯一性的方法是通过 ID，但这种方式存在相当大的可仿冒性和可替换性，且由于设备 ID 一般处于 OSI 协议栈的高层，仿冒的门槛也更低。而通过设备指纹标识设备的唯一性却具有很低的可仿冒性和可替换性。

（1）设备的操作系统会带有一定的标识，例如版本号、厂商 ID 等，对于这些属性的仿冒并不容易，可能要通过 Patch 的手段改动内核态变量。

（2）MAC 地址、IP 地址、端口号等属性具有设备的唯一性，虽然也具有仿冒性，但仿冒这些联合的属性也并不容易。

(3) 协议报文虽然遵循一定的标准，但每个厂商的设备协议的报文头或报文体多少会有些私有信息存在，例如 SIP 协议头域中的 User-Agent 属性就会附带厂商信息。再比如协议交互的时间间隔、回复特征等这些更加细微的区别也是设备指纹的重要组成部分。

因此，通过设备指纹鉴定设备的唯一性、检测设备在线、设备私接、设备仿冒具有很高的不可仿冒性和不可替代性。

设备指纹生成包括主动探测和被动监听两种方式：

(1) 主动探测方式的主要思想是主动向物联设备发送 ICMP、UDP 包，或者主动建立 TCP 连接，甚至主动发起一些应用层以上的协议来探测设备的回复信息（例如 ICMP echo reply、ICMP 端口不可达、HTTP Response 等报文），根据这些报文来识别设备的特殊属性。有的厂家也会支持一些私有协议专门用以标识设备的不可仿冒性。

(2) 被动监听方式的主要思想是通过网络探针监听设备的交互报文，并将这些报文旁路到采集端进行分析，通过源端口、源地址、MAC 信息、报文特征等信息判别设备的不可替换性。

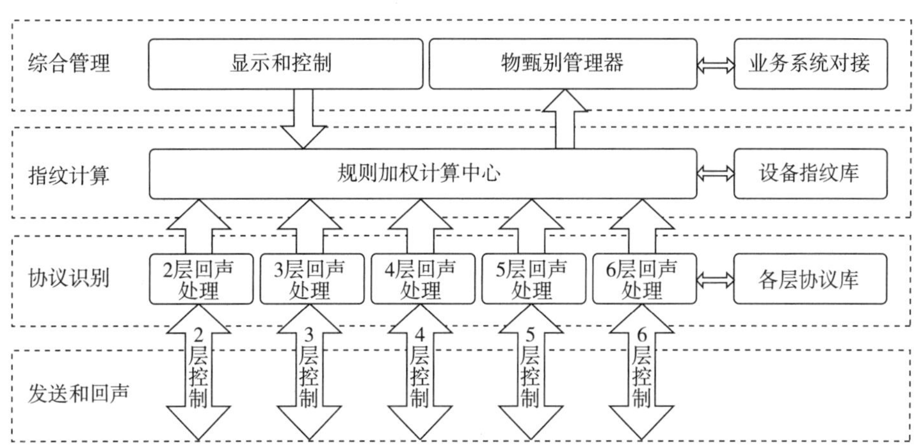

图 3　一种基于 OSI 协议栈指纹回声的物甄别系统

设备指纹已在视频监控领域有了较为广泛的应用。但在物联网其他领域，由于协议报文种类的繁杂性，且许多设备并不处于 TCPIP 网络中，因此尚无太多的应用场景。

5. 数据安全技术

物联网数据安全包括数据本身的安全和协议安全两重内涵。但无论是哪种内涵，其本质都是对数据和协议报文的加解密，当然也包括协议的证书认证机制。在安防领域，公安部早已制定了 GB35114 标准，并根据密级高低划分了 ABC 三个等级，分别对协议报文进行认证加密、对视频 NAL 进行认证以及对视频内容本身加解密。

国家强制性标准的加持是对数据安全的最强注脚。

基于公安大数据的城市公共交通安全实战平台建设

文/高彬　李胜广　许文鹏　宋世达　李刚　公安部第一研究所

面对大数据、物联网、人工智能等代表的新一代科技革命浪潮，各级公安机关积极推进公安大数据战略。以 2018 年发布的《公安部大数据智能化建设规划设计总体需求书》为指导，在科技创新、数据共享、安全保护等方面进行前瞻性布局，全面推动公安工作质量变革、效率变革、动力变革，为维护改革发展稳定大局、促进社会公平正义、保证人民安居乐业作出新的重大贡献。

公共交通是城市综合交通体系的骨干和重要组成部分，其安全运行对保障人民群众生命财产安全、维护社会安全稳定具有重要意义。全国多地政府明确提出“十三五”期间，人口超过 100 万的城市，公共交通出行分担率需要提高至 60% 以上，像北京这样的特大型城市，公共交通出行分担率已经超过了 70%，日均客运量将近 2000 万人次，如此巨大的客流量，人员结构复杂，对乘客身份和乘客行为很难有效掌控，这就给公安公交业务部门的安全管控工作带来了巨大的挑战和压力。借助公安大数据分析、大数据应用、大数据服务建设城市公共交通安全实战平台，探索信息化、智能化的新型警务模式发展，在维护公共交通安全和社会稳定中发挥重要作用。

一、现状分析

公安数据平台建设经过 20 年的探索，积累了大量的经验，但是从全面推动公安大数据战略的高度来看，结合公安公共交通实际业务，以下几个方面已然成为制约公安大数据应用的瓶颈：

1. 海量数据，多源异构，缺少统一的数据处理标准

公安公共交通业务涉及的数据量巨大，不仅需要公安内部不同业务部门的数据支持，还有来源于外部单位业务系统的各类数据，这些数据具有不同的数据结构和数据质量，即便同一数据也有不同的来源，不同的访问方式对数据的获取、更新、同步机制要求很高，并且缺少统一的数据处理标准导致数据难以集成和统一，缺乏有效的数据质量管控标准导致海量数据因质量过低难以有效使用。

2. 战法研判、分析模型落后，数据应用层级较低

目前，不少公安大数据应用还停留在信息组合查询和对数据的宏观统计分析上，如本月发生了多少起案件、案件分布在哪些区域等，再以数据可视化的方式在大屏上呈现出来，这种数据应用实际上对公安业务产生不了多少实战意义。公安大数据应用的目的是要通过大数据的分析把关注的目标具体到某个人和未来可能会发生的某个事件，从而形成以“人+事件”为核心的分级分类管控和预测预警机制，做到先发制人，掌握社会治安防控的主动权和主导权。

3. 数据共享和交换的壁垒还未打通

由于数据安全和技术障碍带来的壁垒，导致公安信息网、视频专网等多种网络之间仍然存在数据共享不充分和业务流程衔接不畅的现象，大量数据分散在不同的业务部门，无法有效共享，形成了极大浪费。同时对接入的外部数据资源如何应用、服务目标并不清楚，导致数据资源管理成本和处理技术难度增加等问题，数据应用成效无法彰显。要有效解决这些问题，需要从标准化、智能化和体系化等方面加强建设，按照统一的公安大数据处理标准，强化公安大数据发展和应用统筹协调机制，为数据驱动资源，应用调度资源提供支撑；利用智能技术驱动大数据挖掘分析，实现智能化高端应用，推进智慧公安建设；尽快完善公安内、外部大数据资源配套政策体系，建立可持续机制，强化大数据资源开放共享。

二、建设目标和内容

1. 建设目标

面对城市公共交通安全日益严峻的管控压力，涉及的海量数据无法及时、有效地转化为一线民警的战斗力，公安公交业务部门利用大数据、人工智能等前沿技术，开发综合性强、功能性全和数据量大的城市公共交通安全实战平台，全面整合城市公共交通各类基础信息、动态信息、告警信息、物联网信息等，满足公安公交业务部门工作中安全应急指挥、决策支持、智能化研判分析、视频监控整合互通的需求。

2. 建设内容

建设内容可以概括为：大数据基础资源、大数据技术平台、大数据治理平台、大数据服务平台、综合应用系统和安全运维保障系统。

（1）建设大数据基础资源

大数据基础资源包括计算资源、存储资源、数据库资源、网络资源、备份资源。需在机房配备与应用系统业务量相适应的服务器、存储、网络、安全、备份设备和相应的系统软硬件环境。承担城市公共交通安全实战平台中的数据支撑任务，为综合应用系统提供时效性高的基础资源支撑服务，承载城市公共交通安全实战平台的基础设施和应用支撑平台，在其上形成核心数据中心平台。

（2）建设大数据技术平台

大数据技术平台包括分布式文件系统、分布式数据库、计算引擎、ETL 工具、消息组件、搜索引擎、性能监控等。从功能架构上可分为数据采集、数据计算与存储、资源开放、数据资产管理和系统运维监控。

（3）建设大数据治理平台

大数据治理平台包括数据工程、数据接入、数据处理、数据组织（资源库、主题库、专题库）、数据管理、数据标准化、数据服务等。

（4）建设大数据服务平台

大数据服务平台主要提供基础数据支撑（数据资源目录、接口服务、数据共享交换）、应用组件支撑服务（工作流组件、报表工具、索引构件、API 网关）、分析服务（标签、关系、预警、轨迹、比对）、专项数据分析应用服务（包括行业车辆分析、安检分析预警、客流分析预警、票卡分析预警、重点人员分析、视频分析等）。

（5）建设综合应用系统

结合公安大数据技术，建设城市公共交通安全实战平台的综合应用系统，包括指挥综合应用、智能研判、治安防范、公交行业车辆实时管控等。

（6）建设安全运维支撑系统

安全技术方面主要从计算环境安全、区域边界安全以及通信网络安全三个层面对平台的安全防护现状进行考虑，应按照等级保护第三级安全要求进行设计，使其具备等保三级的安全能力，可以保障网络系统具备高度安全防护能力。按照“高起点、高标准、高质量”的运维要求，构建一个平台化、智能化、集成化、高可靠性的集中 IT 服务管理平台，并用于日常运行管理，并且支持可视化展现。

3. 关键技术

（1）ETL 技术

构建数据仓库的一个关键核心技术是数据集成和迁移。ETL 作为数据仓库构建的核心和灵魂，它能够按照统一的规则集成并提高数据的价值，是负责完成数据从数据源向目标数据仓库转化的过程，是实施数据仓库的重要步骤。ETL 是在数据迁移过程中进行数据抽取（extract）、转换（transform）和加载（load）的过程。ETL 过程的主要目的就是以最小代价将面向日常业务操作的数据转化为面向数据仓库存储的决策支持型数据。传统的方法是手动编写 SQL 语句和相对应的程序来实现数据抽取转换工作。这种方法对技术人员的专业水平要求很高，又要求对业务方面有足够的了解。传统方式实现的抽取转换工作在经历了一段时间后会造成 SQL 语句的数量急剧增加，系统会逐渐变得难以维护，模块难以复用。因此采用通用成熟的 ETL 工具来实现对业务系统中数据的集中可以提高复用维护的简易性，减少设计抽取转换流程的难度，使技术人员把精力放在业务上而非实现的细节上。

（2）微服务技术

微服务架构风格是一种将一个单一应用程序开发为一组小型服务的方法，每个服务运行在自己的进程中，服务间通信采用轻量级通信机制（通常用 HTTP 资源 API）。这些服务围绕业务能力构建并且可通过全自动部署机制独立部署。这些服务共用一个最小型的集中式的管理，服务可用不同的语言开发，使用不同的数据存储技术。

（3）B/S 技术架构设计

在系统客户端方面采用 B/S 模式。根据信息系统和数据的现状进行分析，体系结构灵活，易于维护和升级，由于客户端只要使用浏览器便能对系统授权访问，功能实现都在服务器端完成，系统的维护和升级都集中在服务器端，对于用户来说没有特定的要求。当服务器负荷增大时，可以采用服务器集群和负载均衡的方式提供系统性能。

三、平台应用层系统建设

针对城市公共交通的特点，结合公安大数据技术，建设城市公共交通安全实战平台的综合应用系统，包括指挥综合、智能研判、治安防范、公交行业车辆实时管控等。

1. 综合指挥

实现指挥中心、派出所指挥室、警务室的一张图全景监测，对公共交通安全态势的信息获取。功能可分为地图可视化、业务数据全景检测和事件态势全景检测。

（1）地图可视化

①线网地图

绘制城市公共交通地图，用于可视化展示业务图层数据，支持按照线网、辖区、站点的视图查看对应的业务数据和事件处置指挥场景。

图层包括线网的警力分布、警情事件、风险隐患、预警事件、客流分布图层。

②站点地图

绘制站点三维电子平面地图，支持基于地图的业务数据可视化和交互。对接各轨道车站的设备信息，包括摄像头点位信息、人脸抓拍机点位信息、感知门设备点位信息、安检机点位信息、闸机点位信息等。支持在地图上点击设备查看设备详细信息，支持进行设备查询。

③PGIS 地图

对接调用 PGIS 地图，获取地上地下公共交通地理信息数据，支持业务数据可视化和交互。PGIS 图层包括警力分布图层、警情事件图层、风险隐患图层、预警事件图层。地图交互主要包括长途客运枢纽站、公交场站点位详细信息查看，勤务活动、警情、预警、人员信息详细信息的点击查看，地图圈选等。

（2）业务数据全景检测

①警情统计展示

接入 110 警情、派出所自接警警情，根据站点显示警情位置信息、事件类别和事件内容，对所有警情进行统计分析后以图表进行直观展示。例如，展示各辖区警情的数量排名。

②预警统计展示

将人脸预警、感知门预警、安检预警等预警信息根据站点显示预警位置信息、事件类别和事件内容，进行统计分析后以图表进行直观展示。例如，展示各辖区预警的数量排名与抓获率排名。

③风险隐患统计展示

根据站点显示民警采集的风险隐患事件的位置信息、事件类别和事件内容，将统计分析后的结果以图表进行直观展示。例如，展示风险隐患的采集数量排名与完结率排名。

④案件统计展示

对相关案件通过图表进行分类统计展示，包括扰乱公共秩序类、妨害公共安全类、侵犯人身、财产权类妨害社会管理秩序类等。

⑤安检统计展示

对车站安检数据进行统计展示，包括累计过机包数、安检人数、查获违纪品数等。

（3）事件态势全量监测

对接入的各种数据匹配到对应的轨道、公交车站（场站），确定事件发生的具体位置，并在线网地图上直观地显示。

①警情三色预警图层

针对警情信息，设定警情数量临界值。在预警的周期内，当实际案发数超过临界值时，根据不同的预警模型和分级模型计算出预警级别和预警范围，系统自动给出预警提示，并在线网图上显示三色警情分布图。

②预警三色预警图层

针对预警信息，设定预警数量临界值。在预警的周期内，当实际案发数超过临界值时，根据不同的预警模型和分级模型计算出预警级别和预警范围，系统自动给出预警提示，并在线网图上显示三色预警分布图。

2. 治安防控

治安防控主要是针对重点管控人员、公共交通客流以及部分极端个人行为的提前布防。覆盖个体、群体以及事件的安全防范。包括动态布控、客流管理和治安管理。支持对重点人员或者其他关注人员进行布控、撤控。支持系统统一布控、统一接收预警信息、统一汇总预警信息与处置情况。

地铁客流监测主要显示车站（含各区域）的客流进出站情况，功能包括实时进站客流查询、实时出站客流查询、实时换乘客流查询、实时断面流量查询、实时断面拥挤度查询、实时站点客流排行、实时线路客流排行。对线网客流进行监测，尤其对重大勤务活动或者大型群体活动期间车站进出站、换乘通道、安检、闸机等区域的客流进行实时监测。

支持对治安巡查的计划进行制订，并将计划进行发布，相关人员对任务进行认领。在任务认领后支持防控人员的任务执行上报，支持审批核实，且支持对相关巡检任务的统计分析。通过该系统对治安检查电子化，大大减少各派出所上报检查情况的工作与各职能部门的汇总统计工作。

3. 智能研判

基于本系统接入的数据资源，分别提供人、事、物分析挖掘、智能研判工具和算法模型。

（1）票卡分析

通过综合处理分析IC卡数据，对持有票卡目标对象进行跟踪、查询、预警、布控等。通过设定多种异常行为，实现对异常行为、异常人员的事前预警。主要包括乘车信息查询、乘客轨迹比对查询、乘客乘车数据统计查询、乘客高危人员查询、乘客高危地域查询、规律分析自动标签、乘客行为异常预警查询等。

（2）客流分析

结合刷卡信息、购票信息、安检信息、进站信息等对轨道交通、公交、长途客运客流进行统计分析，实现进出站客流统计分析，按不同时间、维度客流统计分析预警，同比环比客流分析、节假日客流分析、重大活动客流分析、重点监控区域客流分析、客流趋势分析预测以及警力资源配备建议。

（3）GPS分析

通过GPS信息实现对车辆轨迹定向查询、车辆轨迹碰撞查询、异常分析预警等功能。根据输入的车牌号、线路号定向查询对应的车辆轨迹信息，以列表和地图结合进行分析展示。基于时间范围信息、地理位置范围信息，查询同时满足时间、地理位置信息的车辆轨迹信息，并且可以同时满足多个时间的地理位置信息取交集或者满足任意地理位置信息的取并集，以列表和地图结合的形式进行分析展示。

异常分析预警主要是对线路偏离车辆分析、站点停靠超时分析、出租车聚集分析、行驶速度分析。

四、结语

本文提出的基于公安大数据的城市公共交通安全实战平台，运用大数据架构、人工智能等前沿技术，结合城市公共交通公安工作的业务特色，全面整合城市公共交通各类数据，可以满足公共交通安保工作中安全应急指挥、决策支持、智能化研判分析等需求。推动公安工作不断向智能化、科技化发展，解放警力的同时提高工作效能，为城市公共交通安全保驾护航。

红外热成像技术在安保机器人中的应用

文/李强　李剑　韩忠华　公安部第一研究所
骆聪聪　北京中天锋安全防护技术有限公司

随着大数据、人工智能、物联网等前沿技术的发展，越来越多的科技装备得到普及应用。安保机器人作为智能化高新科技装备，在协助民警执勤、智能安防、便民服务等方面应用显有成效，在公共安全领域中扮演重要角色。根据不同的应用场景，安保机器人按特定要求规划执行安保、巡逻任务。无论是日常的安保、巡逻任务，还是重大活动的固定点位执勤任务，其运行稳定、效用突出，但在一些特殊场景中的应用，安保机器人的性能和功能还需要不断地完善提升。其中，在雾霾、烟、雨、雪等恶劣天气、照度较低的夜间巡逻情况下，安保机器人采集的视频信息后端平台难以应用识别，如有可疑人员出现在巡逻区域，很难排除干扰得到有效告警。多数情况下巡逻执勤任务需要组织安保人员不间断进行勘察，而安保人员的主观判断往往受制于经验和生活中积累常识的影响，对巡逻区域尤其是灯光昏暗、绿植覆盖面积较大的地方易产生视觉盲点，检查时会出现客观的错误判断。

为进一步推进安保机器人的实战应用，加强其夜间、恶劣天气情况下的服役性能，切实解决安保机器人夜间巡逻对目标识别不清、异常人员未能及时发现等问题，应用红外热成像技术使其能够分辨视野范围内隐秘遮挡的可疑目标，同时将采集的图像与人体形态库中的信息进行比对，客观地反映目标是否为入侵人员并给出判断结果。

一、红外热成像技术概述

目前，红外热成像技术在人工智能、医疗、建筑、航天等众多领域地位逐渐凸显，得到国内外专家、学者以及工程技术人员重点关注。鉴于红外热成像技术在实际应用中的诸多需求，对其进行深入研究和应用具有重要的现实意义。

1. 工作原理

当物体温度高于绝对值零度（-273℃）时，会持续向周围辐射出载有物体特征信息的红外线，因此识别目标物体的热力场分布与温度高低成为了红外热成像技术的关键所在，即此技术属于一种被动红外夜视技术。由于人眼的视觉范围有限，无法识别此种特征，为使目标特征更加明显，通过光电红外探测器将目标物体特征信息转化为电信号，对应的成像设备将接收到的电信号转化为物体空间温度分布。最终系统生成视频图像信号，将其直观地显示出来，即红外热成像图像（如图 1 所示）。

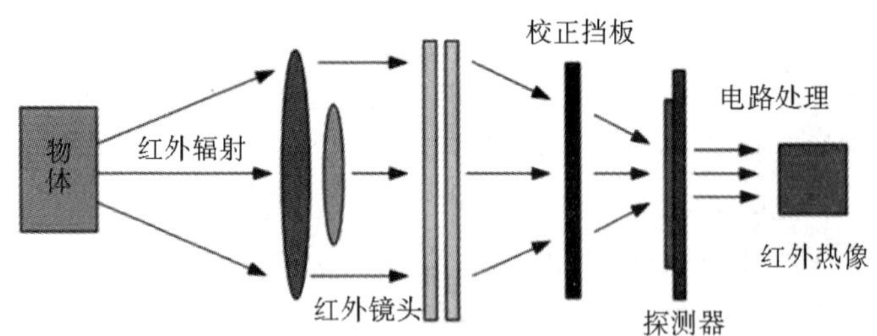

图 1　红外热成像摄像机成像原理示意图

2. 性能特点

单次循环识别面积广、稳定、非接触、易操作等均为红外热成像检测技术的优点所在。具体如下：

（1）可 24 小时全天候监控；

（2）探测能力较强，可远距离发挥效用；

(3) 作为一种被动式的非接触式检测与识别，隐蔽性强；

(4) 在恶劣环境中可同时对多目标实现高精度、远距离监控；

(5) 在强光等客观条件下，物体表面的温度场图像的显示仍旧不受影响。

以上特点主要针对非制冷红外热成像设备，相较于传统红外摄像机和微光夜视技术具有明显优势。但在日常视频数据采集中，红外热成像视频的清晰度要低于可见光摄像机，且长时间运行工作会使设备温度升高，导致测量精度有所误差。

红外热成像摄像机监测对象的表面温度不因光线的变化而波动，提高夜间监控的有效性及视频监控质量是红外热成像技术应用于安保机器人的关键因素，为安保机器人能在特殊场景下应用提供有效的技术支撑和安全保障。

二、安保机器人红外热成像系统

红外热成像技术的应用很大程度上提高了安保机器人在特殊场景中的实战应用，其系统组成及技术实现方案具体如下：

1. 系统组成

如图 2 所示，安保机器人红外热成像系统组成包括搭载红外热成像机的安保机器人、安保机器人红外热成像系统平台、无线网络通信、便携式终端设备。红外热成像机搭载在安保机器人上，连同高清摄像机共同采集安保机器人周围信息，存储在 NVR 设备内供后续溯源取证应用。

安保机器人红外热成像系统平台包括热成像数据汇聚、分析处理、异常信息推送。其中涉及对视频数据的智能分析，在分析算法的基础上通过预设阈值对上传数据进行分析比对，如果溢出处置，则产生异常数据预警提示，阈值范围根据需求可对算法相关部分进行调整。

无线通信为红外热成像系统平台和前端设备提供传输数据实时上传与指令下发的连接通道，数据经过无线通信网络将安保机器人采集的数据推送至安保机器人红外热成像系统平台，通过无线网络将红外热成像视频数据及异常情况推送至便携式终端，实现平台与前端、前端与接收终端的数据共享和互通。

便携式终端作为现场数据查看及报警接收设备，可对安保机器人进行实时遥控，接收安保机器人推送的红外热成像视频，发现异常情况实时显示，实现精准、快速识别及处置。

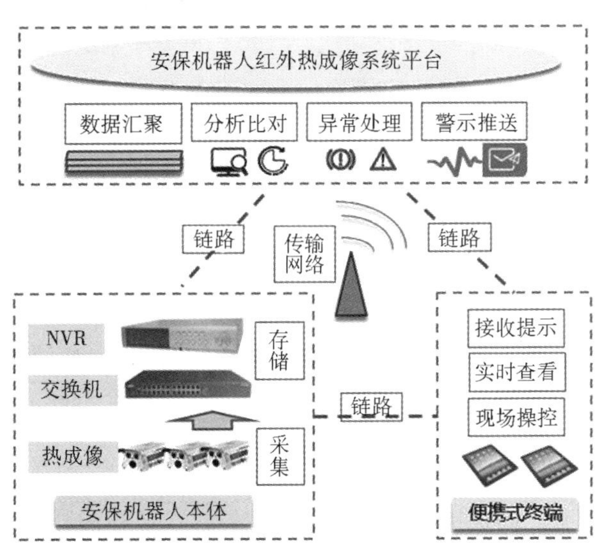

图 2 安保机器人红外热成像系统架构

2. 技术方案

为确保安保机器人现场采集数据实时稳定推送，以及异常情况信息实现毫秒级响应态势，对前端采集现场数据进行同时双向推送。一方面，通过无线通信网络推送至红外热成像系统平台，对采集的图像同人体形态库中的信息比对及研判；另一方面，通过无线局域网模式推送至便携式终端，用于前端安保人员调取查看。

（1）红外热成像系统技术方案

在巡逻过程中，安保机器人红外热成像系统能进行人体捕获与识别功能，包括人体的入侵报警、越界报警、遗留物报警等。其中，对于入侵报警可事先指定巡逻区域边缘位置；对于越界报警可事先指定边界的位置以及越界的方向；对于滞留报警可事先指定滞留时间的阈值。

在安保机器人运动过程中，实时对红外成像视频流中出现的人体进行检测和定位，输出视频中出现的人体的位置（定位框），当人体识别报警触发，机器人停止移动，安保机器人红外热成像系统平台弹出人体识别报警弹窗，红外热成像系统平台将人体识别报警信息下发到安保机器人附近的便携式终端，安保人员收到信息后进行可疑人员确定工作。当红外热成像系统平台关闭报警，机器人会继续执行任务。后台若无人点击关闭报警对话框，报警始终不会自动停止。

采集的数据首先在本地 NVR 中存储，再经过安全接入模块通过无线通信网络推送至安保机器人红外热成像系统平台。一方面，利用图像数据处理软件、调用算法函数对数据参数进行比对和研判；另一方面，将输入的原始参数进行处理，抽取数据中的基本特征，如角点、边缘、纹理、线条、边界等，采用梯度类优化算法、标准粒子群算法、线性抽样等算法，对前端采集的数据进行数值演算，形成典型人体特征的机器视觉专家库，用于后期数据的分析和比对。

（2）便携式终端技术方案

如图 3 所示，安保机器人便携式终端警示信息接收方案一方面可接收来自红外热成像系统平台警示信息；另一方面也可直接查看安保机器人红外热成像实时视频。在安保机器人执行任务区域内可通过便携式终端实时接收监测区域内突发情况的警示信息，及时查看监测区域内实际情况，实现发生异常情况的快速响应。

当执行区域夜间巡逻任务时，突然闯入异常人员，机器人会触发预警并将异常信息反馈给便携式终端 APP，弹出预警信息提示安保人员及时处理异常状况，实时保障巡逻区域的夜间安全。

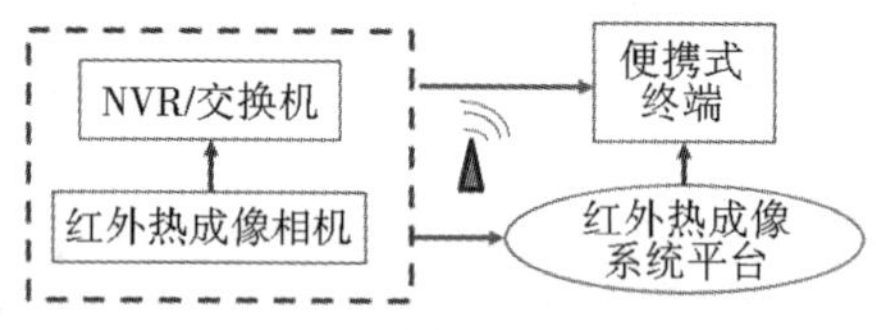

图 3　便携式终端流程图

三、场景应用分析

1. 夜间以及恶劣气候条件下治安巡逻

安保机器人具备红外探测区域入侵功能，可实时监测指定区域内的突发情况，当某区域夜间巡逻时发现闯入异常人员，安保机器人会触发预警并将异常信息反馈给系统平台，平台弹出警示信息提示安保人员及时处理异常，实时保障巡逻区域的夜间安全。

在雨、雪、雾等恶劣气候条件下，通过可见光系统观测效果较差，无法正常工作，而红外的波长较长，穿透雨、雪、雾的能力较强，安保机器人可以通过红外热成像检测技术来克服夜间或者恶劣环境下的巡逻及监控。

2. 绿化区域伪装及隐蔽目标探测识别

部分室外场景存在复杂多变的情况，增加了安保人员对该区域的管控难度，尤其是在重大活动区域周围的草丛及树林中，藏匿可疑人员现象时有发生，现场具体情况无法通过常规检测设备察觉，视觉误判会导致人为错误判断。而草木建筑等物体温度特征信息远低于人体，红外热成像系统在被动接收热辐射信号时，人体特征信息误判现象很难发生。但当灌木丛过于厚密将可疑目标完全遮挡时，应用红外热成像技术难以对可疑目标进行有效识别。

此外，红外热成像系统还能有效过滤环境背景中复杂结构、光线和物体影子等干扰，不会将上述干扰因素误判成目标，实现采用图像分析技术对巡逻区间入侵的自动报警防护，极大地提高了执勤安保机器人的安全防护效率。

3. 重要部门、仓库的安保防火监控

由于红外热成像系统是反映物体温度而成像的，是通过确定视场内最高温度的方法判断是否存在异常火源。当检测到存在高温点的情况时立即触发安全报警，发出警笛报警声，同时联动后台并在后台客户端弹出火灾报警弹窗，弹窗内容包括红外热成像系统检测采集到的图片以及位置等信息，为锁定火灾位置、确认火势合理调配人力提供依据。

四、结语

红外热成像技术在安保机器人中的应用，解决了安保机器人在夜间执行巡逻执勤任务识别不清等问题，可在有限的警力条件下对发生的异常情况实现精准识别、自动预警、快速反应，提升了安保机器人的实战性能，为安保机器人在实战应用中提供有效的技术支撑和安全保障。

智能安检技术在轨道交通中的应用分析

文/厉中军　北京声迅电子股份有限公司
姬光　北京市安全防范报警与安检工程技术研究中心

随着城市轨道交通的高速发展和安检信息化管理需求的日益增长，现有轨道交通客流量巨大，各安检点分散独立，安检设备多样，安检效率较低，缺乏信息联动，人员、设备、报警事件缺乏信息化管理手段现象日益突出，已不能满足轨道交通快速发展、安检管理提质的需求。基于多种技术集成融合的智能安检技术成为安检技术发展的方向。智能安检技术融合了先进的人工智能技术、物联网技术和大数据技术，通过建设安检设备、安检人员及被检物品信息多级联网的统一管理系统，实现安检数据资源从零碎分散、闲置浪费向系统集成、分级共享、深度挖掘转变，实现安检事件处置从传统“看不见、听不着、反应慢”到可视化、实时化、规范化、闭环信息化管理的转变，实现安检监管从纸质登记、人工录入到无纸化、在线化和智能化的转变。

一、应用背景

现有轨道交通安检普遍存在安检点多、线长、面广，各个安检单元各自为战，各个安检设备独立运行，缺乏信息化、系统化的集成建设。主要有以下几个问题：

一是数据存储分散。各类安检数据查询、统计均需依靠人工收集、整理，缺乏有效分析和挖掘利用。

二是缺乏集成整合。不能与监控系统、报警系统和应急联动系统实现有效整合，无法形成事前预防和事后处置相衔接的综合安防机制。

三是管理手段滞后。对安检点的管理和安检质量控制基本依赖公安机关、企业干管的现场检查，缺乏更加科学有效的管理手段，监督检查时效性差、效率低。

四是量力矛盾问题。地铁传统的安检模式与地铁大客流形成了矛盾，导致通行和安全不能兼顾。

现有的安检模式已经难以满足轨道交通运营安全的现实需求，极大地制约了安检工作的效能，容易造成违禁品漏检发生，形成了安全隐患。

针对以上问题，北京声迅电子股份有限公司经过数年研究，研发了一套以“智能检物+差异化检人+信息化管理”为核心的轨道交通智能安检系统。

二、技术方案与系统架构

1. 技术方案

“轨道交通智能安检系统”由智能安检信息化平台和安检点组成，采用互联网平台架构，实现平台和安检点的多级联网，通过专网或互联网的方式实现平台和安检点数据互联互通。

系统架构如下图所示：

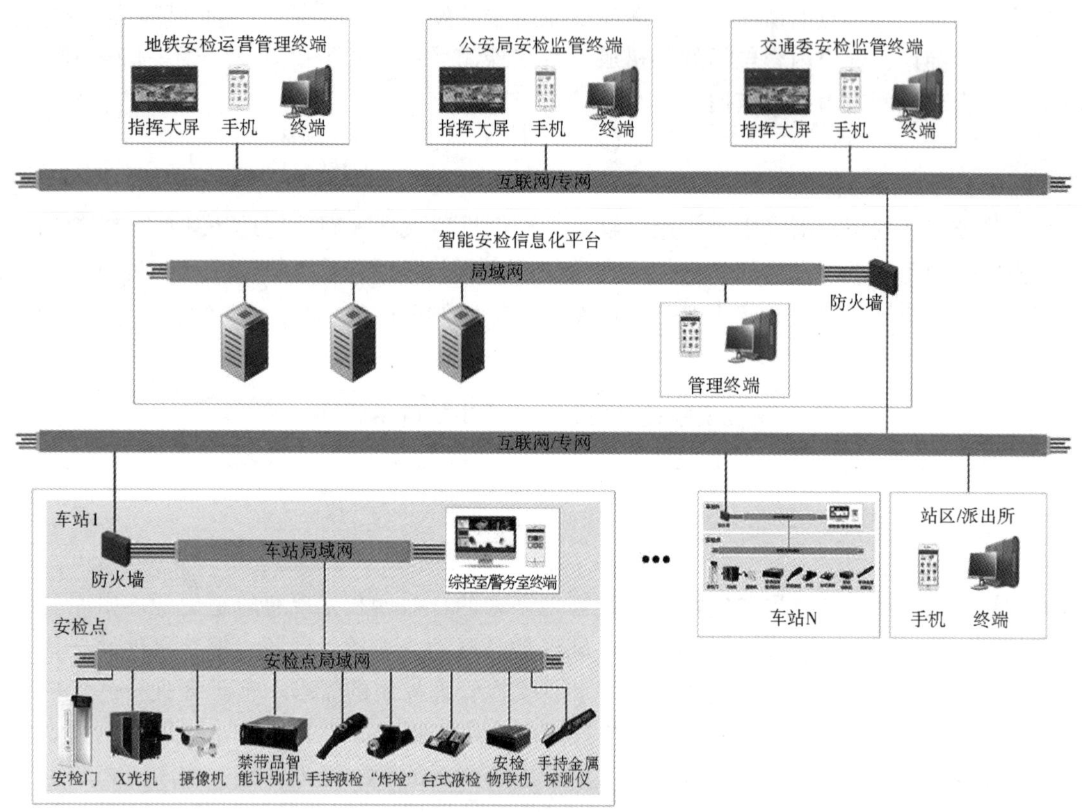

图 1　轨道交通智能安检系统架构

安检点由前端硬件构成，主要包括禁带品智能识别机、安检物联机、安检门、双视角 X 光机、便携式微量爆炸物探测仪、手持式危险液体检测仪、台式危险液体检测装置、手持金属探测仪等安检设备和监控报警设备、考勤设备、广播对讲设备。其中，禁带品智能识别机采用深度学习和神经网络技术，通过双视角 X 光机采集物品图片，辅以数据库快速对比，实现对危险液体、管制刀具和枪支器械等禁带物品的智能识别与自动报警，有效解决单凭安检员经验识别禁带品的问题。自动识别，降低了对安检员人工识别的依赖程度，提高了对禁带品的查禁效率；安检物联机应用物联网技术，将独立的安检设备、监控报警设备、考勤设备及广播对讲设备互联，实现每个安检点联网管理和信息交互。

后端系统平台即“智能安检信息化平台”是集安检设备、安检人员及被检物品信息多级联网的统一管理平台，由支撑大规模神经网络计算的新型计算集群组成，通过集合所有安检点数据信息，可实现自我学习并不断更新数据库，平台内所有安检点能够信息共享，通过数据库图像智能分析判断，检出率大大提升；同时平台是面向安检业务的大数据信息系统，能够提供数据灾备、运行管理、设备维修维护和技术升级服务，为安检系统的长效稳定运行提供了可靠的技术保障，实现安检管理“远程监控实时化、现场处置流程化、对抗检查在线化、数据分析可视化、人员上岗实名化、设备管理档案化”的目标。

2. 系统架构

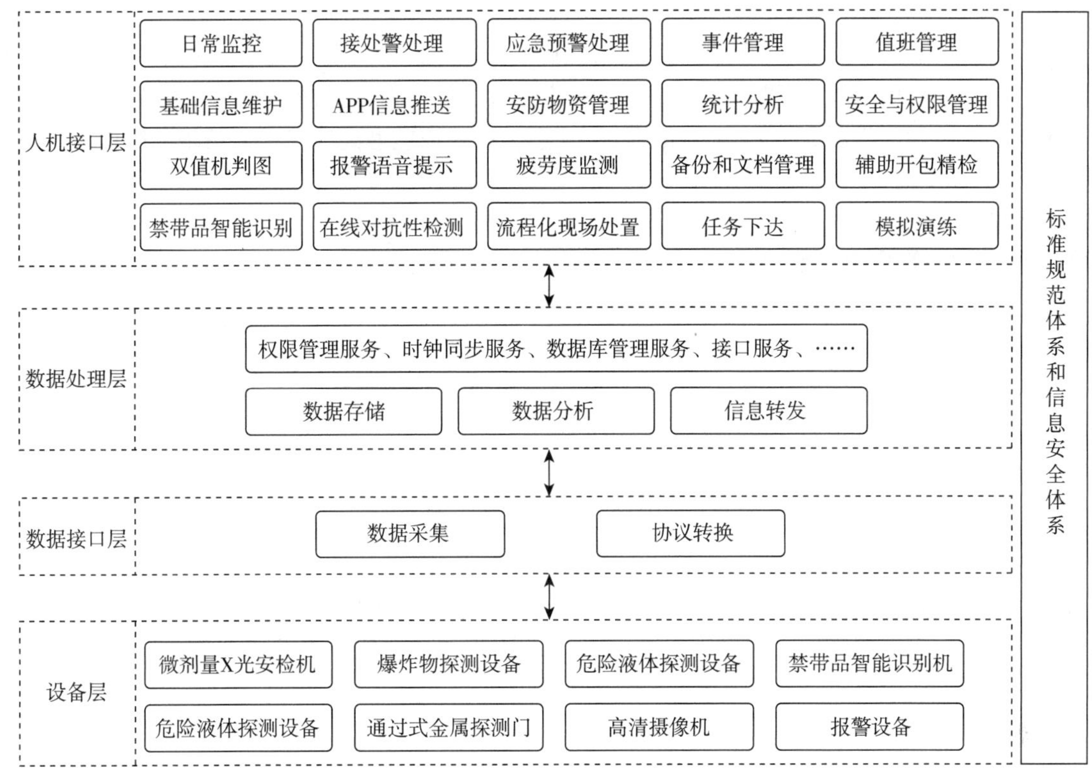

图2　安检信息化系统逻辑架构

智能安检系统按功能体系和建设架构，可划分为三个层次：

（1）数据接口层

专门用于数据采集和协议转换，主要由二层交换机完成。通过数据接口层采集安检点 X 射线安全检查设备、爆炸物检测设备、危险液体检测设备、高清摄像机、通过式金属探测门、报警装置等设备产生原始的安检数据，实现安检设备、辅助设备的联网，将行李安检图像信息、报警信息、视频信息、设备故障信息、人员信息等汇聚，借助传输层的网络将信息传输到平台层进行处理。本层作为系统的数据采集部分，实现安检点各类信息的接入与管理。

（2）数据处理层

用于实时、历史数据管理，主要由中心服务器构成，提供完成权限管理、时钟同步、数据库管理、接口等安检应用的后台服务，来实现权限设置、时钟同步、应急预案、网络状态、报警信息以及统计、检索、查询、事件处置等相应的功能，通过实时数据库和关系数据库提供安检信息系统的应用功能。

（3）人机接口层

用于处理人机接口，主要由安检点和中心工作站构成，通过从中心服务器获取数据，在工作站上显示人机界面，完成各种安检处置操作，如违禁品查获报警处置、事件管理、日常监控、应急预案管理、值班管理、安防物资管理、疲劳度监测、辅助判图、统计分析以及检索、查询、事件处置、数据可视化展现、决策支持等相应功能。

三、系统功能

1. 差异化检人

智能安检门结合人脸识别、乘客身份实名诚信认证和金属探测等技术，可根据乘客出行信息、身份信息和金属探测结果，智能识别提供乘客安全等级，结合相应的安检管理措施，可实现差别化检人，提高安检速度。

2. 智能检物

可实时获取 X 光机过机图像，智能识别与实时预警过机物品中出现的危险液体、管制刀具和枪支器械等禁带品。通过系统后台设备不断采集前端物品 X 光机图片，将物品图片信息上传至中心，中心训练服务器对样本库进行深度学习，得到训练识别计算模型，并将该模型离线发送至禁带品智能识别机。

3. 信息化管理

（1）远程监控实时化

实现远程监控实时化，即通过安检集成管理软件，将摄像机和安检机图像联网，提供统一的远程访问接口，可通过车站安检信息化管理平台调阅安检点视频和安检机走图，实现远程监控实时化。

（2）现场处置流程化

实现了从安检点到车站运营管理、站方民警、中心监督管理人员信息流程化处置，安检事件处置的闭环信息化管理，所有处置信息上传中心，对全过程信息记录，实现警企联动快速处置。

（3）对抗检查在线化

利用移动终端进行在线检查，改变了现有以纸质单据为主的现场检查模式。

（4）人员上岗实名化

实现人员上岗考勤实名化，即通过安检员上下班时，在二代身份证刷卡器上刷卡，获取实名信息，并给管理人员提供接口查阅当前上岗情况，实现人员上岗实名化功能，改变原有的传统安检设备及人员管理模式，提升安检质量和效率，切实有效保障轨道交通车站安全。

（5）设备管理档案化

可实现将安检点安检设备进行信息化管理，所有设备数据统一编号管理，对设备详细信息进行电子化记录，实现设备管理档案化。

（6）数据分析可视化

可实现对违禁品查获情况、人员在岗持证情况、设备信息进行统计，并以可视化的形式展现，实现数据分析可视化功能。

四、关键技术

1. 安检机图像数集成接入技术

这是获取 X 光机过机图片的关键技术，即在不改动原 X 光机条件下，通过图像采集装置，对安检机实时包裹图像数据进行采集。该技术是一种基于安检机屏幕图像等间隔采集及基于模板匹配差异提取技术的通用型接入方式，可兼容不同厂家不同类型安检机，实现安检机图像统一方式实时接入，实时采集差异图像数据并发送，此种方式解决了不同厂家、不同类型安检机的联网接入及图像采集。

2. 多源信息融合及关联检索技术

这是将现有的安检设备、视频监控设备、考勤设备数据进行集成采集，并根据时间进行关联存储，再结合人工现场检查数据，将所有这些不同类型不同数据源的数据输入系统，对多源数据进行融合。这种技术通过多种技术的结合实现安检能力、人员管理水平的提升，改变已有的单一类型设备相互独立，只能从单一方式发挥作用的弊端。

3. 安检数据结构化存储和传输技术

这是对整个安检过程数据进行全记录并通过一体化存储实现所有安检数据的关联存储，即对于获取的多源安检实时数据由服务器根据时间关联，分类存储，所有数据统一转换含有时间戳的数据，通过文件的结构化存储，实现同一文件内数据快速检索定位。存储数据文件达到一定大小后生成数据文件，并将文件信息存入数据库，实现所有数据的结构化存储。对于报警、故障数据写入数据库，便于检索定位所关联数据位置，快速进行融合数据请求获取。系统将数据实时保存到本地服务器和存储设备，便于管理人员远程实时调看和历史查询，方便快捷，提高工作效率。

4. 安检X光机过机图片的智能识别与智能预警技术

TS9701系列禁带品智能识别机是一款针对安检X光机过机图片进行智能分析和智能预警的专用产品，能帮助或部分取代安检员的读图工作，提高X光机过机图片中危险物品的识别率。采用人工智能技术，实时分析和提示过机物品中出现的管制刀具、枪支器械、可疑液体等危险物品。产品可内置、可外挂、可联网，能与市面上常用X光机实现无缝对接，可识别地铁、海关、高铁、邮政寄递、医院等相关标准要求的禁限带物品。经过海量样本训练，目前危险物品识别种类达120余种，识别率达90%以上，为国内领先水平。该产品已在轨道交通领域大量应用，明显提高了各安检点的危险品检出率。

五、结语

轨道交通智能安检系统实现了地铁安检模式技术和应用创新，在各地地铁安检系统建设中得到大量应用，得到各级安检相关人员及管理人员的认可，取得良好的效果，切实提升了安检能力，实现了智能化管理，提升管理决策的科学性，提高了客运安检的管理效率和管理水平，显著提高了安检效率，特别适用于地铁大客流场景。

伴随轨道交通的快速建设和发展，基于智能安检技术的系统平台正逐步成为全国范围内新建线路的标配，其应用逐步被认可和重视，已有线路改造也将智能安检作为重要组成部分。相信未来智能安检技术必将成为安检系统的重要组成部分，在铁路、民航、邮政物流等其他安检领域得到普遍应用。

第二节 新产品

本节收录了25款根据“第十七届中国国际社会公共安全博览会”现场企业新产品发布情况、中国安防行业网等行业媒体上发布的企业新产品情况以及行业代表企业自媒体发布的新产品信息进行归纳和整理的2019年安防企业发布的新产品信息。其中，视频监控类产品10个、出入口控制类产品7个、软件平台类产品6个、其他类产品2个。索引目录如下：

安防系统视频信号探测与监控设备 10 个

产品名称	3 镜 3 芯复眼形态摄像机
产品图片	
产品特点	3 镜 3 芯复眼形态摄像机采用三核“芯”架构，提供 8Tops 澎湃算力，能实现极简化智能覆盖与全 AI 联动抓拍与分析；多镜协同，三镜头视野协同共享；四大场景化模式，让智能化覆盖更简单、更全面。创新的十字协同模式，只需 2 台即可实现十字路口的智能全覆盖，替代传统 4 杆 10 台摄的建设方案

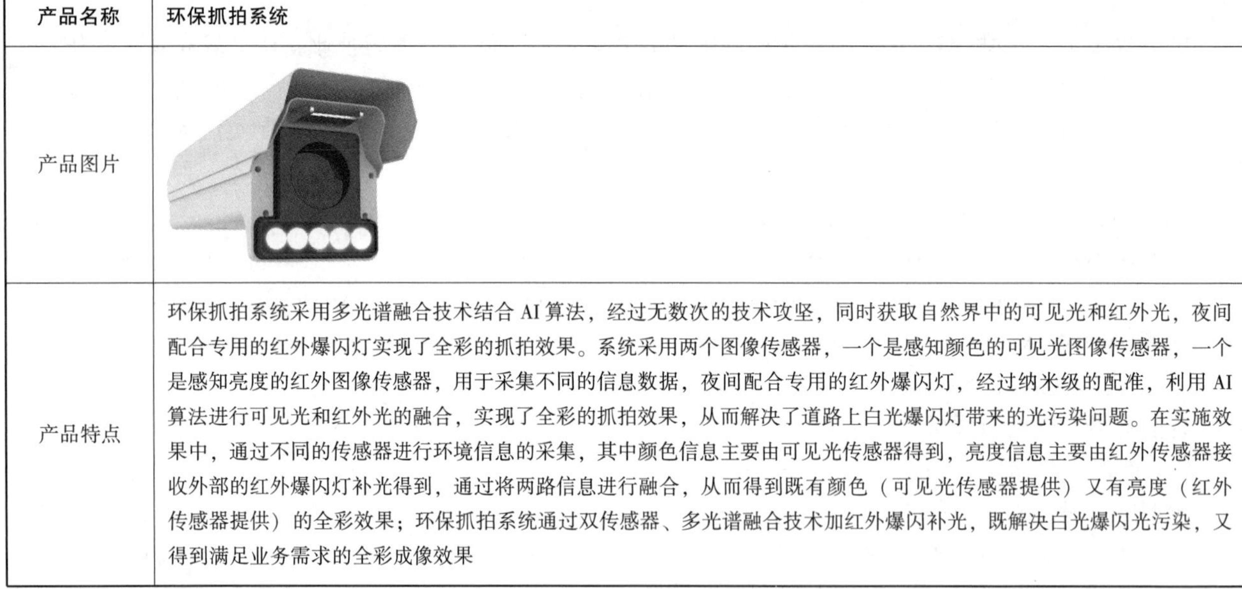

产品名称	环保抓拍系统
产品图片	
产品特点	环保抓拍系统采用多光谱融合技术结合 AI 算法，经过无数次的技术攻坚，同时获取自然界中的可见光和红外光，夜间配合专用的红外爆闪灯实现了全彩的抓拍效果。系统采用两个图像传感器，一个是感知颜色的可见光图像传感器，一个是感知亮度的红外图像传感器，用于采集不同的信息数据，夜间配合专用的红外爆闪灯，经过纳米级的配准，利用 AI 算法进行可见光和红外光的融合，实现了全彩的抓拍效果，从而解决了道路上白光爆闪灯带来的光污染问题。在实施效果中，通过不同的传感器进行环境信息的采集，其中颜色信息主要由可见光传感器得到，亮度信息主要由红外传感器接收外部的红外爆闪灯补光得到，通过将两路信息进行融合，从而得到既有颜色（可见光传感器提供）又有亮度（红外传感器提供）的全彩效果；环保抓拍系统通过双传感器、多光谱融合技术加红外爆闪补光，既解决白光爆闪光污染，又得到满足业务需求的全彩成像效果

产品名称	智能交通摄像机
产品图片	
产品特点	智能交通摄像机 VS-CAM901S 内置 900 万像素星光传感器和 AI 芯片算法，可识别视频中车牌号、车身车牌颜色、车型车标特征，检测交通违法行为；内置 SVAC 芯片 & 国密芯片，支持 SVAC2.0 编码，车牌数据可通过 SVAC 扩展信息上传，视频数据加密和认证、数据防篡改、信源可信，达到 GB35114 最高 C 级标准；内置 900 万像素 1 英寸视频采集传感器，全局曝光模式充分保证了高速运行车辆的抓拍质量。内嵌 AI 超强算力智能芯片及强大的智能交通分析算法，可对监控画面中的车辆进行车牌号、车辆颜色、车牌颜色、车辆类型等特征进行结构化分析，支持交通违法行为检测、流量检测、交通事件；支持机动车、非机动车、行人目标的特征、行为、事件检测；支持机动车前排、非机动车驾驶员、行人人脸检测并抠人脸小图，从而对监控视频进行结构化描述，极大地减少了对智能交通管理平台运算能力的要求，并能提供更丰富应用

产品名称	5G 智能布控球
产品图片	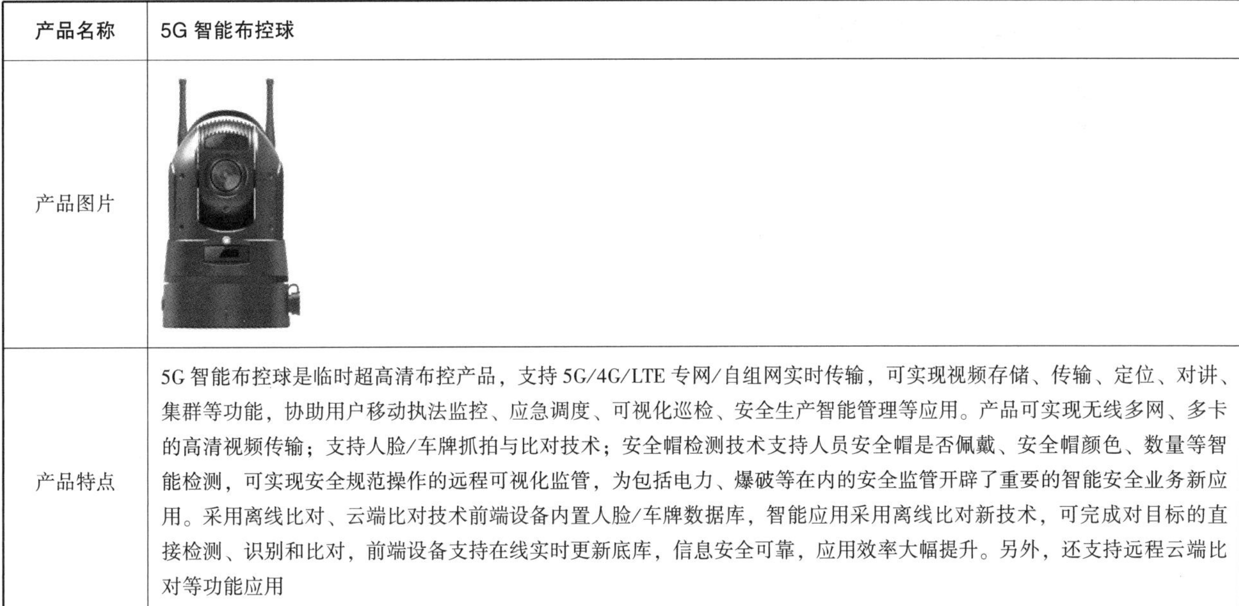
产品特点	5G 智能布控球是临时超高清布控产品，支持 5G/4G/LTE 专网/自组网实时传输，可实现视频存储、传输、定位、对讲、集群等功能，协助用户移动执法监控、应急调度、可视化巡检、安全生产智能管理等应用。产品可实现无线多网、多卡的高清视频传输；支持人脸/车牌抓拍与比对技术；安全帽检测技术支持人员安全帽是否佩戴、安全帽颜色、数量等智能检测，可实现安全规范操作的远程可视化监管，为包括电力、爆破等在内的安全监管开辟了重要的智能安全业务新应用。采用离线比对、云端比对技术前端设备内置人脸/车牌数据库，智能应用采用离线比对新技术，可完成对目标的直接检测、识别和比对，前端设备支持在线实时更新底库，信息安全可靠，应用效率大幅提升。另外，还支持远程云端比对等功能应用

产品名称	4K 星光智能双目全局球
产品图片	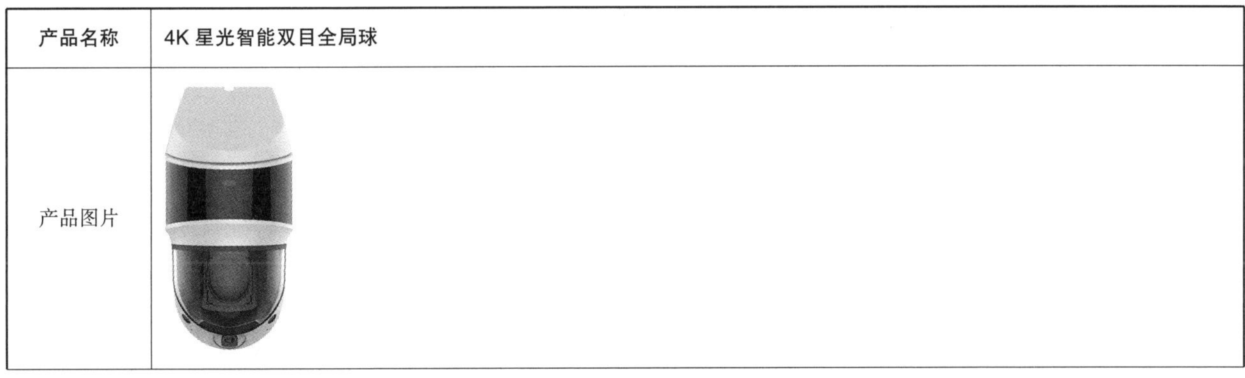

续表

产品名称	4K 星光智能双目全局球
产品特点	4K 星光智能双目全局球集成 AI 智能、警戒、星光、全景等核心技术于一体，实现智能摄像机的一机并用。全局球突破传统球机的设计理念，采用一体化设计理念，支持全局通道与特写通道联动，双动点设计，外形美观大方，科技感十足，制作工艺考究。其内置神经网络加速引擎，具备 2Tops 的 AI 算力，聚合多种专为复杂场景设计的深度学习算法，可根据场景自由切换法制审讯、监所管教、教育督导、智能监控等多种模式。集成智能业务于一身，在审讯模式下，支持人员数量检测、人员起身检测、打架斗殴检测、攀高检测、离岗检测、值班睡觉、徘徊、滞留、单人独处、人员聚集、单人讯问、隔窗递物、物品丢失等十余种智能分析，并可联动抓拍、声光报警、报警输出

产品名称	智能双摄互联网摄像机
产品图片	
产品特点	C3X 和 C4X 两款智能双摄系列新品都非常适用于商铺、商超、地下停车场、小区、园区、建筑工地等室内外监控场所或低光照区域，可灵活应用于商铺迎宾防盗、家用防盗、区域禁停等使用场景。C3X 有着双摄像头的设计，内置双图像传感器，一个感知色彩，另一个感知亮度，然后进行图像融合，在超低照度环境下也能呈现彩色的清晰画面。无需借助暖光灯，不仅拍摄画面均匀，中间不过曝，四周不黑暗，细节也更多，同时免除光污染带来的不适和蚊虫烦恼。除此之外，还具备人形车形检测、多重防御告警功能。自带 AI 深度学习能力，可在摄像机本地实现人形、车形检测，减少因光线变化、树影晃动、宠物等触发的误报。区域入侵和越界告警功能，在实际应用中，可灵活自定义设置告警区域，设定重点监控区域，随时随地告警提醒

产品名称	雷达视频一体机
产品图片	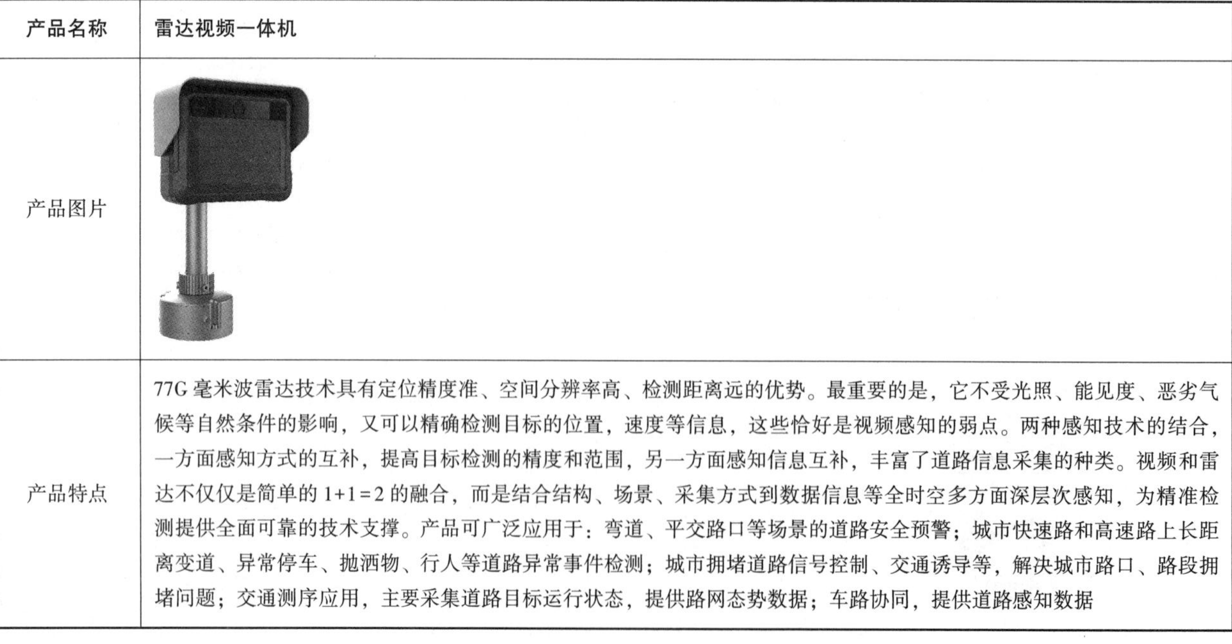
产品特点	77G 毫米波雷达技术具有定位精度准、空间分辨率高、检测距离远的优势。最重要的是，它不受光照、能见度、恶劣气候等自然条件的影响，又可以精确检测目标的位置，速度等信息，这些恰好是视频感知的弱点。两种感知技术的结合，一方面感知方式的互补，提高目标检测的精度和范围，另一方面感知信息互补，丰富了道路信息采集的种类。视频和雷达不仅仅是简单的 1+1=2 的融合，而是结合结构、场景、采集方式到数据信息等全时空多方面深层次感知，为精准检测提供全面可靠的技术支撑。产品可广泛应用于：弯道、平交路口等场景的道路安全预警；城市快速路和高速路上长距离变道、异常停车、抛洒物、行人等道路异常事件检测；城市拥堵道路信号控制、交通诱导等，解决城市路口、路段拥堵问题；交通测序应用，主要采集道路目标运行状态，提供路网态势数据；车路协同，提供道路感知数据

产品名称	枪型网络摄像机
产品图片	
产品特点	产品采用 ICR 红外滤片自动切换，满足日夜切换；且能实现人脸抓拍秒级响应，适用于金融、军队、监狱、机场、工厂、政府、酒店等 IP 监控，并且对监控图像要求较高，有高清视频需求的场所。具有全抓模式、高质量抓拍、专家模式三种抓拍模式，以及最优推图、定时推图两种推图模式。实测在全抓模式、定时推图以及人脸曝光数值为 50 的设置下，摄像机在检测到人脸后就迅速进行抓拍，反应时间在 1 秒以内，检测速度迅速，捕捉灵敏度高，抓拍人脸清晰

产品名称	人工智能（SkyHawkAI）监控硬盘 16TB
产品图片	
产品特点	该硬盘为深度学习应用而设计，支持繁重的 AI 工作负载和流畅的视频流。该产品适合具有密集计算工作负荷的 AI 环境，包括增强缓存、低延迟和强大的随机读取性能。SkyHawkAI 支持超过 10，000 小时的视频和分析，为全天候监控系统的繁重工作负荷提供有力保障，支持三倍于标准监控硬盘的工作负荷。该产品还包括 SkyHawk Health Management 和 Rescue 数据恢复服务计划。产品针对深度学习等应用场景而进行了特别优化，除了拥有 16TB 大容量外，还具备增强缓存、低延迟及高随机读取性能等特点，可支持 64 部高清摄影机并行，32 个额外 AI 流，超过 1 万小时的视频分析工作，能无损记录高质量关键视频片段，负荷支撑能力是标准监控硬盘的三倍，适用于高计算负载的人工智能研究环境

产品名称	Purple SC QD101 耐久度 microSD 存储卡
产品图片	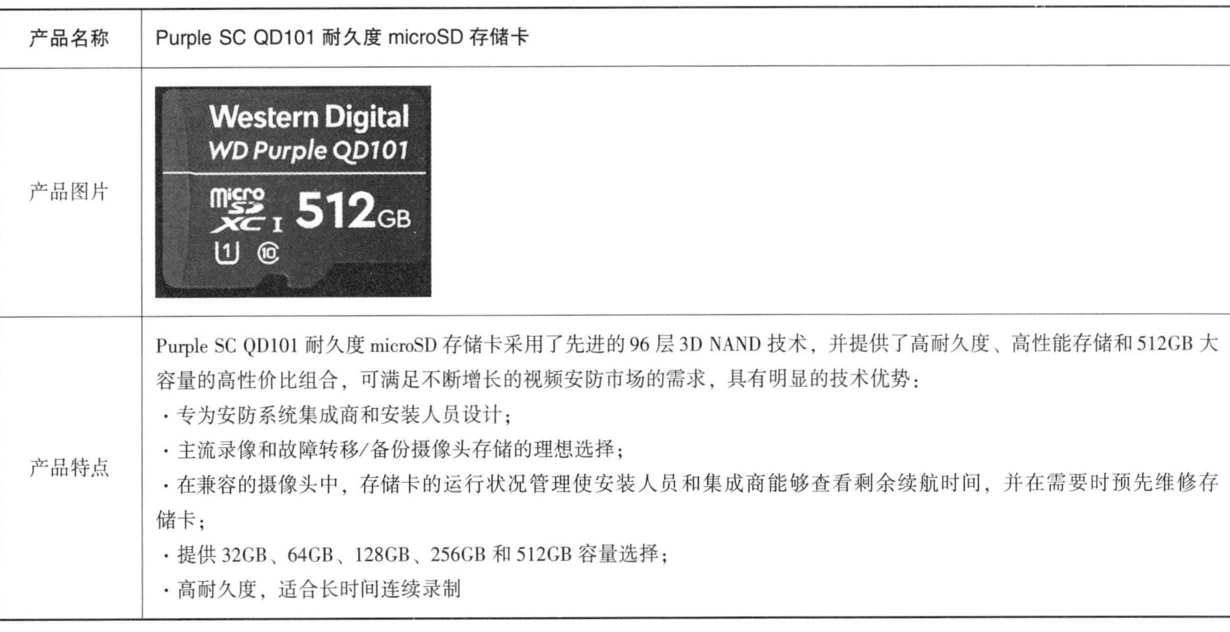
产品特点	Purple SC QD101 耐久度 microSD 存储卡采用了先进的 96 层 3D NAND 技术，并提供了高耐久度、高性能存储和 512GB 大容量的高性价比组合，可满足不断增长的视频安防市场的需求，具有明显的技术优势： · 专为安防系统集成商和安装人员设计； · 主流录像和故障转移/备份摄像头存储的理想选择； · 在兼容的摄像头中，存储卡的运行状况管理使安装人员和集成商能够查看剩余续航时间，并在需要时预先维修存储卡； · 提供 32GB、64GB、128GB、256GB 和 512GB 容量选择； · 高耐久度，适合长时间连续录制

安防系统出入口探测与控制设备 7 个

产品名称	人脸识别一体机 SensePassPro
产品图片	
产品特点	SensePassPro 拥有 8 英寸大屏，金属超薄外观设计，加上强大的内在技能，匹配高端写字楼。SensePassPro 具备 5 万人脸底库，毫秒级离线 1：N 识别能力，能够满足大型办公区的通行需要。针对大型写字楼、园区、工厂，几千到上万人数据库的通行系统，SensePassPro 灵活实现了权限管理功能，诸如人员及访客限时限区通行、黑名单人员通行管控等自定义通行管理。SensePassPro 支持 3 人同时识别，显著提升了单位时间内的通行效率。SensePassPro 识别准确率高达 99.99%。在最重要的安全性方面，通过双目摄像头+红外补光灯，结合先进的双目深度活体检测算法，为 SensePassPro 构筑一道强大的安全防线

产品名称	TDB08 人脸识别终端
产品图片	
产品特点	TDB08 人脸识别终端具备低温加热、高温关机功能，能够完美抵御极冷气温，同时其 IP66 IP68 防尘防水等级和 IK04 防护等级坚固耐用硬件设计，可在极端恶劣环境下正常运行，具有超强的耐用性。另外，该终端采用定制 AI CPU、最新人脸识别算法和双目光电活体识别，具有极速识别、大容量、高防伪能力。这是一款硬件与软件的完美结合，具有极大优势的高性能门禁产品。尺寸（HLD）为 227×143×26mm，净重 853g，外观设计，简单大方。设备正面采用 8 英寸高亮触摸液晶显示屏，屏幕上部有可见光补光灯、近红外补光灯、双目摄像头，屏幕下部未来将会安装刷卡模块，支持 RFID、身份证物理卡号等多种验证方式。设备底部有复位键和扬声器，支持高保真语音。该设备还支持继电器输出、报警输出、辅助输入、出门开关、门磁等，支持 TCP/IP、RS485、RS232、韦根输入/输出等多种通讯方式，通过韦根接口可以外接读头，将该设备作为主机，实现门禁的双向通行

产品名称	动态人脸识别机
产品图片	可见光补光灯 200W双目摄像头 红外补光灯 距离/光线传感器 刷卡区
产品特点	该产品搭载六核 CPU，数据处理速度快，无卡顿延迟，配置本地 1 万人脸库，可定制 2 万、10 万人脸库。它能够对通行人员的人脸进行自动抓取和识别，同时与人脸库中的人脸信息进行 1：N 比对，仅需不到 0.3 秒即可完成极速验证，轻松实现无感通行。在侧脸、半遮挡、模糊等情景下均能快速精准识别，暗光和逆光效果突出，同时能有效防御 3D 打印、电子屏、视频、图片、面具、头套等非活体攻击。产品在核心算法上基于深度学习的全新二代自然光人脸识别算法，具有人脸特征自学习功能，能够有效解决人脸随岁月缓慢变化导致无法识别的问题，可根据不同光照、视点、年龄、身份、表情的人脸进行深度学习。在该平台上成功进行过验证的人脸信息可以自动在数据库中建立档案，作为后续验证模板。设备内置 Android7.1 工业版，保证系统稳定运行，不出现死机、软件闪退等情况。设备运行内存 2G，内部存储 16G，可另加 16G TF 卡，保证设备内部有足够空间存储人员数据与记录。并支持 4G 网络传输，支持 HDMI、232、485、继电器、音频等通讯及信号接口，以便设备能更易于扩展和改造

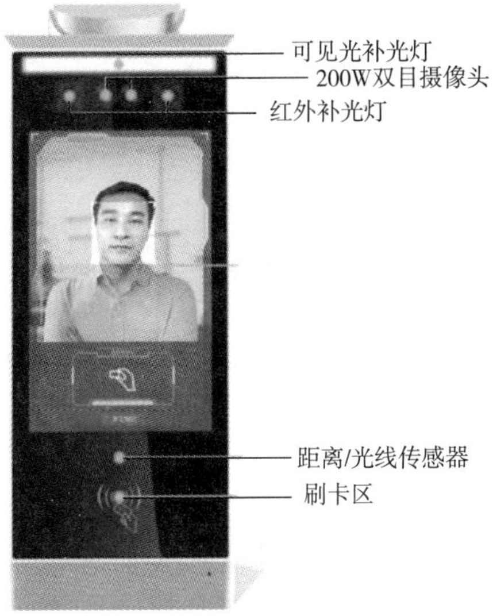

产品名称	AI Family AI 智能商用产品
产品图片	
产品特点	“AIFamily”系列人脸识别商用智能设备是全场景人工智能创新应用，可适用于不同场景，面向公安、地铁、政府、园区、学校、楼宇等场景，提供便捷的人脸门禁、员工考勤、会议考勤、出入口身份检查等验证服务。四款产品均采用了国际领先的 AI 算法，算法安全性上达到了金融级别的高安全等级。人脸识别速度快，小于 0.5s 极速识别，识别率达到 99.9%。并且，支持人脸识别（1∶N、1∶1），还支持人脸防伪鉴别，预防冒用他人的人脸照片、视频攻击。 “AIFamily”系列人脸识别商用智能设备包含人证合一验证终端、人脸识别闸机、人脸识别门禁、访客双屏终端等多款产品，覆盖高中低档位

产品名称	智能语音终端-V39
产品图片	
产品特点	V39 语音智能终端是一款语音智能终端设备。该设备具有楼寓对讲、视频监控、安防报警、智能家居控制和语音控制等功能，可外接可视门铃设备，提供呼叫物业、呼梯、信息播报服务，实现回家、离家等智能家居场景与家居设备控制，还能提供语音播报天气等语音交互的互联网应用。它既是楼寓对讲室内机，也是具语音交互的智能家居控制面板，打破家居与社区的壁垒，实现社区与家居的互联互通，打造融合智慧社区和智能家居为一体的智能生活业态。可安装在户内玄关或客厅中，满足不同用户的需求

产品名称	智能人脸识别门禁一体机
产品图片	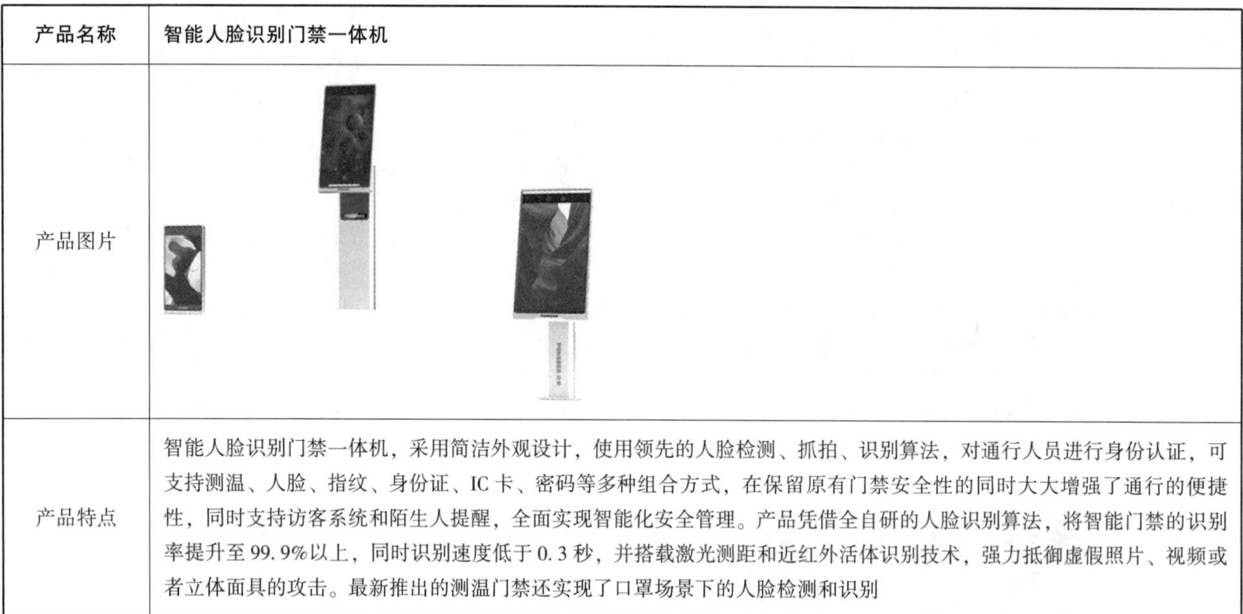
产品特点	智能人脸识别门禁一体机，采用简洁外观设计，使用领先的人脸检测、抓拍、识别算法，对通行人员进行身份认证，可支持测温、人脸、指纹、身份证、IC 卡、密码等多种组合方式，在保留原有门禁安全性的同时大大增强了通行的便捷性，同时支持访客系统和陌生人提醒，全面实现智能化安全管理。产品凭借全自研的人脸识别算法，将智能门禁的识别率提升至 99.9%以上，同时识别速度低于 0.3 秒，并搭载激光测距和近红外活体识别技术，强力抵御虚假照片、视频或者立体面具的攻击。最新推出的测温门禁还实现了口罩场景下的人脸检测和识别

产品名称	AI 超微光车辆卡口
产品图片	
产品特点	AI 超微光技术就是采用自主研发的深度学习图像增强算法，在低照度环境下，充分还原黑暗条件下目标的颜色等各种细节信息。AI 超微光卡口，采用独创的人工智能低照度增强算法，提升摄像机的夜间成像效果。夜间只需一个低照度的 LED 定向补光灯，在驾驶人及周围居民基本无感知的补光条件下，实现车内人脸的高清抓拍。该产品主要配备低亮 LED 补光灯，结合 AI 超微光成像技术，既实现了车辆图像和车内司乘人员人脸图像的高清抓拍，又解决了光污染、图像偏色等问题，可应用在城市道路、高速公路等场景

安全防范系统集成类产品 6 个

产品名称	执法记录仪
产品图片	
产品特点	DSJ-CR7S1A14G 智能执法记录仪采用三防 IP68 设计、Android 7.1 操作系统，搭配 3.5 寸高清视网膜屏，高通八核极速处理器，支持双卡双待，载波聚合功能、H.265 编解码功能，通过搭配专业扩展配件，可实现全警种的执法记录应用。产品严格遵循 GAT 947-2015 行业标准，同时采用高通骁龙 626 处理器和 H.265 编码标准，相比传输同等画质，只需要一半带宽，同等画质，存储空间可以节省一半资源，而且画质更加细腻；作为首款支持载波聚合技术执法记录仪，在传输速度上，最高提升 6 倍上/下行传输速率，相比传统视频传输系统延迟，传输不稳定现象，DSJ-CR7S1A1 执法仪系统功能延迟上可以减少 50%，在弱信号下具有更稳定的传输性能和更低功耗；产品采用最新的电池充电技术，充电速度快。电池从 Quick ChargeTM 2.0 技术升级到 Quick ChargeTM 3.0，从 0%到 80%只要 1 小时，比传统充电快 4 倍，而且效率提高 35%，并且向下兼容 QC2.0；同时还具备防水、防尘、防摔设计

产品名称	新一代指挥调度平台——融合通信调度平台
产品图片	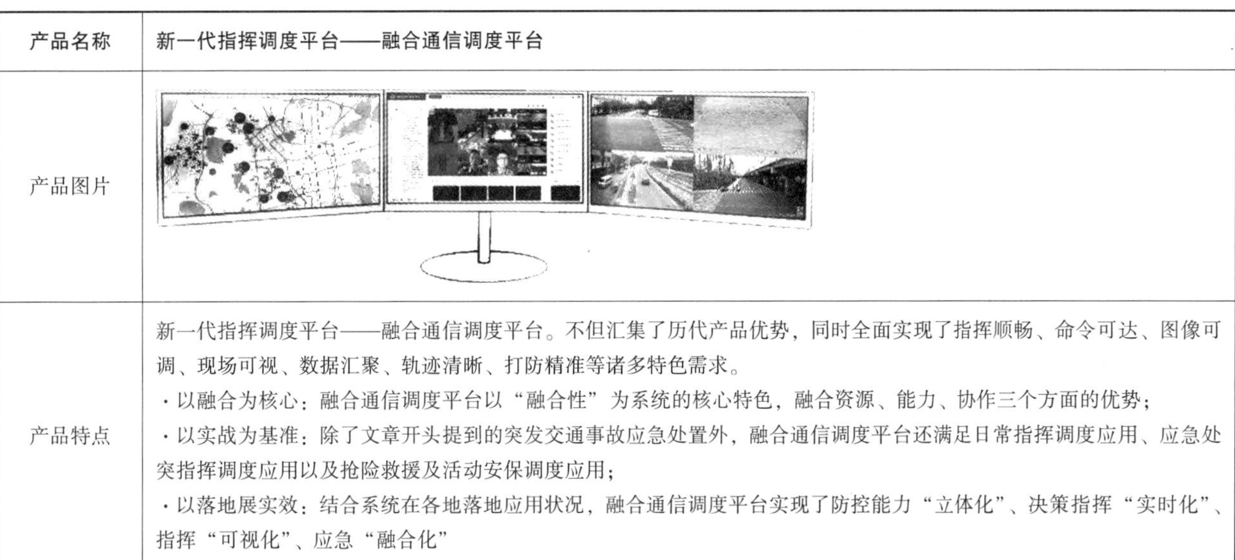
产品特点	新一代指挥调度平台——融合通信调度平台。不但汇集了历代产品优势，同时全面实现了指挥顺畅、命令可达、图像可调、现场可视、数据汇聚、轨迹清晰、打防精准等诸多特色需求。 ·以融合为核心：融合通信调度平台以“融合性”为系统的核心特色，融合资源、能力、协作三个方面的优势； ·以实战为基准：除了文章开头提到的突发交通事故应急处置外，融合通信调度平台还满足日常指挥调度应用、应急处突指挥调度应用以及抢险救援及活动安保调度应用； ·以落地展实效：结合系统在各地落地应用状况，融合通信调度平台实现了防控能力“立体化”、决策指挥“实时化”、指挥“可视化”、应急“融合化”

产品名称	视频云赋能中台
产品图片	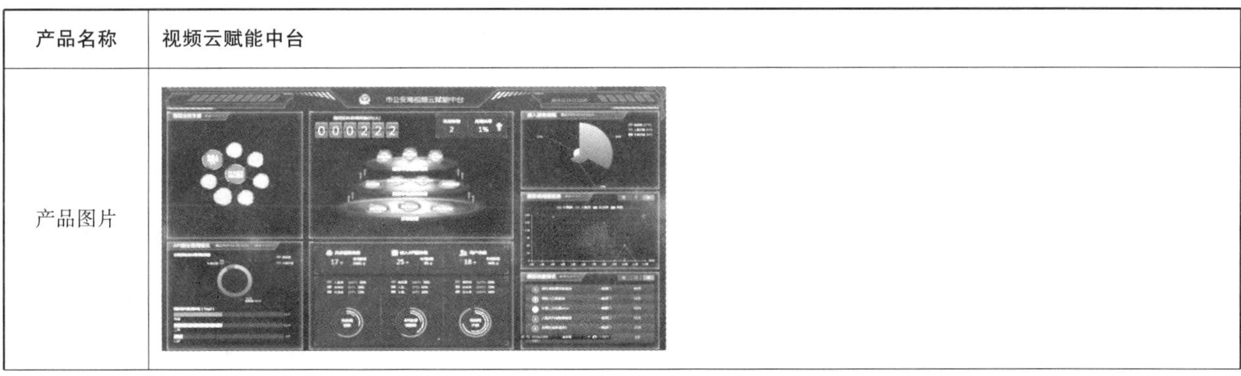

续表

产品名称	视频云赋能中台
产品特点	该产品是针对视频云解决方案开发的一款核心产品，聚合了灵活按需的应用开发组件和技法战模型，是全面赋能警务，实现自主创新、自由定制、敏捷交付方面的重要突破。 视频云赋能中台是建立在多维数据源及已建设的各算法 API 基础之上的数据服务应用支撑平台，提供基于视频云大数据的智能化应用支撑能力。平台以打造多维数据融合应用能力和自定义业务服务能力为核心，面向公安客户提供直观、快捷、准确、全面的多维数据可视化分析研判结果，支撑公安业务实战。视频云赋能中台具备三大核心优势：应用自由定制，业务快速上线；资源高度复用，避免重复建设；多维数据融合，平台能力开放

产品名称	公安实战应用平台
产品图片	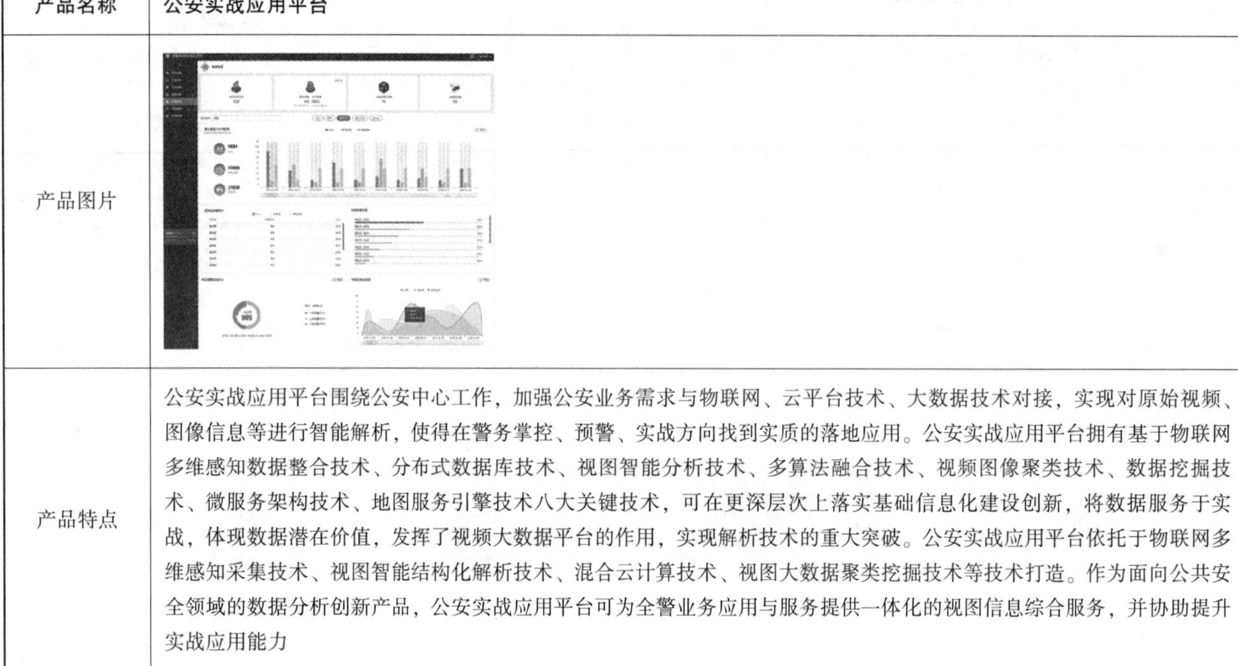
产品特点	公安实战应用平台围绕公安中心工作，加强公安业务需求与物联网、云平台技术、大数据技术对接，实现对原始视频、图像信息等进行智能解析，使得在警务掌控、预警、实战方向找到实质的落地应用。公安实战应用平台拥有基于物联网多维感知数据整合技术、分布式数据库技术、视图智能分析技术、多算法融合技术、视频图像聚类技术、数据挖掘技术、微服务架构技术、地图服务引擎技术八大关键技术，可在更深层次上落实基础信息化建设创新，将数据服务于实战，体现数据潜在价值，发挥了视频大数据平台的作用，实现解析技术的重大突破。公安实战应用平台依托于物联网多维感知采集技术、视图智能结构化解析技术、混合云计算技术、视图大数据聚类挖掘技术等技术打造。作为面向公共安全领域的数据分析创新产品，公安实战应用平台可为全警业务应用与服务提供一体化的视图信息综合服务，并协助提升实战应用能力

产品名称	智慧检务云桌面产品
产品图片	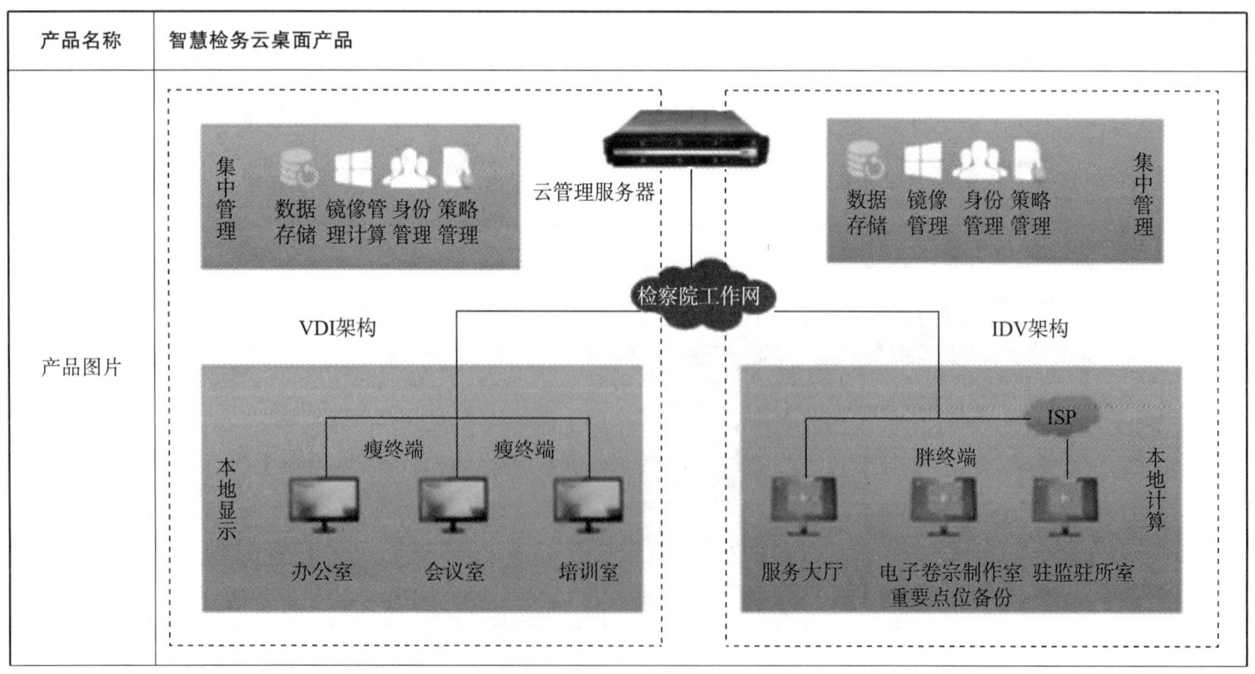

续表

产品名称	智慧检务云桌面产品
产品特点	智慧检务云桌面产品，针对传统 PC 统一运维管理难、数据不安全，用户桌面、数据漫游难等问题，通过 VDI/IDV 融合架构，实现了检察院全场景云桌面部署和统一管理，大幅降低终端运维管理工作量，达成提高办案效率的目标。产品采用 VDI/IDV 融合架构的创新模式，实现了检察院可依照使用场景按需选择终端类型，以及全网桌面终端统一运维管理的目标，全面助力智慧检务建设

产品名称	家庭安全大脑
产品图片	
产品特点	产品定位是面向高端家庭用户设计的视频分析系统。它基于强大的深度学习算法，通过场景规则引擎，对安防事件进行智能分级，并自动筛选出需要关注的可疑内容。用户可以通过简单易用的手机 APP，随时随地接收安防事件提醒，查看家庭状况，不仅信息直接，而且操作简单。 兼容 ONVIF、RTSP 协议，支持上千种智能摄像机，前后装场景都可以方便集成。它还支持集成红外对射，红外幕帘、人体感应等多种传感器设备，可以联动灯光、警报等报警设备，传感器事件和视频分析自动关联。 能在资产安全、入户安全、家居安全、室内儿童/老人/宠物看护等实际应用场景中发挥作用，实现老人跌倒检测、儿童专注度检测、儿童爬高翻窗预警、被动红外安全探测等功能

安防上游产品类产品 2 个

产品名称	单芯片 4K 实时 AI XVR
产品图片	
产品特点	自主 HDCVI 6.0 4K 实时 AD 芯片，实现 4K@ 30fps 实时预览。4K 实时采集预览能够让用户看清更多细节，尤其是在拍摄高速运动场景时有效减少拖影，增强画面流畅度。新一代 AI XVR 仍然保持对 5 种信号的高兼容性，可对用户接入的任意前端进行自适应识别并实现信号的长距离无损传输。用户只需更换前后端设备即可实现高清系统升级，为用户节省升级成本。 HDCVI 6.0 持续升级，将单芯片 AI 方案加载到设备系统，与多芯片方案相比，单芯片方案具有更高集成性，产品体积缩小、功耗降低、价格更亲民，助力 AI 普及，实现各场景下的智能突破。通道 4K@ 15fps，4MP@ 30fps 编码能力，支持 2 路人脸识别、2 路周界防护以及全通道 SMD PLUS，适用于银行、小区、会所、公司等场景，也可为城市执法提供有效保障

产品名称	云端视觉推理芯片
产品图片	
产品特点	该款芯片基于自研多核架构，集成度较高，可以独立运行。目前这款芯片已经量产并陆续引用在依图的云端服务器和边缘盒子。该款芯片架构拥有自主知识产权，并对算法进行专门优化，充分发挥机器视觉领域的专业积累和行业知识，适用于人脸识别、视频结构化分析、行人再识别等多种图像和视频实时智能分析任务。最高能提供每秒 15TOPS 的视觉推理性能，最大功耗仅 20W。在同等功耗下，该芯片视觉推理性能是市面现有主流同类产品的 2 至 5 倍

附　录

附录一　现行有效的法律、行政法规、部门规章和规范性文件

一、现行有效的法律、全国性行政法规、部门规章及规范性文件

序号	法规名称	颁布机构	实施日期
1	中华人民共和国产品质量法（2018 年修正）	全国人大常委会	2018 年 12 月 9 日
2	中华人民共和国标准化法	全国人大常委会	2018 年 1 月 1 日
3	中华人民共和国招标投标法（2017 年修正）	全国人大常委会	2017 年 12 月 28 日
4	中华人民共和国文物保护法（2017 年修正本）	全国人大常委会	2017 年 11 月 28 日
5	中华人民共和国反恐怖主义法（2018 年修正）	全国人大常委会	2016 年 1 月 1 日
6	中华人民共和国国家安全法	全国人大常委会	2015 年 7 月 1 日
7	中华人民共和国就业促进法	全国人大常委会	2008 年 1 月 1 日
8	快递暂行条例	国务院	2018 年 5 月 1 日
9	国务院关于加强质量认证体系建设促进全面质量管理的意见	国务院	2018 年 1 月 17 日
10	国务院办公厅关于推动国防科技工业军民融合深度发展的意见	国务院	2017 年 11 月 23 日
11	国务院办公厅关于进一步加强文物安全工作的实施意见	国务院	2017 年 9 月 9 日
12	国务院关于印发新一代人工智能发展规划的通知	国务院	2017 年 7 月 8 日
13	国务院办公厅加强中小学幼儿园安全风险防控体系建设意见	国务院	2017 年 4 月 25 日
14	国家突发事件应急体系建设“十三五”规划	国务院	2017 年 1 月 12 日
15	关于国家重大科研基础设施和大型科研仪器向社会开放的意见	国务院	2014 年 12 月 31 日
16	国务院关于扶持小型微型企业健康发展的意见	国务院	2014 年 10 月 31 日
17	关于加快科技服务业发展的若干意见	国务院	2014 年 10 月 9 日
18	企业信息公示暂行条例	国务院	2014 年 10 月 1 日
19	物流业发展中长期规划（2014—2020 年）	国务院	2014 年 9 月 12 日
20	国家新型城镇化规划（2014—2020 年）（节选）	国务院	2014 年 3 月 16 日
21	突发事件应急预案管理办法	国务院	2013 年 10 月 25 日
22	长江三峡水利枢纽安全保卫条例	国务院	2013 年 10 月 1 日
23	国务院关于推进物联网建设有序健康发展的指导意见	国务院	2013 年 2 月 5 日
24	国务院关于印发“十二五”国家自主创新能力建设规划的通知	国务院	2013 年 1 月 15 日
25	校车安全管理条例	国务院	2012 年 4 月 5 日

续表

序号	法规名称	颁布机构	实施日期
26	中华人民共和国招标投标法实施条例（2019年修正）	国务院	2012年2月1日
27	国务院办公厅转发关于安全监管总局等部门关于依法做好金属非金属矿山整顿工作意见的通知	国务院	2012年11月4日
28	国务院关于第六批取消和调整行政审批项目的决定	国务院	2012年9月23日
29	国务院关于促进企业技术改造的指导意见	国务院	2012年9月1日
30	国务院关于加强道路交通安全工作的意见	国务院	2012年7月22日
31	国务院关于印发“十二五”国家战略性新兴产业发展规划的通知	国务院	2012年7月9日
32	危险化学品安全管理条例	国务院	2011年12月1日
33	保安服务管理条例	国务院	2010年1月1日
34	民用爆炸物品安全管理条例（2014年修正）	国务院	2006年9月1日
35	娱乐场所管理条例（2016年修正）	国务院	2006年3月1日
36	国家突发公共事件总体应急预案	国务院	2006年1月8日
37	企业事业单位内部治安保卫条例	国务院	2004年12月1日
38	中华人民共和国认证认可条例	国务院	2003年11月1日
39	国务院关于坚持科学发展安全发展促进安全生产形势持续稳定好转的意见	国务院	2011年11月26日
40	国务院对确需保留的行政审批项目设定行政许可的决定	国务院	2004年7月1日
41	关于推进城市安全发展的意见	中共中央办公厅、国务院办公厅	2018年1月
42	中共中央办公厅、国务院办公厅印发《关于加强社会治安防控体系建设的意见》	中共中央办公厅、国务院办公厅	2015年4月13日
43	国务院办公厅关于开展工程建设项目审批制度改革试点的通知	国务院办公厅	2018年5月14日
44	国务院办公厅关于保障城市轨道交通安全运行的意见	国务院办公厅	2018年3月7日
45	国家突发环境事件应急预案	国务院办公厅	2014年12月29日
46	推进长江危险化学品运输安全保障体系建设工作方案	国务院办公厅	2014年6月9日
47	国务院安全生产委员会关于加强公交车行驶安全和桥梁防护工作的意见	国务院安全生产委员会	2018年12月10日
48	工业和信息化部、应急管理部、财政部、科技部《关于加快安全产业发展的指导意见》	工业和信息化部、应急管理部、财政部、科技部	2018年6月19日
49	科技型中小企业评价办法	科学技术部、财政部、国家税务总局	2017年5月3日
50	关于加强公共安全视频监控建设联网应用工作的若干意见	国家发展改革委、中央综治办、科技部、工业和信息化部、公安部、财政部、人力资源社会保障部、住房城乡建设部、交通部	2015年5月6日

续表

序号	法规名称	颁布机构	实施日期
51	国务院办公厅关于转发知识产权局等单位《深入实施国家知识产权战略行动计划（2014—2020年）》的通知	知识产权局、中宣部、外交部、国家发展改革委、教育部、科学技术部等部委	2014年12月10日
52	国家卫生计生委、中央综治办、中宣部等关于印发维护医疗秩序打击涉医违法犯罪专项行动方案的通知	国家卫生计生委、中央综治办、中宣部、最高人民法院、最高人民检察院、公安部、民政部、司法部、工商总局、中国保监会、国家中医药局	2013年12月20日
53	关于印发《道路旅客运输企业安全管理规范（试行）》的通知	交通运输部、公安部、国家安全监管总局	2012年1月19日
54	关于印发《促进智慧城市健康发展的指导意见》的通知	国家发展改革委、工业和信息化部、科学技术部、公安部、财政部、国土资源部、住房和城乡建设部、交通运输部	2014年8月27日
55	关于进一步做好维护医疗秩序工作的通知	国家卫生计生委、中央综治办、公安部、司法部	2016年3月24日
56	关于组织开展新型智慧城市评价工作务实推动新型智慧城市健康快速发展的通知	国家发展改革委、网信办、国家标准委员会	2016年11月22日
57	关于进一步加强学校幼儿园安全防范工作建立健全长效工作机制的意见	中央治综治办、教育部、公安部	2010年8月23日
58	安全技术防范产品管理办法	国家质量技术监督局、公安部	2000年9月1日
59	邮电局（所）安全防范规定	邮电部、公安部	1997年9月24日
60	关于促进安全产业发展的指导意见	工业和信息化部、国家安全生产监督管理总局	2012年8月7日
61	电力监控系统安全防护规定	国家发展改革委	2014年9月1日
62	教育部关于印发《高等学校人工智能创新行动计划》的通知	教育部	2018年4月2日
63	科技部关于发布国家重点研发计划“智能机器人”等重点专项2018年度项目申报指南的通知	科学技术部	2018年8月3日
64	“十三五”公共安全科技创新专项规划	科学技术部	2017年4月24日
65	“十三五”先进制造技术领域科技创新专项规划	科学技术部	2017年4月14日
66	工业和信息化部关于加快推进虚拟现实产业发展的指导意见	工业和信息化部	2018年12月21日
67	推进互联网协议第六版（IPv6）规模部署行动计划	工业和信息化部	2018年4月25日
68	促进新一代人工智能产业发展三年行动计划（2018—2020年）	工业和信息化部	2017年12月14日
69	关于加强民用爆炸物品生产销售全过程安全管控的通知	工业和信息化部	2014年7月1日
70	国家集成电路产业发展推进纲要	工业和信息化部	2014年6月24日
71	信息化发展规划	工业和信息化部	2013年9月29日
72	民用爆炸物品生产企业门禁式定员监控系统安全技术条件	工业和信息化部	2013年9月5日

续表

序号	法规名称	颁布机构	实施日期
73	公安机关互联网安全监督检查规定	公安部	2018年11月1日
74	娱乐场所治安管理办法	公安部	2008年10月1日
75	金融机构营业场所和金库安全防范设施建设许可实施办法	公安部	2006年2月1日
76	关于印发《关于深入开展城市报警与监控系统应用工作的意见》的通知	公安部	2010年4月6日
77	关于加强对列入强制性产品认证目录内的安全技术防范产品质量监督管理的通知	公安部	2005年7月20日
78	中华人民共和国公安部关于规范安全技术防范行业管理工作几个问题的通知	公安部	2004年8月3日
79	关于严格执行《国务院关于取消第二批行政审批项目和改变一批行政审批项目管理方式的决定》的通知	公安部	2003年3月20日
80	关于开展国家智慧城市试点工作的通知	住房和城乡建设部	2012年11月22日
81	关于加强城市轨道交通安防设施建设工作的指导意见	住房和城乡建设部	2010年6月28日
82	关于印发《城市轨道交通工程安全质量管理暂行办法》的通知	住房和城乡建设部	2010年1月8日
83	工程造价咨询企业管理办法	住房和城乡建设部	2006年7月1日
84	建设工程勘察质量管理办法	住房和城乡建设部	2003年2月1日
85	建筑智能化系统工程设计管理暂行规定	住房和城乡建设部	1998年3月10日
86	城市轨道交通运营管理规定	交通运输部	2018年7月1日
87	民用航空安全管理规定	交通运输部	2018年2月13日
88	铁路旅客运输安全检查管理办法	交通运输部	2015年1月1日
89	关于加强城市轨道交通运营安全管理的意见	交通运输部	2014年9月30日
90	关于加强安全生产科技创新工作的决定	国家安全生产监督管理总局	2012年9月17日
91	关于进一步加强安全生产应急平台体系建设的意见	国家安全生产监督管理总局	2012年9月6日
92	认证机构管理办法	国家质量监督检验检疫总局	2018年1月1日
93	关于进一步加强公共交通领域电梯安全工作的指导意见	国家质量监督检验检疫总局	2012年1月19日
94	强制性产品认证管理规定	国家质量监督检验检疫总局	2009年9月1日
95	关于切实加强博物馆公共安全工作的紧急通知	国家文物局	2010年5月13日
96	关于增设涉密信息系统集成“保密安防监控”单项资质的通知	国家保密局	2006年10月11日
97	涉及国家秘密的计算机信息系统集成资质管理办法（试行）	国家保密局	2001年10月15日
98	强制性产品认证标志管理办法	国家认证认可监督管理委员会	2002年5月1日
99	认证技术规范管理办法	国家认证认可监督管理委员会	2006年3月1日
100	关于协助做好强制性产品认证行政执法工作有关问题的通知	国家认证认可监督管理委员会	2006年5月23日
101	关于进一步加强监督管理规范使用认证标志有关问题的通知	国家认证认可监督管理委员会	2007年3月5日

续表

序号	法规名称	颁布机构	实施日期
102	国家发展改革委办公厅 公安部办公厅关于请组织申报社会治安防控领域创新能力建设专项的通知	发改委办公厅、公安部办公厅	2016年2月17日
103	工业和信息化部办公厅、民政部办公厅、国家卫生计生委办公厅《关于开展智慧健康养老应用试点示范的通知》	工业和信息化部办公厅、民政部办公厅、国家卫生计生委办公厅	2017年7月27日
104	关于印发《道路运输安全生产工作计划（2018—2020年）》的通知	交通运输部办公厅、公安部办公厅、应急管理部办公厅	2018年6月13日
105	关于印发严密防控涉医违法犯罪维护正常医疗秩序意见的通知	国家卫生计生委办公厅、公安部办公厅、国家中医药管理局办公室	2017年6月26日
106	关于加强医院安全防范系统建设的指导意见	国家卫生计生委办公厅、公安部办公厅	2013年10月12日
107	国家地理信息产业发展规划（2014—2020年）	国家发展改革委测绘地信局	2014年7月18日
108	中国人民解放军军用安全技术防范产品安全认证管理办法	中国人民解放军总政治部保卫部	2008年5月1日

二、现行有效的地方法规、规章及规范性文件

序号	法规名称	颁布机构	实施日期
1	北京市轨道交通运营安全条例	北京市人民代表大会常务委员会	2015年5月1日
2	北京市公共安全图像信息系统备案管理规定（试行）	北京市人民政府	2007年8月31日
3	北京市公共安全图像信息系统管理办法	北京市人民政府	2007年4月1日
4	北京市人民政府关于加强图像信息管理系统建设工作的意见	北京市人民政府	2006年4月28日
5	北京市地下停车场安全防范管理工作规范（试行）	北京市公安局	2010年9月
6	北京市住宅区及住宅安全防范设施建设和使用管理办法	北京市公安局	2003年10月1日
7	北京市公安局关于进一步加强地下停车场安全防范管理工作的意见	北京市公安局	2010年9月29日
8	北京市公安局关于《北京市公共安全图像信息系统管理办法实施意见（试行）》的通知	北京市公安局	2013年9月10日
9	北京市写字楼内部治安保卫工作规定	北京市公安局、北京市住房和城乡建设委员会、北京市社会建设工作办公室、北京市工商行政管理局	2011年9月1日
10	北京市金银珠宝经营场所治安保卫工作规范	北京市公安局、北京市商务委员会、北京市工商行政管理局	2012年12月1日
11	关于在建设工程施工现场推广使用远程视频监控系统的通知	北京市住房和城乡建设委员会	2013年10月30日
12	北京市突发事件信息管理办法	北京市突发事件应急委员会	2014年1月16日
13	天津市安全技术防范管理条例	天津市人民代表大会常务委员会	2006年9月7日
14	关于进一步加强我市视频监控图像信息系统建设资源共享工作的通知	天津市公安局技防办	2010年7月27日
15	天津市电梯安全监督管理办法	天津市人民政府	2012年4月1日

续表

序号	法规名称	颁布机构	实施日期
16	天津市人民政府办公厅转发市公安局《关于加强我市技术防范网络体系建设实施意见》的通知	天津市人民政府办公厅	2012 年 9 月 29 日
17	天津市公安局关于实施《天津市视频监控摄像机技术规范》的通知	天津市公安局技防办	2013 年 5 月 22 日
18	关于印发《天津市技防网电子卡口技术规范》的通知	天津市公安局技防监管总队	2013 年 12 月 5 日
19	河北省突发事件应对条例	河北省人民代表大会常务委员会	2013 年 7 月 1 日
20	河北省公共安全技术防范管理规定	河北省人民政府	2010 年 11 月 30 日
21	河北省公共安全技术防范管理规定修正案	河北省人民政府	2004 年 4 月 1 日
22	山西省安全技术防范条例	山西省人民代表大会常务委员会	2012 年 10 月 1 日
23	山西省安全技术防范条例实施细则	山西省人民代表大会常务委员会	2013 年 3 月 20 日
24	关于修改《内蒙古自治区公共安全技术防范管理条例》的决定	内蒙古自治区人民代表大会常务委员会	2017 年 7 月 22 日
25	内蒙古自治区公共安全视频监控图像信息系统管理办法	内蒙古自治区人民政府	2014 年 11 月 1 日
26	内蒙古自治区公共安全技术防范管理条例实施细则	内蒙古自治区公安厅	2014 年 6 月 19 日
27	关于规范管理公共安全技术防范报警运营服务业的意见	内蒙古自治区公安厅	2010 年 11 月 12 日
28	内蒙古自治区公安机关公共安全技术防范监督检查规定（试行）	内蒙古自治区公安厅	2009 年 8 月 5 日
29	内蒙古自治区公共安全技术防范系统设计施工和维修单位备案等级评定办法	内蒙古自治区公安厅	2007 年 7 月 20 日
30	关于加强全区学校和幼儿园安全技术防范系统建设的意见	内蒙古自治区公安厅、内蒙古自治区教育厅	2010 年 6 月 2 日
31	辽宁省公共安全视频图像信息系统管理办法	辽宁省人民政府	2008 年 1 月 1 日
32	辽宁省公共安全技术防范条例	辽宁省人民代表大会常务委员会	2015 年 2 月 1 日
33	《辽宁省公共安全技术防范条例》实施细则（试行）	辽宁省公安厅	2015 年 6 月 5 日
34	吉林省公共安全视频图像信息系统管理办法	吉林省人民政府	2013 年 1 月 1 日
35	黑龙江省公共安全技术防范条例	黑龙江省人民代表大会常务委员会	2012 年 11 月 1 日
36	黑龙江省公安机关实施《黑龙江省公共安全技术防范条例》细则	黑龙江省公安厅	2013 年 3 月 28 日
37	关于印发黑龙江省道路运输企业安全生产管理办法（试行）的通知	黑龙江省交通运输厅、黑龙江省安全生产监督管理局、黑龙江省公安厅	2012 年 9 月 1 日
38	黑龙江省水利厅关于切实加强水利行业反恐工作的通知	黑龙江省水利厅	2011 年 7 月 8 日
39	上海市社会公共安全技术防范管理办法（2010 年修正）	上海市人民政府	2001 年 4 月 1 日
40	上海市实施《中华人民共和国突发事件应对法》办法	上海市人民代表大会常务委员会	2013 年 5 月 1 日
41	上海市人民政府办公厅印发《关于本市推动新一代人工智能发展的实施意见》的通知	上海市人民政府办公厅	2017 年 10 月 26 日

续表

序号	法规名称	颁布机构	实施日期
42	关于贯彻国家标准《视频安防监控数字录像设备》（GB20815-2006）的通知	上海市公安局技防办、上海市社会公共安全技术防范标准化技术委员会	2008 年 1 月 4 日
43	关于印发《关于〈数字视频安防监控系统基本技术要求〉的补充说明（一）》的通知	上海市公安局技防办	2013 年 8 月 8 日
44	关于《本市视频安防监控系统用摄像机镜头技术规范（试行）》的通知	上海市公安局技防办	2013 年 5 月 1 日
45	关于印发《本市专业型数字录像设备补充技术要求（试行）》的通知	上海市公安局技防办	2011 年 10 月 19 日
46	关于印发《本市视频安防监控系统用彩色显示终端技术规范（试行）》的通知	上海市公安局技防办	2011 年 7 月 8 日
47	关于加强监管本市安防工程所用技防产品的通知	上海市公安局技防办	2011 年 1 月 21 日
48	关于印发《本市视频安防监控用彩色数字摄像机技术规范试行》的通知	上海市公安局技防办	2010 年 9 月 5 日
49	关于进一步规范区域报警系统接处警服务工作的通知	上海市公安局技防办	2010 年 7 月 16 日
50	关于进一步规范中小学 幼儿园紧急报警系统相关技术要求的通知	上海市公安局技防办	2010 年 5 月 25 日
51	关于印发《本市区域报警视频联动服务系统基本技术要求试行》的通知	上海市公安局技防办	2010 年 4 月 8 日
52	关于印发《本市视频安防监控用模拟彩色摄像机技术规范试行》的通知	上海市公安局技防办	2010 年 1 月 6 日
53	关于印发《上海综合型数字录像设备补充技术要求（试行）》的通知	上海市公安局技防办	2009 年 7 月 17 日
54	关于贯彻实施《重点单位重要部位安全技术防范系统要求 第 9 部分：零售商业》的补充通知	上海市公安局技防办	2009 年 6 月 30 日
55	关于贯彻执行国家标准《脉冲电子围栏及其安装和安全运行》的通知	上海市公安局技防办	2009 年 6 月 8 日
56	关于印发《张力式电子围栏入侵探测装置技术要求》的通知	上海市公安局技防办	2009 年 3 月 30 日
57	关于印发《本市安防工程用高压电子脉冲式探测器基本技术要求》的通知	上海市公安局技防办	2008 年 12 月 1 日
58	关于印发《栅栏、玻璃类电控防盗门技术规范》的通知	上海市公安局技防办	2008 年 7 月 1 日
59	关于贯彻国家标准《视频安防监控数字录像设备》（GB20815-2006）的补充通知	上海市公安局技防办	2008 年 3 月 19 日
60	关于在居民住宅小区等技防工程项目中推广使用电子围栏周界报警系统的通知	上海市公安局技防办	2007 年 8 月 20 日
61	关于印发《本市技防设施使用年限的规定》的通知	上海市公安局技防办	2002 年
62	关于印发《上海市公共安全技术防范工程管理实施细则》的通知	上海市公安局技防办	2001 年 4 月 1 日
63	江苏省人民政府办公厅关于加强铁路安全管理的意见	江苏省人民政府办公厅	2017 年 4 月 12 日
64	江苏省收费营业场所安全防范工作规定（试行）	江苏省公安厅	2013 年 3 月 1 日
65	浙江省社会治安综合治理条例	浙江省人民代表大会常务委员会	2018 年 1 月 1 日

续表

序号	法规名称	颁布机构	实施日期
66	浙江省人民政府关于印发浙江省新一代人工智能发展规划的通知	浙江省人民政府	2017 年 12 月 4 日
67	关于加强全省社会治安动态视频监控系统建设的意见	中共浙江省委办公厅、浙江省人民政府办公厅	2008 年 8 月 27 日
68	关于印发《浙江省国家信息经济示范区建设实施方案》的通知	中共浙江省委办公厅、浙江省人民政府办公厅	2017 年 4 月 27 日
69	浙江省公安视频专网安全管理工作规范	浙江省公安厅	2015 年 12 月 31 日
70	浙江省公安视频专网安全管理技术规范	浙江省公安厅	2015 年 12 月 31 日
71	浙江省安全技术防范系统日常安全检查工作规范	浙江省公安厅	2007 年 12 月 12 日
72	全省社会治安动态视频监控系统“白昼工程”建设实施方案	浙江省公安厅	2007 年 8 月 1 日
73	基于公共运营商的社会治安动态视频监控系统建设工作规范	浙江省公安厅	2006 年 9 月 4 日
74	浙江省社会治安动态视频监控系统建设指导意见	浙江省公安厅	2004 年 8 月 20 日
75	关于加强社会治安动态视频监控系统共享平台建设的通知	浙江省公安厅技防办	2008 年 2 月 26 日
76	浙江省社会管理综合治理委员会关于加强安全技术防范体系建设的实施意见	浙江省社会管理综合治理委员会	2013 年 1 月 6 日
77	浙江省社会管理综合治理委员会办公室浙江省公安厅关于开展安全技术防范体系建设试点工作的通知	浙江省社会管理综合治理委员会	2013 年 7 月 31 日
78	浙江省水利厅关于在全省重大水利建设工程中试行视频监控系统建设的通知	浙江省水利厅	2017 年 12 月 5 日
79	跨区域视频监控联网共享技术规范	浙江省质量技术监督局	2011 年 7 月 27 日
80	跨区域视频监控联网共享技术规范	浙江省质量技术监督局	2011 年 6 月 27 日
81	安全技术防范（系统）工程检验规范	浙江省质量技术监督局	2011 年 6 月 27 日
82	安全技术防范工程运行维护规范	浙江省质量技术监督局	2011 年 6 月 27 日
83	视频安防监控设备运行监测系统技术规范	浙江省质量技术监督局	2011 年 6 月 27 日
84	安全技术防范系统建设技术规范	浙江省质量技术监督局	2010 年 3 月 8 日
85	社会治安动态视频监控系统技术规范	浙江省质量技术监督局	2004 年 8 月 4 日
86	安徽省公共安全视频图像信息系统管理办法	安徽省人民政府	2016 年 11 月 2 日
87	安徽省公共安全技术防范管理规定（2004 年修正）	安徽省人民政府	2002 年 2 月 1 日
88	安徽省突发事件应对条例	安徽省人民代表大会常务委员会	2013 年 3 月 1 日
89	安徽省公共安全技术防范管理规定实施细则	安徽省公安厅	2002 年 12 月 4 日
90	福建省公共安全技术防范管理办法	福建省人民政府	2015 年 7 月 1 日
91	福建省社会治安综合治理条例	福建省人民代表大会常务委员会	2011 年 5 月 21 日
92	关于数字福建智慧城市建设的指导意见	福建省人民政府	2014 年 4 月 10 日
93	福建省公安机关公共安全技术防范监督管理实施细则	福建省公安厅	2015 年 7 月 23 日

续表

序号	法规名称	颁布机构	实施日期
94	关于贯彻执行《〈福建省视频监控系统技术规范〉的实施意见》的通知	福建省公安厅	2011年10月18日
95	山东省公共安全技术防范管理办法	山东省人民政府	2004年12月1日
96	山东省安全技术防范工程管理规范	山东省公安厅	2005年3月21日
97	山东省安全技术防范产品管理规范	山东省公安厅	2005年3月21日
98	山东省安全技术防范工程设计施工等级确认管理办法	山东省公安厅	2014年1月1日
99	江西省公共安全技术防范管理规定（2004年修正）	江西省人民政府	2004年7月1日
100	江西省突发事件应对条例	江西省人民代表大会常务委员会	2013年9月1日
101	江西省公安行政处罚自由裁量权细化标准（公共安全技术防范管理类、消防管理类、交通管理类）	江西省公安厅	2015年9月1日
102	河南省公共安全技术防范管理条例	河南省人民政府	2013年10月1日
103	河南省公共安全技术防范管理条例实施细则	河南省公安厅	2013年10月1日
104	湖北省公共安全视频图像信息系统管理办法	湖北省人民政府	2013年9月1日
105	湖北省公共安全技术防范管理规定	湖北省人民政府	2008年1月1日
106	湖北省国家安全技术保卫办法	湖北省人民政府	2017年4月15日
107	关于进一步加强单位内部治安保卫工作的意见	湖北省人民政府	2014年7月25日
108	湖北省突发事件应对办法	湖北省人民政府	2014年3月1日
109	湖北省公共安全技术防范管理规定实施细则	湖北省公安厅	2008年1年16日
110	湖北省文物保护单位及博物馆纪念馆安全技术防范工程建设管理办法	湖北省文化厅、湖北省公安厅、湖北省监察厅　湖北省财政厅	2011年8月31日
111	关于印发《湖北省中小学幼儿园安全防范标准》的通知	湖北省综合治理委员会、湖北省教育厅、湖北省公安厅	2011年9月19日
112	湖南省公共安全技术防范管理规定	湖南省人民政府	2004年6月23日
113	湖南省商场（超市）金银珠宝饰品店治安防范管理规范	湖南省社会治安综合治理委员会办公室、湖南省公安厅、湖南省商务厅	2011年8月29日
114	广东省安全技术防范管理条例	广东省人民代表大会常务委员会	2002年5月30日
115	广东省安全技术防范管理实施办法	广东省人民政府	2017年8月1日
116	广东省政府关于取消和调整一批行政审批项目等事项的决定	广东省人民政府	2015年8月7日
117	推进珠江三角洲地区智慧城市群建设和信息化一体化行动计划（2014—2020年）	广东省人民政府	2014年11月7日
118	广东省公共安全视频图像信息系统管理办法	广东省人民政府	2009年4月1日
119	广东省公安厅关于《广东省安全技术防范管理实施办法》的操作细则	广东省公安厅	2018年4月1日
120	广东省政府关于做好非行政许可审批等事项调整工作的函	广东省机构编制委员会办公室	2015年9月9日
121	广西壮族自治区安全技术防范管理暂行规定（2004年修正）	广西壮族自治区人民政府	2000年2月1日

续表

序号	法规名称	颁布机构	实施日期
122	广西公安机关社会管理视频监控系统联网技术指导性意见（试行）	广西壮族自治区公安厅	2011年6月1日
123	重庆市公共安全视频图像信息系统管理办法	重庆市人民政府	2016年8月1日
124	重庆市中小学幼儿园安全防范工作规范（试行）	重庆市人民政府办公厅	2018年11月9日
125	关于规范全市公安GPS卫星定位报警指挥调度系统建设与管理的通知	重庆市公安局办公室	2009年1月24日
126	社会公共安全视频图像信息系统技术规范	重庆市质量技术监督局	2006年9月1日
127	四川省公共安全技术防范专家管理办法（试行）	四川省公安厅	2010年3月26日
128	四川省深化制造业与互联网融合发展实施方案	四川省人民政府	2017年6月27日
129	四川省“十二五”安全生产规划2014年度实施计划	四川省人民政府	2014年3月19日
130	贵州省安全技术防范管理条例（2017年修正）	贵州省人民代表大会常务委员会	2018年1月1日
131	贵州省公共安全视频信息系统管理办法	贵州省人民政府	2010年12月1日
132	云南省公共安全视频图像信息系统管理规定	云南省人民政府	2016年10月1日
133	云南省公共安全技术防范管理办法	云南省社会治安综合治理办公室、云南省公安厅	2007年12月1日
134	云南省城市报警和监控系统建设实施意见	云南省社会治安综合治理工作办公室	2007年11月6日
135	云南省社会治安综合治理委员会关于加强城市报警和监控系统建设的意见	云南省公安厅	2007年11月1日
136	陕西省安全技术防范条例实施细则（2014年修正）	陕西省人民政府	2014年4月1日
137	陕西省公共安全图像信息系统管理办法	陕西省人民政府	2011年8月1日
138	陕西省安全技术防范条例	陕西省人民代表大会常务委员会	2006年10月1日
139	甘肃省公共安全视频信息系统管理办法	甘肃省人民政府	2011年5月1日
140	甘肃省实施《中华人民共和国突发事件应对法》办法	甘肃省人民代表大会常务委员会	2011年9月29日
141	甘肃省加强中小学幼儿园安全风险防控体系建设实施意见	甘肃省人民政府办公厅	2017年9月18日
142	宁夏回族自治区人民政府办公厅关于加快新型智慧城市建设的实施意见	宁夏回族自治区人民政府办公厅	2017年5月24日
143	关于印发《关于进一步开展全区公安机关视频图像信息整合与共享深化视频应用工作的意见》的通知	宁夏回族自治区公安厅	2012年8月15日
144	新疆维吾尔自治区民用无人驾驶航空器安全管理规定	新疆维吾尔自治区人民政府	2018年7月1日
145	新疆维吾尔自治区社会公共安全技术防范管理暂行规定	新疆维吾尔自治区人民政府	2004年10月11日
146	新疆维吾尔自治区公共安全视频信息系统管理办法	新疆维吾尔自治区人民政府	2014年7月1日

附录二　安全技术防范行业标准体系表

一、指导思想

1. 编制标准体系表是我国安全技术防范标准化工作的一项重要基础性工作。

2. 我国安全技术防范标准体系表是我国安全技术防范现有、应有和预计制定标准的蓝图，是编制安全技术防范标准制、修订规划和计划的基本依据，是促进我国安全技术防范标准组成达到科学合理化的重要基础，是开展安全技术防范领域科学技术研究的重要参考资料。

3. 我国安全技术防范标准体系表将随着科学技术的发展而不断更新和充实。

二、编制原则

1. 目标明确

编制我国安全技术防范标准体系表的目的是为我国安全技术防范标准化工作提供基本依据，保障我国安全技术防范标准化工作科学、高效的开展，从而促进我国安全技术防范产业健康、有序和快速发展。

2. 全面成套

本体系表编制遵从了全面成套的原则，内容涵盖了我国安全技术防范行业的通用标准、行业所涉及的各专业（子系统）通用标准、构成各专业（子系统）的产品标准等。

3. 层次适当

本体系表的层次结构是根据GB/T13016-2009中5.1.3条“层次结构”的相关要求划分的，第一层为安全技术防范行业通用标准，第二层为各专业（各子系统）通用标准等，第三层为产品标准等。

4. 划分清楚

本体系表中的标准元素和标准集合按照基础、技术、工程、管理、服务等标准化活动性质的同一性进行划分，基本做到了体系表内的子体系或类别划分清楚。

5. 国际接轨

在本标准体系表的编制过程中，参考了相关的国际、区域和国外标准体系。重点研究了与我国安全技术防范标准化工作对口的国际电工委员会（IEC）和欧洲电工委员会（CLC）的相关标准，并基本将其标准纳入了体系表中。

6. 适合国情

在参考相关的国际、区域和国外标准体系的同时，本体系表的编制更注重适合我国国情，并没有照搬国际、区域和国外的标准体系结构和标准名称，而是根据我国安全技术防范标准化工作的实际需要，将这些标准元素合理纳入不同层次和子体系中，同时对标准名称也进行了适当调整。

三、相关术语和定义

1. 安全技术防范　security

利用各种电子信息设备组成系统和/或网络，用于防入侵、防盗窃、防抢劫、防破坏、防爆安全检查等，以实现维护社会公共安全的目的。

2. 标准体系　standard system

一定范围内的标准按其内在联系形成的科学的有机整体。

［GB/T13016-2009，3.3］

3. 标准体系表　diagram of standard system

一定范围的标准体系内的标准按其内在联系排列起来的图表。

[GB/T13016-2009，3.4]

4. 基础标准　basic standard

具有广泛的适用范围或包含一个特定领域的通用条款的标准。

[GB/T20000.1-2002，2.5.1]

5. 产品标准　product standard

规定产品应满足的要求以确保其适用性的标准。

[GB/T20000.1-2002，2.5.4]

6. 服务标准　service standard

规定服务应满足的要求以确保其适用性的标准。

[GB/T20000.1-2002，2.5.6]

7. 技术标准　technical standard

规定技术应满足的要求以确保其适用性的标准。

8. 工程标准　engineering standard

规定工程应满足的要求以确保其适用性的标准。

9. 公共管理标准　public administration standard

规定公共管理应满足的要求以确保其适用性的标准。

10. 行业通用标准　industry general standard

规定行业领域内应满足的通用要求以确保其适用性的标准。

11. 专业通用标准　specialty general standard

规定行业中某一专业领域内应满足的通用要求以确保其适用性的标准。

四、体系结构

1. 体系结构框图

我国安全技术防范标准体系结构框图，见图 1。

2. 体系结构说明

（1）横向层次

本标准体系横向主要分为三层结构，第一层为安全技术防范通用标准，包括基础标准、技术标准、工程标准、公共管理标准和服务标准等。第二层为专业通用标准，包括安全技术防范各专业（各子系统）的术语、技术和工程标准等；将作为安全技术防范工作基础的风险评估、安全防护和效能评估等列入该层；同时将公共管理标准和服务标准的细分类别列入该层。第三层为产品标准和产品应用标准。在第二层和第三层的有些部分，根据实际需要，按分类或门类增加了扩展层。

（2）纵向层次

本标准体系纵向划分了基础标准、技术标准、工程标准、公共管理标准和服务标准五个子体系。鉴于支撑安全技术防范工作的重要性，将术语、风险评估、安全防护和效能评估标准纳入基础标准子体系中；将安全防范系统和入侵/反劫/社会报警系统、视频监控系统、出入口控制系统、防爆安全检查系统、实体防护系统、人体生物特征识别应用系统、防伪技术等子系统以及各类产品标准纳入技术标准子体系中；将安全防范工程设计、施工、检测、验收和产品应用等纳入工程标准子体系；将执法标准、工作标准和管理标准纳入公共管理标准子体系；将安防系统运营服务、行业组织和中介服务纳入服务标准子体系。

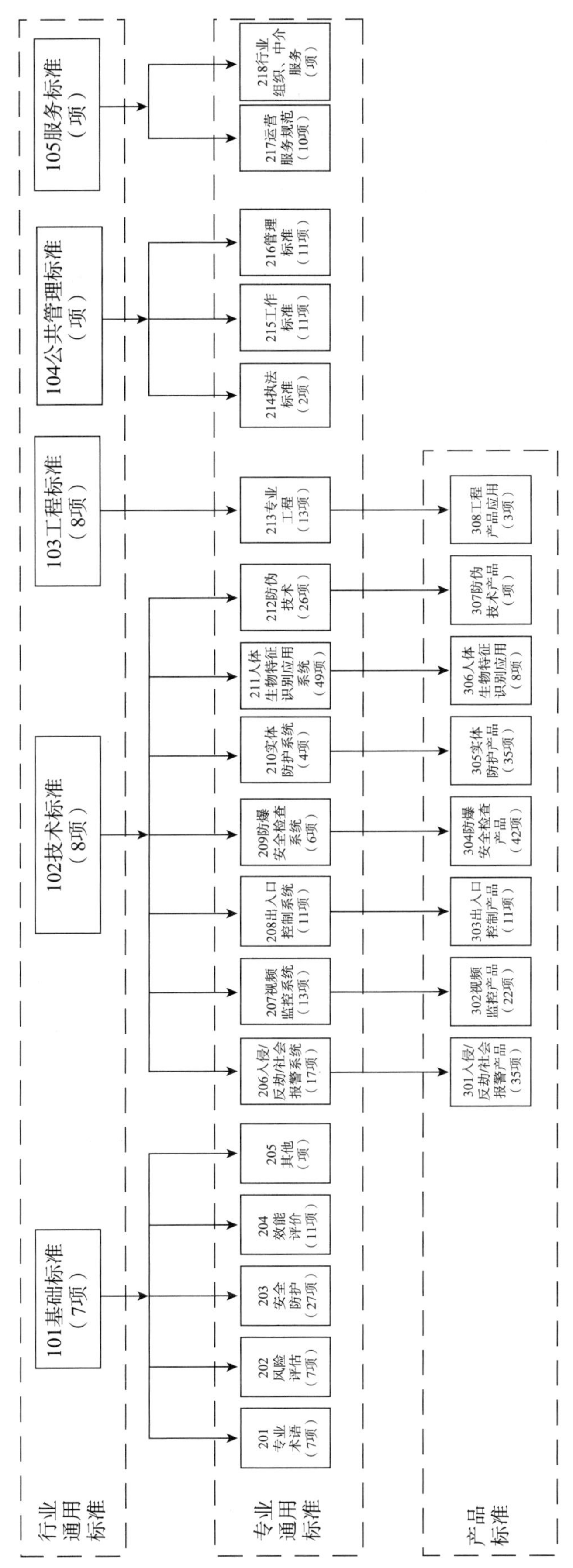

图1　我国安全技术防范标准体系结构框图

五、标准明细表

本标准体系表给出了《我国安全技术防范标准明细表》，由 31 个表格组成，目前共列入了 378 个标准元素。随着科学技术的进步和新产品的生产以及新的安全需求带来的新的应用，标准体系表和标准明细表都有一个不断完善的过程。

《我国安全技术防范标准明细表》各表格的编号原则是：标准体系第一层的表格编号为 101～105；第二层的表格编号为 201～218；第三层的表格编号为 301～308。

《我国安全技术防范标准明细表》和城市监控报警联网系统标准体系的具体内容，详见《年鉴》光盘版或网络版。

六、公共安全视频图像信息联网共享应用标准体系

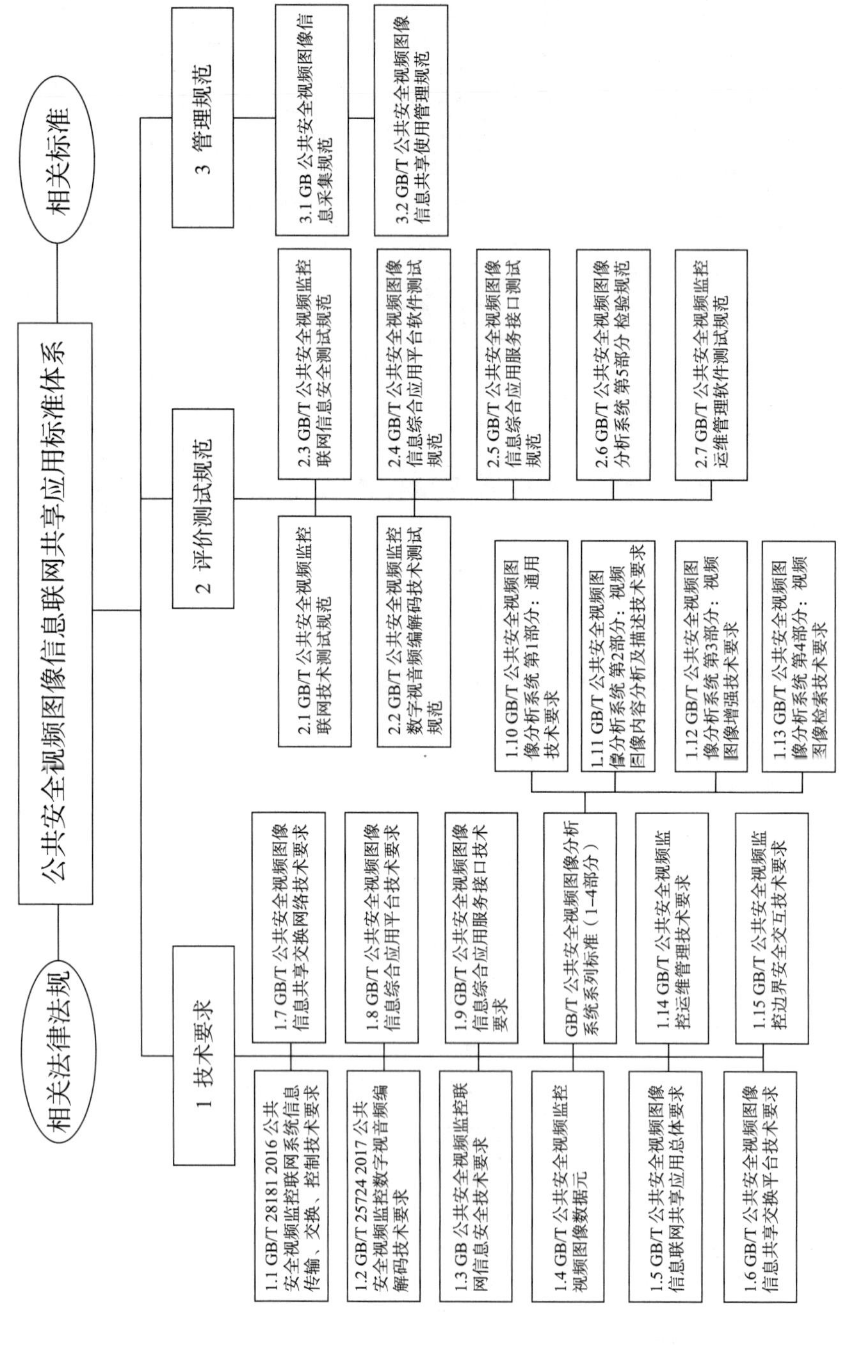

附录三 全国安全防范报警系统标准化技术委员会现行标准目录

现行标准目录

（共219项，其中：国标65项，行标154项）

截至2019年12月31日

序号	标准编号	名 称	发布日期	实施日期
（一）基础通用标准（共4项，其中：国标1项，行标3项）				
1	GB/T 15408-2011	安全防范系统供电技术要求	2011-04-25	2011-12-01
2	GA/T 405-2002	安全技术防范产品分类与代码	2002-12-11	2003-01-01
3	GA/T 550-2005	安全技术防范管理信息代码	2005-09-08	2005-10-01
4	GA/T 551-2005	安全技术防范管理信息基本数据结构	2005-09-08	2005-10-01
（二）入侵和紧急报警系统（共36项，其中：国标24项，行标12项）				
1	GB 15407-2010	遮挡式微波入侵探测器技术要求	2010-11-10	2011-09-01
2	GB/T 15211-2013	安全防范报警设备 环境适应性要求和试验方法	2013-12-31	2015-03-01
3	GB 10408.1-2000	入侵探测器 第1部分：通用要求	2000-10-17	2001-06-01
4	GB 10408.2-2000	入侵探测器 第2部分：室内用超声波多普勒探测器	2000-10-17	2001-06-01
5	GB 10408.3-2000	入侵探测器 第3部分：室内用微波多普勒探测器	2000-10-17	2001-06-01
6	GB 10408.4-2000	入侵探测器 第4部分：主动红外入侵探测器	2000-10-17	2001-06-01
7	GB 10408.5-2000	入侵探测器 第5部分：室内用被动红外探测器	2000-10-17	2001-06-01
8	GB 10408.9-2001	入侵探测器 第9部分：室内用被动式玻璃破碎探测器	2001-11-16	2002-08-01
9	GB 12663-2019	入侵和紧急报警系统 控制指示设备	2019-10-14	2020-11-01
10	GB 15209-2006	磁开关入侵探测器	2006-04-30	2007-01-01
11	GB 20816-2006	车辆防盗报警系统 乘用车	2006-12-19	2008-01-01
12	GB/T10408.8-2008	振动入侵探测器	2008-09-24	2009-08-01
13	GB 10408.6-2009	微波和被动红外复合入侵探测器	2009-04-16	2010-01-01
14	GB/T 21564.1-2008	报警传输系统串行数据接口的信息格式和协议 第1部分：总则	2008-03-24	2008-11-01
15	GB/T 21564.2-2008	报警传输系统串行数据接口的信息格式和协议 第2部分：公用应用层协议	2008-03-24	2008-09-01

续表

序号	标准编号	名　　称	发布日期	实施日期
16	GB/T 21564.3-2008	报警传输系统串行数据接口的信息格式和协议　第 3 部分：公用数据链路层协议	2008-03-24	2008-09-01
17	GB/T 21564.4-2008	报警传输系统串行数据接口的信息格式和协议　第 4 部分：公用传输层协议	2008-03-24	2008-09-01
18	GB/T 21564.5-2008	报警传输系统串行数据接口的信息格式和协议　第 5 部分：数据接口	2008-03-24	2008-09-01
19	GB 16796-2009	安全防范报警设备　安全要求和试验方法	2009-09-30	2010-06-01
20	GB 25287-2010	周界防范高压电网装置	2010-11-10	2011-09-01
21	GB/T 30148-2013	安全防范报警设备　电磁兼容抗扰度要求和试验方法	2013-12-17	2014-08-01
22	GB/T 31132-2014	入侵报警系统　无线（射频）设备互联技术要求	2014-09-03	2015-02-01
23	GB/T 32581-2016	入侵和紧急报警系统技术要求	2016-04-25	2016-11-01
24	GB/T 36546-2018	入侵和紧急报警系统　告警装置技术要求	2018-07-13	2019-02-01
25	GA/T 553-2005	车辆反劫防盗联网报警系统通用技术要求	2005-09-07	2005-11-01
26	GA/T600.1-2006	报警传输系统的要求　第 1 部分：系统的一般要求	2006-02-10	2006-05-01
27	GA/T600.2-2006	报警传输系统的要求　第 2 部分：设备的一般要求	2006-02-10	2006-05-01
28	GA/T600.3-2006	报警传输系统的要求　第 3 部分：利用专用报警传输通路的报警传输系统	2006-02-10	2006-05-01
29	GA/T600.4-2006	报警传输系统的要求　第 4 部分：利用公共电话交换网络的数字通信机系统的要求	2006-02-10	2006-05-01
30	GA/T600.5-2006	报警传输系统的要求　第 5 部分：利用公共电话交换网络的话音通信机系统的要求	2006-02-10	2006-05-01
31	GA/T1031-2012	泄漏电缆入侵探测装置通用技术要求	2012-12-24	2013-03-01
32	GA/T1032-2013	张力式电子围栏通用技术要求	2013-01-09	2013-03-01
33	GA/T1158-2014	激光对射入侵探测器技术要求	2014-05-03	2014-10-01
34	GA/T1217-2015	光纤振动入侵探测器技术要求	2015-06 26	2015-10-01
35	GA/T1372-2017	甚低频感应入侵探测器技术要求	2017-01-16	2017-03-01
36	GA/T1589-2019	展示物品防盗装置通用技术要求	2019-09-20	2019-12-01
（三）视频监控系统（共 40 项，其中：国标 6 项，行标 34 项）				
1	GB 20815-2006	视频安防监控数字录像设备	2006-12-19	2008-01-01
2	GB/T 25724-2017	公共安全视频监控数字视音频编解码技术要求	2017-03-09	2017-06-01
3	GB/T 28181-2016	公共安全视频监控联网系统信息传输、交换、控制技术要求	2016-07-12	2017-08-01
4	GB/T 30147-2013	安防监控视频实时智能分析设备技术要求	2013-12-17	2014-08-01
5	GB 35114-2017	公共安全视频监控联网信息安全技术要求	2017-11-01	2018-11-01
6	GB 37300-2018	公共安全重点区域视频图像信息采集规范	2018-12-28	2020-01-01
7	GA/T 367-2001	视频安防监控系统技术要求	2001-12-10	2002-06-01

续表

序号	标准编号	名　称	发布日期	实施日期
8	GA/T645-2014	安全防范监控变速球型摄像机	2014-09-09	2014-12-01
9	GA/T646-2016	安全防范视频监控矩阵设备通用技术要求	2016-06-07	2016-06-07
10	GA/T 669.1-2008	城市监控报警联网系统技术标准　第1部分：通用技术要求	2008-08-04	2008-08-04
11	GA/T 669.2-2008	城市监控报警联网系统　技术标准　第2部分：安全技术要求	2008-08-04	2008-08-04
12	GA/T 669.3-2008	城市监控报警联网系统　技术标准　第3部分：前端信息采集技术要求	2008-08-04	2008-08-04
13	GA/T 669.6-2008	城市监控报警联网系统　技术标准　第6部分：视音频显示、存储、播放技术要求	2008-08-04	2008-08-04
14	GA/T 669.7-2008	城市监控报警联网系统　技术标准　第7部分：管理平台技术要求	2008-08-04	2008-08-04
15	GA/T 669.9-2008	城市监控报警联网系统　技术标准　第9部分：卡口信息识别、比对、监测系统技术要求	2008-08-04	2008-08-04
16	GA/T 792.1-2008	城市监控报警联网系统　管理标准　第1部分：图像信息采集、接入、使用管理要求	2008-08-04	2008-08-04
17	GA 793.1-2008	城市监控报警联网系统　合格评定　第1部分：系统功能性能检验规范	2008-08-04	2008-08-04
18	GA 793.2-2008	城市监控报警联网系统　合格评定　第2部分：管理平台软件测试规范	2008-08-04	2008-08-04
19	GA 793.3-2008	城市监控报警联网系统　合格评定　第3部分：系统验收规范	2008-08-04	2008-08-04
20	GA/T 669.8-2009	城市监控报警联网系统　技术标准　第8部分：传输网络技术要求	2009-08-11	2009-09-01
21	GA/T 669.10-2009	城市监控报警联网系统　技术标准　第10部分：无线视音频监控系统技术要求	2009-08-11	2009-09-01
22	GA/T 1072-2013	基层公安机关社会治安视频监控中心（室）工作规范	2013-07-26	2013-10-01
23	GA/T 1127-2013	安全防范视频监控摄像机通用技术要求	2013-12-20	2014-01-01
24	GA/T 1128-2013	安全防范视频监控高清晰度摄像机测量方法	2013-12-20	2014-01-01
25	GA/Z 1164-2014	公安视频图像信息联网与应用标准体系表	2014-05-23	2014-05-23
26	GA/T 1178-2014	安全防范系统光端机技术要求	2014-08-12	2014-08-12
27	GA/T 1211-2014	安全防范高清视频监控系统技术要求	2014-12-16	2015-04-01
28	GA/T 1216-2015	安全防范监控网络视音频编解码设备	2015-01-29	2015-03-01
29	GA/T 1353-2018	视频监控摄像机防护罩通用技术要求	2018-02-23	2018-02-23
30	GA/T 1354-2018	安防视频监控车载数字录像设备技术要求	2018-02-23	2018-02-23
31	GA/T 1355-2018	国家标准 GB/T 28181-2016 符合性测试规范	2018-02-23	2018-02-23
32	GA/T 1356-2018	国家标准 GB/T 25724-2017 符合性测试规范	2018-02-22	2018-02-22
33	GA/T 1357-2018	公共安全视频监控硬盘分类及试验方法	2018-05-07	2018-05-07
34	GA/T 1399.1-2017	公安视频图像分析系统　第1部分：通用技术要求	2017-05-31	2017-05-31
35	GA/T 1399.2-2017	公安视频图像分析系统　第2部分：视频图像内容分析及描述技术要求	2017-05-31	2017-05-31
36	GA/T 1400.1-2017	公安视频图像信息应用系统　第1部分：通用技术要求	2017-05-31	2017-05-31
37	GA/T 1400.2-2017	公安视频图像信息应用系统　第2部分：应用平台技术要求	2017-05-31	2017-05-31

续表

序号	标准编号	名　　称	发布日期	实施日期
38	GA/T 1400.3-2017	公安视频图像信息应用系统　第 3 部分：数据库技术要求	2017-05-31	2017-05-31
39	GA/T 1400.4-2017	公安视频图像信息应用系统　第 4 部分：接口协议要求	2017-05-31	2017-05-31
40	GA/T 1352-2018	视频监控镜头	2018-08-06	2018-08-06
（四）出入口控制系统（共 14 项，其中：国标 4 项，行标 10 项）				
1	GB/T 31070.1-2014	楼寓对讲系统　第 1 部分：通用技术要求	2014-12-22	2015-06-01
2	GB/T 31070.2-2018	楼寓对讲系统　第 2 部分：全数字系统技术要求	2018-12-28	2019-07-01
3	GB/T 31070.4-2018	楼寓对讲系统　第 4 部分：应用指南	2018-12-28	2018-12-28
4	GB/T 37078-2018	出入口控制系统技术要求	2018-12-28	2019-07-01
5	GA 374-2019	电子防盗锁	2019-03-01	2019-04-01
6	GA/T 394-2002	出入口控制系统技术要求	2002-09-25	2002-12-31
7	GA/T644-2006	电子巡查系统技术要求	2006-09-22	2006-11-01
8	GA 701-2007	指纹防盗锁通用技术条件	2007-05-17	2007-10-01
9	GA/T 678-2007	联网型可视对讲系统技术要求	2007-01-23	2007-03-01
10	GA/T 761-2008	停车场（库）安全管理系统技术要求	2008-04-07	2008-06-01
11	GA/T 992-2012	停车库（场）出入口控制设备技术要求	2012-07-19	2012-07-19
12	GA/T 1132-2014	车辆出入口电动栏杆机技术要求	2014-01-20	2014-04-01
13	GA 1210-2014	楼寓对讲系统安全技术要求	2014-12-23	2015-01-01
14	GA/T 1260-2016	人行出入口电控通道闸通用技术要求	2016-05-30	2016-07-01
（五）防爆安全检查系统（共 21 项，其中：国标 9 项，行标 12 项）				
1	GB 12664-2003	便携式 X 射线安全检查设备通用规范	2003-06-24	2004-02-01
2	GB 12899-2018	手持式金属探测器通用技术规范（代替 GB 12899-2003）	2018-11-19	2019-12-01
3	GB 15208.1-2018	微剂量 X 射线安全检查设备　第 1 部分：通用技术要求	2018-11-19	2019-12-01
4	GB 15208.2-2018	微剂量 X 射线安全检查设备　第 2 部分：透射式行包安全检查设备	2018-11-19	2019-12-01
5	GB 15208.3-2018	微剂量 X 射线安全检查设备　第 3 部分：透射式货物安全检查设备	2018-11-19	2019-12-01
6	GB 15208.4-2018	微剂量 X 射线安全检查设备　第 4 部分：人体安全检查设备	2018-11-19	2019-12-01
7	GB 15208.5-2018	微剂量 X 射线安全检查设备　第 5 部分：背散射物品安全检查设备	2018-11-19	2019-12-01
8	GB 15210-2018	通过式金属探测门通用技术规范（代替 GB 15210-2003）	2018-11-19	2019-12-01
9	GB/T 37128-2018	X 射线计算机断层成像安全检查系统技术要求	2018-12-28	2019-07-01
10	GA/T 71-1994	机械钟控定时引爆装置探测器	1994-03-11	1994-07-01
11	GA/T 841-2009	基于离子迁移谱技术的痕量毒品/炸药探测仪通用技术要求	2009-07-20	2009-10-01
12	GA 857-2009	货物运输微剂量 X 射线安全检查设备通用技术要求	2009-12-19	2010-05-01
13	GA 921-2011	民用爆炸物品警示标识、登记标识通则	2011-01-13	2011-05-01

续表

序号	标准编号	名 称	发布日期	实施日期
14	GA 926-2011	微剂量透射式 X 射线人体安全检查设备通用技术要求	2011-03-25	2011-07-01
15	GA/T 1060.1-2013	便携式放射性物质探测与核素识别设备通用技术要求　第 1 部分：γ 探测设备	2013-04-11	2013-08-01
16	GA/T 1060.2-2013	便携式放射性物质探测与核素识别设备通用技术要求　第 2 部分：识别设备	2013-04-11	2013-08-01
17	GA/T 1067-2013	基于拉曼光谱技术的液态物品安全检查设备通用技术要求	2013-05-22	2013-10-01
18	GA/T 1152-2014	安全防范　手持式视频检查仪通用技术要求	2014-04-28	2014-10-01
19	GA/T 1323-2016	基于荧光聚合物传感技术的痕量炸药探测仪通用技术要求	2016-08-15	2016-08-15
20	GA/T 1336-2016	车底成像安全检查系统通用技术要求	2016-11-07	2016-11-07
21	GA/T 1563-2019	鞋内安全检查仪技术要求	2019-05-05	2019-05-05
（六）安全防范系统工程（共 54 项，其中：国标 11 项，行标 43 项）				
1	GB/T 16571-2012	博物馆和文物保护单位安全防范系统要求	2012-11-05	2013-02-01
2	GB/T 16676-2010	银行安全防范报警监控联网系统技术要求	2010-11-10	2011-05-01
3	GB 50348-2018	安全防范工程技术标准	2018-05-14	2018-12-01
4	GB 50394-2007	入侵报警系统工程设计规范	2007-03-21	2007-08-01
5	GB 50395-2007	视频安防监控系统工程设计规范	2007-03-21	2007-08-01
6	GB 50396-2007	出入口控制系统工程设计规范	2007-03-21	2007-08-01
7	GB/T 21741-2008	住宅小区安全防范系统通用技术要求	2008-05-20	2008-12-01
8	GB/T 29315-2012	中小学、幼儿园安全技术防范系统要求	2012-12-31	2013-06-01
9	GB/T 31068-2014	普通高等学校安全技术防范系统要求	2014-12-22	2015-06-01
10	GB/T 31458-2015	医院安全技术防范系统要求	2015-05-15	2015-12-01
11	GB/T 37845-2019	居家安防智能管理系统技术要求	2019-08-30	2019-03-01
12	GA/T 75-1994	安全防范工程程序与要求	1994-03-11	1994-07-01
13	GA/T 74-2017	安全防范系统通用图形符号	2016-06-23	2016-06-23
14	GA 308-2001	安全防范系统验收规则	2001-10-17	2001-12-01
15	GA 27-2002	文物系统博物馆风险等级和安全防护级别的规定	2002-03-25	2002-06-01
16	GA 38-2015	银行营业场所安全防范要求	2015-05-18	2015-06-01
17	GA/T 70-2014	安全防范工程建设与维护保养费用预算编制办法	2014-08-05	2014-10-01
18	GA 586-2005	广播电影电视系统重点单位重要部位的风险等级和安全防护级别	2005-12-26	2006-05-01
19	GA/T670-2006	安全防范系统雷电浪涌防护技术要求	2006-12-14	2007-06-01
20	GA 745-2017	银行自助设备、自助银行安全防范要求	2017-02-20	2017-03-01
21	GA 837-2009	民用爆炸物品储存库治安防范要求	2009-06-29	2009-08-01
22	GA 838-2009	小型民用爆炸物品储存库安全规范	2009-06-29	2009-08-01

续表

序号	标准编号	名　　称	发布日期	实施日期
23	GA/T 848-2009	爆破作业单位民用爆炸物品储存库安全评价导则	2009-09-17	2009-12-01
24	GA 858-2010	银行业务库安全防范的要求	2010-02-09	2010-04-01
25	GA 873-2010	冶金钢铁企业治安保卫重要部位风险等级和安全防护要求	2010-06-07	2010-09-01
26	GA 1002-2012	剧毒化学品、放射源存放场所治安防范要求	2012-06-29	2012-09-01
27	GA 1003-2012	银行自助服务亭技术要求	2012-07-01	2012-09-01
28	GA 1015-2012	枪支去功能处理与展览枪支安全防范要求	2012-12-26	2012-12-26
29	GA 1016-2012	枪支（弹药）库室风险等级划分与安全防范要求	2012-12-26	2012-12-26
30	GA 1081-2013	安全防范系统维护保养规范	2013-07-04	2013-08-01
31	GA 1089-2013	电力设施治安风险等级和安全防护要求	2013-09-30	2013-11-01
32	GA 1166-2014	石油天然气管道系统治安风险等级和安全防范要求	2014-12-31	2015-02-01
33	GA/T 1184-2014	安全防范工程监理规范	2014-09-09	2014-10-01
34	GA/T 1185-2014	安全防范工程技术文件编制深度要求	2014-09-28	2014-10-01
35	GA 1257-2015	民用枪弹编号及包装标识要求	2015-04-30	2015-06-01
36	GA 1258-2015	民用枪支编号及包装标识要求	2015-04-30	2015-06-01
37	GA 1280-2015	自动柜员机安全性要求	2015-10-28	2016-01-01
38	GA/T 1297-2016	安防线缆	2016-07-08	2016-08-01
39	GA 1383-2017	报警运营服务规范	2017-02-22	2017-05-01
40	GA/T 1406-2017	安防线缆应用技术要求	2017-08-21	2017-08-21
41	GA/T 1351-2018	安防线缆接插件	2018-02-25	2018-02-25
42	GA 1467-2018	城市轨道交通安全防范要求	2018-03-26	2018-03-26
43	GA/T 1468-2018	寄递企业安全防范要求	2018-03-09	2018-03-09
44	GA/T 1469-2018	光纤振动入侵探测系统工程技术规范	2018-03-22	2018-03-22
45	GA 1511-2018	易制爆危险化学品储存场所治安防范要求	2018-08-13	2018-11-01
46	GA 1517-2018	金银珠宝营业场所安全防范要求	2018-09-10	2019-01-01
47	GA 1524-2018	射钉器公共安全要求	2018-10-22	2019-05-01
48	GA 1525-2018	射钉弹公共安全要求	2018-10-22	2019-05-01
49	GA 1531-2018	工业电子雷管信息管理通则	2018-10-22	2019-02-01
50	GA 1551.1-2019	石油石化系统治安反恐防范要求　第 1 部分：油气田企业	2019-03-28	2019-07-01
51	GA 1551.2-2019	石油石化系统治安反恐防范要求　第 2 部分：炼油与化工企业	2019-03-28	2019-07-01
52	GA 1551.3-2019	石油石化系统治安反恐防范要求　第 3 部分：成品油和天然气销售企业	2019-03-28	2019-07-01
53	GA 1551.4-2019	石油石化系统治安反恐防范要求　第 4 部分：工程技术服务企业	2019-03-28	2019-07-01
54	GA 1551.5-2019	石油石化系统治安反恐防范要求　第 5 部分：运输企业	2019-03-28	2019-07-01

续表

序号	标准编号	名 称	发布日期	实施日期
（七）实体防护系统（共19项，其中：国标3项，行标16项）				
1	GB 17565-2007	防盗安全门通用技术条件	2007-09-15	2008-04-01
2	GB 10409-2019	防盗保险柜（箱）（代替GB 10409-2001）	2019-04-04	2020-05-01
3	GB 37481-2019	金库门通用技术要求	2019-04-04	2020-05-01
4	GA/T 72-2013	楼寓对讲电控安全门通用技术条件	2013-11-22	2014-01-01
5	GA/T 73-2015	机械防盗锁	2015-01-29	2015-03-01
6	GA/T 143-1996	金库门通用技术条件	1996-07-18	1996-10-01
7	GA 164-2018	专用运钞车防护技术要求（代替GA 164-2005）	2018-09-03	2018-12-01
8	GA 165-2016	防弹透明材料	2016-10-08	2016-11-01
9	GA 166-2006	防盗保险箱	2006-02-10	2006-05-01
10	GA501-2004	银行用保管箱通用技术条件	2004-06-04	2004-12-01
11	GA 576-2018	防尾随联动互锁安全门通用技术条件（代替GA 576-2005）	2018-09-10	2019-01-01
12	GA 667-2006	防爆炸复合玻璃	2006-11-24	2007-01-01
13	GA 746-2008	提款箱	2008-01-02	2008-03-01
14	GA 844-2018	防砸透明材料（代替GA 844-2009）	2018-08-06	2019-01-01
15	GA 1051-2013	枪支弹药专用保险柜	2013-03-11	2013-05-01
16	GA/T 1337-2016	银行自助设备防护舱安全性要求	2016-09-08	2016-10-01
17	GA/T 1499-2018	卷帘门安全性要求	2018-08-06	2019-01-01
18	GA/T 1707-2019	防爆安全门	2020-02-03	2020-08-01
19	GA/T 1709-2019	实体防护产品防弹性能分类及测试方法	2020-02-11	2020-08-01
人体生物特征识别应用（共31项，其中：国标7项，行标24项）				
1	GB/T 31488-2015	安全防范视频监控人脸识别系统技术要求	2015-05-15	2015-12-01
2	GB/T 35676-2017	公共安全　指静脉识别应用　算法识别性能评测方法	2017-12-29	2018-07-01
3	GB/T 35678-2017	公共安全　人脸识别应用　图像技术要求	2017-12-29	2018-07-01
4	GB/T 35735-2017	公共安全　指纹识别应用　采集设备通用技术要求	2017-12-29	2018-07-01
5	GB/T 35736-2017	公共安全　指纹识别应用　图像技术要求	2017-12-29	2018-07-01
6	GB/T 35742-2017	公共安全　指静脉识别应用　图像技术要求	2017-12-29	2018-07-01
7	GB/T 38122-2019	公共安全指纹识别应用　验证算法性能评测方法	2019-10-18	2020-05-01
8	GA/T 893-2010	安防生物特征识别应用术语	2010-12-02	2010-12-02
9	GA/T 894.3-2010	安防指纹识别应用系统　第3部分：指纹图像质量	2010-12-02	2010-12-02
10	GA/T 894.6-2010	安防指纹识别应用系统　第6部分：指纹识别算法评测方法	2010-12-02	2010-12-02
11	GA/T 922.2-2011	安防人脸识别应用系统　第2部分：人脸图像数据	2011-01-13	2011-05-01

续表

序号	标准编号	名　　称	发布日期	实施日期
12	GA/T 894.7-2012	安防指纹识别应用系统　第 7 部分：指纹采集设备	2012-07-18	2012-07-18
13	GA/T 938-2011	安防指静脉识别应用系统设备通用技术要求	2012-12-26	2013-03-01
14	GA/T 939-2011	安防指静脉识别应用系统算法评测方法	2012-12-26	2013-03-01
15	GA/T 940-2011	安防指静脉识别应用系统图像技术要求	2012-12-26	2013-03-01
16	GA/T 1093-2013	出入口控制人脸识别系统技术要求	2013-12-16	2014-01-01
17	GA/T 1126-2013	近红外人脸识别设备技术要求	2013-12-17	2014-01-01
18	GA/T 1179-2014	安防声纹确认应用算法技术要求和测试方法	2014-08-18	2014-10-01
19	GA/T 1181-2014	安防指静脉识别应用　程序接口规范	2014-09-01	2014-10-01
20	GA/T 1208-2014	安防虹膜识别应用　算法评测方法	2014-12-22	2015-10-01
21	GA/T 1212-2014	安防人脸识别应用　防假体攻击测试方法	2014-12-12	2015-01-01
22	GA/T 1213-2014	安防指静脉识别应用　3D 数据技术要求	2014-12-12	2015-01-01
23	GA/T 1284-2015	安防指/掌纹识别应用　图像数据交换格式一致性测试方法	2015-12-22	2015-12-22
24	GA/T 1285-2015	安防指/掌纹识别应用　图像数据交换格式	2015-12-30	2015-12-30
25	GA/T 1286-2015	安防虹膜识别应用　图像数据交换格式	2015-12-30	2015-12-30
26	GA/T 1324-2017	安全防范　人脸识别应用　静态人脸图像采集规范	2017-10-08	2017-12-01
27	GA/T 1325-2017	安全防范　人脸识别应用　视频图像采集规范	2017-10-08	2017-12-01
28	GA/T 1326-2017	安全防范　人脸识别应用　程序接口规范	2017-10-08	2017-12-01
29	GA/T 1429-2017	安防虹膜识别应用　图像技术要求	2017-09-07	2017-11-01
30	GA/T 1470-2018	安全防范　人脸识别应用　分类	2018-03-12	2018-03-12
31	GA/T 1486-2018	安全防范　虹膜识别应用　程序接口规范	2018-05-07	2018-05-07

安全技术防范实体防护设备标准明细表

（暂 56 项）

201 专业术语标准（1 项）

现行标准	级别和属性	标准名称
201-5	GA/T	实体防护系统术语

210 实体防护系统（5 项）

编号	级别和属性	标准名称	现行标准
210-1	GB	实体防护系统安全等级划分（包括安全分类、分级、标识与型号命名方法）	
210-2	GA	产品检测规程（人员要求、检测设备、检测方法、样品条件等）（产品检测通用技术要求）	
210-3	GB/T	实体防护设备检测通用技术要求（测试样品、系统级指标——防破坏时间、净工作时间、分级、破坏方法手段、风险等级、设备的分级要求、安全级别、评价方法等）	
210-4	GA	实体防护产品防弹性能测试通用技术要求	（制定中）
210-5	GA	实体防护产品抗破坏性能通用评价方法	（制定中）

305 实体防护产品（50 项）

编号	级别和属性	标准名称	现行标准
305-1	门（窗、栅栏）		
305-1-1	防盗安全门		
305-1-1-1	GB 17565.1	防盗安全门第 1 部分：通用技术要求	GB 17565-2007 防盗安全门通用技术条件
305-1-1-2	GB 17565.2	防盗安全门第 2 部分：钢质门	
305-1-1-3	GB 17565.3	防盗安全门第 3 部分：钢木复合门	
305-1-1-4	GB 17565.4	防盗安全门第 4 部分：防盗防火门	
305-1-2	GB	防盗安全门安装规范	
305-1-3	GA/T 72	楼宇对讲系统及电控防盗门技术条件	GA/T 72-2005 楼宇对讲系统及电控防盗门技术条件
305-1-4	GB 37481	金库门	GB 37481-2019，合并 GA/T 143-1996 金库门通用技术条件
305-1-5	GA 576	防尾随联动互锁安全门	GA 576-2018 防尾随联动互锁安全门通用技术条件
305-1-6	GA	防弹门	
305-1-7	GA	防护窗	
305-1-8	GA	防护栅栏	
305-1-9	GA	监室门	（现归口警标委）
305-1-10	GA	防爆安全门	（修订中）
305-1-11	GA	银行专用卷帘门	GA/T 1499-2018 卷帘门安全性要求

续表

编号	级别和属性	标准名称	现行标准
305-1-12	GA	其他防护门（伸缩门、感应门、车库门、卷帘门、旋转门、移动金库门、防爆门、防弹门、通道闸机等）	
305-2	柜（箱）		
305-2-1	GB 10409	防盗保险柜（箱）	GB 10409 - 2019 防盗保险柜（箱），合并 GB 10409-2001 防盗保险柜（修订中）、GA 166-2006 防盗保险箱（修订中）；参照国外标准细化分类
305-2-2	GA 746	提款箱	GA 746-2008 提款箱（修订中）
305-2-3	GA 501	银行用保管箱	GA 501-2004 银行用保管箱通用技术条件（修订中）
305-2-4	GA	枪械专用保险柜	
305-2-5	GA	保管箱（最低标准、要求明示：该保管箱不是防盗保险箱，使用时请注意风险，考虑宾馆应用）	
305-2-6	GB 10409	ATM 用保险柜	并入 GB 10409-2019 防盗保险柜（箱）
305-2-7	GB 10409	投入式保险柜	并入 GB 10409-2019 防盗保险柜（箱）
305-2-8	GB 10409	组合式金库	并入 GB 10409-2019 防盗保险柜（箱）
305-2-9	GA/T 3	便携式防盗安全箱	GA/T 3-1991 便携式防盗安全箱
305-2-10	GA 1003	银行自助服务亭技术要求	GA 1003-2012 银行自助服务亭技术要求
305-2-11	GA	防盗防火保险箱	
305-2-12	GA	爆炸物品柜	
305-2-13	GA	银行整体柜台	
305-2-14	GA	银行自助机具用保险柜	
305-2-15	GA	银行营业场所安全柜员系统	
305-2-16	GA	金融营业场所用组合柜台	
305-2-17	GA	便携式爆炸品安全箱	
305-3	锁具		
305-3-1	GA/T 73	机械防盗锁	GA/T 73-2015 机械防盗锁
305-3-2	GA 374	电子防盗锁	GA 374-2001 电子防盗锁（修订中）
305-3-3	GA	电控防盗锁（涵盖磁力锁、电插锁、电锁扣、远程控制等）	

续表

编号	级别和属性	标准名称	现行标准
305-3-4	GA	机电一体化防盗锁	
305-3-5	GA	生物特征识别锁具（是否单独制定锁体、锁头标准）	GA 701-2007 指纹防盗锁通用技术条件
305-3-6	GA	光子锁	
305-3-7	GA	光子授权系统通用技术要求	
305-4	防护材料		
305-4-1	GA 165	防弹复合玻璃	GA 165-2016 防弹透明材料
305-4-2	GA 667	防爆炸复合玻璃	GA 667－2006 防爆炸复合玻璃（修订中）
305-4-3	GA 844	防砸复合玻璃	GA 844-2018 防砸透明材料
305-4-4	GA518	银行营业场所透明防护屏障安装规范	GA518-2004 银行营业场所透明防护屏障安装规范（待修订）
305-4-5	GA	其他高性能防护材料	
305-4-6	GA	银行用库板	
305-4-7	GA	银行用智能防护窗	
305-4-8	GA	周界防护安全围栏	
305-5	其他防护产品（机电一体化防护装置）		
305-5-1	GA 164	专用运钞车防护技术要求	GA 164-2005 专用运钞车防护技术要求（待修订）
305-5-2	GA	路障标准	
305-5-3	GA	银行远距离传输装置标准	

附录四　安防团体标准目录

序号	标准代码	标准名称	发布日期	实施日期	发布机构
1	T/ZZB 0943-2019	机械防盗锁	2019 年 1 月 11 日	2019 年 1 月 31 日	浙江省品牌建设联合会
2	T/FJAF 001-2019	民宿安全管理服务规范	2019 年 1 月 11 日	2019 年 3 月 1 日	福建省安全技术防范行业协会
3	T/SZSSIA 001-2019	停车库（场）电子收费　银行卡免密支付技术规范	2019 年 3 月 8 日	2019 年 3 月 8 日	深圳市智慧安防行业协会
4	T/ZSPH 01-2019	建筑及居住区数字化技术应用　智能门锁安全	2019 年 3 月 12 日	2019 年 3 月 12 日	中关村乐家智慧居住区产业技术联盟
5	T/SETEA 000001-2019	智能家居产品安全　智能门锁安全技术要求	2019 年 3 月 26 日	2019 年 6 月 26 日	上海市电子电器技术协会
6	T/CSPIA 001-2019	视频监控室外电子设备箱通用技术要求	2019 年 4 月 23 日	2019 年 4 月 30 日	中国安全防范产品行业协会
7	T/VSTR 01-2019	铁路视频监控系统需求规范-公安用户	2019 年 4 月 25 日	2019 年 5 月 1 日	中关村轨道交通视频与安全产业技术联盟
8	T/WHAF 001-2019	公共安全防范视频监控系统运维服务规范	2019 年 6 月 6 日	2019 年 7 月 1 日	武汉市安全技术防范行业协会
9	T/CAS 352-2019	智能门锁智能水平评价技术规范	2019 年 7 月 6 日	2019 年 7 月 6 日	中国标准化协会
10	T/SDL 00004. 3-2019	电力用户智能配电站　第 4 部分　设备技术规范　安防监控类设备技术规范	2019 年 7 月 10 日	2019 年 7 月 10 日	深圳市电力行业协会
11	T/ZSSY 001-2019	智能门锁	2019 年 6 月 24 日	2019 年 6 月 25 日	中山市锁业协会
12	T/VSTR 002-2019	铁路通用摄像机技术要求	2019 年 7 月 5 日	2019 年 8 月 1 日	中关村轨道交通视频与安全产业技术联盟
13	T/JLYSXH 1. 3-2019	道路运输车辆智能视频监控报警系统技术规范　第 3 部分：通讯协议	2019 年 8 月 27 日	2019 年 9 月 1 日	吉林省运输协会
14	T/JLYSXH 1. 2-2019	道路运输车辆智能视频监控报警系统技术规范　第 2 部分：终端及测试方法	2019 年 8 月 27 日	2019 年 9 月 1 日	吉林省运输协会
15	T/JLYSXH 1. 1-2019	道路运输车辆智能视频监控报警系统技术规范　第 1 部分：平台技术要求	2019 年 8 月 27 日	2019 年 9 月 1 日	吉林省运输协会

续表

序号	标准代码	标准名称	发布日期	实施日期	发布机构
16	T/LNPSA 0001-2019	安全防范系统维修保养规范	2019 年 9 月 1 日	2019 年 11 月 1 日	辽宁省社会公共安全产品行业协会
17	T/SZS 4005-2019	智能门锁通用技术条件	2019 年 9 月 10 日	2019 年 9 月 20 日	深圳市深圳标准促进会
18	T/DGAS 005. 1-2019	反恐怖防范管理规范　第 1 部分：通则	2019 年 10 月 14 日	2019 年 12 月 15 日	东莞市标准化协会
19	T/SIOT 306—2019	智慧健康养老　居家养老安全监测规范　报警服务要求	2019 年 12 月 10 日	2019 年 12 月 30 日	上海市物联网行业协会

附录五　安防产品认证业务范围和认证实施规则表

中国安全技术防范认证中心认证业务范围和实施规则表

一、安防产品认证业务范围

（一）开展的强制性认证的产品（CCC）目录

入侵探测器、防盗报警控制器、汽车行驶记录仪、车身反光标识。

（二）开展的行业自愿性认证的产品（GA）目录

防盗安全门、防盗锁、机动车测速仪、呼出气体酒精含量检测仪、道路交通信号灯、警用多波段光源、活体指纹采集仪/指掌纹采集设备、DNA 检测试剂、公安 350 兆模拟无线通信设备、居民身份证阅读机具、安防线缆、公共安全视频监控产品。

（三）开展的机构 CSP 自愿性认证的产品目录

防盗保险（柜箱）、汽车防盗报警器、安检设备、公共安全重点区域视频图像信息采集设备、公共安全产品、汽车行驶记录仪、车身反光标识。

二、安防产品认证实施规则表

序号	认证类别		认证产品名称	认证实施规则
1	CCC	安全技术防范产品强制性认证	入侵探测器、防盗报警控制器	CNCA-C19-01《强制性产品认证实施规则　防盗报警产品》
2	CCC	机动车辆及安全附件产品强制性认证	车身反光标识	CNCA-C11-13《强制性产品认证实施规则　车身反光标识》
3	CCC	机动车辆及安全附件产品强制性认证	汽车行驶记录仪	CNCA-C11-14《强制性产品认证实施规则　汽车行驶记录仪》
4	GA	安全技术防范产品自愿性认证	公共安全视频监控产品	CSP-V01-006《社会公共安全产品自愿性认证实施规则公共安全视频监控产品》
5	GA	安全技术防范产品自愿性认证	防盗安全门	CSP-V01-001《安全技术防范产品自愿性认证实施规则　防盗安全门产品》
6	GA	安全技术防范产品自愿性认证	防盗锁	CSP-V01-003《安全技术防范产品自愿性认证实施规则　防盗锁产品》
7	GA	道路交通安全产品自愿性认证	机动车测速仪	CSP-V02-001《道路交通安全产品自愿性认证实施规则　机动车测速仪产品》
8	GA	道路交通安全产品自愿性认证	呼出气体酒精含量探测器	CSP-V02-002《道路交通安全产品自愿性认证实施规则　呼出气体酒精含量探测器产品》
9	GA	道路交通安全产品自愿性认证	道路交通信号灯	CSP-V02-004《道路交通安全产品自愿性认证实施规则　道路交通信号灯产品》

续表

序号	认证类别		认证产品名称	认证实施规则
10	GA	刑事技术产品自愿性认证	警用多波段光源	CSP-V03-001《刑事技术产品自愿性认证实施规则　警用多波段光源产品》
11	GA	刑事技术产品自愿性认证	“502”指印熏显柜	CSP-V03-002《刑事技术产品自愿性认证实施规则　“502”指印熏显柜产品》
12	GA	刑事技术产品自愿性认证	活体指纹/掌纹采集设备产品	CSP-V03-003《刑事技术产品自愿性认证实施规则　活体指纹/掌纹采集设备产品》
13	GA	法庭科学产品自愿性认证	DNA 检测试剂	CSP-V03-005《法庭科学产品自愿性认证实施规则　DNA 检测试剂产品》
14	GA	公安无线通信设备自愿性认证	公安 350 兆模拟无线通信设备	CSP-V04-001《公安无线通信设备自愿性认证实施规则　公安 350 兆模拟无线通信设备》
15	GA	社会公共安全产品认证	身份证阅读机具产品	CSP-V05-001《社会公共安全产品认证实施规则　身份证阅读机具产品》
16	GA	安全技术防范产品自愿性认证	安防线缆产品	CSP-V06-001《安全技术防范产品自愿性认证实施规则　安防线缆产品》
17	CSP	安全技术防范产品自愿性认证	安全检查设备-微剂量 X 射线安全检查设备	CSP-V07-001《安全技术防范产品自愿性认证实施规则　安全检查设备》
18	CSP	安全技术防范产品自愿性认证	防盗保险柜（箱）	CSP-C19-02《安全技术防范产品自愿性认证实施规则　安防实体防护产品》
19	CSP	安全技术防范产品自愿性认证	汽车防盗报警系统产品	CSP-V01-005《安全技术防范产品自愿性认证实施规则　汽车防盗报警系统产品》
20	CSP	安全技术防范产品自愿性认证	公共安全重点区域视频图像信息采集设备产品	CSP-V01-007《安全技术防范产品自愿性认证实施规则　公共安全重点区域视频图像信息采集设备产品》
21	CSP	安全技术防范产品自愿性认证	公共安全产品	CSP-Q01-001《公共安全产品合格认证实施规则》
22	CSP	道路交通安全产品自愿性认证	汽车行驶记录仪	CSP-V02-003《道路交通安全产品自愿性认证实施规则　汽车行驶记录仪产品》
23	CSP	道路交通安全产品自愿性认证	车身反光标识	CSP-V02-005《道路交通安全产品自愿性认证实施规则　车身反光标识产品》

公安部第三研究所认证中心认证业务范围和实施规则表

一、安防产品认证业务范围

（一）开展的强制性认证的产品（CCC）目录

入侵探测器、防盗报警控制器、汽车行驶记录仪、车身反光标识。

（二）开展的行业自愿性认证的产品（GA）目录

防盗安全门、防盗锁、公共安全视频监控产品、公安 350 兆模拟无线通信设备、居民身份证阅读机具。

（三）开展的机构 TRIMPS 自愿性认证的产品目录

防盗保险柜（箱）、汽车防盗报警器、智能联网产品、汽车行驶记录仪、车身反光标识。

二、安防产品认证实施规则表

序号	认证类别		认证产品名称	认证实施规则
1	CCC	安全技术防范产品强制性认证	入侵探测器、防盗报警控制器	CNCA-C19-01《强制性产品认证实施规则　防盗报警产品》
2	CCC	机动车辆及安全附件产品强制性认证	车身反光标识	CNCA-C11-13《强制性产品认证实施规则　车身反光标识》
3	CCC	机动车辆及安全附件产品强制性认证	汽车行驶记录仪	CNCA-C11-14《强制性产品认证实施规则　汽车行驶记录仪》
4	GA	安全技术防范产品自愿性认证	公共安全视频监控产品	TRIMPS-ZY06-001：2020《社会公共安全产品自愿性认证实施规则　公共安全视频监控产品》
5	GA	安全技术防范产品自愿性认证	防盗安全门	TRIMPS-ZY01-001：2020《社会公共安全产品自愿性认证实施规则　防盗安全门产品》
6	GA	安全技术防范产品自愿性认证	防盗锁	TRIMPS-ZY01-002：2020《社会公共安全产品自愿性认证实施规则　防盗锁产品》
7	GA	公安无线通信设备自愿性认证	公安 350 兆模拟无线通信设备	TRIMPS-ZY02-001：2020《社会公共安全产品自愿性认证实施规则　公安 350 兆模拟无线通信设备》
8	GA	社会公共安全产品认证	身份证阅读机具产品	TRIMPS-ZY03-001：2020《社会公共安全产品自愿性认证实施规则　身份证阅读机具产品》
9	TRIMPS	社会公共安全产品认证	防盗保险柜（箱）	TRIMPS-ZY01-003：2020《社会公共安全产品自愿性认证实施规则　防盗保险箱柜产品》
10	TRIMPS	社会公共安全产品认证	智能联网产品	TRIMPS-ZY04-001：2020《社会公共安全产品自愿性认证实施规则　智能联网产品（网络安全）》
11	TRIMPS	社会公共安全产品认证	汽车防盗报警系统产品	TRIMPS-ZY05-001：2020《社会公共安全产品自愿性认证实施规则　汽车防盗报警系统产品》
12	TRIMPS	社会公共安全产品认证	汽车行驶记录仪	TRIMPS-ZY05-002：2020《社会公共安全产品自愿性认证实施规则　汽车行驶记录仪》
13	TRIMPS	社会公共安全产品认证	车身反光标识	TRIMPS-ZY07-001：2020《社会公共安全产品自愿性认证实施规则　车身反光标识产品》

附录六　安防行业展会名录（2019 年）

序号	展会名称	展会时间	展会地点
1	2019 第二届中国（昆明）东南亚·南亚安防暨警用装备展览会	2019 年 3 月 1—3 日	昆明国际会展中心
2	2019 第 17 届中国（郑州）社会公共安全产品博览会	2019 年 3 月 8—10 日	郑州国际会展中心
3	2019 第四届中国国际智能建筑展览会	2019 年 3 月 11—13 日	北京国家会议中心
4	2019 中国（武汉）公共安全产品暨警用装备展览会	2019 年 3 月 13—15 日	武汉国际会展中心
5	2019（第 18 届）南京社会公共安全博览会	2019 年 3 月 21—23 日	南京国际博览中心
6	2019 第十三届广西国际社会公共安全产品暨智慧城市展览会	2019 年 3 月 22—24 日	南宁国际会展中心
7	2019 第十八届河北社会公共安全产品博览会	2019 年 3 月 22—24 日	石家庄国际博览中心
8	2019 第十八届济南国际公共安全防范产品暨警用装备博览会	2019 年 3 月 22—24 日	济南国际会展中心
9	2019 年重庆社会公共安全警用装备产品技术展览会	2019 年 4 月 1—3 日	重庆国际会展中心
10	2019 东北（长春）第十七届国际社会公共安全产品博览会	2019 年 4 月 10—12 日	长春国际会展中心
11	2019 中国（杭州）国际社会公共安全产品与技术博览会	2019 年 4 月 11—13 日	杭州国际会展中心
12	2019 第二十一届东北国际公共安全防范产品博览会	2019 年 4 月 18—20 日	沈阳新世界博览馆
13	2019 年第二十二届台北国际安全博览会	2019 年 5 月 8—10 日	世贸中心南港展览馆
14	第十届中国国际智慧城市暨社会公共安全产品（天津）展览会	2019 年 5 月 8—10 日	天津国际展览中心
15	2019 中国成都国际社会公共安全产品与技术展览会	2019 年 5 月 16—18 日	成都世纪城新国际会展中心
16	2019 中国（北京）国际智慧城市技术与应用产品展览会	2019 年 5 月 16—19 日	中国国际展览中心
17	2019 第十九届上海公共安全产品国际博览会	2019 年 5 月 22—24 日	上海世博展览馆
18	2019 中国（西安）国际社会公共安全产品、反恐防爆技术暨“雪亮工程”应用博览会	2019 年 5 月 27—29 日	西安曲江国际会展中心
19	2019 第十三届中国国际智能交通展览会	2019 年 5 月 27—29 日	上海·中国国家会展中心
20	2019 第八届中国（北京）国际智能楼宇展览会	2019 年 6 月 28—30 日	北京亦创国际会展中心
21	2019 第八届西部（甘肃）社会公共安全防范产品与智慧城市警用装备博览会	2019 年 7 月 18—20 日	甘肃国际会展中心
22	2019 第十八届中国（青岛）国际社会公共安全博览会	2019 年 7 月 19—22 日	青岛国际会展中心
23	第六届中国—亚欧安防博览会暨 2019 第十五届新疆警用反恐技术装备博览会	2019 年 8 月 15—17 日	新疆国际会展中心
24	2019 上海国际智能建筑展览会/上海国际智能家居展览会	2019 年 9 月 3—5 日	上海新国际博览中心
25	2019 年第十六届中国—东盟博览会之“第二届中国—东盟智慧城市会客厅”	2019 年 9 月 21—24 日	广西国际会展中心
26	2019 第十七届中国国际社会公共安全产品博览会	2019 年 10 月 28—31 日	深圳会展中心

后　记

《中国安全防范行业年鉴》是国内唯一一部由公安部科技信息化局指导、中国安全防范产品行业协会编制的安防行业权威出版物。

《中国安全防范行业年鉴》（2019 版）的编写工作于 2019 年 12 月正式启动。编辑工作组吸取以往的工作经验，在对原有篇章结构进行大幅压缩的前提下，大胆探索、勇于创新。

在编写前期，由中国安全防范产品行业协会分管领导负责，组成编辑工作组，确定了《中国安全防范行业年鉴》（2019 版）的基本框架结构，使其总体编排更加合理、资讯内容更加丰富、信息检索更加便捷，力图使其成为中国安防行业从业单位和人员之间相互交流的平台、中国社会各界以及世界各国安防行业了解中国安防行业的窗口。

在信息采集阶段，编辑工作组主要通过以下渠道进行了信息采集：一是公安部科技信息化局向各地公安厅技防办采集政府管理部门相关信息；二是中国安全防范产品行业协会向标准、检测和认证等行业技术服务机构以及各地安防协会发函采集相关信息；三是摘选《中国安防》杂志中的优秀技术文章编入第四章新技术应用；四是编辑工作组成员自主编写或采集其他相关信息。

公安部科技信息化局、各省公安厅技防管理部门、各地安防协会、全国安全防范报警系统标准化技术委员会、公安部特种警用装备标准化技术委员会、中国安全技术防范认证中心、国家安全防范报警系统产品质量监督检验中心（北京、上海）等技术服务机构以及广大安防企业，大力支持《中国安全防范行业年鉴》（2019 版）的编写工作，并积极提供稿件和相关资料。

在信息整理阶段，编辑工作组首先对所获得的全部资料进行了认真梳理和加工，并按照编辑方案进行编写，形成了《中国安全防范行业年鉴》（2019 版）编委会讨论稿。在此基础上，广泛征求各编委的修改意见和建议，并在采纳合理意见和建议的基础上，对讨论稿进行了修改和完善。

为本书提供稿件的单位如下：

技防管理机构

公安部科技信息化局安全技术防范工作指导处
北京市公安局指挥部视频警务和安技防通信保障处
天津市公安局图像侦查和技防监管总队
河北省公安厅安全技术防范管理办公室
山西省公安厅治安管理总队安全技术防范支队
内蒙古自治区公安厅公共安全技术防范管理办公室
辽宁省公安厅技术防范办公室
吉林省公安厅图像侦查总队
黑龙江省公安厅安全技术防范管理办公室
上海市公安局安全技术防范办公室
江苏省公安厅科技处
浙江省公安厅科技信息化局
安徽省公安厅科技信息化处（信息中心）
福建省公安厅科技通信处
江西省公安厅安全技术防范管理办公室
山东省公安厅科技处
河南省公安厅科技处
湖北省公安厅安全技术防范管理办公室
湖南省公安厅科技信息化总队
广东省公安厅安全技术防范管理办公室
广西壮族自治区公安厅安全技术防范管理办公室
海南省公安厅安全技术防范管理办公室
重庆市公安局科技信息化处
四川省公安厅安全技术防范管理办公室
贵州省公安厅安全技术防范管理办公室
云南省公安厅科技信息化处
西藏自治区公安厅科技信息化总队
陕西省公安厅安全技术防范管理办公室
甘肃省公安厅安全技术防范管理办公室
青海省公安厅安全技术防范管理办公室
宁夏回族自治区公安厅安全技术防范管理办公室

新疆维吾尔自治区公安厅治安管理总队基层基础工作支队保安技防指导大队
新疆生产建设兵团公安局科技信息化总队

行业组织

中国安全防范产品行业协会
北京安全防范行业协会
天津市安全防范务行业协会
石家庄市安全技术防范协会
邯郸市安全防范产品行业协会
阳泉市保安和安防行业协会
内蒙古自治区公共安全技术防范行业协会
辽宁省社会公共安全产品行业协会
吉林省社会公共安全产品行业协会
黑龙江省安全防范产品行业协会
上海安全防范报警协会
南京安全技术防范行业协会
苏州市安全技术防范行业协会
常州市安全技术防范行业协会
昆山市安全防范行业协会
南通安全防范协会
浙江省安全技术防范行业协会
杭州市安全技术防范行业协会
宁波大榭开发区保险箱（柜）行业协会
安徽省安全技术防范行业协会
福建省公共安全防范行业协会
厦门市安全技术防范协会
三明市安全技术防范行业协会
江西省安全技术防范行业协会
南昌市安全技术防范协会
济南市社会公共安全防范协会
青岛市社会公共安全防范协会
郑州市公共安全防范行业协会
湖北省安全技术防范行业协会
武汉市安全技术防范行业协会
湖南省安全技术防范协会
广东省公共安全技术防范协会
深圳市安全防范行业协会
深圳市智慧安防行业协会
东莞市公共安全技术防范协会
珠海市公共安全技术防范协会
广西安全技术防范行业协会
海南省智慧城市安防技术行业协会
成都安全防范协会
重庆市公共安全技术防范协会
贵州省安全技术防范行业协会
云南省安全技术防范协会
陕西省安全防范产品行业协会
甘肃省安全技术防范协会
青海省公共安全技术防范协会
新疆维吾尔自治区安全技术防范行业协会

技术服务机构

全国安全防范报警系统标准化技术委员会
全国安全防范报警系统标准化技术委员会实体防护设备分技术委员会
全国警用装备标准化技术委员会
公安部社会公共安全应用基础标准化技术委员会
国家安全防范报警系统产品质量监督检验中心（北京）
国家安全防范报警系统产品质量监督检验中心（上海）
中国安全技术防范认证中心
公安部第三研究所认证中心
视频图像信息智能分析与共享应用技术国家工程实验室
中国人民公安大学安全防范技术与风险评估实验室
视频图像智能分析与应用技术公安部重点实验室
智能语音技术公安部重点实验室
北京安防视音频编解码技术产业联盟
中关村安防工程检测技术联盟

以上单位通力协作，在《中国安全防范行业年鉴》（2019 版）的编写过程中发挥了重要作用并作出了积极贡献。在《中国安全防范行业年鉴》（2019 版）付梓之际，谨向所有关心、支持编写工作的领导、专家、机构、协会、企业及编写人员表示衷心的感谢并致以崇高的敬意。

《中国安全防范行业年鉴》（2019 版）编辑工作组
2020 年 6 月